都 市 文 化 研 究 译 丛

文学中的城市

知 识 与 文 化 的 历 史

［美］理查德·利罕 著

吴子枫 译

上海 人民出版社

出版说明

　　都市文化研究是一门新兴的前沿学科，主要研究现代都市文化的缘起、变化和发展的规律。它与文化研究、都市研究、社会学、地理学、历史学、文学等学科紧密相关。都市文化研究在中国的兴起，也与中国经济、社会、文化的发展密不可分，我们期待着这门学科在中国生根、发展，能以中国经验为基础，放眼世界，取得新的突破，并积极参与到中国的都市文化建设中去。为达到此目的，大规模地译介国外的都市文化研究成果，不仅是必需的，而且也是很紧迫的。他山之石，可以攻玉，学科的自主和创新，必定要建立在全面了解已有成果的基础之上。

　　都市文化研究译丛不仅包括一批都市文化研究、文化理论的经典著作，也包括显示出最新发展动向的近作，我们注重在理论方法上有重要启示意义的名家名著，也注重对某种现象作实证性研究的学术专著，同时计划译介一些概论性的著作。总之，只要是对中国的都市文化研究有参考价值的作品，都在我们译介的范围内。我们吁请海内外的学者、专家对我们的工作提出意见和建议，吁请更多的翻译家加入到我们的行列中。

上海师范大学中文系

2018 年 6 月

纪念

爱德华·斯科特·利罕

献给

他爱过

但未曾理解的

城市

在大桥上，……能见到河流对岸耸起的城市，座座白色的大厦和白糖块般的低矮楼房，都是用人们所希望的没有嗅觉的金钱所建造的。从皇后区大桥上看去，这座城市总是常看常新，依然如最初那样，许诺了人世间所有的神秘和美丽。

一个死人躺在一辆堆满鲜花的灵车上，从我们身边经过。[①]

F·司各特·菲茨杰拉德

当陌生人问起："这座城市的意义何在？
你们挤在一起，是否因为你们彼此相爱？"
你将如何回答？"我们居住在一起
是为了相互从对方那里捞取钱财"？

T·S·艾略特

当明星们快要到达时，警力将不得不加倍。一见到他们心中的男女主角，观众就会变得着了魔似的疯狂起来……更多的人群、一个个家庭，不断地加入进来。他可以看到，一旦他们成了人群的一部分，马上就变得不一样了……把他们看成是无伤大雅的猎奇者是不对的。在人群中，他们变得野蛮粗暴，心怀怨恨。特别是那些中老年人，那些因无聊和失望而变老的人们……他们认识到自己受了欺骗，因而充满愤慨。他们每天的生活就是读报、看电影。从那些地方，他们看够了私刑、谋杀、色情犯罪、爆炸、破坏、偷情、纵火、奇迹、革命、战争……再也没有什么更粗暴的东西可以绷紧他们懒散的心灵和松弛的身体了。

纳撒尼尔·韦斯特[②]

瞧！死神为他自己竖起了宝座
在一座奇妙的城市，萧森寥落
就在那遥远而迷蒙的西方。[③]

埃德加·爱伦·坡

[①] 参见菲茨杰拉德《了不起的盖茨比》，巫宁坤译，上海译文出版社1983年版，第64页。译文有修改。关于"没有嗅觉的金钱"，详见第270页注4。——译者注

[②] 纳撒尼尔·韦斯特（Nathanael West, 1903—1940），原名纳森·温斯顿（Nathan Weinstein），美国小说家，著有《孤心小姐》《蝗灾之日》等。——译者注

[③] 参见爱伦·坡《海中之城》，收入《爱伦·坡集》，曹明伦译，生活·读书·新知三联书店1995年版，第86页。——译者注

目录

第五编　《荒原》之后

前言和致谢

在完成了关于 F·司各特·菲茨杰拉德（F.Scott Fitzgerald）和西奥多·德莱塞（Theodore Dreiser）的专著之后，我开始了本项研究。 当时我已经认识到，城市对于现代主义想象来说是多么重要。 那时，我正好拜读了刘易斯·芒福德（Lewis Mumford）的《历史中的城市》（*The City in History*）①，认为承接该著作研究一番"文学中的城市"将会很有价值。 最初，我打算只研究现代主义者——从庞德（Pound）、艾略特（Eliot）、乔伊斯（Joyce）到托马斯·品钦（Thomas Pynchon）——笔下的城市，但是，对现代主义了解得越多，我就越发相信，无法把现代经验从古代经验中抽离出来，因为后者通常层层累积在现代主义文本之中。而且我对现代主义研究得越深入，就越发认识到浪漫主义对现代主义的影响，认识到这两次运动，以及后现代主义运动，都在以某种方式质疑启蒙的思想前提。

从某种程度上来说，这部著作的写法与当前流行的批评理论格格不入。 当我还在读研究生的时候，新批评正在与影响研究一争高下。 我对这两种方法都不甚满意：我看到，那种把一个文本归结为另一文本的影响的方法是多么有局限性；同时我认为，主要靠假定的歧义②和悖论

---

① 刘易斯·芒福德（1895—1990），美国著名城市理论家、社会哲学家。《历史中的城市》是芒福德最具影响力的著作之一，出版于 1961 年，曾获美国国家图书奖。 该书着重从人文科学的角度系统阐述城市的起源和发展，并展望了城市的未来。 中译本参见芒福德《城市发展史——起源、演变和前景》，宋俊岭、倪文彦译，中国建筑工业出版社 2005 年版。 ——译者注
② "歧义"，原文为 ambiguity，后文也译为"模糊性"。 ——译者注

来衡量文本，也难免挂一漏万。甚至当我们跟着莱昂内尔·特里林（Lionel Trilling）这样的批评家走向文化研究时，我也感到一种深深的偏见，即偏向马修·阿诺德（Matthew Arnold）和亨利·詹姆斯（Henry James）——偏向审美的现实和上层阶级的意识——而将（比如说）西奥多·德莱塞的现实排除在外，其他更为大众化的表现形式就更不用说了。我无意于翻转这个等级结构，我期望的是一种能够解释文本本身所创造的"现实"的方法论。结构主义和后结构主义似乎使我们更远离物质性文本，现象学和新历史主义也很难说是补救之道。我发现，对许多文本的阅读都与其语境不符：人们通过海德格尔（Heidegger）来阅读德莱塞，或者通过引申的比喻如"金本位"来阅读自然主义作品，这种读法把生物学体系扭曲为经济学。这些理论——从结构主义到解构主义——大都根源于语言学假设。虽然除了其语言之外，我们显然不能通过其他方式进入文学文本，但我觉得也不应该把文学文本仅仅归结为其语言，或通过语言把文学文本与一些已经失落的理想［在美国，通常是爱默生（Emerson）的理想］联系起来，不应该认为文学文本只能靠批评家的加工才具有意义。而当文本不是课堂杜撰的产物，它就处于别处的世界。[1]

也许我的保留意见让我显得度量狭窄，因为我从自己所抵制的批评中获益匪浅。但我常想，如果文本以空间理论为依据，会发生什么呢？特别是支配文学研究的那三"种"空间：城市、庄园和道路。进一步我又想，当这些空间在历史力量的作用下发生变化，情况又会如何？因此，尽管这本书不是关于文学理论或其他什么理论的著作，但它确实出自对批判性研究的思考。想要创造一个物质性文本并将此文本根植于知识和文化传统中——也就是历史中——的愿望，使我第一次走上了将城市概念化的道路。

起初，我只满足于从不同的文本中抽象出一种城市"现实"。但不久我就意识到，问题远比指出笛福（Defoe）相信"这个"、麦尔维尔（Melville）相信"那个"要复杂。他们都通过一套能预先决定作品文本的叙述成规而写作，并且都引起了一场文学运动。当那些成规变得陈腐过时，往往会被戏仿并遭到摒弃，到那时，更新颖的手段（如乔伊斯和T·S·艾略特所使用的手段）就开始登上历史舞台。 罗兰·巴尔特（Roland Barthes）在把我们带进他的叙述迷宫之前，告诉我们，没有唯一的现实主义（Realism），只有**不同的现实主义**（*realisms*），每部小说都创造自己的现实系统。 如果真是如此，那么，从这些文本中浮现出的城市形象，将也是一个更大的叙事现实的一部分。 那么，如何才能通达那些对城市各不相同的表述（representations）①，或者我在本书中所说的"再现"（re-presentations）呢？ 有一段时间，我将叙事模式理论作了一番系统的梳理，从小说的兴起，到喜剧现实主义、浪漫现实主义、自然主义、现代主义和后现代主义，我发现每一种模式都提供了一种关于现实（包括城市）的完全不一样的看法。 我渐渐发现，随着历史和文化发生变化，包括与城市发展密切相关的商业、工业到后工业领域的变化，文学要素也被重新概念化了。 这样，在文学给城市带来想象性现实的同时，城市的变化反过来也促使文学文本发生改变。 这种共享的文本性——文学文本与城市文本的共生——成为本书方法论的基础。

xv

我对城市的兴趣，使我选择的方向稍有不同。 在西方文明中，城市已经成为不可磨灭的纪念碑，所以当我们看到它所引起的知识分子的怨恨时，可能会感到惊讶。 在欧洲，这种怨恨的代表是让-雅克·卢梭（Jean-Jacques Rousseau）；在美国，其代表是杰斐逊（Jefferson）。 尽管杰斐逊的城市理念早已被汉密尔顿（Hamilton）所超越，但杰斐逊的理想依然左右着庞德、菲茨杰拉德、福克纳（Faulkner）、多斯·帕索斯（Dos Passos）②，以及南方"重农派"（Southern agrarians）③的看法。 菲茨杰

---

① representation 也译为"描绘"、"代表"，在强调其构词法（re + presentation）时，直译为"再（次）（呈）现"。 ——译者注

② 多斯·帕索斯（1896—1970），美国小说家，代表作有"美国三部曲"，包括《北纬四十二度》《一九一九年》和《赚大钱》。 ——译者注

③ "重农派"，美国现代南方作家组成的一个松散文化团体，又称"逃亡者派"。1930 年，以"逃亡者派"为主体的 12 个南方作家撰写的专题论文集《我要表明我的态度》出版。 这些文章的主旨都是以南方农业社会为尺度来评价、批判现代美国资本主义社会。 他们认为旧南方庄园制农业社会是能够使人全面健康发展的"有机"社会，而北方现代工业社会则是"刺激与萧条"交替出现的"弱肉强食的投机园地"。 ——译者注

拉德清醒地看到，那个理想只存在于一个已经耗尽的过去，像盖茨比（Gatsby）这样的美国人，注定以悲剧的方式演完这出戏。大西洋两岸的其他作家，目睹城市引发了极端个人主义的兴起，后者接着又被大众人①取代。他们看到群体（crowd）②固有的危险，因为群体会迅速转变为乌合之众（mob）③。在防止民族国家走向极权主义的历史时刻，个人主义和乌合之众都是无法预测的威胁。城市一度是启蒙的理想，后来却遭到浪漫思想、现代思想和后现代思想的质疑。在城市中所体验到的"家"的感觉，被相反的感觉——"无家可归"（unhomely）感——取代，这个词表达了一种诡异（uncanny）感④。这种感觉常体现为局外人、他者、神秘的陌生人，或人群中的孤独者等形象，这些形象最早的原型是狄俄尼索斯（Dionysus）⑤。城市或许已经替代了荒野，但大自然的野性从未被城市完全压抑，本书所研究的，就是那些在城市迷宫中既显现又隐藏着的东西。

在本书的写作过程中，我受到多方的恩惠：在 1978 年至 1979 年和 1988 年至 1989 年期间，我分别获得了古根海姆基金会（Guggenheim Foundation）奖学金和加州大学的"校长奖学金"，在此我要深表感谢。非常感激如此慷慨地为我的阅读提供方便的各大图书馆，特别是加州大学洛杉矶分校的大学研究图书馆的全体职员。我还要感谢为我提供插图的哈佛大学设计学院弗朗西斯·洛布图书馆。在本书撰写的各个阶段，以下各位通读了书稿或阅读了其中的部分章节，他们是：爱德华·

xvi

---

① "大众人"（mass man），指构成大众社会的假设性典型人物，受大众标准化信息化传播左右的普通的、无个性和无责任感的人，与其相对应的概念是"个体人"（indvidual man）。——译者注

② crowd 也译为"人群"、"群众"。——译者注

③ mob 在有的地方也译为"群氓"。——译者注

④ uncanny 一词来源于弗洛伊德，与其对应的德文是 unheimlich，英文又译为 unhomely，德文原意兼有"熟悉的"与"神秘的"两种意思，弗洛伊德用这个词来形容那种熟悉而又让人感到神秘和恐怖的东西，因此这里把它译为"诡异（的）"。Unhomely 与 unheimlich 的对应关系，在于 home 与 heim 都表示家、熟悉之意，在弗洛伊德看来，前缀 un-象征着压抑。详细论述参见弗洛伊德《论神秘和令人恐怖的东西》，中文版收入《论文学与艺术》（"精神分析经典译丛"），国际文化出版公司 2001 年版。——译者注

⑤ Dionysus，也译为"狄奥尼索斯"（本书中统一为"狄俄尼索斯"），古希腊神话中的酒神，其形容词一般译为"酒神的"。——译者注

4

卡拉汉（Edward Callahan）、罗伯特·克鲁斯（Robert Kruse）和文森特·佩科拉（Vincent Pecora），在此深表谢意。感谢那些通过谈话和通信给予我帮助——这种帮助大大超出他们自己的意料——的各位，尤其是丹尼斯·多诺霍（Denis Donoghue）和雷·莱恩（Ray Ryan）。对于那些鼓励我将自己的想法写成会议论文或向书刊投稿的人，尤其是唐纳德·皮泽（Donald Pizer），我也要表示由衷的感谢。感谢加州大学洛杉矶分校英文系各位同仁的协助，特别是詹妮特·吉尔基逊（Jeanette Gilkison）。感谢加州大学出版社的支持和帮助，特别感谢詹姆斯·克拉克（James Clark）和威廉·默菲（William Murphy）。罗伯特·梅茨格（Robert Metzger）、艾丽丝·福尔克（Alice Falk）、埃里卡·伯基（Erika Büky）诸位为本书的编辑和校对出力颇多，在此一并致谢。感谢我的妻子安（Ann），若无她的爱和陪伴，此书的写作将是一次漫长的孤旅。

注 释:

[1] 参见斯坦利·费什（Stanley Fish）的《这门课里有文本吗?》(*Is There a Text in This Class?*，1980）和理查德·布瓦里埃（Richard Poirier）的《别处的世界》(*A World Elsewhere*，1966）。

第 一 编

阅读城市/阅读文本

第一章

城市与文本

一

过去三百年，城市决定着我们的文化命运（fate），成为我们个人和民族命运（destiny）①不可分割的部分。作为启蒙运动的产物，都市主义（urbanism）②占据西方文化的核心位置，是政治秩序和社会骚乱的根源所在。因此，城市也构成知识兴奋和挑战的源泉。本书所要关注的，是从城市起源至今日，人们将城市概念化的各种方式，重点是作为启蒙建构物的现代城市的兴起，以及自18世纪到当代的文学和文化对那种观念的反应，即不满的种种范式。

我的结论是，城市是都市生活加之于文学模式和文学模式加之于都市生活的持续不断的双重建构。我将现代城市划为三个持续的发展阶段：商业城市、工业城市和"世界级"城市（"world stage" city）。同时我认为，城市的兴起与形形色色的文学运动、尤其是与小说和继之而起

① 第一个"命运"fate，有时也译为"宿命"，侧重指人力无法挽回、不可避免的消极命运；第二个"命运"destiny，往往指预先注定的命运，但暗示某种积极的结局，后文中有时也译为"天命"。为示区分，本书中凡fate译为"命运"的地方均附原文。——译者注

② urbanism一般指"城市居民的生活方式"、"城市生活研究"、"城市化、城市规划"等。为了综合所有这些意思且保持表达上的简洁，并考虑到该词的构词法，本书中统一把它译为"都市主义"。——译者注

的叙事模式——喜剧现实主义、浪漫现实主义、自然主义、现代主义和后现代主义——的发展有着千丝万缕的联系。 这些叙事模式本身又包括一些更次级的小说体裁，如乌托邦小说、哥特式小说、侦探小说、外省青年小说、帝国冒险小说、西部小说、科幻小说以及反乌托邦小说。

4　　在描绘这幅文学潮流的发展图景时，我大体上（但并非完全）按照年代的顺序来展开。 这样的描绘当然也从空间的角度展开，比如从欧洲（集中于伦敦和巴黎）到美国（集中于纽约），再横穿北美大陆（以对洛杉矶的讨论作结）。

　　城市课题过于复杂，不能化约为两三个主题。 因而，在本书中我同时拉出了几条线索，让不同的意义之链彼此穿插，相互照应。《文学中的城市》一书的环状结构是城市本身环状结构的反映，这一环状结构由一系列同心圆组成：最里面的一环追述城市的历史，特别是现代城市的历史；外面的一环涉及城市被描绘的方式；中间作为连接的一环则考察各种文学和城市运动——这里有我们所熟悉的现代主义等文学概念，在现代主义文学中，城市主题成为一个决定性的问题。

　　当克里斯托弗·雷恩（Christopher Wren）①为建设新伦敦而起草一份计划（1666 年），企图以伦敦交易所（Royal Exchange）替代圣保罗大教堂（St. Paul's cathedral）作为新的城市中心时，他的设想只不过是反映了实际上正在发生的变化而已。 丹尼尔·笛福为我们描绘了这座新城市，它是一个因商业需求而结合的实体。 笛福为这座城市给新阶级提供了一种新的生活方式而欢呼，而狄更斯（Dickens）却看到，这一进程已经变得如此物质主义（materialistic）②，它使人心肠变硬，越来越冷漠无情，并改变了我们以人为本③的感觉，我们的共同体感觉。 狄更斯是这一都市转变的卓越记录者，他重申了社会共同体的重要性，并试图通

① 　克里斯托弗·雷恩（1632—1723），英国数学家、建筑师和天文学家。 ——译者注
② 　materialistic 一般译为"唯物主义（的）"，因在本书中其含义主要是"只注重物质实利的"，所以译为"物质主义（的）"。 ——译者注
③ 　"以人为本（的状态）"原文为 human scale，直译即"人的尺度"，指在尺寸规模和方便舒适等方面与人相适应。 后文根据情况，个别地方也译为"人的尺度"。 ——译者注

过多愁善感的人物(他们相信心地的善良可以战胜它所面临的邪恶)和侦探之类的新都市观察者,把世界重新带回到以人为本的状态。 他还意识到新的世俗性神圣处所的缺位,家庭生活变得越来越不可预测——温馨已经让位于诡异。 对新城市的救赎归于失败,因为取代社会共同体的是不知姓名的陌生人,温情因大法官庭和"拖拖拉拉部"①而消耗殆尽。作为最后一位喜剧现实主义作家,狄更斯信仰一个以道德维系的世界,但是因为城市世界已经变得非常复杂,埃丝特·萨默森(Esther Summerson)这种人物的作用不再令人信服②,喜剧现实主义已经耗尽了其意义。

　　随着庄园的没落,青年一代涌进城市寻找自己的天命。 在那里,巴尔扎克(Balzac)满怀抱负的男主人公遇上了伏脱冷(Vautrin),这个新时代的拿破仑,充满力量,为自己立法,他预示着尼采(Nietzsche)的超人和陀思妥耶夫斯基(Dostoyevsky)的拉斯柯尼柯夫(Raskolnikov)。 当狄更斯在《艰难时世》(*Hard Times*)中处理工业城市的兴起时,这一主题已经在自然主义文学中得到最具说服力的描绘,特别是在欧洲大陆的左拉(Zola)、英国的吉辛(Gissing)和莫尔(Moore)、美国的德莱塞和弗兰克·诺里斯(Frank Norris)那里。 左拉在他的《卢贡-马卡尔家族》(*Rougon-Macquart*)系列小说中记录了那场席卷而来的变化。 小说写于1871年至1893年间,内容涵盖了整个第二帝国时期(1851—1871)。 虽然左拉写的是外省,但他小说的中心却是巴黎,他笔下的人物纷纷来到那里寻求本质的自我(essential self)和权力(power)。 在描绘新兴工业城市的兴起及由它所催生的无产阶级方面,可能还没有哪位现代作家能超过左拉。 在美国,德莱塞和诺里斯也描绘了当城市走向帝国时,城市和工业力量的相同表现。

5

---

　　① 　"大法官庭"(Chancery),原为英国的大法官法庭,以诉讼时间长而闻名,现为高等法院的一部分。 这里指狄更斯《荒凉山庄》中的大法官庭,参见狄更斯《荒凉山庄》,黄邦杰等译,上海译文出版社1981年版。"拖拖拉拉部"(Circumlocution Office),直译即"兜圈子办公室",典出狄更斯《小杜丽》,参见狄更斯《小杜丽》,金绍禹译,上海译文出版社1998年版。——译者注
　　② 　埃丝特·萨默森,狄更斯小说《荒凉山庄》中的女主人公,作者把她写成一个心地善良多愁善感的人物。——译者注

虽然人们经常认为浪漫派作家对城市没有好感甚至心怀敌意，但事实上，情况并非总是如此，我们可以从浪漫现实主义作品中发现这一点。在浪漫现实主义作品中，城市会被叠加上一种神话式的建构，从而可以用象征、宗教或神秘的语言来解释它的意义。浪漫主义的第二阶段是现代主义，在这一阶段，原先浪漫主义关于城市的旧观点又以新的文学技巧传达出来。当现代主义作家引进新的主观性形式时，城市的意义变得越来越隐晦，以至于我们非得剥开层层相叠的历史意义才能看见城市，否则根本就只能看到它那模糊而晦涩的幻影。

在帝国中心，对首都城市(capital cities)的要求使它们的中心被削弱了，这在柯南·道尔(Conan Doyle)和布莱姆·斯托克(Bram Stoker)的小说中有所描绘。这一变化使得莱特·哈葛德(Rider Haggard)之类的通俗小说家回过头去求助于原始的真理，不过约瑟夫·康拉德(Joseph Conrad)对此表示怀疑，他看到了在原始社会和文明社会中都存在的破坏性因素之间的难以觉察的联系，而现代城市正竭力掩盖那种因素。无论是康拉德还是艾略特，都从坟墓的角度看待现代城市，把它看作是城市的已死或至少是没落的形式。这样的观点同样可以在马克斯·诺尔道(Max Nordau)①、亨利·布鲁克斯·亚当斯(Henry Brooks Adams)②、赫尔曼·黑塞(Herman Hesse)③、奥斯瓦尔德·斯宾格勒(Oswald Spengler)④[以及后来的阿诺德·汤因比(Arnold Toynbee)⑤]等社会评论家那里看到。

随着城市变得越来越趋向物质主义，文学想象中开始出现针对它的敌意，这一敌意与对启蒙价值的不信任携手而至。从拉尔夫·沃尔多·

① 马克斯·诺尔道(1849—1923)，出生于匈牙利的德国医生、政论家、作家，著有政论《退化》、小说《感情的喜剧》等。——译者注
② 亨利·布鲁克斯·亚当斯(1838—1918)，美国著名历史学家和文学家，曾在20世纪初体验了工业革命的成果后写下《论教育》一书。——译者注
③ 赫尔曼·黑塞(1877—1962)，瑞士著名诗人、小说家，1946年获得诺贝尔文学奖，著有《彼得·卡门青》《在轮下》《荒原狼》《玻璃球游戏》等。——译者注
④ 奥斯瓦尔德·斯宾格勒(1880—1936)，德国现代哲学家、历史学家，著有《西方的没落》等。——译者注
⑤ 阿诺德·汤因比(1889—1975)，英国史学家，著有《历史研究》等。——译者注

爱默生到拉尔夫·沃尔多·艾里森(Ralph Waldo Ellison)①,作家们笔下的物质城市已经与精神能量切断了联系。然而托马斯·品钦不接受这种二分法的观点,他清空了艾略特为过去赋予的神话意义,剔除了笛福的先验能指,将自己的人物置于永恒的当下时刻,在这里,除了持续不断的都市能指游戏和文化上的刺激,他们被切断了与一切事物的联系。在品钦的城市中,难以被心灵把握的诡异感、神秘感在发挥它们的作用,在那里被建立起来的是各种奇怪的联系,它们要么出自精神分裂者的奇思怪想,要么出自都市的阴谋诡计。

所有这些都市景象都说明,在现代城市的表面之下,涌动着像我们血液一样古老的力量。这些力量有着多种多样的形式。狄俄尼索斯是城市中破坏性力量的体现,他的精神后来体现为狂欢,再后来体现为神秘的陌生人和人群中的人,最后,用弗洛伊德的诡异理论来说,体现为"被压抑者的重返"②。自然灾害同样威胁着城市。最后,城市摆脱了的东西会化为另一种力量从内部威胁着它。西方世界的大多数作家和思想家不得不与城市妥协,并在每一时期为我们提供一种能够揭示我们隐秘的文化价值的城市身份③。城市就像一出戏剧,通过这出戏剧,城市展现了它所有的内涵。这出戏剧的背景,起初是启蒙运动改造过的欧洲,然后是提供了一个新耶路撒冷的美洲大陆,再之后是美国的荒野和边疆,正是在这样的背景上,城市才呈现了自己的意义。

二

城市史是一个相当晚近才出现的学科。早在柏拉图(Plato)的《理想国》(*Republic*)和奥古斯丁(Augustine)的《上帝之城》(*City of God*)

---

① 拉尔夫·沃尔多·艾里森(1913—1994),美国黑人小说家。1952年以长篇小说《看不见的人》一举成名,1970年获法国文学艺术骑士奖章。——译者注
② "被压抑者的重返"原文为return of the repressed(来自德文 Rückkehr des Verdrängten),也译为"被抑制物的复返",弗洛伊德以此指一种过程:从未被压抑作用完全消灭的被压抑的元素借此过程在妥协的形式下以变形的方式重新出现。——译者注
③ "身份"原文为identity,有时也译为"同一性"。——译者注

等著作中，我们就可以发现对城市理念的简单涉及，但那些著作关注的是良好的生活，只不过那种生活也受人们所在地方的影响。 在约翰·斯托(John Stow)描绘文艺复兴时期伦敦或瓦尔特·比桑特(Walter Besant)描绘19世纪伦敦的文本中，我们也可以发现对城市的历史记述。不过，最早将城市作为主题之一或完全以城市为主题的著作，都出自早期的社会学家之手，如马克斯·韦伯(Max Weber)、爱弥尔·涂尔干(Emile Durkheim)和乔治·西美尔(Georg Simmel)。

对城市进行概念化的方式有三种，研究新城市①的历史学家们各有侧重。 有些人把重点放在现代城市的起源上，这些评论家中最重要的是奥斯瓦德·斯宾格勒和刘易斯·芒福德。 他们发现，一旦城市与孕育万物、充满活力的大地失去联系，就会出现一种短路(short-circuiting)。斯宾格勒接过西美尔对城市的描绘，重新制造了另一种形式的农业神秘主义。 通过对比乡村与城市，他主张人类生活的根应扎于土地之中。由于与滋养自己的外界源泉切断了联系，城市成了一个封闭的熵增系统，这导致了文明的没落：为理性而牺牲本能，为科学理论而牺牲神话，为货币的抽象理论而牺牲物物交换。 另一些城市史学家则聚焦于他们所相信的所谓现代城市的物理法则。 例如，罗伯特·E·帕克(Robert E.Park)就认为城市是依照自己的法则从外部被组织起来的。他的同事欧内斯特·W·伯吉斯(Ernest W.Burgess)形象地阐释了这一点，他说城市像一圈圈的同心圆一样生长。 第三类城市史学家将关注点放在城市对其居民的影响上，关注当城市成为一种心灵状态时所产生的后果。 我前面提到，斯宾格勒就对这个问题很感兴趣，但他从来没有像韦伯、涂尔干和西美尔那样，对此有系统的关注。 韦伯基本上是一个社会行为主义者(social behaviorist)，他从制度机构②的角度来看待城市，并通过其突出的功能来定义城市。 而涂尔干则认为，每一种城

7

---

① 这里的"新城市"是相对于启蒙运动之前的旧城市而言的，指现代城市。 ——译者注
② "制度机构"原文为"institution"，也译为"机构"、"制度"。 ——译者注

市都创造一种心灵状态。 他主张每一种文化都会建立一些规范以调节人们的行为，那些规范会内化为人们的个性的一部分。 他论证说，随着新的工业化社会的到来，手工生产者开始退出历史舞台，新教教义所带来的对个人主义的强调，使人们产生一种疏离①感和无助感，这导致了自杀人数的攀升。 随着个体变得越来越私人化，越来越专注于自我，现代主义试着发明一种替代品——比如艺术——来取代丧失了的原始冲动，特别是取代宗教和共同的信仰。 西美尔也创造了一种现代都市人的类型学，他认为现代都市人受到强烈的神经刺激，变得感觉迟钝，与人交往的方式也变得务实。 而这又反过来使人们只注重别人的工具作用，人的关系成了第二位的而非第一位的，人们更在乎功用和效率，也就是说在利用亲情或其他关系为自己服务时变得更精明。 韦伯强调的是经济因素，而西美尔注重的是心理因素。 但这些新兴的都市专家们有一个共同的信念，都认为现代人在巨大的压力下，害怕成为多余的人和无名之辈。

历史学家们力图用概念系统解释城市，作家们却借助于想象系统。《荒原》(*The Waste Land*)对现代城市的描绘与斯宾格勒的观点极为相似；罗伯特·帕克的机械城市模型与德莱塞的《嘉莉妹妹》(*Sister Carrie*)也如出一辙。 艾略特和斯宾格勒关注当城市与自身之外的活力源泉失去血脉联系时，会发生什么后果；德莱塞和罗伯特·帕克关注掌控城市这一自我封闭系统的物理法则；西美尔和涂尔干的关注点在于，当城市由里到外都变得越来越盲目时，那些法则对人的精神的影响。在品钦的小说《拍卖第四十九批》(*The Crying of Lot 49*)和《万有引力之虹》(*Gravity's Rainbow*)里，控制感已经不复存在，取而代之的是对城市这架机器的恐惧，当"奇爱"(Strangelove)②技术将核武器组装到火箭上时，城市居民变成多余的人和无名之辈，陷入高度的神经紧张之

---

① "疏离"原文为 alienation，一般也译为"异化"。 ——译者注
② Strangelove 典出库布里克执导的电影《奇爱博士》(*Dr.Strangelove*)，后人也用 Strangelove 指代"核战争狂"。 ——译者注

中——他们流露出某种不满，而这种不满起源于那曾一度是启蒙理想的东西。

8　　逐一考察与本研究主题有关的主要作家，我们发现，城市和关于城市的文学有着相同的文本性，也就是说，我们阅读文学文本的方法与城市史学家阅读城市的方法相类似，我们共享着基于以下假设而形成的对城市的建构：这些假设或是机械的、或是有机的、或是历史的、或是未确定的与非连续的。从笛福到品钦，阅读文本一直是阅读城市的一种形式。

三

随着城市在物理结构上变得越来越复杂，观察它的方法也就越来越困难，个体在与它的关系中也变得越来越被动。当人类有剩余的食物允许存在任务的多样性（diversity）时，城市就产生了。多样性是城市得以产生并存在下去的关键，但多样性也是城市花园中的"毒蛇"，它威胁着城市系统的秩序，制造无序和混乱。当城市不断扩展，伸向穷乡僻壤，并最终以帝国的名义超越自身时，对城市中心的要求就变得更多了。伴随工业城市而来的是都市污染和都市贫民窟，高耸的烟囱成为一种生活方式。都市人群，流动多变，让城市生活愈加不可预测。

当城市随其功能的变化而变迁，在工作种类与人口组成上变得越来越多样化时，它的中心也变得更为复杂。那种多样性不可避免地导致"他者"，这个"他者"，作为城市的一种要素，通常是少数分子，被视为"外在于"城市共同体。但用"神话—原型"理论来说，这个"他者"的具体体现就是神秘的陌生人——在早期城市中是狄俄尼索斯形象，一位从内部瓦解城市的不知何来的神秘人物。在后工业城市中，迷信①或神

———————

　　①　"迷信"原文为 cult，也译为"膜拜（仪式）"、"崇拜"、"狂热的崇拜者"。——译者注

秘组织(如品钦的特里斯特罗)①接替了这种破坏性功能。　我们从艾略特的荒原、菲茨杰拉德的灰谷、托马斯·品钦的特里斯特罗邮政帝国中可以看到,城市摆脱了的东西,化为另一种从内部威胁着它的力量,与此同时,熵②替代了某种末世感。

　　城市经常以转喻的方式现身,比如体现为人群。　我们通过人群看见城市,不论是艾略特和波德莱尔笔下的僵尸般的行路人,还是狄更斯、左拉、德莱塞、韦斯特和艾里森笔下充满暴力的乌合之众。　无论其规模如何大小不同,人群都占据着 19 世纪和 20 世纪都市小说的中心位置。　在欧仁·苏(Eugène Sue)的小说《巴黎的秘密》(*The Mysteries of Paris*)中,鲁道夫(Rodolph)带着仆人,跟随一群人,走在夜晚的街道上,结果救了一位年轻姑娘(后来发现这位姑娘是他丢失的女儿),使她免遭伤害。　在《拍卖第四十九批》中,奥狄芭·马斯(Oedipa Maas)从人群中选择了那位邮差,尾随他穿过旧金山的街道,直到他把她送回她原先出发的地方。　一路的七拐八折,真实再现了后现代城市的迷宫。

　　每一类人群都提供一种阅读城市的方式。　在欧仁·苏所描绘的场景中,观察者可以克服人群的匿名性;与此相反,奥狄芭发现城市难以阅读,它只是一系列自我反射式的符号,自我指涉,将自己封闭在自我的阐释循环中。　从笛福到品钦,阅读城市的方式为阅读文本的方式提供了线索,城市理论和文学理论之间互为补充。　因而,我们可以指望通过城市——从其起源开始——去揭示一种特殊的意义。　而这些意义的光谱——无论是真实的还是猜想的,就是本书的主题。

---

①　特里斯特罗(Tristero),品钦小说《拍卖第四十九批》中的地下邮政帝国。　——译者注

②　"熵"(entropy)是根据热力学第二定律引出的一个反映自发过程不可逆性的物质混乱程度的参量。　根据热力学第二定律,与环境没有能量交换的孤立系统,总是自发地向混乱度增大的方向变化,整个系统的熵值总是增大,此即熵增原理。　详见本书第八章。　——译者注

第 二 编

启蒙的遗产

第二章

从神话到控制

一

城市是人与自然相遇的地方。 城市许诺一种能调控环境、征服自然力量，并在一定程度上控制自然的途径。 最早的城市被建立起来，是为了满足其居民的基本需要：拜神祭祖、获得安全感、在共同体中寻求安慰等等。 在大约五千年前，居无定所的部落感到有必要围绕一个中心定居下来，那个中心可能是他们便于埋葬死者并进行祭拜的地方。这样的中心需要保护起来，于是就有了城堡。 大多数城市史学家都认为，在人们能生产出剩余食物之前，因为还不存在工作和社会功能的多样化，所以不可能产生城市。 剩余食物的存在，也会使一个部落与其他共同体之间发生贸易关系。 当口头交流满足不了需要，或者老年成员无法传达信息给超出其年岁所及的子孙后代时，城市就需要一套记录系统，于是城市随着书写文字——刘易斯·芒福德称之为"永久性的记录方式"（*City in History*，97）[①]——的发展而兴起。

由于城市的需要，三种原始的机构产生了：寺庙、要塞或城堡，以及集市。 在早期的象形文字中，城市的表意符号由一个"十"字外

---

① 括号中引用文献页码均为原版页码。 参见中文版刘易斯·芒福德《城市发展史——起源、演变和前景》，宋俊岭、倪文彦译，前引，第104页。 ——译者注

加一个圆圈构成（Lopez，27—28）。"十"字代表道路的交叉，圆圈代表城墙或护城河，它划出了一个空间的界限，城市居民共同居住在里面，受到保护，出此界限，则需要寻求另外的保护。寺庙的意义来源于那方土地的神话，那些神话解释了且声称控制了土地的丰收、动物的繁殖和女性的生育。尽管寺庙由祭司掌管着，但其功能却与雌性的繁殖过程有关，因而寺庙经常少不了雅典娜这样的女神。城堡则属于男人的世界，出于战略考虑，它通常建在山上（比如雅典卫城），或建在河流入口处或港口。城堡就像是护城墙，护卫着整座城市。街道的交叉口，是各路人马聚集之地，揭示了人对他人的需要，这种需要本来有神圣的含义，在从索福克勒斯的《俄狄浦斯王》（*Oedipus Rex*）到陀思妥耶夫斯基的《罪与罚》（*Crime and Punishment*）等文学作品中，都可发现那些神圣含义的痕迹。但到后来，神圣的需要让位于更世俗的活动，十字路口就成为集市所在地，或某条贸易通道上的贸易中心。

十字路口往往是河道的延伸。城市大多数都出现于大河的河谷中，比如伊拉克的幼发拉底河和底格里斯河，埃及的尼罗河，巴基斯坦的印度河，中国的黄河等。即便在北美那样城市出现较晚的地方，上述说法也一样适用。蒙特利尔、纽约和旧金山都位于主要河流的河口，每座城市都是货物集散地，都将一个大河谷——圣劳伦斯河谷、哈得孙河谷、中央谷——与一个更大的经济世界连接起来。历史记载中最古老的城市，都位于美索不达米亚的幼发拉底河和底格里斯河之间。

河流所到之地，便有生命产生。在河谷四周，人们群聚而居，在肥沃的土地上劳作，于是城市在农田环绕地带出现。最早的神话也显示出，城市从江河之流中获得生命。早期巴比伦的神话称，城市从水和混沌中产生。起初，只有混沌和两种水——淡水阿普苏（Apsu）和盐水提亚玛特（Tiamat），接着诞生了拉赫姆（Lahmut）和拉哈姆（Lahamu），他们的孩子则构成天地间的一切，包括一位天神安努（Anu）、一位掌握空气和土地的神恩利尔（Enlil）、一位水神埃阿（Ea）。 可能是因为他们的井然有序引起了阿普苏和提亚玛特的憎恨，最后爆发了一场战争，水神埃阿之子马杜克（Marduk）①打败了提亚玛特。 这个神话故事形象地再现了城市的起源。 一旦建立，城市就是力量②的贮存器，就是物质秩序和控制的源泉。 然而，正如埃阿和提亚玛特的故事所示，混沌与秩序相互争斗，物质性的机构永远不可能完全控制神话性的东西，有序也永远不可能完全控制无序。

从最早的时期开始，城市就包含精神的和物质的两种力量。 随着城市的力量日益壮大，它经常能将力量扩展到自己的神，有时将自己的神抬升到众神庙诸神的最高位置。 而反过来，被抬升的神也将权威授予那位国王，让他以自己的名义行事。 汉谟拉比（Hammurabi）统治下的巴比伦（公元前 1792—前 1750）就发生这样的事，那时马杜克被尊奉为主神。 汉谟拉比像所有精明的统治者一样，宣称自己的统治受到神的支持。《汉谟拉比法典》刻在一根黑色的石柱上，石柱顶端是一座国王从马杜克那里接受法典的雕像。 马杜克至高无上的位置得到所有占领巴比伦的统治者承认，他们中有加喜特人（Kassites）、亚述人（Assyrians）、迦勒底人（Chaldeans）、波斯人（Persians）和马其顿人（Macedonians）。 当尼布甲尼撒二世（Nebuchadnezzar）将他的犹太俘虏带回巴比伦时，马杜克——在阿拉姆语（Aramaic）中被称为贝尔神（Bel Lord），在希伯来语中被称为巴尔（Baal）——成为被憎恨的象征，并被记录进《旧约》中关于亚哈（Ahab）的故事中，这种情况，或许正如马杜克的塔庙（ziggurat）之于《圣经》中的巴别塔（Babel）。

巴比伦具有苏美尔人城市的绝大多数特征。 城市中央（*libbi ali*）是寺庙。 因为国王是高级祭司，所以最初也居住在寺庙中。 后来，随着他的宗教功能被高级祭司取代，国王就住进皇宫。 皇宫一开始建在寺庙区内，后来只是紧挨着它。 在那些神圣的围墙之外，是城市的二级

①　马杜克，古代巴比伦人的主神，原为巴比伦的太阳神。——译者注
②　"力量"原文为 power，也有"权力"、"能力"、"能量"等意思。——译者注

城区，其外则由被称之为城门（*babtu*）的另一些围墙包围起来。 这些城门既是城堡，又是行政办公场所。 城门之外，就是农田，后者为城市提供食物和各种原材料。

巴比伦人的寺庙是对他们所依靠的自然力量的纪念，它将丰收神话仪式化了。 那些神话揭示了人与大地之间有灵性的感应与联系。 城堡跨于城墙之上，成为后者的一部分，贯穿着整个下城区（lower city）。城墙和城门的规模、设计，以及它们所展示出来的气派，象征着该城市的地位。 到最后，国王的皇宫移到城门里，他的卫戍部队也驻守在那里。 港口或集市成为城市的交叉地带，这不仅是因为那里人群聚集，还因为来自各种文化的观念在那里相互交流。 这使得城市变得富裕，同时也使它充满活力。

每一个区域都有自己的功能和仪式，但所有的功能和仪式都归结到寺庙的重要性上。 马杜克庙有七层金字形神殿，高达三百英尺，直耸云霄，顶端的房子装着蓝色的玻璃窗，里面就是圣坛。 一条圣道从这座寺庙伸出，穿过伊什塔尔门（Ishtar Gate）①和外面的城墙，直通另外一处叫做"新年礼拜堂"［the New Year's Chapel（*bit akitu*）］的圣坛。每年一次，国王经过这条路去往该圣坛，在那里，他将自己所有高贵的荣耀都抛弃，卑微地又是拍脸又是揪耳朵，跪祈于城市之神面前——这里即马杜克面前。 也就是在这一天，与这种丰收仪式相一致，马杜克死而复活，以示收割结束，下一轮播种即将来临，也以此辞别旧岁，迎来新年。 即便城市远离了田野，它仍然承认自己对它的依靠，正如它依靠潮起潮落的江河、流转不息的日月。 城市成为这种依靠的象征性载体，这既体现在它的寺庙建筑上，也体现在以诸神来命名街道的方式中。 在早期城市，显然是象征性想象在起作用，城市从宗教与神话中获得自己的意义。

16

---

① 巴比伦城有八个城门，分别用八位神的名字命名，最著名的是北门，以巴比伦神话中掌管战争和胜利的女神伊什塔尔命名。 ——译者注

二

我们的城市传统，一路来自近东，一路来自古希腊。 有意思的是，古希腊城市起源的模式与美索不达米亚、埃及、以色列等地的模式很相似。 这类城市可追溯到青铜时代(约公元前 2800—前 1100 年)克里特岛(Crete)米诺斯人的宫廷城镇。 那里的部族首领比爱琴海地区其他部族首领富有得多，他们建造了更富丽堂皇的房子(后来叫"宫殿")，并坐镇克诺索斯(Knossos)①这样的中心进行统治。 1876 年，考古学家海因里希·施里曼(Heinrich Schliemann)②在克里特发现了公元前 16世纪的皇室墓穴，比荷马所描写的时代还要早。 1900 年，另一位考古学家阿瑟·埃文斯(Arthur Evans)③在克诺索斯发掘到更早的宫殿，让世人了解到到那时为止所发现的最大的青铜时代中心区。

在大陆，首批较大的聚居地位于迈锡尼(Mycenae)。 由于在特洛伊战争时期它是阿伽门农(Agamemnon)④富有的家乡，荷马对它做过较详细的描绘。 荷马告诉我们，那是独立宫廷王国中最先进的，其他的独立宫廷王国，还包括希腊西海岸的派洛斯(Pylos)，卫城(Acropolis)上的雅典，希腊大陆的底比斯(Thebes)以及塞萨利(Thessaly)的伊奥科斯(Iolcos)，后者是传说中阿喀琉斯(Achilles)⑤的故乡。 在其最繁荣的时期，迈锡尼似乎已经与特洛伊交过战了，这意味着在这之前它就具有了扩张主义模式。 这场战争为荷马的史诗提供了历史根据。 公元前 1300

---

① 克诺索斯，克里特北部的一个古城，位于现伊腊克林附近，被认为是传说中米诺斯王的王宫。 ——译者注
② 海因里希·施里曼(1822—1890)，德国著名考古学家，他通过考古证明了特洛伊城的存在。 ——译者注
③ 阿瑟·埃文斯(1851—1941)，英国著名考古学家，曾任牛津阿什莫尔博物馆馆长，致力于希腊考古，尤以在克里特岛发掘出克诺索斯王宫遗址而闻名于世。 ——译者注
④ 阿伽门农，特洛伊战争中希腊军队的统帅。 ——译者注
⑤ 阿喀琉斯，荷马史诗《伊利亚特》中的英雄，珀琉斯和西蒂斯之子。 ——译者注

17　年之后①，北方部族开始了对希腊的渗透，迈锡尼文化走向衰落。 随后多里安人(Dorians)侵占了伯罗奔尼撒(Peloponnesus)，爱奥尼亚人侵占了大陆。[1]

　　迈锡尼崩溃之后，宫殿文明被消灭，文化再次回到古老的按部落原则组织起来的村落水平。 这一情况直到铁器时代来临才有所改观。 由铜和锡锻造的青铜比较难生产，而铁的生产则宣告了自足的、族长制村落的出现，其基础是由家庭扩展开来的部落、宗族、种族等亲缘关系。这些村子的中心往往是筑有防御工事的小山头(就像雅典一样)，人们围绕山脚落户而居。 城邦(city-state)②最终由此产生。 城邦的中心有两大政治机构：行政长官和议会，前者行使国王或首领在祭祀、战争、司法方面的功能；后者则发展了部落的集体主义传统。 当土地贵族巩固了自己的权威，国王的权力就衰弱了。 在向外扩张的时期，当殖民地拓展到黑海和地中海地区时，贵族们变得越发强大。 殖民地提供了价值不菲的原材料和新的市场，刺激了经济的扩张。 但是，随着重心从土地向贸易转移，贵族们又丧失了更大的权力。 这一变化预示着新的民主形式的到来，它包括一部约束国家权力的宪法、行政长官的选举，以及权力移交议会。 雅典变得越来越强大，在公元前499年至前479年的战争中，它击败了波斯，达到了发展的全盛时期。 但雅典又成为自己胜利的牺牲品，因为这个新帝国的扩张削弱了中心。 在伯罗奔尼撒战争(公元前431—前404年)中败于斯巴达之后，雅典再也未能恢复从前的地位。

　　雅典的历史概括了大多数城市的兴衰。 雅典作为阿提卡的中心，为各种更民主的活动和法律的自由化开拓了空间，比如，那些并非贵族
18　出身的人也可以竞选公职。 城市与乡村呈现出一种共生的关系，在政治、经济、文化方面都相互促进。 但在内部，在拥有土地的贵族与要求权力的新兴商人之间也发生抵牾。 最后，过剩的人口，特别是那些

　　① 原文为"After 1300"(1300年之后)。 ——译者注
　　② city-state直译即"城市国家"，与后文中"民族国家"(nation-state)、"世界国家"(World State)相对应。 ——译者注

想要获得自己土地的农民，开始向外殖民。 到公元前 500 年，希腊诸城邦已经抑制了一个强有力的城市中产阶级（bourgeoisie）。 从公元前 800 年至公元前 500 年①，在乡村农业经济——它使得土地贵族的财富得到巩固——的基础上，经济活动更加活跃了。 到公元前 500 年，广场或说市场开始占据主导地位，阶级财富也发生转移，正如清教革命（Puritan revolution）时期新的商人阶级兴起时在英国所发生的那样。

每一次"革命"，都是对城市的一次"再现"②。 巴比伦、雅典和伦敦在不同的时期提供了不同的历史经验，又共享着相同的形态学要素。 城市穿越历史，历经了不同的城市化模式。 比如从乡土文化走向商业文化，就经历了神权的衰落和市民机构的增强。 埃斯库罗斯（Aeschylus）在其《俄瑞斯忒亚》三部曲中，清楚地展现了这一过程。 其中，欧墨尼得斯（Eumenides）控告奥瑞斯忒斯（Orestes）杀死他母亲克吕泰涅斯特拉（Clytemnestra）及她的情人埃癸斯托斯（Aegisthus）一案，最终是在法庭解决，而非像以前那样，用冤冤相报的世代仇杀来解决。 有意味的是，梭伦（Solon）确立司法观念之时，正值雅典从极端的贵族制转向民主制的历史关头。

尽管城市渴求秩序，但原始能量是无法被压抑的。 这一点在狄俄尼索斯神话中，特别是在欧里庇得斯（Euripides）的作品中得到体现。 从雅典被流放两年之后，公元前 406 年，75 岁的欧里庇得斯客死于马其顿。 在他的创作中，有一部戏剧叫《酒神的伴侣》（*The Bacchae*），其字面意思是"被酒神巴克科斯（Bacchus）附体的妇女"。 该剧讲的是一位神让整个城市疯狂起来，诱惑城市的国王穿戴得像妇女一样，鼓励城市里的妇女赤手空拳将国王斯打得不成人形。 欧里庇得斯将故事安排在比他早 2 400 年的底比斯（Thebes）③，那是传说中古希腊英雄的时

---

① 原文为 From 800 to 500（从 800 年至 500 年）。 ——译者注
② representation 也译为"描绘"、"代表"，在强调其构词法（re + presentation）时，直译为"再（次）（呈）现"或"重新表述"。 ——译者注
③ 底比斯，上埃及古城，濒临尼罗河，位于今埃及中部，从公元前 22 世纪中期到公元前 18 世纪曾繁荣一时。 ——译者注

代。 一个陌生人(狄俄尼索斯)出现在这座城市(这是"神秘的陌生人"情节的先驱),并宣称自己是神。 他说自己是宙斯(Zeus)的儿子,乃底比斯的一位凡女塞墨勒(Semele)所生。 狄俄尼索斯领着彭透斯(Pentheus)穿过底比斯城中心,越过城墙,来到未被驯服的荒野(荒野总是城市的威胁),在那里将彭透斯杀害。 剧中有两群妇女:一群是狄俄尼索斯的忠实追随者,她们从东方的小亚细亚一直跟随而来;另一群是底比斯本地人,她们参与杀害了国王。 国王的母亲阿高厄(Agaue)完全为狄俄尼索斯所惑,领导了对彭透斯的攻击,因为她认为他是一头山岭野狮。 狄俄尼索斯的母亲塞墨勒的形象,可以追溯至石器时代,尽管她是从小亚细亚(西土耳其)——在那里人们把她当作地母来敬拜——引进到希腊来的。

看起来狄俄尼索斯一直作为神,先在克里特的米诺斯人中,继而又在希腊本土阿伽门农统治下的迈锡尼人中闻名。 在克里特有一位半牛半人(bull-man)的神,后来希腊神话认为他就是狄俄尼索斯。 因为狄俄尼索斯既有神的形体又有动物的本性,就成了连接自然中被分裂了的存在之间的桥梁。 有些希腊神话认为,人类的献祭有可能都是供奉给狄俄尼索斯的。 比如,普卢塔克(Plutarch)[①]记载说,由于害怕波斯入侵雅典,人们力劝国王将青年男子献祭给食肉的狄俄尼索斯(Dionysus Flesh-eater)(Evans,40,46,50)。 阿瑟·埃文斯从欧里庇得斯那里找到了狄俄尼索斯崇拜的历史:"它起源于克里特地区对一位年轻植物神的狂欢式崇拜,后以对酒神巴克科斯和雷亚(Rhea)[②]祭拜的形式流传到小亚细亚,最后以狄俄尼索斯和萨梯(satyr)[③]的面目进入希腊。 在所有它落脚的地方,对它的信仰都伴随着同样的狂欢仪式,而且这种信仰以神圣的一对——即心醉神迷的儿子和他年迈的母亲——为中心。"正

---

① 普卢塔克(约46—119),罗马帝国时期希腊传记作家,著有《希腊罗马名人传》。 ——译者注
② 雷亚,克罗诺斯的姐姐和妻子,季米特里、海兹、赫拉、赫斯提、波塞冬及宙斯的母亲。 ——译者注
③ 萨梯,希腊神话中一个被描绘成具有人形却有山羊尖耳、腿和短角的森林之神,性喜饮酒,贪恋女色。 ——译者注

如母亲以各不相同的名字出现，儿子也以不同名字现身：狄俄尼索斯、巴克科斯、萨巴齐奥斯（Sabazios）、克里特人（Cretan）、宙斯（Zeus）（Evans，65—66）。

在公元前 6 世纪某一时期，雅典人兼并了艾琉西斯（Eleusis）①城，城中供奉着黑山羊偶像。每年三月，人们在可容纳 1.7 万人的会场举行庆典，祭拜狄俄尼索斯。庆典期间，狄俄尼索斯合唱团走上舞台，面向观众进行朗诵。这一活动就是悲剧和喜剧的源头：其中悲剧来源于其所朗诵的 tragoidia，意为"山羊之歌"；喜剧来源于 Kōmoidia，意为"狂欢之歌"。剧院从这些活动中诞生了，尽管古希腊的庆典活动从来都没丧失它的宗教意味。因而在公元前 6 世纪，对狄俄尼索斯的崇拜导致了悲剧、喜剧和萨梯剧（satyr plays）的诞生，萨梯是一个滑稽粗俗的恶魔，其来源可追溯至古米诺斯文明（Minoan civilization）。埃文斯说："在关于狄俄尼索斯的神话和仪式中，既体现了对活生生的自然连续性的感受，又体现了把人的个性看作一种——深深根植于宇宙非理性力量的——有机体的观念"（61，80—81）。随着城市的发展，城市居民与自然之间的联系日益变弱，他们不再与大地、动物接触，也丧失了年复一年的周期感，结果产生了对狄俄尼索斯的反动，因为正是他将所有这些领域联结在一起。最终，对狄俄尼索斯的崇拜由居住于城市边缘的人承继下来（我们在品钦的《拍卖第四十九批》中的地下神秘组织特里斯特罗那里，可以发现它的当代遗迹）。神被制度性权威的力量压 20 制着，被驱逐入地下世界（underground），成为被边缘化者的慰藉，同时也预示着城市的反叛。反叛可能来自郊区的耶稣，也可能来自罗马帝国中心的基督徒。

企图给自然强加某种秩序，其作用总有局限。局限性具体表现在狄俄尼索斯身上，他总是以不同的面目重新出现：狂欢节或化装舞会上戴面具的参与者、神秘的陌生人，以及人群中的人。尽管吸血鬼的传

---

① 艾琉西斯，希腊东部的一座古代城市，位于雅典附近，是艾琉西斯秘密仪式的所在地。——译者注

说来自不同的神话系统，但它也承载着同样的功能：吸血鬼德拉库拉（Dracula）由至少三个妇女搀扶着，在夜晚如僵尸般行走，神出鬼没地进入维多利亚女王时代的伦敦，使之陷入一片混乱之中。在现代城市，古代神话让位于神秘故事。

三

对于城市历史来说，古希腊城邦意义重大，与此同样具有意义的是罗马所历经的另一种发展秩序。从地理学角度来说，罗马具有人们在早期城市中所见的所有要素：它坐落于意大利西海岸的中心，台伯河（Tiber River）上游15英里，河中央有座小岛，可以充当一个十分有利的桥头堡。周围有七座小山，都在海拔200到300英尺之间，它们构成城市的天然屏障。最终在意大利定居下来的部族来自不同的地方。公元前3000年，进入新石器时代的农夫们越过亚得里亚海，在它的东南岸安居落户。公元前1800年，来自中欧的移民定居于波河流域，并将意大利带入青铜时代。至公元前1700年，从现在的匈牙利地区来到意大利北部的移民给当地带来了先进的农业技术、动物饲养经验和青铜工具。从公元前1000年至公元前750年，韦兰诺瓦人（Villanovan）促成了从青铜时代向铁器时代的转变。及至公元前500年，这些史前期的群体又被后来的移民所改造。

起初，罗马的权力掌握在国王手中，他们大约从公元前750年到公元前500年统治着罗马。但后来地主阶级日益强大，诞生了贵族阶层，篡夺了国王的权力。当意大利各团体与罗马结盟以抵御北部高卢人和南部萨姆尼人（Samnites）的入侵时，上述贵族政府的权力得到进一步加强。在布匿战争（Punic Wars，公元前264—前146）①中胜利之

₂₁

————————

① 布匿战争，指公元前264年至前146年发生在罗马与迦太基之间的三次战争。——译者注

后，罗马成为真正的城市中心，它吸引着一批农业人口，扩大了生产基础，海外利润也增长了，不久就支配了整个地中海地区。 新的贵族阶级在巩固权力的同时，还尝试了几次不成功的或短命的土地改革［比如由提比略·格拉古（Tiberius Gracchus）和他的兄弟盖约（Gaius）领导的改革］。 但是，大地主的力量过于强大，直到公元前88年，他们的地位还未受到挑战。 不过，由于所领兵卒越来越多地从海外招募，罗马将军们开始可以挑战前者的权力。 因而就有了类似于苏拉（Sulla）①等恐怖政权的独裁统治（公元前82—前78）。 庞培（Pompey）②是一位很有才能的将军，也是皮塞嫩郡（Picenum）地区最大的地主之一，他巩固了军队和贵族的权力，并且通过与另一位杰出的将军恺撒（Julius Caesar）和贵族克拉苏（Crassus）结盟（历史上第一个三人寡头统治，史称"前三头"），使得这一权力得到扩展。 作为回报，恺撒获得位于波河流域的高卢省和法兰西的统治权。 恺撒在那里起家，征服了剩下的其他地区，包括后来的法国、比利时、荷兰、德国和瑞士。 之后，恺撒与庞培决裂，越过卢比孔河，于公元前47年杀回罗马。 但他过分沉迷于集权，最终于公元前44年引起一场阴谋政变，丢掉了性命。 13年后，奥古斯都（Augustus）③打败安东尼（Antony），开创了持续250年的罗马城和罗马帝国的伟大时代。

奥古斯都使罗马建筑得到发展：他广修道路（长达60 000英里）和沟渠。 由于水泥的发明，他创造了工程奇迹，因为水泥不同于石灰胶泥，它遇水就能凝结。 他还引进埃及人以365天为一年的太阳历，代替不可靠的罗马阴历。 他大量裁军，控制了元老院，建立了罗马与其

---

　　① 卢西乌斯·科内利乌斯·苏拉（公元前138—前78），古罗马政治家、军事家、独裁官。 公元前88年，他率领军队进入罗马城，从他的对手马略手中夺取了政权。 ——译者注
　　② 庞培（公元前106—前48），古罗马将军和政治领导人。 他与恺撒和克拉苏一起组成了三人寡头统治（公元前60—前50），但后来被恺撒击败并在埃及被谋杀。 ——译者注
　　③ 指盖维斯·屋大维·奥古斯都（公元前63—公元14），罗马帝国第一任皇帝（公元前27—公元14），恺撒的甥孙和养子。 他于公元前31年打败安东尼及克利欧佩特拉，然后得到了整个帝国的统治权，公元前29年称皇帝，并于公元前28年被授予"奥古斯都"称号（意为"神圣伟大"）。 ——译者注

他省份之间的交通，创造了一个连接整个帝国各小型城市（每个城市大约有 5 万人口）的网络。 他的最大遗产就是为此后 250 年的和平生活——尽管其间也时有内部冲突——打下基础。 然而，生活的安逸导致了自我满足。 一遇边防吃紧，军队就会扩充。 但正如佩特罗尼乌斯（Petronius）①在他的《萨蒂利孔》（*Satyricon*）中所揭示的，衰败的种子早在尼禄（Nero）②时代（公元 37—68）就种下了。 尼禄将公元 64 年的罗马大火归罪于基督教徒，于是开始迫害他们，随之而来的是大规模的屠杀［塞内加（Seneca）③也在屠杀中丧生］，这一切激起了新的反叛。 内部的腐败与冲突只不过加剧了来自外部的威胁。

22　**四**

　　当罗马帝国于公元 410 年陷落时，同时代的历史学家很自然地倾向于去责怪基督教。 他们可以指出，自从基督教成为国家宗教之后一百年，罗马帝国就完蛋了。 奥古斯丁（Augustine）④以他的著作《上帝之城》回击了罗马帝国毁于基督教的指责。 针对基督教的彼岸世界（otherworldliness）削弱了对帝国的现实需要的说法，奥古斯丁回应说，是道德的堕落搞垮了罗马。《上帝之城》是最早的历史哲学著作之一。 古希腊人把历史看作是循环的，历史不会通往任何终点或任何终极目的。 但奥古斯丁认为，历史是直线性的，起于上帝创造天地，经过基督的降

---

　　①　佩特罗尼乌斯（27—66），古罗马作家和朝臣，被认为是《萨蒂利孔》的作者。 ——译者注
　　②　尼禄，罗马皇帝（54—68），他早期的统治由其母阿格丽皮娜操纵，后他杀妻弑母，异常残酷。 有人认为 64 年的罗马大火是他操纵的，但爱德华·吉本反对这种说法，见吉本《罗马帝国衰亡史》，黄宜思、黄雨石译，商务印书馆 1997 年版，上册第十六章。 ——译者注
　　③　这里指小塞内加（Lucius Annaeus Seneca，约公元前 4—公元 65），罗马哲学家、悲剧作家、政治家，著有悲剧《美狄亚》《俄狄浦斯》等，是罗马诗人、修辞学家卢西乌斯·安牛顿·塞内加（前 54？—公元 39）的次子。 ——译者注
　　④　奥古斯丁（354—430），早期基督教教父及哲学家，曾任主教（396—430 年），著有《忏悔录》《上帝之城》等。 ——译者注

临和救赎(以圣灵显现的方式),最后通达上帝之城。 亚当的堕落改变了人的本性,也改变了人的意志,使人将自身看作是自己的中心,将历史看成是循环:罪孽深重的道路注定要重复。 对奥古斯丁来说,这样的循环性忽视了作为基督恩典的救赎能力,而后者能让我们自身之外的爱重新确定方向,使历史沿直线前行,带我们走向永生。 正如肉体必须与灵魂相结合,人类之城也必须与上帝之城相联系。 只有人类的城市促使正义与和平发扬光大,它才与上帝之城的精神之爱和谐一致。

上帝之城是无形的城市,只有在历史的终点才见真相(奥古斯丁拒绝将上帝之城视同教堂,或将人类之城视同堕落的罗马)。 那些在神圣而无形之城中的人,将通过历史体验到人类之城带来的苦难,但由于他们被上帝选中,所以他们终将获得成功。 奥古斯丁的想象无疑是末世论的(apocalyptic)①:上帝之城只有在生命结束之时才能实现。 随着该隐(Cain)②的出生,有两种城市在人类社会显现自身,该隐是人类之城的一员,而他的弟弟亚伯(Abel)则属于上帝之城。 奥古斯丁将古希腊与罗马的历史嫁接到了《圣经》中。 他发现,一旦《旧约》从希伯来文译成希腊文,犹太人的思想与古典思想就汇合到了一起。

奥古斯丁就这样以宗教的语言"再现"("re-presenting")③了神话的城市:神话成了基督教的教义,一旦教义发生变化,城市的理念也随之变化。 我们随着奥古斯丁主义基督教的直线时间,从创世的开端走向最后的审判,恰如《启示录》中所预示的那样。《圣经》确立了时间上的两个点,人类必须经过其间,从一端到达另一端。 奥古斯丁的时间理论框架成为历史编纂学的基础,至少在爱德华·吉本之前是如此。 后来许多关于城市的说法都回到这样的再现(re-presentation):通过世俗城市所进行的追求,要么终于巴尔扎克笔下拉雪兹神父公墓(Père Lachaise),

23

---

① apocalyptic 也译为"启示(录)的",下文中的《启示录》原文即 apocalypse。 ——译者注
② 该隐,《圣经·旧约》中亚当和夏娃的长子,杀害其弟亚伯。 ——译者注
③ 这里的"re-presenting"和下文的"re-presentation",也可译为"重新表述"。 ——译者注

要么被投射于未来［乔伊斯的布卢姆撒冷理想国（Bloomusalem）］，要么被人（比如马克思）指责为掩人耳目的把戏。 因而，奥古斯丁似乎对西塞罗的共和国（*res publica*）思想作了重大修正。 西塞罗认为，共同体（community）的形成，基于对法律和利益的共同认可。 而奥古斯丁认为，堕落的人没有能力创造那样的城市和谐。 他保留了柏拉图的国家的理想，但又修正了它，使它成为在时间的终点可以实现的基督教目标。

文艺复兴时期的人追随奥古斯丁，与古典的循环时间观决裂，代之以进步的观念。"文明"（*civilization*）一词，乃启蒙的用语，它指示了历史运动应该遵循的方向。 其信仰是：历史有其目的。 爱德华·吉本退回到循环的历史观，将罗马视为最辉煌的历史之环的顶点，并认为罗马的衰亡是一个高度文明的社会被基督教从内部所削弱，最终毁于外来势力的历史。 源于犹太人对基督教的痴迷、狂热、激情，以及对来世的承诺——诸如此类的极端的宗教观念，无形中削弱了罗马人作为公民的美德，导致了罗马的衰亡。 吉本的观点与《酒神的伴侣》中彭透斯所持的观点相类似：狂热导致无序，痴迷招来混乱。 吉本的观点虽然有点奇怪，但他的观点正是狄俄尼索斯神话的一种再现，不同的是，现在是基督徒们扮演了狄俄尼索斯的角色。

帝国的兴衰是任何城市历史的重要主题之一。 是否存在着一套模式来解释雅典、罗马、耶路撒冷、亚历山大、维也纳和伦敦的兴衰，可以暂且不论，但任何对帝国的讨论都必须从对城市起源的认识，从城市与自然的联系及其与土地的关联方式等方面入手，并同时要关注商品生产对农业生产的取代、城市阶级的兴起，以及该阶级的力量与财富在帝国时代的终结等方面。 这些似乎是帝国的破坏性质。 任何一座重要城市都会在一定时期把重心从土地经济转移到商业经济，随这些转变而来的是历史上尽人皆知的激进变革，如清教徒革命、法国大革命，以及美国南北战争。 伴随这些变革，中产阶级（middle class）开始兴起，出现了国家银行和新的货币体系，议会制和更民主的统治形式产生了，但通常以中央集权化的权力帝国主义（power-imperialism）告终，其最近发展是极权主义。

文学想象已经处理过这类历史进程。福楼拜（Flaubert）的《萨朗波》（*Salammbô*）、乔伊斯的《尤利西斯》（*Ulysses*）、艾略特的《荒原》、庞德的《诗章》（*Cantos*）和《致普罗佩提乌斯》（*Homage to Sextus Propertius*），威廉·卡洛斯·威廉斯（William Carlos Williams）①的《培甘尼》（*Pagany*）和《克拉在狱中》（*Kora in Hell*），所有这些作品都将古代城市与现代城市叠加在一起，抛弃奥古斯丁的直线性时间，代之以对历史的循环观解释。这样的解释与庞德的"重复"（repeat）和艾略特的"正在倾坍的塔"（falling towers）的主题刚好一致，也与现代记忆和城市的"再现"范式相一致。

五

5 世纪至 15 世纪，城市在西方文化中处于低谷时期，尽管在 7 世纪时期也有加洛林王朝（Carolingian dynasty）的崛起。公元 800 年，丕平（Pepin）之子查理曼（Charlemagne）被加冕为帝王，并将帝国带入全盛期。待他儿子路易一世（Louis I）去世后，加洛林帝国便根据《凡尔登条约》（*Treaty of Verdun*，843）一分为三，再也未能恢复过来。与大多数帝国不同，加洛林王朝并没有给后人留下一座值得纪念的首都城市，亚琛（Aachen）②远远无法与雅典和罗马相媲美。

在刘易斯·芒福德看来，6 世纪至 11 世纪是中世纪最伟大城市的衰落期，尤其是在 8 世纪至 11 世纪撒拉逊人（Saracen）③和维京人（Viking）④

---

① 威廉·卡洛斯·威廉斯（1883—1963），美国诗人，被称为美国后现代主义诗歌的鼻祖，著有长诗《佩特森》，该诗被美国诗人罗伯特·洛威尔称为"我们时代的《草叶集》"。——译者注
② 亚琛，靠近比利时和荷兰边境的德国西部城市。相传查理大帝于 742 年出生于此地，后来他将此地定为他的北都。——译者注
③ 撒拉逊人，原为叙利亚附近一游牧民族，后特指抵抗十字军的伊斯兰教阿拉伯人，现泛指伊斯兰教徒或阿拉伯人。——译者注
④ 维京人，或海盗，从 8 世纪至 10 世纪劫掠欧洲北部和西部海岸的斯堪的纳维亚人。——译者注

入侵的所谓"黑暗越发浓重"的时代(*City in History*，249)①。 关于中
世纪城市的衰落，有几种解释：罗马帝国的衰败瓦解了城市化所必需的
政治统一；封建主义恰好不需要中央政权，因为领主为个人提供了更高
当局无法给予的保护；此外，教会谴责商业利润和高利贷。 因而结果
是，根据亨利·皮朗(Henri Pirenne)的说法，自加洛林王朝伊始，商人
阶层就主要是犹太人，"以至于'犹太人的'(*Judaeus*)一词与'商业
的'(*mercator*)一词意义几乎相同"(Pirenne，11)。[2]

25　　文艺复兴为新型城市提供了一种模式，后者将改变中世纪的构思。
芒福德认为，托马斯·莫尔(Thomas More)的《乌托邦》(*Utopia*，
1518)是这一转变的先驱。 莫尔悲叹行会过度专业化所带来的等级分明
而又相互敌对的状况。 由于预见城市人口的可能增长，他认识到需要
有更大的城市，也需要有标准化的建筑。 他还看到城市地区与农业地
区加强合作的需要，因为他意识到，这两个地区的对峙已经造成农村减
少农作物供应，从而抑制了城市的发展。 莫尔预言了哈伊津哈(Huiz-
inga)在《中世纪的衰落》(*The Waning of the Middle Age*，1924)②中所
持的观点。 哈伊津哈也强调从宗教文化到人文主义文化的转变。 例
如，他看到，贫穷成了一种社会罪恶而非圣徒的美德。 关于骑士气概、
关于典雅而彬彬有礼的浪漫爱情，以及关于死亡的观念的变化都有迹可
循。 例如，爱情开始获得其自身的意义，而不再是两个封建家庭之间的
某种协议。 田园诗(the pastoral)也产生了变化，寓言被象征取代，在
象征的各要素之间有了更神秘的联系(Huizinga，162，186)。 这些变化
有许多都在文化上得到反映，同时被莫尔吸收进他的乌托邦理念中。

　　尽管从罗马衰亡到文艺复兴期间城市发展的速度有所减缓，但在人
文主义的影响下，城市发展又开始加快。 后面我们还将看到，当启蒙
运动的全新城市观念产生后，变化将更为惊人。

_____

　　① 参见刘易斯·芒福德《城市发展史——起源、演变和前景》，前引，第266
页。 ——译者注
　　② 中文版参见哈伊津哈《中世纪的衰落》，刘军等译，中国美术学院出版社1997年
版。 ——译者注

注 释:

[1] 希腊分为几个地区：北部有塞萨利；中心有福基斯（Phocis）[主要城市是德尔斐（Delphi）]；福基斯西南是皮奥夏（Boeotia）（主要城市是底比斯）；皮奥夏东南有阿提卡（Attica）（主要城市是雅典）；阿提卡西面是科林斯地峡（the Isthmus of Corinth）；希腊南部是伯罗奔尼撒（主要城市是斯巴达；伯罗奔尼撒其他重要城市还有东北的迈锡尼和中心西部的奥林匹亚）。 荷马史诗中的英雄都是来自这些地区或其他地区的部族首领[墨涅拉俄斯是斯巴达王，阿伽门农是迈锡尼王，阿喀琉斯是塞萨利的佛提亚（Phthia）与赫拉斯（Hellas）的领主，尤利西斯是伊萨卡岛的王]。

[2] 皮朗的看法支持了马克斯·韦伯的观点，后者将清教主义与资本主义的兴起联系在一起，并认为清教主义为资本主义提供了从教会的教义中无法找到的稳定性。 然而，刘易斯·芒福德对皮朗关于中世纪城市生活的概括提出了质疑，因为皮朗"不承认没有形成长途贸易并拥有大批商业中产阶级的城市社会也是城市，所以他对城市概念规定得太武断了"（*City in History*，255）。

第三章

城市与庄园

一

中世纪—文艺复兴时期的伦敦终结于 1666 年 9 月 2 日（星期日）凌晨两点整的一场大火。大火从伦敦布丁巷烧起，整整烧了五天，待到烟消火灭，乔叟（Chaucer）和莎士比亚（Shakespeare）的伦敦即永远消逝了。然而余烬未凉，克里斯托弗·雷恩就设计了一个新伦敦，该设计原本将伦敦交易所定为城市中心，华丽的林荫大道从中心呈辐射状通往周边地区（见图1）。查理二世（Charles II）很喜欢这个设计，但却发现这个计划无法施行，因为那些地产权的价格高不可攀。虽说雷恩计划未果，但我们却可以从它那里看到意识形态方面的巨大转变：作为有圣坛居于中心位置的神圣墓地而建立起来的城市，即作为精神性的城市，已经转变为商业性城市，在东印度公司大厦（the East India House）的周围，是英格兰银行（the Bank of England）、皇家证券交易所（the Royal Stock Exchange），以及其他商行和会计师事务所。正是这个新的商业化的伦敦，使得一群新人崛起了，他们因做生意而发财，或通过其他投资而致富，后者是那些借钱生钱的人，比如伦敦交易所的创立者托马斯·格雷沙姆（Thomas Gresham）及银行家约西亚·彻尔德（Josiah Child）之流。

图1 1666 年大火之后雷恩的伦敦重建设计图。图中是现今伦敦城的近郊。雷恩的设计直观地让我们看到,城市的精神方面正让位于物质方面。

图片来源:哈佛大学设计学院弗朗西斯·洛布图书馆。

这群人是促使英国从封建社会转向商业社会的文化革命的一部分。封建制度与市场规则完全不一样:佃户交租乃是因为地主的势力所迫。在马克思和恩格斯看来,封建时代是古代奴隶社会与现代资本主义社会之间的中间阶段。 资本主义肇始于商业资本,即为西班牙、葡萄牙、荷兰、英国和法国的崛起立下汗马功劳的海外贸易和殖民运动。 与此同时出现的,是有利于奴隶贸易的快速帆船、贵金属和简单的制造业。商业带来了利润盈余,而孕育资本主义的盈利则与城市密不可分。 立足于乡土的世界被城市所取代,原先从土地契约中产生的财富让位于由城市商业贸易所带来的财富。 与这种转变随之而来的是社会机构的转变:议会开始挑战国王的权力;国家银行和证券交易所则表明财富成了商业过程的一部分。 城市作为那些活动展开的中心,在权力的天平上胜过了乡村。

社会和文化制度方面所发生的根本变化,得到了哲学假定(philo-

27

sophical assumptions）①方面的根本变化的补充。 这一点，我们可以从弗兰西斯·培根（Francis Bacon）的《广学论》（*Advancement of Learning*，1605）中看到。 培根感到有必要从古希腊罗马的思想统治中走出来。他期望一种经验哲学（empirical philosophy），一套科学的方法论，以及对自然史（科学的基础）的强调，即希望用建立在物质基础上的系统取代柏拉图的唯心主义和亚里士多德的三段论推理。 在《新工具论》（*Vovum Organum*，1620）一书中，培根提出，理解自然的最好方法是归纳的和经验的方法，因而他的书是对亚里士多德《工具论》（*Organon*）一书的直接回应。 在这组讨论逻辑性质的文章中，亚里士多德指出，理解自然的最佳途径是通过演绎的形式。[1]培根的结论是：人必须先理解自然，然后才能支配它。 知识与力量、认识论和经济学在人那里相遇。 一旦经验的思维方式挑战了象征的方式，神话的至高地位就也受到挑战，宗教的领域与商业的领域也便分道扬镳了。 机械论哲学（mechanistic philosophy）和经验主义是资本主义在知识上的侍女，它们与资本主义同时诞生。

　　资本主义是一个物质过程，它与建立在有形的生产、分配、消费基础上的投资—市场体系中的货币运作联系在一起。 资本主义体系是处于运动中的物质的经济对应物。 亚当·斯密（Adam Smith，1723—1790）和大卫·李嘉图（David Ricardo，1772—1823）都认为，这一体系所遵循的原则可以像自然规律那样被发现，并且资本主义的原则与自然规律一样是自主的。 斯密认为，生产的市场体系——它是封闭的、自我供能的——是经济进步的关键。 他区分了两种体系，一种以追求盈利为基础（利润驱动的），另一种只是提供维持生计所需，也即区分了资本主义与封建主义。 李嘉图则以斯密的结论为起点，将利润看作是资本主义体系的关键，不过他又认为，随着资本主义的发展，利润将会下降。 实际上，是对新大陆的发现和新技术的发展维持了利润的上升。

---

　　① 　assumption 也译为"假设"、"前提"。 ——译者注

一旦风险减少，利润就下降。 但由于损失率也降低，所以平均起来还能维持不变。

利润盈余使城市成为商业世界，催生了银行这样的城市机构。 在此之前，随着制造业的兴起和商品沿着中世纪贸易路线的流通，银行已经在意大利诞生。 金匠们借出自己的黄金作为扩展形式的信用（extended credit），这使得人们可以通过信用进行金融交易——对贸易账单贴现或再贴现，于是地方商人突然发现自己也在从事银行业务。 信用是货币的补充，有效地扩大了资本供应。 英格兰银行应处理国家债务而设立，货币供应以黄金储备和有控制的信贷为基础。 通过扩大和紧缩信贷，英格兰银行控制了生产—消费—利润—信贷这一循环活动。

该体系的运转以黄金为基础。 如果黄金外流，银行则收缩信贷基数；如果黄金涌入，则扩大基数。 黄金外流意味着出口少于进口，信贷收缩是以充分就业、物价和工资上涨，以及股票交易市场强劲为标志的无需扩张的信号。 因此收缩可以保护黄金，稳定物价。 这一体系很管用，由于加利福尼亚、俄罗斯和南非金矿的发现使黄金量增加，可获得的货币量也得以增加。 而由于大不列颠获得了更多的黄金，使它能够扩大国际信贷，为世界经济的发展提供了动力。 信贷体系一直延续至 19 世纪末，当时因为再也找不到新的金矿，可获得的黄金总量趋于稳定。 由于黄金供应量受到限制，持续扩张的国际经济受到抑制，在一定程度上，这解释了 1893 年至 1929 年间发生的一系列世界经济萧条。 信贷、生产和贸易过程正受制于世界现有的黄金总量。 因此，最终必须放弃黄金标准。 而一旦放弃黄金标准，以"国民生产总值"作为国内市场货币量的基础，世界贸易和信贷又再次起飞，甚至带来了更大的市场和国际资本主义的新循环。

在以上关于经济学和新城市的讨论中，丹尼尔·笛福是一个重要人物，因为他见证了乡土文化向城市文化的转变。 在《道地英国商人》（*The Complete English Tradesman*，1726）一书中，笛福如此描绘新兴的商人阶级："我们的商人是君主，甚至比一些拥有主权的君主地位更

29

高，权力更大。"他还将这一新兴商人阶级的"巨大财富"与土地贵族财富的减少进行了对比。 在很大程度上，正是这一新兴阶级致使莱斯特（Leicester）、布卢姆斯伯里（Bloomsbury）①、梭霍（Soho）、红狮（Red Lion）、圣詹姆士（St.James）等地区诞生一批新的城市豪华住宅，它们由贝德福德（Bedfords）、哈利（Harleys）、波特兰（Portlands）、波特曼（Port-mans）、格罗夫纳（Grosvenors）等家族建造。 这些豪宅之于城市，正如庄园之于乡村。

虽然伦敦还是以前的伦敦，但那里已经有了新的咖啡馆，除了有其他用途之外，咖啡馆还是商业活动的票据交换所，一如劳埃德（Lloyds）②是商业保险的票据交换所。 每座咖啡馆吸引着不同的顾客群，但那些招待新的商业投资者的咖啡馆，同时也提供商业信息（诸如轮船的起航与到达，股票行情表之类），因而在实际上扮演了最早的报纸的角色。 更正式的报纸不久就问世，成为城市之声。 到 1700 年、1750 年、1800 年，伦敦的人口分别达到 575 000、675 000、900 000，占英格兰和威尔士人口总数的 10% 以上。 进入 19 世纪后不久，伦敦就成为西方世界第一座居民超过一百万的现代城市。

丹尼尔·笛福或许最有说服力地赞颂了现代城市的诞生，他还描绘了由于宗教与世俗之间分离成两个独立的领域，不再相互纠缠而运行得很好的状况。 笛福的鲁滨逊·克鲁索（Crusoe）毫无困难地就能把它们分为两个领域。 一方面，他喜欢读《圣经》，并随处看见上帝的迹象：他认为地震和自己的病与上帝有关，自己后来在荒岛上的发迹也是上帝的安排。 另一方面，为了兴旺发达，鲁滨逊又必须借助于经验理性，去学习怎样种玉米，怎样不惧海潮去打鱼，怎样建造窑洞以及如何烧制

① 布卢姆斯伯里是伦敦市区内的一个区，位于内伦敦的西北角，弗吉尼亚·伍尔芙曾居住于该区。 区内有大英博物馆和伦敦大学学院等英国众多高等学府。 20 世纪初，艺术家、文人和上流人士经常聚集于此。 ——译者注

② 指英国商人爱德华·劳埃德（Edward Lloyd, 约 1648—1713）1688 年在泰晤士河畔的塔街开设的劳埃德咖啡屋，因临近一些与航海有关的机构如海关、海军部和港务局，而成为商人、经纪人和银行高利贷者等交换信息之地；又因保险商聚集于此与投保人接洽保险业务，而逐渐成为经营保险业务的中心。 后发展为著名保险人组织"劳合社"。 ——译者注

陶器等等。 鲁滨逊的经验主义增强了他的科学头脑。 最终他还是把自然看作是遵循一定规律的东西，并且那些规律由于可重复，所以能被人所认识。 通过那些规律，他洞察到自然如何运转，获得了控制它的手段。 这种控制感催生了鲁滨逊的权力感，随后，当他管理日益增长的商业机构时，也催生他对财富属于自己的主张。 在小说《鲁滨逊漂流记》（*Robinson Crusoe*，1719）中，笛福已经预见到商业城市的兴起，并概括了前都市伦敦（preurban London）的历史：伦敦是一座以各种复杂的方式运用金钱和技术的城市，它已经成为国家的中心，不久将成为帝国的心脏。

换句话说，笛福的思想与启蒙运动的思想非常接近。 后者成为现代城市的基础，并吸收了（也压抑了）城市的神话性质。 启蒙运动所信奉的，是通过理性的力量可以最好地理解并指导生活。 所谓理性的力量，也就是能使人获得理解自然运行原理的经验方法。 这种理解最终带来的是一套法则①，这套法则既被用于解释自然，也用于商业及后来创造出新的财富形式的工业开发。 启蒙运动是一次革命运动，它将我们从乡土世界带入城市世界；从庄园王国带入新的由金钱主导的秩序王国；使我们从对天生的权利（birthrights）的信仰转向对自然权利（natural rights）②的强调；从对国王神圣权威的服从转向对议会和民主政府的服从；使我们从通过土地得来的财富，转向通过国家银行和证券交易所等新兴机构的运行而得来的商业和工业财富。 启蒙运动反对教权、王权，也反对贵族政治，因为人类现在已经获得理解自然与社会的手段，

———————

① “法则”原文为 laws，也译为“规律”。 ——译者注
② “天生的权利”原文为 birthrights，以往也有人译为“长子继承权”或“生有权”（“天生的权利”系参照《马克思恩格斯全集》中的译法），即因出生时的身份（如是否长子）等原因而来的权利，这种权利对应着封建等级制。“自然权利”（natural rights）以往也有人译为“天赋人权”，实际上是欧洲资产阶级兴起时，由格老秀斯、霍布斯、斯宾诺莎、洛克、卢梭等政治哲学家依据所谓“自然法”（natural law）而规定的权利。 虽然他们对国家形成之前的自然状态描绘各异，但他们都认为可以通过人类理性的反思得出一套“自然法”。 依据这套“自然法”，每个人都是天生自由平等的，都有保全自己生命和财产、追求个人幸福的“自然的”权利。 这种建立在形式平等基础之上而又承认并保护私有财产的权利，后来以系统的“法”的形式固定下来，并受到资产阶级国家机器的保障，成为“资产阶级法权”。 ——译者注

可以通过新的统治形式来创造平等的社会，使用新的技术来保证更安全的生活。 通过强调天生的权利向强调自然权利的转变，启蒙运动给予创造自我的权利和个人以更多的重视。 然而，这与宗教信仰并不冲突，因为理性的优先权并没有取代对造物主的信仰——后者所创造的理性宇宙正展现在我们面前。 不过，这样的看法与世俗话语还是难免不适应，因为世俗话语给经验主义、科学、技术、金钱等方面以优先权，给不久就与帝国主义的要求密不可分的对民族使命的信赖以更优先的考虑。 此外，启蒙思想倾向于机械论观点，比如霍布斯（Hobbes）的一些机械论观点就使宗教宇宙观面临危险的矛盾。 如果天地万物可以归结为运动中的物质，而这样的物质又完全遵循与科学规律不可分的物理过程，那么自然界也就不存在什么奇迹了，不再有超自然的力量可以打破物理规律。 如果事情果真如此，救赎者基督还有什么意义呢？如果所有的知识都是唯物主义的，那么所有的知识也就是可计量的。 在启蒙运动期间有一场百科全书运动，百科全书精神相信，知识可以分门别类地编目，可以用机械的方式按图索骥。

丹尼尔·笛福与这些观念的早期运用苦苦纠缠，尤其是那些关系到商业城市的运作方面的观念。 小说《鲁滨逊漂流记》概括了这样的历史过程：如在小说中一样，人们从孤立走向共同体，从个人权威到选出的政府，从荒野到原始农业社会，再进入一个初期的商业秩序世界。也就是说，人们从为生存而挣扎，经过封建主义（在这样的等级社会，人们生产东西是为了使用而非出售），迈进商业主义的大门。

自始至终，《鲁滨逊漂流记》都从精神和物质两个层面展开：鲁滨逊想到天上的和尘世的两位父亲；考虑天国的与人间的两种生存；关注两种时间——神的时间和自然的季节；致力于两种观察——一种记录神迹，一种则是更为经验的、能揭示自然运行的"第二动因"[①]。 他身上代表精神的那一半要求他注意神所显示的迹象，暴风雨、地震和疾病对

① "第二动因"（secondary causes），是指相对于"上帝"这个"第一动因"来说的。 ——译者注

他来说也确实带上了特殊的宗教意味。但同样重要的是，鲁滨逊也成了物理世界的杰出观察家，练就了一双富有经验的慧眼。通过对自然运行的观察，包括季节的变换、潮涨潮落的规律，他学会了何时播种、如何收获，怎样捕鱼、何时出海。对自然的了解，使得他对自然的支配能力达到一定的程度。当他从船上领回一些器具并自己动手制作了一些工具（如他自己烧的陶器）时，这种支配能力得到进一步的增强。在掌握了自然界的物理规律之后，鲁滨逊立即着手驯养动物，特别是岛上遍地跑的野山羊。当他掌握了物理世界与动物世界之后，又立即转而控制人类——先是"星期五"，接着是水手们。后者最终与鲁滨逊签订了一个洛克式的统治契约，赋予他凌驾于自己之上的权力。直到这个时候，鲁滨逊才离开了自己的小岛，回到文明世界。后来他返回岛上，替水手们把土地分成若干部分，允许其中一部分作为公共财产，但是"全部的财产权仍由我本人保留"，包括保留它们的买卖权（*Robinson Crusoe*, 237）。

　　鲁滨逊的故事引领我们迈入现代启蒙的门槛。他表明人类已经获得注重经验的头脑，可以孕育技术发展所需的新科学了，后者的最终成果是商业与利润，也即金钱。这些影响改变了中世纪—文艺复兴的世界。随着欧洲各大城市在新兴中产阶级如商人、小贩、投机者的影响下变为金融中心，世界从以封建采邑为基础，走向以城市为基础。正如笛福的小说所示，天生的权利被自然权利所取代。后者是指一个人有权在现世的父亲给予的自我之外，另外创造一个自我的权利，虽然他仍然从天上的父亲那里找寻某些认可的征象（signs）。

　　然而，尽管笛福调和了物质的与精神的两个方面，但他的世界并不是神学类型学的（typological）。鲁滨逊从不指望从《圣经》中找到文字上的印证，而是从中寻找一些必须根据他自身的语境来评价和解释的征象。也就是说，他从《圣经》中寻找的是一般性的意义和普遍性的例子，借鉴其中可以直接应用于物质世界的东西，为我所用。笛福与弥尔顿不一样，他带领我们远离过去的神话和传说，创造属于他自己的故

事。 在这里，神学类型学的丧失，恰恰有助于解释乌托邦思想的出

33 现，人们这时必须根据此时此地的生活创造范例（models），而不是简单
地从《圣经》中选取范例。

在创造具有强烈空间感和个体成长感的叙事时，笛福广泛采用了各
种次级体裁（sub-genres），如旅游手册、日记、回忆录，以及传记和自
传，包括两者的世俗形式和精神形式。 不过，最值得注意的，是关于
人类与个体命运的这种新感受，与城市和新的商业秩序密不可分地联系
在一起。 在《鲁滨逊漂流记》中，笛福预见了伦敦的出现。 但他详细
分析那个伦敦的作品是《英伦全岛之旅》（*Tour of Great Britain*：*A tour
thro' the whole island of Great Britain*, 1724—1727），该书有一部分是专
门描绘伦敦的，这就是著名的"第五封信"（"Letter V"）。 此信被收
入由十三封描绘大不列颠的书信组成的两卷本文集中。 这封讨论伦敦
的信，位于文集的核心，因为对笛福来说，伦敦就是世界的中心：一切
围绕这个中心而展开，并被它的机构所掌控。 笛福所强调的，是作为世
界市场和贸易中心的商业伦敦。 据笛福估计，伦敦东西约长 7.5 英里，
南北约长 5.75 英里，面积 43 平方英里出头。 他算出这片区域有 5 099
条（个）街道、小巷和广场，里面有房屋 95 968 栋，人口达 651 580。 他
还相当详尽地描述了伦敦将周边的乡村悉数并入自身范围的扩张过程，
被伦敦吞并的有德普特福特（Deptford）、伊斯林顿（Islington）、里尾
（Miles End）、纽宁顿—伯特（Newington-butts）和南华克（Southwark），
这些地方之前已将纽宁顿（Newington）、朗伯斯（Lambeth）和博罗（Bor-
ough）合并了。

笛福认为，权力已经从宫廷转移到城市，从封建采邑转移到城市地
区。 现在，宫廷也羡慕城市的富有，城市经受住了宫廷对它的攻击，
宫廷不得不承认城市对于自己的存在"必不可少"——城市为它提供金
钱和保护。 在《英伦全岛之旅》中，笛福也看到庞大的城市人口使得
劳动分工成为必要，同时，所有的人都成为靠工资生活的人。 而赚工
资的能力反过来又增进了社会的商业基础。 笛福的这本书比其他任何

文献都更有力地展示出，伦敦不仅将它附近的郊区，还将整个大不列颠改变了。人们远离乡土，从封建社会的遗留地奔赴靠金钱运转的商业社会。笛福第一个看清了何谓当今社会的公理：在一个前市场社会，有权就有钱；在一个市场社会，有钱就有权。伦敦就是新的金钱的源头，是商业社会自身的纪念碑。

在一本名为《奥古斯都之光：如何让伦敦成为天下最繁荣的城市》34 (*Augusta Triumphans；or，the Way to Make London the Most Flourishing City in the Universe*，1729)的小册子中，笛福继续他的伦敦论述。其重点是讨论伦敦必须满足的各种社会需要。由于意识到在商业城市里不可能每个人都是成功人士，笛福提倡建立一些机构，帮助或保障私生子的生活，设立一些官方许可的精神病医院，以照顾真正的精神病人。他指责赌场会让人远离勤劳，并悲叹酗酒也有同样的后果。他还呼吁治安法官惩罚那些游手好闲、下流好色之徒和不法分子。更具建设性的是，他倡议兴办伦敦大学，以让那些不能入牛津和剑桥的人受到教育。他的想法是直接面对中产阶级和伦敦这座城市的，有许多地方有待站在人类的水平上予以完善。他还提倡薪水应该恰当可观，以嘉奖人们的勤劳品质，这样可以让整个系统正常运转。几乎每一项考虑都将城市当作一个商业机构：对于有能力的人，笛福鼓励他们利用商业城市所提供的新的可能性获取成功，对于那些已经在城市中成为倒霉鬼的人，他则提供援助。

具有讽刺意味的是，在《大疫年纪事》(*A Journal of the Plague Year*，1722)中，笛福对新兴商业城市的信赖感非但没有遭到质疑，反而被增强了。在论述为瘟疫所困的伦敦时，笛福本该很容易采用神话和圣经的说法，对城市的理念给予质疑。在宗教传说中，该隐曾无视神谕，建造了第一座城市，巴比伦和耶路撒冷这样的城市也因腐朽堕落而被上帝毁灭。但笛福没有用宗教来诋毁城市。尽管瘟疫横行伦敦时，笛福还只是个孩子，但他塑造了一位可以在行动上超越一定物理范围的伦敦商人，从而以这位 H.F.先生的间接视角来叙述整个故事。

H.F.先生是一位经验主义者，他关注物理数据以及从中可以得出的普遍法则和结论，但他同时也是一位征象的解读者。这些征象最初包括《圣经》中的各种信息，他将它们与世俗的东西区别对待。《圣经》与经验世界、神的法则与自然法则并行不悖，它们相互强化，但却不能像文艺复兴时期的神学类型学或班扬和弥尔顿的作品那样相互贯通。H.F.先生在瘟疫期间留在了伦敦，因为他翻开《圣经》时，正好翻到一段暗示着上帝会保护他的话："你必不怕黑夜的惊骇……虽有千人仆倒在你旁边，万人仆倒在你右边，这灾却不得临近你……祸患必不临到你，灾害也不挨近你的帐棚"①（*Journal*，34）。

35　　但是，尽管他能够将遭瘟疫的伦敦与被围困的耶路撒冷联系起来；尽管他相信神或许已经显示征象瘟疫将会来临，比如"在瘟疫来临前数个月，曾出现炽燃的彗星"（40）；尽管他引用《耶利米书》为城市在苦难面前表示谦卑与悔恨（205）；尽管他注意到那些征象毫无疑问是神暗示自己的不满和仇恨，他依然谨防自己将瘟疫看作是神所直接施加的惩罚。在值得注意的一段文字中，他区分了神的力量和自然的力量，并坚持认为瘟疫是"由自然的原因而传播的"。尽管上帝可以干预自然的运作，但他通常更愿意让生命通过自然的原因来运作："很显然，在疾病感染这件事情上，看不到有什么地方可容超自然力量插足"（205）。如果真的存在上帝的意志，那也是通过自然的途径而非奇迹的方式得以表现。在讨论因果关系的那段文字之后的段落中，我们可以看到，H.F.之所以要坚持做这种区分，是因为瘟疫乃由"从荷兰运来的货物引起。瘟疫首次爆发于长亩（Long Acre）的一所房子中，货物被运到那里并首次打开。那些货物后来被运到黎凡特（Levant），最终到达伦敦"（206）。虽然 H.F.堪称杰出的征象解读者，但他并不愿意得出结论，说那些征象是对城市被用于商业目的的指控。事实上，他引以为恨的，主要是瘟疫对城市商业系统施予无情摧毁的方式。这次的不幸事件，

---

①　参见《旧约·诗篇》第91章第5—10节。——译者注

纯然由一系列自然原因引起。

在笛福那里，我们感觉不到在人之城与上帝之城之间的寓言的和直接对应的关系。上帝虽然还通过征象对我们说话，但现在我们必须根据自己个人的情况来阐释它们。同样，H.F.甚至可能包括作者自己，都不愿意将那些征象阐释为是对新兴的商业化城市的谴责。笛福分享了启蒙运动关于城市的乐观主义精神，相信城市能够控制自然，成为自我的纪念碑。这种信仰与经验主义、科学、技术、金钱和新的民族主义(nationalism)密不可分，而这些东西仿佛无一不与神的意志和谐一致，或者至少不相互抵牾。不过，当瘟疫威胁着那个商业世界的秩序时，笛福的乐观就显出它的脆弱来。对秩序的渴求背后，隐藏的是会打破城市正常进程的突如其来的混乱。笛福强调了新的商业秩序的伟大，同时却对孕育其中的混乱视而不见。

二

36

笛福所描绘的城市的繁荣，没有均等地被那些乡间地主们分享。一些拥有土地的家族通过新的商业投资，或通过加入合资公司，而维持着自己的财富。前者如利兹(Leeds)、德文郡(Devonshire)、马尔伯勒(Marlborough)等地的公爵和彭布罗克郡(Pembroke)、布拉德福(Brad-ford)、波特兰(Portland)等地的伯爵，后者如罗素(Russells)家族。另一些家族则通过与新富豪们联姻来维持自己的地位。比如，贝德福德公爵就让自己的孙子迎娶伦敦商人约翰·斯宾塞(John Spencer)爵士的孙女为妻，而什罗普郡的阿克顿勋爵(Lord Acton of Shropshire)本人则成为伦敦肉类市场街(Leadenhall Street)上一位金匠的乘龙快婿。不过，虽然有上述种种事情，但随着财富从地主阶级转移到新兴的城市商人阶级——他们是金钱贵族而非土地贵族，一场革命正在悄无声息地发生。在现今的所有贵族中，只有200家是1800年前就存在的旧贵族。

结果，许多乡村的庄园落入克莱夫（Clives）、皮特（Pitts）、格罗夫纳等新富豪家族之手，另一些旧庄园则因财富之源从土地转向城市而走向衰落。随着圈地运动的蔓延，先前向公众开放的土地被围圈起来，这使得上述情况变得更为显著。在 1760 年至 1845 年间，圈地运动侵占了超过五百万英亩的公用地（common fields），迫使最后一批佃户和自耕农离开土地，使他们成为多余的农场工人，许多人流亡城市。圈地运动使更多的土地得到耕种，满足了不断增长的粮食需求。但这也是一场土地霸占运动，它受商业投机的影响，同时有新的法律和政治系统为其提供保障。

写于 18 世纪后半叶及其前后的几乎每一部小说，都涉及那些问题中的至少一个方面。其中，塞缪尔·理查逊（Samuel Richardson）的《克拉丽莎》（*Clarissa*，1747—1748）最具启发性。哈罗家族（Harlowes）极力想让克拉丽莎嫁入另一富豪之家，这样他们就能使自己的已有财产增加。小说中的几乎每一件事都在与城市相对立的庄园背景中展开。在亨利·菲尔丁（Henry Fielding）的《汤姆·琼斯》（*Tom Jones*，1748）和奥利弗·戈德史密斯（Oliver Goldsmith）的《韦克菲尔德的牧师》（*The Vicar of Wakefield*，1766）中也是如此。在这两部小说中，妇女们或被绑架或从庄园逃跑，最终被带到城市，在城市经历诸多不幸。不嫌牵强的话，我们甚至可以说，如果《汤姆·琼斯》的故事从索菲亚的角度来讲述，就是另一部《克拉丽莎》。同样，若是乡绅魏斯顿（Squire Western）或哈罗（Harlowe）先生能像普林罗斯（Primrose）那样将失去女儿的感受表达出来的话，《汤姆·琼斯》和《克拉丽莎》就相当于另一部《韦克菲尔德的牧师》了。

这样的构思显示出一个奇怪的事实：这些小说大多面对同样的叙述困境，即在庄园已经被城市改变的情况下，仍然采用庄园小说的框架。在《汤姆·琼斯》中，乐园大厅（Paradise Hall）依然如旧，与乡绅奥尔华绥（Squire Allworthy）一道出现的，是小说不断回归的道德框架。这正如后来简·奥斯汀（Jane Austen）的小说，庄园和类似于奈特利先生

37

(the Mr.Knightley)这样的人物会始终出现。 不过在《克拉丽莎》中，情况发生了变化，故事以原哥特式风格(proto-gothic)展开。

关于这一时期哥特式小说的兴起，许多著作都有涉及，但我还没看到一本有眼光的著作，能将新城市的兴起、乡村庄园的衰落与哥特式小说的起源相互联系起来进行探讨。 然而，大多数此类小说却将庄园的消逝与源自城市的罪恶联系起来，比如霍勒斯·华尔普(Horace Walpole)的《奥特朗托城堡》(*The Castle of Otranto*，1764)、安·拉德克利夫(Ann Radcliffe)的《乌多芙堡之谜》(*The Mysteries of Udolpho*，1794)和威廉·戈德温(William Godwin)的《凯莱布·威廉斯》(*Caleb Williams*，1794)。 这些小说的叙事模式与其他哥特式小说非常接近：故事发生的时间是过去，地点是一个闹鬼或充满腐烂气味的封建城堡或乡村庄园。 过去与现在之间的联系已经受到威胁，要么是因为有人行骗假称庄园归他所有；要么是因为庄园来了新主人——新主人常是一位富商，或是新城市中商人阶级的一员；要么是庄园中突然闯入了只有新城市里才有的新型人物，比如游手好闲的浪荡子，他们的冷硬心肠和对事物的厌倦态度，是城市生活的副产品。 结果是，年迈的父亲被新主人的所作所为搞得倾家荡产，土地遭受诅咒，故事的自然进程以神秘、诡异、有时甚至是超自然的方式被打断。

例如，在华尔普的《奥特朗托城堡》中，曼弗雷德(Manfred)就妄称自己拥有奥特朗托的继承权，从阿方索王子(Prince Alfonso)手中篡夺了奥特朗托。 这样的巧取豪夺仿佛触犯了自然法则，从而引发了一系列超自然事件，最终使曼弗雷德遭受挫败。 在拉德克利夫的《乌多芙堡之谜》中，一位典型的城市浪荡子曼托尼(Montoni)，也诡称自己有权拥有乌多芙堡、维勒鲁瓦(Villeroi)、拉瓦雷(La Vallée)三大庄园，其中最后一个庄园本属于艾米丽·圣·奥伯特(Emily St.Aubert)。 为了使自己的权利无可争辩，曼托尼先是设法强迫艾米丽嫁给玛拉若伯爵(Count Marano)，其后又让她在文件上签字，让他接管自己的庄园。在戈德温的《凯莱布·威廉斯》中，菲蒂南多·弗克兰(Ferdinando

38 Falkland)可以看作是乡绅奥尔华绥这一形象的翻转：他最后在城市中丧失了情感能力，变得忧恨无常、脾气暴躁，狂乱中杀害了邻居特里尔(Tyrrel)。 在此之前，特里尔本人也已经变成一个典型的恶棍，他囚禁自己的表妹艾米丽·麦尔维尔(Emily Melville)，设法强迫她嫁给格里米斯(Grimes)，而格里米斯则像《克拉丽莎》中的洛弗利斯(Lovelace)一样，协助她逃跑，以便可以强占她。 正如《乌多芙堡之谜》所展现的那样，发生在庄园的许多情节，在城市中都有相对应的情节。 特别是在凯莱布(Caleb)被仇敌追杀逃往伦敦的那一幕中，更为明显。 那个追杀者成了城市与庄园之间的新生恶魔，与狄更斯小说《远大前程》(*Great Expectations*)中的奥立克(Orlick)非常相像。

在此类事件中，受害者往往是位女性，人们牺牲她以获取或巩固对庄园的所有权。[2]反面人物企图迫使她嫁给自己不爱的人，如果遭到拒绝，则将她囚禁在屋子或城堡中，或者像克拉丽莎一样关进闹鬼的房子里。 一个典型的场景是，作为诱奸情节的一部分，她会被男性或戴着女性面具的男人欺骗，就像在《克拉丽莎》中一样。《汤姆·琼斯》中涉及贝拉斯顿夫人(Lady Bellaston)的化装舞会那一幕也是如此。 化装面具体现了城市生活中隐藏着的邪恶，并将城市与狂欢娱乐联系在一起。 如果诱奸失败，女主人公就会被强奸，这往往导致她死亡。 如果她获救，救她的人则是一位多愁善感的男性，他代表着已然失去的、与庄园世界相应的价值观，与他相对照的是那些浪荡子，后者代表与城市世界相应的、新的世俗价值观。 多愁善感的男性——日渐稀少的乡绅奥尔华绥或奈特利先生之类的人物——以自己的价值检验自己的情感。出于善意和好心，他反感浪荡子的生活方式，于是营救女主人公，比如《乌多芙堡之谜》中的贝尔弗德(Belford)和沃兰考特(Valancourt)。《奥特朗托城堡》中的西尔多(Theodore)是这一形象的雏形，在《凯莱布·威廉斯》中，这一形象则由凯莱布自己和弗克兰来扮演。 在这些小说中，问题的最终解决，来自对城市浪荡子的否定和对多愁善感的男主人公的重新确认，前者是邪恶的渊薮，后者是庄园世界的最后遗迹。

以上我分析了 18 世纪后半叶的几部小说，以探讨城市、庄园和哥特式小说之间的关系。 不过，那些要素同样也出现在简·奥斯汀的《曼斯菲尔德庄园》(*Mansfield Park*，1814)之类的非哥特式小说中。在《曼斯菲尔德庄园》一书中，对庄园的威胁来自两位生于城市长于城市的人物：亨利·克劳福德和玛丽·克劳福德(Henry and Mary Crawford)。 小说围绕很关键的一幕——戏剧排演——展开，其中将城市与庄园的价值进行了明确对照。 当然，奥斯汀在她的小说——包括对哥特式小说本身进行戏仿的《诺桑觉寺》(*Northanger Abbey*，1803/1818)——中保留了庄园的完整性。

为保留庄园的完整无缺，奥斯汀破坏了哥特式小说的结构，因为在这一类作品中，庄园世界严重变形。 奥斯汀的这种企图带有很明显的封建色彩，不过却徒劳无功，哥特式小说的结构一直持续到 19 至 20 世纪，在描绘作为工业革命后果的城市与乡村之间严重分裂的小说中依然存在。 例如，在艾米莉·勃朗特(Emily Brontë)的《呼啸山庄》(*Wuthering Heights*，1847)中，欧肖(Earnshaw)先生将弃儿希克厉(Heathcliff)从利物浦带入庄园世界，最终希克厉霸占了呼啸山庄和画眉田庄。 他一直欺骗着亨德莱·欧肖(Hindley Earnshaw)和伊莎贝拉·林敦(Isabella Linton)，直到向卡瑟琳(Catherine)的幽魂屈服。 卡瑟琳对庄园的所有权体现在她女儿卡瑟琳·林敦(Catherine Linton)和外甥哈里顿·欧肖(Hareton Earnshaw)身上。 这个故事由庄园世界幸存者之一仆人纳莉·迪安(Nelly Dean)，讲述给洛克乌先生(Lockwood)，后者从伦敦闯入这个他永远不会理解的庄园世界。

尽管对庄园小说(manor novel)的上述讨论只是浮光掠影，但其主要观点还是清楚的：一旦城市与乡村从共生关系变为寄生关系，庄园世界就发生转变，呈现出变异的性质。 其最根本的转变催生了哥特式小说，它再现了在制度机构力量从乡村转移到城市这一历史时刻，文化上的深刻变迁。

三

查尔斯·狄更斯的小说在神人双重结构方面，比笛福走得更远，也更注重人之城。狄更斯揭示了西方城市及其制度机构的意义，为理解新兴的商业主义，为认识由银行、交易所和大法官庭①之类的机构组成的世界，提供了洞见。这个世界以极大的人类苦难为代价而维持着。狄更斯笔下的城市既是诱惑，又是陷阱：说它是诱惑，是因为对那些像被磁铁一样吸引而去的人来说，城市为他们实现更高的自我构想提供了途径；说它是陷阱，是因为它的运作最终会摧残人性。

狄更斯可列入最后的伤感小说家（sentimental novelist）之列——即最后一位让小说人物根据自身感受来衡量自己的现实感和道德价值的人。他的早期小说表达了这样的信念：善良能战胜邪恶，人的所有行动都可根据其内在动机得到评判。如《雾都孤儿》（*Oliver Twist*，1838）这样的小说，在构思上就与亨利·菲尔丁的同类小说很接近。当奥立弗被送到伦敦街头，与费金（Fagin）的扒手帮一起作案时，他们的第一个目标恰好是奥立弗已逝父亲的好友布朗洛先生，而此人的善良使他成为道德权威，小说中的每件事都逃不过此权威的审视。尽管这一时期的伦敦人口已经超过一百万，但狄更斯却将其内涵降低到庄园的范围：布朗洛先生在这部小说中，扮演着乡绅奥尔华绥在《汤姆·琼斯》中几乎完全相同的角色。事实上，《雾都孤儿》的结尾，与《汤姆·琼斯》极为相似，问题最终都是通过披露奥立弗和露丝·梅丽（Rose Maylie）的真实身份加以解决的。在展示城市的深度方面，狄更斯超过了菲尔丁：他勾画了属于费金的那个世界，特别是比尔·赛克斯（Bill Sikes）的世界。后者是一名凶残的刽子手，远离自己的同类，注

---

① 参见第5页译者注。——译者注

定要形单影孤地在城市中徘徊。 他是狄更斯诸多该隐式人物形象中的第一个。

到《董贝父子》（*Dombey and Son*，1848）这里，新兴的工业及其所带来的工厂和城市贫民窟，进一步改变了商业城市的面貌。 同时，人们从注重人到更注重非人格的新技术力量的转变，也使城市的面目产生了变化。 在《董贝父子》中，狄更斯对伦敦的商业主义进行了控诉，这使他的小说在倾向上与笛福的小说截然不同。 董贝屈服于利润，以致利润完全主导他的生活，使他失去了爱的能力。 在同类人物形象中，他是狄更斯精心描绘的第一位。 他驱逐自己的女儿弗洛伦斯（Florence），因为她与男人的商业世界毫不相干。 但他却让自己的经理卡克（Carker）从公司贪污大量资金。 故事发生的背景，是一个因铁路的出现而规模日渐扩大——城市就在这种规模上发挥作用——的伦敦。 但在这个由男性主宰的世界，最终胜利的却是女性。 第一位是董贝的后妻伊迪丝·格兰杰夫人（Edith Granger）。 她通过引诱卡克和自己私奔，让卡克和董贝身败名裂，以此报复他们。 第二位女性是弗洛伦斯，她最后可以安慰自己已经破产的老父，并从他那里获得以前从未获得的爱。 尽管董贝的影子也在狄更斯以前某些次要人物身上出现过，但在董贝之前，狄更斯还从未如此明确而详尽地描绘过这样一位整个生活都被商业贪婪摧毁的人物形象。 同样，也正是从此刻开始，狄更斯才明确地将关注焦点投向以下方面，即商业和技术如何通过金钱和工业的力量主导新的城市。 同时，他向人们清晰地展示，这些变化如何使人心肠变硬，如何制造出摧毁人性的机器。

在狄更斯的小说里，往往是精明的律师如图金霍恩（Tulkinghorn）和贾格斯（Jaggers）①，占据舞台的中心。 他们是连接庄园世界（如切尼斯山庄和沙堤斯庄屋）与城市世界之间的纽带。 他们的力量来自他们所优先掌握的信息，他们利用或扣留这些信息达到自己的目的。 在《荒

41

---

① 图金霍恩和贾格斯分别是狄更斯小说《荒凉山庄》和《远大前程》中的人物。 ——译者注

凉山庄》(*Bleak House*，1852—1853)中，这类信息包括埃丝特·萨默森(Esther Summerson)的私生女身份，这关涉到她母亲德洛克夫人(Lady Dedlock)的命运(fate)。 德洛克夫人有着不可告人的过去，但这并没有妨碍她嫁入英国最有权势的家庭。 埃丝特的故事还涉及她的父亲——命运不济的霍顿队长(Captain Hawdon)。 他落魄之后，进入伦敦的鸦片馆，既处于社会的边沿，又处于生存的边沿，仅靠着誊写法律文件勉强度日。 这个破裂的家庭，囊括了社会最上层(德洛克夫人)和最底层〔霍顿队长或称作"尼姆"(Nemo)——意为"无足轻重之人"(no one)——的那个人〕，夹在中间的是埃丝特。 埃丝特一边跟着约翰·贾迪斯(John Jarndyce)旅行，一边带着深深的同情观察着穷人和流浪汉的生活。 在这两个天壤之别的世界之间，图金霍恩律师起着桥梁作用。他对德洛克夫人的过去有所怀疑，并展开了一场广泛的调查。 这项调查几乎将小说中的所有人物串联了起来：斯纳斯比(Snagsby)、肯吉(Kenge)、格皮(Guppy)、斯墨尔维德(Smallweed)、乔治·朗斯威尔(George Rouncewell)等等，还包括乔(Jo)这个可怜的街头流浪儿，贫困使得他来到尼姆门前。 狄更斯笔下的城市，给人的印象有时是原子化的，而实际上却在人类的层面(human level)上联结在一起。 这种联结通过图金霍恩和埃丝特·萨默森这两个人来完成，前者出场，肆无忌惮，无所不为；后者的出场则是救赎。 图金霍恩对小说中其他人物的秘密历史的了解，使他将商业城市玩于股掌之中，从那里获取权力并窃取财富。

这个商业化过程最终带来的是不幸、痛苦和死亡。 约翰·洛克(John Locke)是较早将荒野看成是有待开垦的荒地(wasteland)①的人之一，认为通过个人的劳作和努力可以将那些荒地转化为财产。 而狄更斯则将洛克的观点颠倒了过来。 他认为城市耗尽了土地的财

---

① 这里 wasteland(荒地、废地)与艾略特的 Waste Land(荒原)在形式上稍有不同。关于这里提到的洛克的相关思想，详见洛克《政府论》(下册)，叶启芳、瞿菊农译，商务印书馆 2005 年版，第 17—29 页。 ——译者注

富，并将之变为废地，它是一个制造物质废墟并使人性残缺不全的系统。 都市之熵（urban entropy）①正在发挥作用：混乱威胁着秩序，死亡的都市形式降临到这个商业化过程之中。 城市的废墟后果在《我们共同的朋友》（*Our Mutual Friend*，1864—1865）中甚至更为强烈。在这部小说中，人们靠从泰晤士河打捞尸体而过活。 艾略特创作他的《荒原》时，正在看这部小说。 在《荒凉山庄》中，作为城市化进程最终产品的废弃物，既体现在克鲁克（Krook）的废品收购店里（或《我们共同的朋友》中的垃圾堆里），也体现在乔和尼姆这样的人物形象身上。

42

不过，在《荒凉山庄》中，狄更斯的"死亡之城"并非完全没有救赎的可能。 救赎的可能性来自埃丝特·萨默森和掌握新的侦探力量的布克特探长（Inspector Bucket）。 很明显，埃丝特是多愁善感的女主人公的代表性人物，她的良知和心灵的力量，能柔化和减轻她周围的邪恶和苦难。 在亨利·菲尔丁或简·奥斯汀的小说中，道德的中心是类似乡绅奥尔华绥和奈特利先生一类的人物，他们解决冲突的办法是坚持庄园的权威。 但在城市里，这样的权威并不存在：约翰·贾迪斯和累斯特·德洛克②都靠边站了，取代他们的是像埃丝特·萨默森和布朗洛先生之类的多愁善感的人物。（然而，夏日的阳光③怎能驱散冬天的浓雾？）

现代文学批评一直对埃丝特抱刻薄态度。 这在很大程度上告诉我们：我们对多愁善感的救赎能力缺乏信任。 而对埃丝特持同情态度的批评家，又将只有现代小说中才有的品质强加在她身上。 他们认为她为自己的出生环境而负疚，备受折磨，透露出她深陷良心冲突的精神状态。 在这些批评家看来，似乎只有让我们的女主人公患上神经官能

---

①　都市之熵的具体内涵，详见本书第八章。 ——译者注
②　约翰·贾迪斯，荒凉山庄的主人，累斯特·德洛克，切斯尼山庄的主人。 ——译者注
③　"夏日的阳光"原文为 the summer sun，与"萨默森"（Summerson）的名字读音相同。 ——译者注

症，才可以让他们更心安理得一些。 不过，狄更斯并不为埃丝特感到难为情，而且我认为，他之所以让她来讲述小说的大半部分，是为了弥补作者叙述（authorial narrator）的不足。 后者主要处理小说中的社会公共机构问题，而埃丝特的叙述则不同，她把我们的注意力以及我们的同情心引向那些公共机构的受害者。 正是埃丝特深深同情着凯蒂·杰利比（Caddy Jellyby）、格里德利先生（Mr. Gridley）、弗莱德小姐（Miss Flite）、婀达（Ada）、查理（Charley）和乔等人，也正是埃丝特对理查德·卡斯顿（Richard Carstone）抱有复杂的感情，并加强了我们对斯金波（Skimpole）、霍尔斯（Vholes）、格皮以及斯墨尔维德等人的道德愤慨。埃丝特体现了人类心灵的力量，她以一颗同情的心面对邪恶和苦难，并将城市带回到以人为本（human scale）的状态中。

但是，比起埃丝特来，布克特探长更能探究城市的奥秘。 因为布克特比埃丝特的洞察力更为敏锐，他能洞悉匿名而神秘的城市，获取它的各种秘密，并利用这些信息去除奸助善，正如图金霍恩利用它们去为非作歹。 可以肯定，让埃丝特陪着布克特一起进行他那著名的旅行，在城市中上下求索，寻找德洛克夫人的下落，并非是叙述上的偶然。

正如狄更斯利用两个叙述者来分别处理城市中的公共机构和人，他也同时利用两个人物来破解德洛克夫人失踪之谜。 布克特探长可以揭开各种伪装，但在埃丝特将那些无情或不正常的心灵感化之前，他是无能为力的。 只有埃丝特，才有能力从烧砖工茅舍中的妇人和斯纳斯比先生那歇斯底里的女佣人那里，获得关键性的信息。 当埃丝特在可怜的女佣人身边跪下，把她的头"靠在我肩上；于是她就用胳膊搂住我，放声大哭起来"（*Bleak House*，865）①，然后，她把德洛克夫人去尼姆坟地的最后路径告诉了大家。

在《荒凉山庄》中，城市是悲剧的背景：它是一个孤独的场所，因为整个家庭往往还遗留在庄园中；从物理上来说，它是一个巨大的领

---

① 参见狄更斯《荒凉山庄》（下册），黄邦杰等译，上海译文出版社 1981 年版，第 1032 页。 ——译者注

域，因为它的空间已被新的交通工具极大地拓展了；它还是一个没有道德原则的世界，完全靠金钱维系自身的运转。 随着人们从传统的相互认识到彼此陌生，城市也变得神秘莫测，充满阴谋诡计。 狄更斯似乎下定决心，要使这座城市变得人性化，使它回到与人类相称的状态。 在《荒凉山庄》之前，狄更斯小说的情节从未如此完全依赖各种秘密事件和未解之谜。 在《老古玩店》(*The Old Curiosity Shop*，1840—1841) 中，狄克·斯威夫勒(Dick Swiveller)面临的是"侯爵夫人"(Marchioness) 的神秘出身，他把这个人称作索芙洛妮亚·斯芬克斯(Sophronia Sphynx)①。 在《马丁·瞿述伟》(*Martin Chuzzlewit*，1843)中，侦探拿德盖特(Nadgett)揭露了约那斯(Jonas)谋杀提格(Tigg)的秘密。 但这些插曲比起《荒凉山庄》中对揭露秘密的运用来说，只能算小菜一碟。 在《荒凉山庄》这部对司法程序提出控诉的小说中，毫不令人吃惊的是，正是律师图金霍恩和法律事务所的雇员格皮，揭露了德洛克夫人过去的秘密，并企图利用这些信息达到自己自私的目的。 但他们的计谋因布克特探长的出现而泡汤。 或许后者才算是小说中的真正英雄，是他揭开了城市的神秘面纱，发现霍顿队长和德洛克夫人是埃丝特的亲生父母，并——在一阵穿越伦敦东区的狂乱追踪之后——发现德洛克夫人死于霍顿的墓地。 像许多其他城市小说一样，这个故事的一条线索终于坟墓，另一条线索终于新生活——埃丝特和阿伦·伍德科特(Allan Woodcourt)即将开始的新生活。 尽管原先的"荒凉山庄"在大法官庭的纠缠不休中烟消云散了，但小说的结尾又预示了埃丝特和阿伦将归隐其间的另一座"荒凉山庄"：位于切斯尼山庄对面的一所房子。 而德洛克家的切斯尼山庄正在死去，取而代之的是哥特式的混乱，因为城市的入侵使德洛克无能为力，他对这个已被城市改变了的世界失去了影

---

① 索芙洛妮亚·斯芬克斯，《老古玩店》中布拉斯家中的一个小女佣人，斯威夫勒平常称她为"侯爵夫人"。 后来他曾受到她的照顾，最终与她结婚。 因为他一直猜不透她的出身，所以最后给她取了"索芙洛妮亚·斯芬克斯"这个名字，其中"Sophronia"是希腊语，意思是聪明。"Sphynx"是希腊神话中的一个狮身人面的怪物，有神秘不可解的意思。 ——译者注

响力。

如上所述，追随《荒凉山庄》，我们历经了权力（power）——神秘——荒芜——死亡。 虽然在《荒凉山庄》中，城市还有被救赎的可能，但那也已经非常勉强了。 城市的不良影响已经超出了自身的界限。 当这种影响到达乡村之时，就把庄园这个封建世界的最后堡垒，转变为哥特式的阴森、恐怖、离奇的所在。 父辈的庄园世界被完全改变了，在遭受一系列死亡事件之后，变为野鬼幽魂的出没之地。 在《远大前程》（1861）中，事情就是这样。 当匹普（Pip）解除了与姐夫乔·葛吉瑞（Joe Gargery）的师徒合同，从乡村奔赴伦敦去寻求他的"远大前程"时，狄更斯把城市世界与乡村世界作了一个对比。 匹普的人生因他去伦敦而变得完全不一样。 在伦敦，他必须改变自己，以服从一种新的个人命运。 乡土生活的意义体现在乔·葛吉瑞和毕蒂（Biddy）身上，他们生活卑微却乐天安命。 与此不同的是，城市对匹普的召唤所引发的一系列事件，导致了他对生活的不满足感，并激发了匹普对那些有悖他道德天性的东西的欲望：他与家庭断绝关系，因为他为家庭成员们的卑微粗鄙而感到难为情；他将自己的命运（fate）交给孤独的城市，并对它的产物——金钱和物质成就——垂涎不已。

狄更斯的后期小说中有一种诡异感。 处于城市与乡村之间的，是一个陌生、怪诞、原始的沼泽世界：一个由污泥浊水、陷入泥潭的房子、水闸和磨坊所组成的世界。 狄更斯小说叙述的爆发点（The narrative flash points）都发生于水域与陆地相交汇、城市与乡村相交叉、过去与现在相交织的地方。 在这里，我们看到了被压抑者的重返：一种原始的邪恶从上述那个世界中浮现出来，以各种突变的形式，像幽灵一样出没。《雾都孤儿》中的比尔·赛克斯、《老古玩店》中的奎尔普（Quilp）和《我们共同的朋友》中的布拉德莱·海德斯东（Bradley Headstone），都是从那个世界冒出来，然后又消失。 在《远大前程》中，奥立克带着一种原始、诡异的邪恶，从那个沼泽世界拖拖沓沓走出来。 这种邪恶感作为人类屈从的天然状态，先于城市而存在，因而与空间位置无关。 上述的场景还往往与墓地联在一起：在《远大前程》中，马格韦契（Magwitch）和康佩生（Compeyson）都从沼地中幽然而出，穿越泥潭，逃入公墓避难。 康佩生是邪恶的终极化身，他几乎影响到小说中所有主要人物。 最直接影响到的是马格韦契和郝薇香小姐（Miss Havisham），通过他们间接地影响了匹普和艾丝黛拉（Estella）。 狄更斯把"沙堤斯庄屋"〔Satis House（这个名称显然是一种讽刺）〕①、沼泽地、墓地和环绕庄园的荒芜花园联系在一起。 匹普城市之旅的出发点和回归点正是这座未开垦的花园，它是小说的核心。 无论是在沙堤斯庄屋还是在城市，匹普都违背了自己的是非感和诚实本性，背叛了自己所有珍爱的东西。 死亡的庄园通往城市，匹普将在那里面对另一位精于掌握神秘事件和秘密的老手——律师贾格斯，他也是庄园世界与城市世界的桥梁。 贾格斯所掌握的信息网几乎涉及小说中每个主要人物，这使得他可以将几乎所有人牢牢控制在自己手心。 他那双手因此而肮脏无比，再怎么着洗个没完没了，也无济于事。 他的办事员文米克（Wemmick）这样划分小说中的两个世界：一个是肮脏的城市，他在那里寻找"动产"；一个是模仿庄园的世界，在那里，他以封建城堡为模型（连吊桥都用上了）建造了自己的家，以照料老父。 从《远大前程》开始，狄更斯不仅展现过去封建世界的缺陷，也同时指出已被死亡紧紧攥住的、现今物质主义世界的局限性。 这使得匹普和艾丝黛拉永无和好的可能。 确实，由于有太多的读者抱怨小说的结局过于凄凉，狄更斯对小说作了修改，给它留了一个带浪漫色彩的光明的尾巴②。

45

①　"沙堤斯庄屋"（Satis House），郝薇香小姐家园子中一座酒坊的名字。"Satis"是"有余/满足"的意思。 狄更斯借一位女佣人之口，解释这个屋名说："意思还不光是有余。 当初取这个名字，意思是说，谁有了这座宅子，谁就会心满意足，再没有别的要求了。 我看，从前人们的欲望一定是很容易满足的。"（参见狄更斯《远大前程》，王科一译，上海译文出版社1979年版，第66页）狄更斯这里显然是以此来对照匹普后来的欲望之不可满足。 所以作者说这是一个讽刺。 ——译者注

②　根据有关资料，狄更斯原来设想的结局更要凄凉些，后来根据布尔韦·李顿的意见进行了改写。 于是我们看到的故事结局是：匹普靠好朋友的支持，在海外找到立足之地。 十多年后，他回国探望狼大乔。 有一天，他去凭吊郝薇香小姐的庄园，在那里正好遇见同样去凭吊那座废墟的艾丝黛拉。 最后，两个饱经沧桑的爱人，在互道"我们言归于好"中离开那片废墟。 ——译者注

但是，随着城市规模不断扩大，它也越来越不再以人为本①。 等到他写最后一部完整的小说《我们共同的朋友》时，狄更斯已经深深地怀疑，还有什么仁慈的愿望可以抵挡得住城市的摧毁力量。

图2 伦敦桥。狄更斯将中世界的石桥和现代的铁桥作了对比；艾略特笔下像梦游一般的人群通过此桥，涌向威廉王大街，重新开始他们世俗的追求。他们所描绘的两幅场景，都指向一种新的物质主义的兴起。

图片来源：哈佛大学设计学院弗朗西斯·洛布图书馆。

《我们共同的朋友》重拾了被改变的风景（landscape transformed）这一主题。 小说的第一段就将"铁造的南瓦尔克桥和石造的伦敦桥"（*Our Mutual Friend*，43）并举，事实上就是将中世纪与维多利亚时期相对照（见图2）。 在后文中，查理·赫克萨姆（Charley Hexam）被描绘为一个"不完全野蛮也不完全文明的"男孩（60）。 从头到尾，这部小说都让我们处于两个世界之间。 在《我们共同的朋友》中，狄更斯最认真最严厉地对商业城市和它过于明显的贫富差距，以及它对那些依靠垃圾和死尸过活的人群的遗弃，进行了控诉。 在这里，狄更斯将商业城市的最终产物和废墟、死亡联系在一起。 狄更斯总是把这个商业城市守护人与法语中的一个词"废物"（merde）相关联——比如，默多先生（Mr.Merdle）和摩德斯通（Murdstones），还有特维德洛甫（Turveydrops）

---

① "以人为本"原文为 human scale，直译即"人的尺度"，详见第4页译者注。 这里指"城市规模"（the scale of the city）与"人的尺度（规模）"不再相适应，因而也就不再是"以人为本的"。 ——译者注

和巴纳克尔（Tite Barnacles）①——从而预示了这种废墟和死亡。当尤金·瑞伯恩（Eugene Wrayburn）和莫蒂默·莱特伍德（Mortimer Light-wood）坐在马车上穿越城区时，狄更斯这样写道："车轮滚滚，往前经过纪念碑，经过伦敦塔，经过码头。再往前，经过拉特克列夫，经过罗萨海斯。再往前，经过那人类渣滓垒积成堆的地方，他们，和许许多多道德垃圾一样，仿佛是从更高级的地方被冲击下来，便滞留在这里，一直滞留到其自身的重量迫使其越过河岸，沉入河底为止。"（63）②

从这条河中漂浮出死人的尸体，而老头赫克萨姆（Gaffer Hexam）和无赖·赖德胡德（Rogue Riderhood）就靠打捞它们赚钱。约翰·哈蒙（John Harmon）正是从这条河中被打捞起来的，人们误以为他已经绝气身亡。此后他进入城市，先后化名为朱丽叶斯·汉福德（Julius Hand-ford）和约翰·洛克史密斯（John Rokesmith）。在《远大前程》中，匹普到达伦敦之后，改用了一个更文雅的名字。哈蒙的改名换姓作为一种伪装，揭示了城市的狂欢节性质。在一个充满欺骗与虚伪的世界，他成了神秘的陌生人。因金钱而横流于世的欺骗与虚伪，不可避免地在所有城市居民身上打下烙印：他们包括威尼灵一家（the Veneering，刚发迹的新贵），贝拉·维尔弗（Bella Wilfer，在她配得上哈蒙之前，必须克服自己的贪婪）和布拉德莱·海德斯东（他对地位的野心与渴望使他对瑞伯恩的嫉妒变为精神病似的狂暴）。

在《我们共同的朋友》中，狄更斯展示了为何伦敦再也不能以个人的方式得到救赎。事实上，他把它看成一座毫无希望的城市："这样一座黑魆魆、闹哄哄的城市，一身兼备一间熏肉作坊和一位长舌妇的品质；这样一座灰沙飞扬的城市；这样一座不可救药的城市，漫天笼罩着

---

① 默多先生（Mr.Merdle）、摩德斯通（Murdstones）、特维德洛甫（Turveydrops）、巴纳克尔（Tite Barnacles）分别是小说《小杜丽》、《大卫·科波菲尔》、《荒凉山庄》、《小杜丽》中的人物，狄更斯故意给他们取了这些名字，以示自己的态度。比如"默多（Merdle）"就与法语"废物（merde）"发音相近，"特维德洛甫（Turveydrops）"的意思是"泥炭淬"，等等。——译者注
② 参见狄更斯《我们共同的朋友》（上卷），智量译，上海译文出版社1986年版，第32页。——译者注

一层铅灰色，连个缝隙也没有；这样一座被围困的城市，四面都被爱赛克斯郡和肯特郡的沼泽像一支大部队似地包围着。"(191)①此处，狄更斯明确地将城市与沼泽地联系在一起。小说结尾处，布拉德莱·海德斯东和无赖·赖德胡德就是在那样一片沼泽地进行生死搏斗，相互抱成一个"铁箍"(874。仅此一段，"铁箍"这个词就出现了三次)，最终一起丧命于污泥和浮渣中。而城市，或者更确切地说是生命本身，就是从那污泥和浮渣中出现的。

在《荒凉山庄》结尾，男女主人公最终相互和解；但是，与埃丝特·萨默森、阿伦·伍德科特相比，贝拉·维尔弗、约翰·哈蒙，以及尤金·瑞伯恩和丽齐·赫克萨姆(Lizzie Hexam)等人的未来更加捉摸不定，他们的命运(fate)更加疑云密布。在狄更斯的几乎每一部小说中，主人公从堕落走向新生，都要经历一场疾病，然后经过另一位人物的照料，最终痊愈。比如，尼克尔贝夫人(Mrs.Nickelby)和凯特(Kate)照料了玛德林·布雷(Madeline Bray)②，"侯爵夫人"照料了狄克·斯威夫勒，查理和埃丝特·萨默森照料了流浪儿乔——后来她们自己也染上天花并得到照料最终痊愈；其他还有小杜丽(Little Dorrit)照料阿瑟·克伦南姆(Arthur Clennam)，乔·葛吉瑞照料匹普，丽齐照料瑞伯恩等等。但是，在《我们共同的朋友》中，城市本身似乎染上了病，甚至比在《荒凉山庄》中病得更厉害。城市成了一个巨大的垃圾倾倒场，垃圾成堆，渣滓处处，而人们却从这些地方寻觅珍宝。作为伦敦城的血脉，泰晤士河流淌的是人类的残骸(human debris)，再也没有人对都市符号(urban signs)进行充满意义的解读；再也没有人能冲破诡异的迷宫，解开谜底，救赎城市。人们不禁要想，这或许就是为什么狄更斯在他最后一部小说即未完稿的《德鲁德疑案》(*The Mystery of Edwin Drood*)中放弃伦敦的原因。小说主要情节发生于一个假托为克雷斯特

①　参见狄更斯《我们共同的朋友》(上卷)，前引，第210页。——译者注
②　尼克贝夫人、凯特、玛得林·布雷，都是小说《尼古拉斯·尼克尔贝》中的人物。——译者注

翰姆(Cloisterham)的地方，也就是现实中的罗切斯特(Rochester)镇。这座原本是中世纪的乡镇，已经被改造为一座现代工业城市，但人们还是可以清晰地看到，它与《我们共同的朋友》中那已无药可救的伦敦有所不同。

注 释：

　　[1] 亚里士多德在其认识论和自然哲学中是一个经验主义者，他坚信所有的知识都从感觉开始。 但他同时又认为普遍真理(general truths)可从经验材料(empirical data)中抽象出来——这也就是培根所反对的演绎法。

　　[2] 在《竞争的城堡》(*The Contested Castle*，1989)一书中，凯特·埃利斯(Kate Ellis)对哥特式小说进行了女性主义解读。 埃利斯把哥特式空间看作是对家这个领域的摧毁，认为这个过程的受害者是女性。 但是，她没有看到都市化的男性是如何威胁"女性空间"的。

第 三 编

现代主义／都市主义

第四章

有限制的城市①

一

狄更斯写尽了感伤小说的各种可能性，喜剧现实主义逐渐被自然主义取代。 文学自然主义②主要来自一种生物学模型，认为人类生活建立在动物性基础上。 该模型的产生主要得益于查尔斯·达尔文(Charles Darwin)和他的进化论。 而进化论的依据，是他的自然选择理论。 达尔文为人们提供了一种理论背景，使得自然主义(及其强调的遗传和环境理论)对 19 世纪后期的人们来说，成为一种令人信服的解释现实性质的方式。

达尔文主义既是对启蒙假定的继承，也是对它的一种挑战。 作为一种进化理论，它强调的是世界的物理过程和事物在时间中的演进。但作为一种自然选择理论，它认为所有物种都会因为要适应自己的生存环境而发生改变，所以它强调的是偶然而非必然的演进。 这严重威胁了世界可以预先设计的观念。 达尔文的进化理论，包括退化和变异的观念。 自然选择理论认为，各物种中最优者，会相互吸引并配对成

---

① "有限制的城市"原文为 city of limits，其中 limits 也译为"限度"、"界限"、"局限"。 所以这个标题实际上可理解为"有限制／有界限／有局限的城市"。 ——译者注
② "文学自然主义"原文为 literary naturalism，也译为"文学中的自然主义"、"自然主义文学"。 ——译者注

双；最劣者则只能与最劣者配对而繁衍后代。 文学自然主义对于物种进化过程中返祖现象的关注，远胜于对物种进化现象的关注。 关于这一点，有左拉的小说《卢贡-马卡尔家族》为证。

52　　　在达尔文的这些观念被广泛用于文学领域之前，还必须由爱弥尔·左拉(1840—1902)在《实验小说》(*Le Roman expérimental*，1880)中先进行一番阐释。 左拉先后将普罗斯佩·吕卡思(Prosper Lucas)医生的《自然遗传论》(*Traité ... de l'hérédité naturelle*，1850)和克洛德·贝尔纳(Claude Bernard)的《实验医学研究导论》(*Introduction á l'étude de la médecine expérimentale*，1865)，作为自己的遗传和环境理论的基础。左拉认为，只要小说家与科学家一样工作，对自然和社会现象进行观察，拒绝用超自然和超历史的观点去理解物理世界，拒绝相信绝对的道德标准和自由意志，从而把自然和人类经验当作确定的、机械的过程来描绘，上述那些书中的观念就可以在他们的文学想象中派上用场。 现实中的一切，都可以用生物学所理解的自然法则来解释。 左拉在文章中写道："我所要研究的是气质而非性格，我选择了几个被自己的神经和血液所绝对支配的、完全丧失了自由意志的、被自己无法改变的情欲牵着鼻子走的人。"(转引自 Knapp，21)①

　　　左拉为他的同时代人提供了一种思考小说的全新方式。 气质比性格更重要，小说的场景设置要与自然主义环境理论相一致，小说的情节不能与进化理论相悖。 人处于从动物王国向更完美(这种更完美的状态只有在未来才会出现)的存在王国进化的半道上。 尽管自然主义小说处理的常是某一静态的时间段，但它总为小说人物预设一个返祖状态的过去，或完美状态的未来。 其中，关于未来的情节向科幻小说和乌托邦奇幻小说(utopian fantasy)的形式发展；关于返祖状态的情节则向"反乌托邦"(dystopia)和动物(经常是怪物)小说(the animalistic)的方向发展，虽然在某些自然主义叙事作品(比如杰克·伦敦的一些作品)中，这

---

　　　① 参见左拉《〈黛蕾丝·拉甘〉再版序》，毕修勺译，收入朱雯艾等编《文学中的自然主义》一书，上海文艺出版社 1992 年版，第 120 页。 译文有修改。 ——译者注

种对文明的远离和向更野蛮的退化，有时反而会恢复已经丧失的生命活力。

因此，尽管这些小说假定了进化的现实，但它们却经常按照退化的观点来组织。退化和个人没落的主题，隐含在绝大多数自然主义小说中。并且，这种退化总能找到其社会层面的等价物，个体的命运(fate)总与某个没落的家族或新的都市化了的群体相关联。这个群体(crowd)从群众(masses)中诞生，而从这个群体中又诞生出乌合之众(the mob)，它们的诞生都以损害社会共同体为代价。这个群体不是简单个体的集合，而是具有了自己的生命，变成一种返祖的动物，它可能丧失心灵，盲目地追随某位领袖，做出残忍、强暴的举动。而领袖自己的命运(fate)也被掌握在乌合之众手中，前途未卜。与对群体的控制这个问题密不可分的，是权力的不正当使用的问题，即法西斯主义和其他形式的独裁主义的问题。权力的不正当使用，在左拉的《娜娜》(*Nana*)和 53 《萌芽》(*Germinal*)等小说中都在起作用，并导致了社会的没落：家庭和个人的堕落，很自然与国家(state)的堕落相对应。从政府的最高领导者和沙龙中的领袖，到矿井中的工人和街上的行人，所有人都在堕落，都有退化和降格的可能。

不过，虽然自然主义有悲观主义倾向，在它内里，也还有乐观主义的成分。这种乐观来自一种通常没有表达出来的信念，那就是：尽管个体的命运已被限定，最终都或病或死；但是作为一个物种的人类，必然会循着进化的大道不断前进上升，趋向更高的完美。如果说在达尔文那里，这种观念还隐晦不明的话，那么，通过他最有影响力的阐释者之一赫伯特·斯宾塞(Herbert Spencer)①的发挥，上述观念就变得很明确了。因此，文学自然主义就有两个相互竞争的概念：进步中的光明面和黑暗面。在后期自然主义作家中，有许多都预想了将来进化得更为高级的人[如 H·G·威尔斯(H.G.Wells)的《隐形人》(*The Invisible*

————————
　　① 赫伯特·斯宾塞(1820—1903)，英国哲学家、社会学家和教育理论家，被称为"社会达尔文主义之父"。——译者注

Man，1897）]，另一方面，他们也同时向人们展示，如果在进化链中后退，那些被降格的人将变成怎样的状态[如 H·G·威尔斯的《莫洛博士岛》（*The Island of Dr.Moreau*，1896）]。

自然主义文学与它之前的浪漫主义小说之间的主要**差异**之一，在于自然主义将自己的关注点从遥远的过去，转向更为切近的现在。 自然主义作家更多地突出当代问题。 比如说左拉，他的写作生涯为 1870 年至 1890 年间，他作品描绘的时代主要集中在第二帝国时期（1851—1870）。 他的所有小说都涉及这段时期的一系列社会问题：农民对土地的贪婪、农民的离乡进城运动、城市工人的命运、上层社会妓女的堕落、百货公司的兴起、城市市场的功能、新兴产业工人的命运、蒸汽发动机和铁路系统的出现、准备与德国开战之前的正在衰落的法国的命运，等等。

二

现代现实主义（modern realism）的意义，在很大程度上来自新城市的兴起，无论在英国还是在法国，情况都是如此。 中世纪的巴黎延续到 19 世纪才结束，尽管早在 17 世纪，它那中世纪的城墙就已经拆毁，被改造成绿树成行的林荫大道，从马德莱娜教堂几乎直到巴士底狱。 1797 年，在拿破仑领导下，草拟了一个很有远见的计划——"艺术家计划"，该计划在很大程度上为后来奥斯曼（Haussmann）①重建巴黎城打下了基础（见图 3）。 该计划本身又从克里斯托弗·雷恩的伦敦设计方案中借鉴颇多。 雷恩对新城市的绝妙构想，包括用伦敦交易所代替圣保罗大教堂作为城市中心，反映了城市新的商业功能。

当法兰西从一个以农业为基础的国家向一个以城市为基础的国家迈

54

———————

　　① 　奥斯曼（1809—1891），法国政府的行政官兼都市计划专家，第二帝国时期巴黎改建工作的主要负责人，著有《回忆录》三卷。 ——译者注

进时，巴黎的功能发生了变化，这正如 17 世纪的伦敦。 到 1824 年，证券交易所(the Bourse)已经像巴黎圣母院或卢浮宫那样，成为标志性的建筑了。 及至 1830 年发生"七月革命"，路易·菲利浦(Louis Philippe)上台，一个新巴黎的种子已经种下。 或许，在此变化中最起作用的，是新的动力源的发明，特别是蒸汽机的发明，它们把工厂从对农业水力的依赖中解放出来，使它能进入城市，并为城市带来了无产阶级。 这些无产阶级工人将成为新城市人口的重要组成部分，也将成为欧仁·苏、维克多·雨果、卡尔·马克思和弗雷德里克·恩格斯等人关注的焦点。 也正是在这一时期，路易·菲利浦设法镇压工人运动，而很少为吸纳日 55 渐壮大的工人队伍作准备。

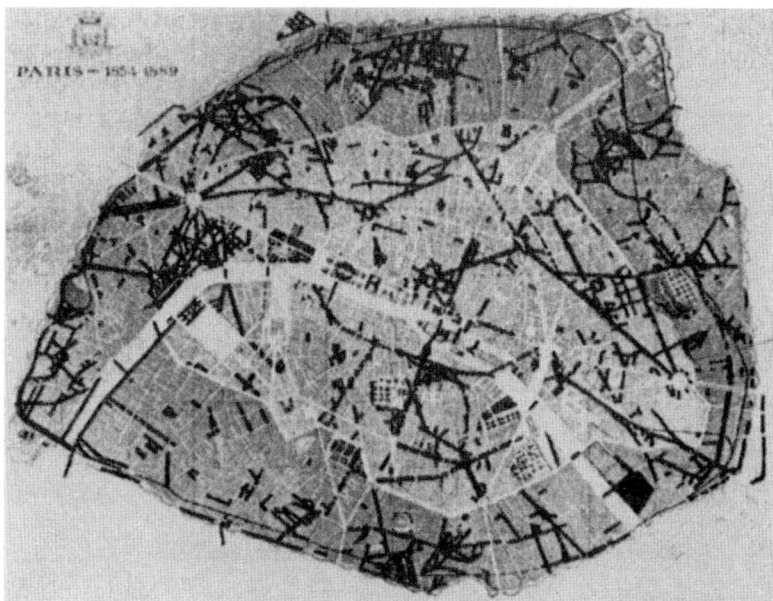

图 3 乔治·奥斯曼男爵的现代巴黎规划。奥斯曼以新帝国的名义，摧毁了中世纪的巴黎。

图片来源：哈佛大学设计学院弗朗西斯·洛布图书馆。

欧仁·苏(1804—1857)在他里程碑式的小说《巴黎的秘密》中，讲述的就是上面那个世界。 苏的这部小说分为十卷，长达千余页，1842

年至 1843 年以连载形式在报纸上发表，曾轰动一时。 小说中的故事设在 1838 年，即路易·菲利浦上台执政第八年。 故事讲的是德国一个小小封建王公盖罗尔斯坦公国的大公鲁道夫公爵，他在与狠毒的萨拉·麦克格莱哥尔伯爵夫人（Lady Sarah Macgregor）有了孩子之后被流放，后者将小孩交给了一个更狠毒的公证人雅克·弗兰（Jacques Ferrand），雅克·弗兰又将这个小女孩卖给白人为奴，却又始终瞒着鲁道夫和萨拉，让他们以为孩子已经不在人世。 这些都与传统的情节剧（melodramatic）情节（从《俄狄浦斯王》到《汤姆·琼斯》）很相似。

欧仁·苏创造了一个善与恶泾渭分明的情节剧的世界。 被流放的王子鲁道夫代表着善；公证人弗兰或者说新的商业秩序的管理员，代表着恶。 奇怪的是，对苏影响最大的是詹姆斯·费尼莫尔·库珀（James Fenimore Cooper）①。 苏借鉴了库珀"皮袜子故事系列"的情节结构，并把它移花接木到城市中来：城市代替了森林，地下黑帮取代了邪恶的印第安人，而鲁道夫也有着纳蒂（Natty）同样的生存技能。 尽管小说情节的雕琢痕迹明显，但在 19 世纪却大受欢迎，影响非常之广。 它得到如此多的关注，以至引起了一个看来不大可能成为其读者的人的兴趣，此人就是马克思。 马克思在《神圣家族》（*The Holy Family*，1845）②中对它的评论，算得上是对这部小说最全面深入的批判。 马克思通过分析这部小说及同时期的其他一些作品，来批评青年黑格尔派。 他感到后者对现实抱有一种过于唯心主义的观念。 他认为，由于受那种唯心主义传统的影响，欧仁·苏贬低了"秘密"的观念，使得小说人物漫画化了。 马克思强调，欧仁·苏在小说中建立的是一种超验的而非以人类为基础的关系，这使得鲁道夫的女儿玛丽花（Fleur-de-Marie），即小说女主人公的人生，呈现一种怪诞的形式（K.Marx，230—234）。

---

① 詹姆斯·费尼莫尔·库珀（1789—1851），美国小说家，被称为"美国小说之父"。 著有《开拓者》《水手》《间谍》等。 他的边疆小说五部曲（即以猎人纳蒂·班波为中心人物的"皮袜子故事系列"），以文学的形式再现了美国边疆的开拓史，影响巨大。 ——译者注

② 《神圣家族》，马克思与恩格斯合著，全称为《神圣家族，或对批判的批判所做的批判。 驳布鲁诺·鲍威尔及其伙伴》。 ——译者注

在《神圣家族》(其副标题是"对批判的批判所做的批判")一书中，马克思着重分析的是其根源在于社会然而却被唯心化了的意识的某种形式——此处体现为鲁道夫的基督教。 马克思的要点在于，尽管路易·菲利浦时代的巴黎社会状况已经发生了彻底的改变，但对那座城市的意识却还是中世纪的。 所以，苏并没有解放玛丽花，而是把她更深地囚禁在她自己的环境中。 苏不但停留在对中世纪巴黎的想象中，还停留在使中世纪的巴黎停滞不前的意识甚至意识形态中。 因此，苏没有认识到需要有一种新的意识来说明巴黎的新的经济上的罪恶(贫民窟之类)，他仅仅是把那些他自己误以为正在与之作抗争的罪恶具体化了。 尽管苏对巴黎的穷人表示了同情，但马克思认为，他并没有学会处理新时代的巴黎。

雨果的《悲惨世界》(*Les Misérables*，1862)给我们呈现的，是一个更接近马克思心中所想的世界。 但这并不是说，雨果的小说比欧仁·苏的小说更少一些情节剧的成分；相反，这部小说也围绕一大堆巧合事件来展开。 尽管小说人物众多，性格各异，人物之间相距甚远，雨果还是将所有重要人物都汇集到巴黎的一座贫民窟。 和欧仁·苏一样，在雨果的世界中，善恶泾渭分明。 尽管在小说最后，沙威(Javert)这样的人物对这个世界的理解会从简单变得复杂。 事实上由于太复杂了，使他无法找到认同感，这种复杂最后要了他的命。 不管怎么说，雨果的小说与欧仁·苏的小说最大的不同在于，《悲惨世界》完全以当时的历史为背景来展开叙事。 小说时间横跨 20 年(1815—1835)：从拿破仑遭遇滑铁卢之败，到 1830 年革命之后路易·菲利浦上台，结束于苏的小说开始之前一小段时间。 雨果回顾了发生于近四十年前的事情。 而且，因为在 1852 年雨果就已经因指责路易·拿破仑背叛共和国的理念而被后者赶出法兰西，所以他是在流亡中做上述回顾的。 雨果花了 14 年时间修改这部小说，最后于 1862 年完稿。

正如在绝大多数浪漫现实主义小说中一样，雨果给城市本身添加了额外的宗教寓意。《悲惨世界》写的是爬出地狱、走向某种世俗的救赎之路的过程。 作为这个设计的一部分，冉·阿让（Jean Valjean）成了世俗的基督。 在小说中的某处，他确实被活埋了，然后又从坟墓中复活。 当他像背十字架一样背着受伤的马吕斯（Marius），走进巴黎市巨大的下水道系统时，无疑就是走进了但丁的地狱。[1]当他在德纳第（Thenardier）的帮助下跨过"冥河"，从这个地下世界走出时，一个关于基督救赎的隐喻已经昭然若揭。 之所以要陷入城市中的人间地狱，与小说57 提供的政治解决办法分不开，而后者又与珂赛特（Cossette）和马吕斯的结合及他们与冉·阿让的和解分不开。 冉·阿让与自己的对手沙威一样，必须死去，以便另一种形式的现实从中产生。

雨果将我们带到了现代城市的边缘，但仅仅是边缘而已。 我们依然在很大程度上处于黑格尔的王国中。 黑格尔认为，我们通过逻辑将范畴置于现实之上，并给混乱的现实带来意义，而现实反过来又是某一超验过程的一部分，通过这个过程，浪漫的历史经由我们得以实现。因此，那些在生活中敌对的人如冉·阿让和沙威，将产生一个合成的马吕斯，历史就这样在正、反、合中理想地前进。 雨果认为，滑铁卢只是进步过程中一个暂时的偏向，但无论是滑铁卢，还是路易十八的复辟，都无法将过去抹杀，或将历史逆转，而一种新的自由主义精神正在自行其是，最终于 1830 年展露自己。 雨果意识到：关于冉·阿让、沙威还有马吕斯的故事，与那个历史进程密不可分；致使冉·阿让和沙威最终死亡的矛盾，正是历史本身的矛盾，而更高一级意志的精神正通过马吕斯来完成。 这种精神将救赎巴黎，既救赎作为法兰西首都的巴黎，也救赎作为贫民窟的巴黎。 雨果的上述思路，就算让黑格尔自己来表达，恐怕也难出其右吧。

三

奥诺雷·德·巴尔扎克（Honoré de Balzac，1799—1850）的作品传

达出一种信念：那就是在动物性（animality）与人性（humanity）之间，在自然与社会之间存在着某种联系，城市世界创造出各类社会人物，就如自然创造出各种动物。巴尔扎克在写《人间喜剧》（*La Comédie humaine*）名下所有 90 部小说时，心中都装着上述信条。这一系列小说的主旨是巴尔扎克以下信念：由于资本主义的发展，贵族社会被摧毁，农业世界向城市世界的转变催生了新的社会力量，也因此催生了新的人物类型。

巴尔扎克的《幻灭》（*Lost Illusions*，1837—1843）和《交际花盛衰记》（*The Splendors and Miseries of Courtesans*，1844—1847）——它们都是《人间喜剧》的组成部分——实质上带我们超越了雨果和欧仁·苏的政治意识形态。巴尔扎克小说所处理的时间段与雨果的大致相同。《幻灭》的起止时间是从滑铁卢失败到 1822 年左右，而《交际花盛衰记》则处理接下来的时间段。小说中的故事从 1824 年开始，跨越复辟时代最后六年，结束于 1830 年七月革命前夕。小说中，吕西安·德·鲁邦普莱（Lucien de Rubempré）与伏脱冷签订了一个"浮士德式"的协议之后，和他一起来到巴黎。在那里，伏脱冷图谋让吕西安进入上流社会。这个计划最终导致了吕西安自杀，这使得伏脱冷可能第一次感到从未体验过的真正的悲伤。伏脱冷是巴尔扎克笔下诸多让人难忘的人物形象之一：他土红色的短发由假发掩盖着，体格强壮，嗓音洪亮，目光如炬，头脑灵活；这一切，外加上他冷酷的性格与坚强的意志力，使得他能压倒自己的对手。《交际花盛衰记》后面的部分，讲的完全是伏脱冷的故事。他先是与警察合作，后来当上了巴黎警察局保安处处长。到小说的最后，这个头等要犯主持了警察局的工作。

伏脱冷最早出现在《费拉居斯和十三人故事集》（*Ferragus and the Thirteen*，1833—1834）中，第二次出现在《高老头》（*Père Goriot*，1835）中，在那里他是罪犯约各·高冷（Jacques Collin），外号"鬼上当"（Trompe-la-Mort），他与欧也纳·特·拉斯蒂涅（Eugène de Rastignac）一起住在伏盖公寓。伏脱冷的原型取之于一个叫维多克的犯人，他分

58

别在 1811 年至 1827 年和 1831 年至 1832 年间当过秘密警察机构保安局的头子。 在 1828 年至 1829 年写的回忆录中，他讲述了自己从一个罪犯到一名保安局头目的转变过程。 巴尔扎克于 1834 年 4 月认识了维多克，并从他身上看到了后来体现在伏脱冷身上的社会复杂性。 伏脱冷是魔鬼的化身，是向上帝挑战的艺术家的化身；他象征着资本主义的本质，也象征着城市本身。 对伏脱冷来说，只要能捞到钱，在制度内或制度外都没什么区别，非法手段和令人尊敬的手段，都只不过是参与资本主义过程的两种不同方式而已，是同一个硬币的两面。 他从罪犯成为警察，正好说明了这一点。 资本主义靠城市的各种制度机构来运行，但大资本家有能力突破制度机构的限制（limits），正如罪犯可以突破法律的限制。 而巴尔扎克则把有限制的城市呈现在我们面前：我们不可能只有富裕而没有贫穷，不可能只有成功而没有失败，资本主义不可能没有犯罪。 伏脱冷对那些界限（limits）发起攻击，他一个人同时既成为法律又成为罪犯。

　　在那一刻，巴尔扎克超越了前现代的巴黎。 我们不再身处一个善与恶机械地分离的世界，不再处于欧仁·苏和雨果的世界，在他们的世界中，超验的理性从道德角度把经验分成两半。 巴尔扎克通过伏脱冷和丹尼尔（Daniel d'Arthez），创造了道德上不同的两类城市典型人物：前者是掌握权力的人物，后者是忠诚的艺术家。 两者都知道他们可以将自我感延伸多远；两者都通过自己所扮演的角色去挑战城市的界限。 正如欧仁·苏和雨果可以与黑格尔连接在一起，巴尔扎克的伏脱冷也预示着尼采（Nietzsche）的出现。 从一开始，尼采就质疑那些在欧仁·苏和雨果小说中通常占统治地位的思想前提。 他攻击听任日神精神（Apollonian）压制酒神精神（Dionysian）的基督教传统，也攻击给理性、科学、技术以优先地位的启蒙传统。 相反，尼采对挑战成规限制的人类意识予以强调。 对于左拉来说，物理上的界限造成两种极端不同的人：一种人对界限忍耐屈就，另一种则公然反抗。 在左拉的小说中，许多人屈服于第二帝国的巴黎的力量，而同时另一些人则将它改变为一

59

座新城市。 巴尔扎克看到了城市的物质性，以及城市的物理界限。 他集中关注两种力量相互竞争的城市。 他连接了喜剧现实主义与自然主义文学。 在巴尔扎克之后，小说将大不相同，而爱弥尔·左拉最直接地继承了他的文学遗产。

四

左拉小说中发生的事情可以追溯至他出生前十年的 1830 年，也即路易·菲利浦以第二共和国的名义执掌法兰西政权的时候。 正如一位历史学家所说："这离自由党人（liberals）看到自己的理想主义所托非人已经不远了。'君权神授'论（divine right）和极端保皇主义（ultra-royalism）已经被赶下舞台，取而代之的是一种资产阶级君主政体，政权落入地主和资本家手中。 在前者与后者之间，几乎没有选择的余地。"（Wolf，71）在路易·菲利浦统治之下，法兰西成为一个商业与工业并起的城市国家。 比如在工业上，纺织品的手工生产已经被机器生产所取代。正如我们前面已经提到，蒸汽机的发明，把那些依靠乡村河流水力而运转的工业解放了出来，让它们在城市落脚生根，这造成了人口的大迁移。 到 1840 年，有超过 672 000 名成年男子、254 000 名妇女和 130 000 名儿童在法国工厂里工作。 这在数量上远远超过以前更为传统的城市贸易工人，如制革工人、染工、帽子工、泥瓦匠和铁匠（Wolf，278）。 这些新型的工业，大多数由英国投资者投资，如罗斯柴尔德家族（Rothschilds）、巴林家族（Barings）和霍普家族（Hopes）。 在此之前，这些家族曾聚积足够的财富，为英国的工业革命提供其所需的金钱（Wolf，278）。

1848 年 12 月，路易·拿破仑·波拿巴（Louis Napoleon Bonaparte）取代路易·菲利浦，这并不像起初看上去那么突然。 三年之后的 1851 年 12 月 2 日，路易·波拿巴成为法兰西的总统，巴黎城被忠于这位新

60　总统的军队占领。 又一年之后，路易·波拿巴黄袍加身，成为第二帝
国的皇帝，号称拿破仑三世。 1853 年 1 月 14 日通过的新宪法，把全部
行政权与立法权都授予这位新皇帝。 一场自由主义革命再一次变为保
守派的政治反动运动，新皇帝巩固了新政权。 后来，左拉将这一系列
事件看作是对自由主义事业的背叛。 但许多历史学家都强调了拿破仑
三世统治时期的开明的方面。 沟渠与河流都被挖深或拓宽，使欧洲最
好的交通系统得到保障；任命乔治·奥斯曼男爵（Baron Georges Hauss-
mann，1809—1891）将中世纪的巴黎改造成一座现代城市。 奥斯曼摧毁
了近 20 000 座私人宅邸，同时建了 43 777 幢新房子。 他将里沃利路
（rue de Rivoli）从巴士底狱延伸至协和广场（place de la Concorde），并铺
筑了圣米歇尔（Saint-Michel）、塞瓦斯多波尔（Sébastapol）、斯特拉斯堡
（Strasbourg）、玛赞达（Magenta）等大道（见图 4）。 圣马丁人工渠（Saint-
Martin canal）被铺盖起来，变成一条林荫大道；布洛涅森林（Bois de
Boulogne）、文森森林（Vincennes）被改造成公园；卢浮宫、市政厅、巴
黎皇宫、国家图书馆、巴黎圣母院、巴黎歌剧院等城市建筑，都在新的
空间环境中变成标志性的建筑物。 作为六条铁路的汇集之地，巴黎成
了欧洲的中心。 1855 年和 1867 年的世界博览会（World's Fair）在这里
61　举办；1856 年的巴黎会议（Congress of Paris）也在这里举行。 在拿破仑
三世治下，新的信用额度（credit lines）通过两家贷款机构——动产信贷
银行（Credit Mobilier）和金融信贷银行（Credit Financier）——确立了。
前者主要办理工业贷款，后者主要办理农业贷款。 拿破仑三世上台
时，法国有 74.4％的人口生活在乡村，到 1870 年他下台时，这个比例
降至 68.9％。 到那时，巴黎的人口翻了一番，同时一些新的城市中心
也在兴起，如里昂、马赛、波尔多和里尔。

　　左拉在他的《卢贡-马卡尔家族》系列小说中记录了那一连串事
件。 这些小说写于 1871 年至 1893 年间，差不多是第二帝国之后的二
十来年。 小说中的时间跨度是从第二帝国前夕（1851 年）到普法战争
（Franco-Prussian War，1870）法国在色当战役中败北。 或者用左拉在

**图 4　巴黎香榭丽舍大道。奥斯曼设计的城市，
适应了帝国的皇权中心意识，规模之大，使人感到渺小。**

图片来源：哈佛大学设计学院弗朗西斯·洛布图书馆。

其前言中的说法，"从背信之政变到色当之叛国"(*La Forfune des Rou-
gan*, vi)。[2]左拉从两个角度描绘这段历史，一个是乡村，那里贪婪的
农民阶级开始巩固自己的权力；另一个是城市，那里的新兴中产阶级在
拿破仑三世的庇护下步步掌权。

　　说左拉认为最接近自然的生活是好的，最接近社会的生活是坏的，
这未免过于简单化，虽然在某些情况下这也不无道理。更恰当地说，
左拉提出的是稍稍不同的东西，也就是说，他认为现代人已经从自然环
境中脱离，已经丧失了与其本能的联系，丧失了更原始、更基本的自我
感，已经变得越来越远离自然生命的节律。金钱和官僚制度已经替代
了自然的作用，并取代了自然的情感。

　　小说《卢贡-马卡尔家族》的中心，就是法兰西的中心——巴黎。
无数来自乡镇的人们来到那里寻求更高的自我感(heightened sense of
self)，并到这个权力的运行中心来寻求权力。在这一系列小说中，写到

巴黎的有《贪欲的角逐》（*La Curée*，1872）、《巴黎之腹》（*La Ventre de Paris*，1873）、《欧仁·卢贡大人》（*Son Excellence Eugène Rougon*，1876）、《小酒店》（*L'Assommoir*，1877）、《娜娜》（*Nana*，1878）、《家常琐事》（*Pot-Bouille*，1882）、《妇女乐园》（*Au Bonheur des dames*，1883）、《人生乐趣》（*La Joie de vivre*，1884）、《作品》（*L'Oeuvre*，1886）、《衣冠禽兽》（*La Bête humaine*，1890）、《金钱》（*L'Argent*，1891）。 另外，虽然《萌芽》（*Germinal*，1885）、《土地》（*La Terre*，1889）和《崩溃》（*La Débâcle*，1892）等几部不是城市小说，但它们描绘到的人物的行动，却有着城市里的政治和经济根源。 因此，这一系列小说，有一半以上处理了巴黎世界，剩下的部分则与巴黎的影响密不可分。

62　　小说《贪欲的角逐》最先确立了巴黎既作为法国的中心又作为左拉小说世界中心的意义。 阿里斯第德·卢贡（Aristide Rougon）从外省的普拉桑镇来到巴黎追逐 la curée①（猎物）。 在小说开头，阿里斯第德——到后来他更名为萨加尔（Saccard）——从蒙马特高地一座饭店的窗口俯瞰整座巴黎城，正如在《高老头》结尾中欧也纳·特·拉斯蒂涅一样，在他眼里，巴黎正等着自己去掠夺和征服。 当他从奥斯曼重建巴黎的计划中（也即从巴黎的废墟中）大发其财时，他确实如愿以偿。 萨加尔的故事在《金钱》中得到发展，这部小说正如其标题所示，也是一部关于金钱的力量的小说。《金钱》比《贪欲的角逐》有更大的抱负。小说的原型是一桩发生于第三共和国的金融丑闻，这桩丑闻涉及一个名叫邦杜（Eugène Bantoux）的工程师。 他参与了一项由联合银行（L'Union Generale）——这是一家与罗马教皇关系密切的银行——出资的海外投机买卖。 这项投机受到詹姆斯·德·罗斯柴尔德（James de Rothschild）金融集团的破坏并惨遭失败。 从这一意外事件中，左拉发现了一个现代社会的范式：银行作为城市的中心，在全世界投资放债，

---

　　① 法文，意为"猎物"、"角逐"、"（名利等的）争夺"。 ——译者注

政治和宗教斗争的各方都希望利用它，它的运作或直接或间接地影响着全世界人的生活。 当萨加尔遇到年轻的工程师哈麦冷（Hamelin）时，他开始卷入那个金钱世界。 哈麦冷希望得到帮助，在巴勒斯坦投资做银矿生意。 与此联系在一起的，是以资产分派（spin-off）方式在铁路、航运和海外银行的投资。 在此，左拉描绘了世界城市的开端——随着资本流动并控制全球不发达地区的土地，与明显看得见的金融家相伴而来的是看不见的权力，像卡特尔一样的联合金融交易也初露端倪。 金钱是比军队和政治权力更强大的力量。 尽管萨加尔的计划受挫，阴谋失败，他聚敛的钱财却已经创造了新的城市，并使穷乡僻壤的土地纳入现代世界的掌控之中："起初围绕着开采中的矿山而发达起来的五百居民的乡村，现在有好几千灵魂了，而且也有了它的全部文明；公路，工厂，学校……使这个死亡的荒野角落，繁荣起来了。"（*L'Argent*，434）①

左拉在《金钱》中清楚地表明了权力是如何通过城市的作用——在小说中，是通过金融机构——发生转变的。 生和死的生物学过程已经改变，从自然王国移向了城市王国。 在《巴黎之腹》和《妇女乐园》中，左拉详细地分析了这一观念。 他描绘了两类市场——供应食品的中央菜市场（les Halles Centrales）和供应其他物品的现代大百货商场。只要一个人有钱，城市会提供各种方便以满足他的生物需要。 正是在赚钱这件事上，现代人展露了他们的根本天性，一种从丛林中带来的好斗天性。 在《卢贡-马卡尔家族》小说系列中，左拉揭示出，现代城市机构事实上是一套控制系统：控制着风景（landscape），控制着自然和工业资源，并最终控制着人类自身。 左拉的小说世界是一个物理力量的世界，它运转在一定的物理限度之内，并且如果谁得到多于他自己的那一份，那么另一个人的所得就必定会减少。 左拉从根本上认为这一系统既是剥削性的，又是破坏性的。 在《卢贡-马卡尔家族》系列最优秀的几部小说中，他描绘了这个系统的罪恶。 这几部小说是《小酒店》、

63

① 参见左拉《金钱》，金满城译，人民文学出版社 1958 年版，第 473 页。 ——译者注

《娜娜》、《萌芽》、《衣冠禽兽》、《土地》和《崩溃》。

　　《小酒店》是最早描绘真实的工人阶级生活的法国小说之一，左拉之前，这一主题还未被认真对待过。 这也解释了为什么它一出版，就引起了那么多人的批评。 在前言中，左拉写道："我想描写的是我们城市里的腐败的环境中一个工人阶级家庭的不可避免的衰败情况。"（L'Assommoir，21）①这部小说的背景与《贪欲的角逐》和《金钱》的背景相同，在《小酒店》中，人物的生活也受金钱的限制，对于工人阶级来说，这种限制甚至更为残酷。 左拉赞美古波（Coupeau）和绮尔维丝（Gervaise）的原始活力和他们在工作中表现出来的欢快天性。 他象征性地让绮尔维丝把银行的存折藏在祖父的钟表背后——这样，在小说中被精打细算的金钱和时间就等同起来。 然而，这样的活力似乎维持不了多久，特别是在经历接二连三的事故和挫折之后，先是古波，接着是绮尔维丝本人，都变得颓丧，放纵酗酒，最后都自暴自弃了。 左拉把他们的经历量化了：他没有从道德上谴责绮尔维丝，只是一天天地将她背负的生活重担展示出来，直到重担打破平衡，天平倾倒。 生活中日益加重的不幸与负担毁灭了这些人，他们的生存仅限于吃饭、性和喝酒。 一直持续到博物院的婚礼聚会那一幕，作者把他们的生活与中产阶级的环境作了一次天才的对比：在博物院，他们完全不知所措，对光滑而昂贵的地板充满畏惧，对墙上与他们的生活毫无关系的油画感到莫名其妙。

　　绮尔维丝的第四个孩子——安娜，别人都称她娜娜——或许是《卢贡-马卡尔家族》系列中最出名的人物了。 娜娜出生于绮尔维丝和古波结婚后的 1852 年，巴黎各大街道培养了她。 十六岁时，她就有了一个没有父亲的孩子；十八岁时，她成为一位常到巴黎来过冬的有钱的俄罗斯商人的情妇。 所有这些，都只是娜娜后来在游艺剧院所获得的成功的一个序幕。 在那里，她得到政府高层达官贵人和上流社会公子王孙

64

---

　　①　参见左拉《小酒店》，王了一译，人民文学出版社 1958 年版，第 1 页。 译文有修改。 ——译者注

们的青睐。 所有那些人，为了与她相好，都遭到了经济和身体方面的摧毁。 后来，娜娜就像征服巴黎一样征服了东方。 到 1870 年回到巴黎时，她可怜的儿子小路易（Louiset）死于天花，她自己也因照看儿子而感染。 娜娜死于普法战争爆发的前夜，她的遍体脓疱，象征着第二帝国的腐朽糜烂。 她的堕落性与政治体（body politic）的堕落性是一回事。 她体弱多病的儿子的死，标志着马卡尔家族中这一脉的结束，以精神和生理两方面的全面退化而告终。 这位痴呆而且/或虚弱的孩子的死，将成为个人和文化走向没落的自然主义故事的文学标记。 这是一个已经被写入自然本身中的有代表性的事件，并在左拉《卢贡-马卡尔家族》小说系列的每一页都显示出来。[3]

在《娜娜》中，左拉集中笔墨描绘了一个公共世界——歌剧院、饭店和大旅馆的世界，娜娜可以从那些地方的任何一处现身，并以她的身体和肉感的魅力成为关注的焦点。 此外，左拉还特别关注由资产阶级和贵族组成的上层社会。 他带领我们从城市大街进入奢华的沙龙，进入娜娜的房间。 在娜娜最出风头的时候，她房间的奢华不下于任何人。 在这个背景中，左拉揭露了上层阶级生活的浅薄和那些人的空虚。 他们的财富和权力来自别人的劳动；他们的生活缺乏实质，没有方向；他们放荡于声色犬马之中，寻欢作乐，耗费精力，最终彻底堕落。 米法伯爵（Count Muffat）这个人物再好不过地体现了这一过程。 他从一个令人尊敬的贵族渐渐堕落为娜娜石榴裙下诸多受虐狂似的玩物之一，令读者既同情又恶心。

那个世界的最后结果和读者的最终反应就是恶心——对米法伯爵、对整个贵族的空虚世界感到恶心；对演员方堂（Fontan）感到恶心，正如米法的堕落一样，方堂的粗暴似乎是这个世界的必然后果，他的怒气导致娜娜饱受皮肉之苦；对与娜娜有同性恋关系的萨丹（Satin）这只阴沟里的老鼠感到恶心；最后，对娜娜本人感到恶心，她对自己失去了自制力，凡事都过了头。 几乎所有涉及娜娜的情节都发生于非常奢华的场景中——装饰得金碧辉煌的沙龙和闺房中，装饰这些地方所花的金钱， 65

来自正在死去的贵族世界。 那个依靠土地的、有钱的贵族阶级的代表就是米法，他在经济上和道德上的溃败合二为一。 娜娜和她的同行们在一个世界里相互传染，那个世界唯一的最终结局就是死亡。 在小说结尾，她那腐烂化脓的尸体与贵族的堕落正相得益彰。 她刚咽气，窗外就传来群氓的叫喊："进军——柏林！进军——柏林！进军——柏林！"这标志着普法战争的开始和第二帝国的灭亡。 在左拉看来，一个社会是否健康，与该社会成员的工作方式和该社会控制财富和权力（财富和权力均来源于工作）的方式有密不可分的联系。 一旦贵族脱离了商业/工业世界的实际经济过程，那它离寿终正寝也就不远了。 娜娜只不过是利用了这个已经在进行中的毁灭过程，而且，由于她是这个过程的一部分，她自身的毁灭也是注定了的。 左拉不仅把一位交际花的堕落放到一个堕落的社会中去理解，而且还解释了堕落之所以会发生的根源。

在《萌芽》中，左拉描绘了一个完全相反的世界。 他把我们带到法国北部的采煤区，那里矿工们正在罢工。 这样的罢工在拉里卡马里（La Ricamarie）、里沃-德日耶（Rive-de-Gier）、奥班（Aubin）和昂赞（Anzin）等地都曾发生过。 左拉曾亲自到昂赞采煤区调查访问，并以此为素材创作了《萌芽》这部小说。《萌芽》是一部细节丰满，高度充实的小说，它生动地描绘了煤矿工人的悲惨生活。 像马赫一家（Maheus）这样的矿工家庭，常在两种经济力量之间进退失据。 一方面是老板、投资者和经理们，其代表是格雷克瓦（Grégoire）和埃纳博（Hennebeau）。 这两位都心地善良，为人正派，但同时对工人的悲惨遭遇都毫不同情，因为这个体系中的任何变动都会损害他们的利益。 另一方面是那些工人代表。 其中艾蒂安·郎蒂埃（Étienne Lantier）是中心人物，他是一个自学成才的空想社会主义者，他阅读马克思的著作，并且相信，一种产品的价值是由生产这种产品的劳动所创造的。 拉塞纳（Rasseneur）是一位工团主义者，他认为必须由相应的负责人在这个体系内制定解决方法。而苏瓦林（Souvarine）是一位革命的无政府主义者，他认为首先必须摧毁原有体系，然后再从外面确立起对资本主义的限制。 左拉批判了格雷克瓦式的家长统治，但他同样不赞同苏瓦林式的激进解决方案。 因为这两种极端的受害者最终都是工人：格雷克瓦利用了工人们的无助，而苏瓦林则肃清那些反对自己的人，毁坏他们的劳动工具。 左拉最终是赞同拉塞纳的立场还是艾蒂安的立场，并不很清楚。 他似乎反对他们中的任何一个当领袖，因为工人群氓（mob）分别在两个不同的场合反对过他们。 工人们自己似乎体现了一股力量——就像自然的力量，它能克服懒散和破坏，并以某种隐蔽的达尔文主义的方式，创造出一个更高的、能从内部救赎这个体系的目标。

左拉清楚地表明，《娜娜》和《萌芽》的世界其实是同一个世界，并且，那些创造了财富让娜娜过上奢华生活的工人们，掌握了改变这个体系的手段。 在左拉的世界中，几乎每一件东西都指向劳动的高贵。 但他从不提出谁将领导新工人、谁将控制那控制着群众的领袖的问题。 在《萌芽》中，左拉将我们带到了他自己并未意识到的极权主义大门前。 他明白自己在处理权力问题（《衣冠禽兽》展露了这个主题对他的困扰），但他从来不知道，当一个腐朽的统治阶级倒台之后，其权力最终会托付给谁。

在《卢贡-马卡尔家族》小说系列中，左拉向人们展示了商业/工业进程的后果，如何改变了城市、外省以及人和他自己的劳动的关系。 在《土地》中，他描绘了这个进程如何影响到乡村世界并改变了土地的状况。 小说的主要人物吉恩·马卡尔（Jean Macquart）是《小酒店》中绮尔维丝的兄弟，是娜娜、艾蒂安和克劳德（Claude）的叔叔。 马卡尔的旅行把他带到谷物种植平原——其中心就是沙德尔（Chartres）——上一个叫包斯的市场小镇。 左拉在《土地》中揭示出，封建体系已经一去不复返，土地已经或被新兴的资产阶级如胡德根（Hourdequin）之流所购买，或被贪婪的农民如富安（Fouan）和他残忍的儿子蒲多（Buteau）所并吞。 左拉描绘了一个堕落的世界，在那个世界中，田园诗般的过去，纯粹是一种文学虚构。 贪婪和痛苦似乎是乡下人生活的副产品，

66

而他们一直就那样生活着。 但现在小农场正被更大的财产拥有者全部收购，那些人会"使用机器"，有些还使用"周转很大的资本"（*La Terre*，156）。 左拉把土地描绘成一种反作用力，它的节律能提供生命力。 但他同时也指出，土地将永远不能被"归还"，无论地多还是地少的农民，都成了由来自城市的金钱利益控制的进程的一部分。 正如胡德根所说，土地"已到临终阶段，它就要死去。 一切都压迫它，扼死它，例如赋税，外国的竞争，工资的连续高涨，倾向工业和金融证券的金钱趋势等等"（157）①。 城市伸出自己的爪子，吞并了土地，农民们也参与到这个破坏性的过程之中。 在小说结尾，左拉指出生命与死亡不可分离："这里是死者，那里是种子，面包还将从沃土中茁长起来。"（500）②面包将被送往巴黎的市场去供养城市，土地变成了更大的商业/工业进程的一部分。

财富从土地到城市的转移离不开暴力，这种暴力正是雅克·朗蒂尔（Jacques Lantier）天性的一部分。 当他似乎沿着一条被规定好了的道路因欲望而走向谋杀时，暴力使他与土地变得疏远了。 在《衣冠禽兽》中，左拉在这种病状之外加上了火车司机雅克对发动机的迷恋："在他开火车的整整四年中，一直爱着这个发动机……他爱着它，因为它具有让令人尊敬的女人开心的难得的品质。"（159）欲望、谋杀和机器以一种奇怪的、令人莫名其妙的方式联系在一起。 而火车即便不是体现着，也是在调节着雅克针对女人的性暴力。 火车的机械力量比它所在的世界的力量更强大，左拉描绘了它以飞快的速度撞过雪堤穿过大地的情形。 火车的惊人力量有着政治上的含义。 雅克·埃吕尔（Jacques Ellul）③在他的《技术社会》（*The Technological Society*）中已经指出，在技术社会与极权社会之间有着直接的联系：效率——维持秩序和控制的

---

① 参见左拉《土地》，毕修勺译，山东文艺出版社 1993 年版，第 138 页。 ——译者注
② 参见左拉《土地》，前引，第 481 页。 译文有修改。 ——译者注
③ 雅克·埃吕尔(1912—1994)，法国哲学家，著有《宣传：态度的形成》《技术社会》等。 ——译者注

力量——是它们的公分母。 但那种力量就像群氓的无节制的力量一样，一旦失去控制，都同样危险。 在《衣冠禽兽》的结尾，左拉又一次提到盲目的、没有方向的力量，以一种不受控制的方式在起作用，就像那辆火车——"它的火车头上没有司机或司炉，它上面的运牛车上装满了高唱着爱国歌曲的部队"——飞驰过黑夜"去加入战争"。 这辆火车象征着没有真正的领导或方向的新的商业、工业和技术社会："这只没有主人，又瞎又聋的野兽，穿过黑暗，被死亡驱逐着，奔跑得越来越快，它身上装满着弹药，背上的战士们筋疲力尽，烂醉如泥，麻木地歌唱着。"（384）

　　小说《崩溃》（La Débâcle）的开头，紧接着《衣冠禽兽》的结尾：战士们奔赴前线，去参加后来被证明为是灾难的普法战争。 左拉很清楚，法国要想从拿破仑三世手中解放出来，那次暴力是不可避免的。而且在普法战争暴发之前，他就预料到了。 以巴黎为中心向外扩散的帝国的腐败，一直是左拉大多数小说的主题。 左拉展示了这种腐败如何一步步传染到社会的每一个细胞：从那些已经与土地脱离了几代人的贵族，到银行和交易所的上层资产阶级，到农民和矿工（在他们身上，贪婪和争斗阻挡了神圣的工作职责）。 在色当战役中，有 17 000 名法国士兵丧生，成为官僚主义和军事无能的牺牲品，甚至也算是那个通过剥削土地和人民而创造了财富和奢华生活的社会的牺牲品。 巴黎作为《卢贡—马卡尔家族》小说系列的地理中心，再也无法给绝境中的自己提供活力。 社会的星星怒火极容易形成燎原之势，一触即发。 在《崩溃》的最后一幕中，巴黎燃烧起来了，"像一些巨大的祭火一样燃烧起来"。小说结束于对新的巴黎的希望，那个新巴黎将从土地——从善良单纯的人们如让（Jean），以及他们对大地的爱和他们的工作能力——中吸取自己的力量。 甚至让的朋友，曾经反对过共和国的摩里斯（Maurice），也看到了一丝希望，他死之前对让说："去，拿起你的镐和铲，把泥土翻一翻，把房子重修一下！"最后，左拉写道："被蹂躏的田野荒芜在那里，烧毁了的房子倒在地上，所有人中最卑贱最忧伤的让离去了，他走

68

向未来，着手一项伟大而艰巨的工作：建设一个新的法兰西。"（*La Débâcle*，508，504，509）

自然主义的想象许诺通过"永恒的自然、永恒的人性"和辛苦的劳作而"重获新生"。在《卢贡-马卡尔家族》小说系列中，左拉展示了这种想象所具有的深刻的政治性质，同时他还向人们展示出当旧的封建社会和新的商业社会与土地切断联系，而城市危及到救赎性劳动的活力时，可能会发生的事情。

五

尽管自然主义文学的想象具有一定的说服力，但它对生命所抱的那样一种观点，使它用行为主义和决定论的方式看待人物，因而限制了对人的复杂性的感知。自然主义作品中的男主角通常不会表达内心的思想，缺乏内在的主体性和道德反思，他们屈服于贫穷和苦难，完全由其生物学构造和直接环境决定，他们是一系列通常由机械的偶然原因所触发的不可避免的事件的牺牲品。

正如启蒙运动随着商业城市而来，自然主义文学则伴随着工业城市而生。自然主义和工业化进程的仲裁人是卡尔·马克思（1818—1883）。马克思（像李嘉图一样）预言，随着工业产出提高，利润将下降。但资本家将通过剥削工人来补偿自己的损失，而相应地，工人创造了剩余价值，却与商品相分离，没有能力去购买那些他们用自己的劳动创造的产品。最终，生产过剩的危机将引发工人阶级起来造反，打倒资本家，并用属于他们自己的生产资料去创造社会主义国家。

马克思挑战的不是资本主义的机制，而是资本主义的后果。相比于资本主义投资因素，他给予劳动因素以优先权。他认为劳动是母体，它将自然转变成人工环境——把原材料转化为成品，并把自然状态的土地变成城市。马克思认为工人从自己劳动所创造的成果中获得的利益越来越少，并将阶级斗争看作是在任何社会中都存在的对立状态。马克思反对赫伯特·斯宾塞所强调的适者生存法则，认为工人阶级应该通过自己占有生产资料来创造财富，他相信历史正在向这个目标迈进。

马克思既充满预见，但历史地看来又有些盲视。比如，他对中产阶级的力量判断有误，尤其是这个阶级对劳动力的吸纳能力。他还对劳工阶级的团结状态和民族主义的影响力判断有误。他预想国际劳工会起来反抗，团结一致对付资本主义，但当1914年和1939年战争爆发时，英国劳工却与德国劳工交战了。其次，他没有看到在帝国主义阶段之后将会发生的事情：一种世界经济诞生了，它的性质仍然是资本主义的，但却将共产主义国家（如苏联和华沙条约国）排除在世界市场的巨大财富之外。再者，他没有认识到"好的"（物质上的）生活所具有的强大吸引力。那种"好的"生活，包括新的家、各种现代设备、豪华轿车、流动性和旅游、各种奇幻的价值观等等，即人们常常盲目称道的"美国梦"。

不过，尽管马克思没有看见这些，但他在其他方面却极富先见之明。列宁的帝国主义理论来自马克思的积累概念，即认为工业资本主义的发展，使它需要在一个世界经济中找到自己的出路。当生产与销售被集中于巨大的托拉斯手中，当银行业和工业资本融合在一起，当资本主义列强把世界瓜分为不同的势力范围，接下来的斗争就会在那些试图对世界进行重新划分的国家之间发生（列宁正是根据这些预见了第一次和第二次世界大战）。在商业资本主义阶段，信贷制度相对不发达，世界上的大部分地区还处在前资本主义社会，货币的作用有限。结果，资本在这一阶段以贸易的形式活动，它最终发展出了一个为资本主义生产服务的世界市场。工业产品被销往前资本主义社会，并从那些地区获取原材料和粮食产品。马克思认为，这种做法使得资本主义社会和前资本主义社会之间的关系固定化了，而列宁认为，除此之外，这种做法还妨碍了被殖民地区资本主义的发展，引发了发达国家之间的竞争，并导致了不发达国家对发达国家的依附。在工业资本主义阶段，

70

85

剩余价值和资本的集中化，加上信贷制度的发展，一起导致了垄断资本主义(有时被称为"金融"或"晚期"资本主义)的诞生和资本主义国家之间竞争的加剧。 马克思和列宁都认为，是资本的垄断和竞争的加剧，共同导致了帝国主义。

自然主义文学使许多这样的观念变得有血有肉。 正如前文所述，左拉也竭力赞美劳动过程，并且像在《萌芽》中那样，不断展现出工人如何被剥夺掉他们自己所创造的财富。 他还描绘了被一种经济体系——这个体系扭曲了自然的运行——约束在屈从状态中的下层阶级的状况。 启蒙运动把城市描绘成加在自然物身上的强有力的规范，而浪漫主义则探究那个规范所压抑了的东西。 自然主义者分享了浪漫主义的怀疑，他们把城市描绘成一个能量系统和一种疏离机制，它创造了一个外在于自然的病态的中心，因而加速推动了退化的进程。

作为一种叙事方法，自然主义最终被另一场运动，即文学现代主义所取代。 现代主义挑战自然主义的基本前提，它从科学主义转向一种以神话/象征为基础的方法，以循环的时间代替直线性时间，它允许用一种柏格森式的主观的现实来代替科学的经验主义，并创造了一种关于高级文化和低级文化的精英主义的划分方式。 确实，自然主义强烈依赖象征主义，但它所依赖的是增强自然现实的象征主义，与比如说乔伊斯在《尤利西斯》中所运用的那种文学象征主义完全不同。 在乔伊斯那里，象征主义是一片棱镜，人们通过它观察现实。 我们通过荷马的尤利西斯这片象征性的透镜观察利奥波德·布卢姆(Leopold Bloom)[1]，这两个人的对照，标志着在以循环论的眼光扫视英雄时代和庶民时代时的维柯式差异(Viconian differences)。 自然主义笔下的城市呈向心状态：生活被一个都市力量中心所控制；而现代主义笔下的城市呈离心状态：中心引导我们向外，面向空间和时间中的象征性对应物。 自然主义的叙述者从一个中心观察正在起作用的各种力量；而现代主义的叙述者却

---

① 详见第七章"乔伊斯之城"。 ——译者注

发现，中心变得越来越复杂和模糊，叙述者自己的视野也变得越来越主观。　文学视角的差异就是都市现实的差异。

注　释:

　　[1] 彼得·斯廷利布拉斯(Peter Stallybrass)和阿隆·怀特(Allon White)在《离经叛道的政治学与诗学》(*The Politics and Poetics of Transgression*, 1986)这部深受弗洛伊德影响的著作中, (通过老鼠)将城市贫民窟与下水道联系在一起, 在一种泄殖语境(cloacal context)中来解读亨利·梅修(Henry Mayhew)的《伦敦的劳工和穷人》(*London Labour and the London Poor*, 1861)一类的作品。　在该著作中, 他们还研究了弗洛伊德和狂欢。

　　[2] 除另有说明, 本书中所有《卢贡-马卡尔家族》的英译文均来自维齐泰来(E. Vizetelly, 1886)的译本。　但因为这个版本并不可靠, 所以译文均对照法文作了校对。

　　[3] 没落的主题——通常体现为退化中的最后一位后代即将到来的死亡——也是现代主义文学的重要主题, 比如托马斯·曼笔下的布登勃洛克一家(Buddenbrooks)和福卡纳笔下的康普生(Compson)家族。　这样的退化和没落与菲茨杰拉德笔下的安东尼·帕奇(Anthony Patch)和迪克·戴弗(Dick Diver)一类人物的命运息息相关, 不过在后来的小说中, 关于这种没落的自然主义解释已经被省略了。

第五章

向内转

一

现代主义文学提供了两种都市现实：由艺术家构成的城市和由人群（crowd）构成的城市。 在第一种情况下，都市形象体现为艺术家的内在感觉和印象；在第二种情况下，人群作为一个整体有了自己的人格和都市含义。 看待人群的方式通常有三种：通过勒庞（Gustave Le Bon）[①]的方式，我们看到群体的精神状态如何改变个体的心灵状态，并被克里斯玛型领袖所利用；通过弗洛伊德的方式，我们看到群体会发展出属于自己的意识和无意识，并呈现出返祖的现象；而通过伊利亚斯·卡内提（Elias Canetti）[②]的方式，我们看到群体创造出一个力场，领袖被带入其中，是群体创造领袖，而不是相反。[1]群体的规模变得越大，艺术家眼中的城市图景就变得越模糊、越神秘、越诡异。 在现代主义者的话语中，群体成了城市的一种转喻（metonym），许多对都市的研究都被对

[①]　居斯塔夫·勒庞（1841—1931），法国著名社会心理学家，著有《群体心理学》（*Psychologie des foules*，1896），该书英文版译名为 *The Crowd*，中文版见勒庞《乌合之众》，冯克利译，中央编译出版社2004年版。 ——译者注

[②]　伊利亚斯·卡内提（1950—1994），保加利亚出生的德国小说家、评论家、社会学家和剧作家，1981年诺贝尔文学奖得主。 著有戏剧《虚荣的喜剧》《婚礼》和长篇小说《迷惘》等，其最有影响的著作是政论《群众与权力》，中文版见卡内提《群众与权力》，冯文光译，中央编译出版社2003年版。 ——译者注

群体的研究所替代："大都会"（*Grosstadt*）的主题在乔治·西美尔、马克斯·韦伯和瓦尔特·本雅明等人的思想中占支配地位。现代主义思想强化了一种意识，认为个体与群体是截然不同的实体，具有完全不一样的存在方式。群体不是个体的混合，而是有着其自身动机的独立存在物。群体（crowd）很容易变为乌合之众（mob），而乌合之众很难与大众（masses）区分开来。在大众（mass）社会，会迷失的是个体：疏离不可避免，个体即便在群体中也会感到孤独。而大众社会一旦被控制，就是一个极权社会。

　　群体的狂乱的律动显示了城市的神经质特性。正如西美尔所指出的，人群的快速变化所导致的神经刺激的加剧，让人感到"各种印象汹涌而来"。个体的精力被这种能量所吸收。对这种印象的汹涌的反应方式之一，就是变得麻木，变成罗伯特·穆齐尔（Rober Musil）[1]所说的"没有个性的人"，变得像大都会本身一样漠视价值。在穆齐尔的著作中，五彩缤纷的世界变成了灰暗世界。在《大都会与精神生活》（"The Metropolis and Mental Life"，1903）一文中，西美尔把这种状态描述为"麻木不仁"。他认为出现这种状况的根源在于"金钱的内在化"，以至"在奔流不息的金钱洪流中，所有的事物都以相等的重力漂荡"（转引自 Tafuri，87—88）[2]。

　　应对城市中由人群的快速变化所带来的神经刺激的另一种方式，是波德莱尔（Baudelaire，1821—1867）的方式。波德莱尔很清楚都市的单调性和人们对多样性的需求之间的相互联系，瓦尔特·本雅明在《论波德莱尔》（*Charles Baudelaire*）[3]中指出，波德莱尔诚心实意地要从人群中，尤其是从有闲逛者（flaneur）出没的巴黎的拱廊街和其他商

72

　　[1]　罗伯特·穆齐尔（1880—1942），奥地利小说家、剧作家。有自传体小说《学生特尔莱斯的困惑》，短篇小说集《协会》以及剧本《醉心的人们》等。1930年出版潜心十年创作的巨著《没有个性的人》第一卷，1933年出版第二卷。——译者注
　　[2]　参见西美尔《大都会与精神生活》，收入《时尚的哲学》，费勇等译，文化艺术出版社2001年版，第186—199页。译文有修改。——译者注
　　[3]　《论波德莱尔》（*Charles Baudelaire*），即《发达资本主义时代的抒情诗人——论波德莱尔》，中文版参见张旭东、魏文生译，生活·读书·新知三联书店1989年版。另见《巴黎，19世纪的首都》，刘北成译，上海人民出版社2006年版。——译者注

业中心，寻找那种多样性。 在《恶之花》(*Les Fleurs du mal*，1857)的
第一版中，波德莱尔的诗大都带有一种内省性。 当法院以伤风败俗罪
的名义，命令删除其中六首诗之后，波德莱尔又写了一组诗作为第二
版(1861 年)的补充。 在这组诗中，他开始把城市作为自己的重要主
题。 这些诗中的观察者总是与某个都市主体——通常是一个游离于人
群之外的人——融为一体，然后通过一番联想和回忆，把这种印象与
自己的经验联系起来。 在《七个老头子》(*Les Sept vieillards*)中，观察
者似乎看到一个幽灵从人群中走出来，并且把这种诡异感内在化了。
在《天鹅》(*Le Cygne*)中，一只天鹅逃出囚笼，来到被奥斯曼改建不久
的巴黎街道。 它"又可笑，又崇高"，构成了新巴黎以及通过联想而涌
入作者大脑的一系列想法的象征。① 换句话说，观察者在人群中或在
巴黎街道中发现的，是能触发他的想象或记忆的，因而也是被内在化
了的对象(见图 5)。 从街道到人群，到从人群中得出的印象，再到由
73 这个印象在大脑中所激发的联想，我们一步步转向内心。 波德莱尔认
为现实是邪恶的，经验是肮脏的，人的本性天生就是堕落的，但通过艺
术，这些又可以得到救赎。 人既走向上帝，也走向撒旦，而上帝和撒
旦都可以在人群中找到。 因此，诗人走近人群，去发现自己的不同
形象。

　　人群中的波德莱尔，就是城市中的艺术家的具体化身，他代表着客
观的城市形象向主观的城市形象的转变，也即自然主义向现代主义的转
变。 很显然，波德莱尔是通过内在于人群中的主观性来看待城市的。
在《恶之花》之后，波德莱尔写了一系列与城市有关的散文诗，合编为
《巴黎的忧郁》(*Le Spleen de Paris*，1864)。 在题名为"群众"
(Crowds)的那部分中，他强调艺术家的主观性只能以群众为基础，诗人
的想象要由城市景观来滋养：

---

　　① 《七个老头子》和《天鹅》这两首诗，参见《恶之花·巴黎的忧郁》，钱春绮
译，人民文学出版社 1991 年版。 ——译者注

图 5　居斯塔夫·卡耶博特(Gustave Caillebotte)，《雨天的巴黎街道》
(Paris Street: Rainy Day, 1877)。当奥斯曼在第二帝国时期依照 1793 年
的"艺术家计划"来改造巴黎时，他为艺术家—闲逛者提供了空间，
促使了田园诗的现实向都市的现实的转变，并使得现代艺术可以
当然地把城市作为自己的对象。

图片来源：哈佛大学设计学院弗朗西斯·洛布图书馆。

　　人群(multitude)，孤独，对于勤勉而多产的诗人，是两个相等
而可以对调的字眼。不懂得把自己的孤独跟群众结合的人，也不
会懂得在忙碌的群众之中保持自己的孤独。

　　诗人享受着这种无比的特权，他可以随意保持自己的本色或　74
化为他人。他可以随心所欲，附在任何人的身上，像那些寻求肉
体的游魂一样。只有对于他，到处都是虚席以待的……

　　孤独的沉思的散步者从这种普遍的神魂交游之中汲取独自
的陶醉。(*Le Spleen de Paris*，20)[1]

――――――――――
[1]　参见波德莱尔《恶之花·巴黎的忧郁》，前引，第 392 页。　——译者注

闲逛者像都市侦探一样，是都市的观察者，他隔着一定的距离观察着城市。 但闲逛者又与侦探有所不同，他到拱廊街去是为了感受来自不同人群的刺激。 人群提供了各种可能的经验：遇上一位心爱的人或朋友，或者亲历一次奇观。 但是，闲逛者并不满足，因为城市所提供的经验超出了他的消化能力。 他甚至在经历各种体验的同时，也总是感到错过了许多，他的心灵时刻处于得不到满足的状态，总是充满着盲目的欲望。 我们可以在德莱塞和菲茨杰拉德笔下的人物身上发现这些特点。 当这种充满可能性的感觉变得令人惊恐时，就会对稳定状态造成威胁，并导致神经衰弱。 我们可以从艾略特的作品中发现这种神经衰弱状态。 而如果威胁成为针对个人的，就会导致妄想狂，这种妄想狂在品钦的小说中随处可见。 从妄想狂到诡异只有一步之遥。 波德莱尔的作品和瓦尔特·本雅明对其作品的注解都显示出，诡异——神秘和怪诞——来自异质人群，或更准确地说，来自城市：来自游离于人群的陌生人，来自正在变得陌生的熟悉物，来自被压抑者的重返[1]，来自作为迷信而回归的原始文化，来自作为外国人而归来的后殖民时期的移民。[2]在《论诡异》（"The Uncanny"）一文中，弗洛伊德称诡异"就是本该隐藏起来，但却暴露在阳光之下的东西"（转引自 Vidler，14）[2]。 当城市将秘密无遗地暴露在我们眼前时，我们就进入了一个诡异的世界。 从欧里庇得斯的狄俄尼索斯到狄更斯的奥立克，从乔伊斯笔下贝拉·科恩家的瓦尔普吉斯之夜（Walpurgisnacht）[3]到品钦的特里斯特罗，文学想象一直在展示着都市的诡异。 随着现代城市变得越来越难以穿透和理解，那隐藏着的敌意和"诡异感/无家可归感"（Unheimlichkeit）开始渗透到文学文本中。

---

① 关于"被压抑者的重返"，详见第 7 页译者注。 ——译者注
② 参见弗洛伊德《论神秘和令人恐怖的东西》（*The Uncanny*，1919），中文版收入《论文学与艺术》（"精神分析经典译丛"），国际文化出版公司 2001 年版，第 271 页。实际上这个说法出自谢林，弗洛伊德在文章中引述了他的说法。 ——译者注
③ Walpurgisnacht（德语），即 Walpurgis Night（瓦尔普吉斯之夜），根据德国神话，4 月 30 日夜晚圣瓦尔普吉斯在哈尔茨山布罗肯峰设宴招待魔鬼与巫婆狂欢作乐。 后引申为狂欢联欢会。 详见第七章"乔伊斯之城"。 ——译者注

二

在法国，对自然主义的反动被称为颓废，在英国则被称作唯美主义。 这两种运动最终都被当作是象征主义的不同形式。 所有这些名称都是人们在 20 世纪给 19 世纪的文学运动贴上的标签，到最后，人们不再管它们之间的区别，而是把它们统一归并在现代主义观念的名目之下。 作为一位颓废派诗人，波德莱尔是第一位现代欧洲诗人。《恶之花》中的所有主题——撒旦主义、丹蒂主义（dandyism）①、异国情调、色情主义，所有被资产阶级认定为颓废的方面——都被象征主义者所继承。 然而，波德莱尔的丹蒂主义既是对中产阶级价值的一种嘲弄，也是那种价值的一个副产品。 威利·塞弗（Wylie Sypher）曾指出，丹蒂"是失去了特权地位的贵族的替身，丹蒂是中产阶级贵族，只能产生于正在成为资产阶级生活舞台的城市之中"（Sypher，36）。 丹蒂是消费社会的产物，只有在消费社会中，他才会为自己与众不同的自我塑造（self-fashioning）感到高人一等。 丹蒂让自己与那个使自己以及自己的文化得以诞生的资产阶级价值保持着距离。 这种想拉开距离的欲望，使得波德莱尔在面对现代大都会时去探索各种新的诗意可能性，其中最重要的是对精神家园或存在于有形世界之外的城市所怀有的一种乡愁。这也是他迷恋爱伦·坡的原因。 伴随这种乡愁的，还有一种颓废和没落感。 当这种没落感被内化，由之而引起的印象就会特别强烈，以至于常常会左右其感知城市的方式。

75

---

① "丹蒂"（dandy），也译为"花花公子"或"纨绔子弟"，但由于"丹蒂"与我们通常所谓的"花花公子"不完全一样，还代表着一种生活方式，所以有人将其直接音译为"丹蒂"。 关于"丹蒂主义"，参见《波德莱尔论丹蒂》，收入《巴黎，19 世纪的首都》，刘北成译，上海人民出版社 2006 年版。 ——译者注

在英国，沃尔特·佩特（Walter Pater）①对上述许多主题进行了改写。在《文艺复兴史研究》（*Studies in the History of the Renaissance*，1873）的结论中，他把现代主义说成是一种自我塑造（self-fashioning），它追求的是感觉、印象而非抽象："能使这种宝石般的火焰炽烈燃烧，且保持着这种心醉神迷的状态，乃是人生的成功"（511）②。他的小说《享乐主义者马利乌斯》（*Marius the Epicurean*，1885）中的男主人公培养着心灵和精神的快感。在马利乌斯的罗马人的外表下，潜藏着19世纪英国的探索；晚期维多利亚英帝国，带着公元2世纪罗马的面纱。佩特在列奥那多·达·芬奇的《蒙娜·丽莎》中发现了相似的重叠——记忆的叠加。奥斯卡·王尔德（Oscar Wilde，1854—1900）也模仿于斯曼（Joris-Karl Huysmans，1848—1907）的小说《反常》（*À Rebours*，1884）创作了《道林·格雷的画像》（*Dorian Gray*，1891），从而继续显示了法国的颓废主义与英国的唯美主义之间的联系。在王尔德的《谎言的堕落》（"The Decay of Lying"，1889）一文中，有一段与城市有关的话："若没有印象主义者的视角，我们怎么能看到缓缓降临我们街道，使煤气灯光变得朦胧，让房屋变成奇形怪状的影子的那种神奇的褐色浓雾呢？"（33）王尔德的评论特别适用于乔伊斯在描绘斯蒂芬·迪达勒斯（Stephen Dedalus）③的城市印象时所用的手法：当斯蒂芬漫步于都柏林时，所有地方都成了审美的对象或文本，他的艺术感和美感支配着他的印象。这种象征性思维使我们想到阿瑟·西蒙斯（Arthur Symons）④研究法国诗人对英国诗歌之影响的著作《文学中的象征主义运动》

---

① 沃尔特·佩特（1839—1894），英国著名文艺批评家，唯美主义运动的理论家和代表人物，代表作有小说《享乐主义者马利乌斯》，另著有《文艺复兴史研究》（后改名为《文艺复兴》），中文版参见《文艺复兴：艺术与诗的研究》，张岩冰译，广西师范大学出版社2000年版。——译者注
② 参见佩特《文艺复兴：艺术与诗的研究》，张岩冰译，前引。在该中译本中未找到相应译文。——译者注
③ 斯蒂芬·迪达勒斯是乔伊斯小说《一个青年艺术家的画像》的主人公。——译者注
④ 阿瑟·西蒙斯（1865—1945），英国诗人和批评家，唯美主义运动领袖之一，著有《文学中的象征主义运动》等。——译者注

（*The Symbolist Movement in Literature*，1899）。这部著作对艾略特产生了巨大影响，1908 年他还在哈佛大学时就读了这本书，并通过它发现了魏尔伦（Verlaine）和科比埃尔（Corbière）①。

现代主义取代浪漫主义之前，还必须先经历颓废/唯美主义和印象主义阶段：第一阶段创造的现实过于乖戾，以至于其审美想象为了逃避现实而转向内部；第二阶段则走向了私人的、自我中心的心灵状态，把已经充满敌意的都市、商业和工业世界关在心灵之外。在这种形势下，作为物理空间的城市，被作为心灵状态的城市所替代。这个过程的形成经历了漫长的时间。在英国，威廉·赫兹利特（William Hazlitt）②早已指出，华兹华斯（Wordsworth）的诗歌的基础，是自然与人为、人道精神与时尚（fashion）精神的对立。

波德莱尔的诗歌也处于天真与自我塑造之间。他的诗中到处都充满了堕落感，这种堕落先于历史和意识，堪与原罪相比。既然艺术家"不是发现本性而是对本性进行再创造"（Jouve，39），那么堕落就可以通过艺术获得理解。波德莱尔从多愁善感到敏感的转变，使我们想到福楼拜的《情感教育》（*L'Education Sentimentale*，1869），在这部小说中，我们也能看到一个从自然的情感到自我塑造的情感的变化过程。这个人工机巧的世界有助于我们理解《恶之花》，借用艾略特在《荒原》中用来表达同样的破碎感和孤独感的话，这个世界里"虚无连接着虚无"。城市不再促进想象的连贯性。波德莱尔和艾略特都认为，这种无联系性是某种损益系统的副产品。他们都拒绝物质进步，因为物质的进步必然会导致日益升级的欲望的循环。资本主义把城市变成了自然的对立面。因而，这两位诗人都认为现代人被卷入了一个从根本上来说是自我毁灭的城市化进程：商业城市就是现代版的但丁的地狱。要想获得拯救，就必须打破物质主义的循环。波德莱尔认为，要做到

①　保尔·魏尔伦（1844—1896），法国象征派诗人，著有《忧郁诗章》。科比埃尔（1845—1875），法国诗人。——译者注
②　威廉·赫兹利特（1778—1830），英国散文家和批评家。——译者注

这一点，人们可以通过把自我当作艺术一样来塑造；而艾略特则把基督而非丹蒂的道路，看作逃脱物质欲望的途径。

在颓废主义的假设中，文明已经走到了尽头，开始走下坡路。因而，熵理论也被纳入颓废运动之中。熵指的是从系统性到无序性的转化，这种转化最终导致无序的未来。颓废主义者，以及他们的追随者，都对未来充满警惕，而对没落过程得以开始之前的时代流连忘返。现代主义继承了颓废主义的许多遗产：比如，亨利·亚当斯（Henry Adams）留恋 12 世纪的理想，庞德留恋 15 世纪的理想，艾略特留恋 17 世纪的理想，菲茨杰拉德、福克纳和多斯·帕索斯留恋杰斐逊的共和国理想。唯美主义是"向内转"最重要的组成部分。所谓"向内转"是指从物理现实向内在心理过程和主观性转变的现代主义运动。正如安德鲁·里斯（Andrew Lees）所说，城市成为敏感的艺术家体验与普通人相隔膜的强烈孤独感的场所——甚至当他混迹于人群当中时也不例外（Lees，81—82）。当他成为人群中的孤独者时，城市的现实就被他对城市的印象所取代。艾略特和庞德在人群中——行尸走肉中——开始比波德莱尔感到更不舒服。这种对共同经验的蔑视，导致了现代主义者的精英主义意识，他们希望把自我从群体中分离出来，甚至不惜为此赞同各种反动的权力形式。[3]

三

现代主义的两大主题——艺术家和城市——开始浮现出来。或许，现代主义的最大主题就是城市中的艺术家或相当于艺术家的人。这里所说的**相当于艺术家的人**，是指那种对城市有非凡领悟能力的观察者［如乔伊斯笔下的迪达勒斯和菲茨杰拉德笔下的卡拉威（Carraway）］，或能敏锐捕捉到都市活动在其他地点或地方所造成的后果的人［如康拉德小说中身处非洲的马罗（Marlow）］。随着现代城市变得越来越复杂，对它的解读也越来越困难。问题的根源，部分在于现代主义认为自我只根植于意识之中，客观对象是由对它的感知行为创造出来的。 温德姆·刘易斯(Wyndham Lewis)①正是基于这一点对现代主义时期展开攻击。 自我成了一大堆随意堆积起来的感官印象，它的现实不断地面临瓦解的危险(Ryan，5)。

　　印象主义是自然主义向现代主义过渡——从非个人的客观领域过渡到个人的主观领域——的主要手段。 对描述性细节(descriptive detail)(细节控制心灵)与印象主义细节(impressionistic detail)(心灵控制细节)进行区分，在一定程度上是有用的。 但当我们考察印象主义画作时，这样的区分开始变得无效，因为这时候太阳光的变化会改变我们的印象，也就是说，在这种情况下，环境本身好像是造成印象主义反应的不可分的因素。 在康拉德的《黑暗之心》中，随着马罗的叙述的推进，他看到世界在道德上变得越来越黑暗(这是一个印象)，但另一方面，他讲述故事的时间是黄昏，在他讲述的同时，现实中的天色也渐渐变暗(这是描述性细节)。 亨利·弗莱明(Henry Fleming)的声名狼藉的"天空中的圣饼"("wafer in the sky")②，就是一个把描述性细节和心理印象连接起来的比喻。 丹尼斯·多诺霍(Denis Donoghue)③在讨论佩特时曾指出："对佩特来说，'印象'是指既非主观也非客观而是主观与客观的综合事件。 印象是指对某事的印象，但它正处在即将独立于其本源的途中。"(*Walter Pater*，49—50)至于这样的"独立"在哪个点上发生，或许只能是一个独断的判断，但一个印象主义的叙述者会显出自己的敏感，并使叙述打上自己独特的烙印。 若没有马罗的那种印象主义特质，康拉德不可能写出《黑暗之心》和《吉姆老爷》。 正是康拉德影响了斯蒂芬·克莱恩(Stephen Crane)④，而克莱恩又影响了海明威。

①　温德姆·刘易斯(1882—1957)，加拿大画家、小说家、批评家。 ——译者注
②　这里指《红色英勇勋章》第九章结尾处主人公弗莱明眼中的太阳意象。 参见斯蒂芬·克莱恩《红色英勇勋章》，黄健人译，漓江出版社 2012 年版，第 45 页："红日贴在天空，犹如一块圣饼。"——译者注
③　丹尼斯·多诺霍(1928—　　)，当代美国文艺评论家，著有《美国经典》等。 ——译者注
④　斯蒂芬·克莱恩(1871—1900)，美国记者，小说家，著有《红色英勇勋章》《街头女梅季》等。 ——译者注

文学中的主观性和艺术中的印象主义同时产生，并非是一种偶然。与印象主义一道，立体主义（cubism）也与 19 世纪的照相现实主义（photographic realism）理想进行了决裂。 立体主义中的影像的重叠，与乔伊斯的《尤利西斯》、艾略特的《荒原》、庞德的《诗章》等作品中的多层现实的重叠，从艺术角度来看是一样的。 在折叠的时空中，蒙太奇手法的运用，创造出了一种新的现实感。 在印象主义的影响下，自然主义的现实开始带上主观色彩，就像在克莱恩的小说中一样，个人性的反应——某个人物的印象——被叠加到对事件的更为客观的叙述之上。这种观点终结了左拉所谓的"实验小说"，废除了自然主义和像科学家一样的"客观的"叙述者，并创造了一种新的小说类型。 在这种小说的叙事中，佩特式印象无法从叙述意识中分离出来。 海明威在其早期小说中，很熟练地运用了这种技巧，使得客观现实与主观想象相一致，就像康拉德在《水仙号上的黑家伙》（*The Nigger of the Narcissus*，1897）的"前言"中所指示的那样①，也正如福特·马多克斯·福特（Ford Madox Ford）②在《好兵》（*The Good Soldier*，1915）中所证明的那样。

无论是现代主义的自我，还是印象主义，都属于都市现象：印象主义发现了城市的风景性，通过城市人的主观目光把这个世界描绘出来，同时以现代技术世界中人们高度紧张的神经对外部印象作出反应（Hauser，168）。 印象主义的视角变得越极端，客观地看待城市就悖论地变得越困难。 与强烈的个人感觉相伴而来的，常常是对周围环境的更为模糊不清的感受。 因此，康拉德笔下的马罗所见到的景象变得黑暗，而菲茨杰拉德笔下的尼克·卡拉威所见到的景象，则变得像他自己所描绘的那样一片模糊。

现代主义者的"向内转"，同时挑战了启蒙运动和达尔文主义的主

79

① 参见康拉德《小说〈水仙号上的黑家伙〉前言》一文，收入《英国作家论文学》，汪培基等译，生活·读书·新知三联书店出版社 1985 年版，第 333—338 页。 ——译者注
② 福特·马多克斯·福特（1873—1939），英国小说家、文学评论家和编辑。 ——译者注

要思想前提。 坚持神话的和象征的现实的现代主义者们，无法解决历史循环论与直线发展观和机械进步观之间的矛盾，无法接受一个将科学领域置于优先地位以牺牲艺术和心灵的机械论现实，也无法接受以认知和动机的纯理性理论为基础的人性观。 挑战来自不同的方向，并持续了很长一段时间。 比如，福楼拜的《布瓦尔与佩居谢》（*Bouvard et Pécuchet*，1881）既讽刺了资产阶级的自满自足，又嘲弄了百科全书的思想，并认为人们把自己限定在如此狭小的限度内，是贬低而不是提升了人的自我。 詹姆斯·弗雷泽爵士（Sir James Frazer，1854—1941）对古代神话的分类，使得詹姆斯·乔伊斯和艾略特可以看到它们与现代世界之间的相关性。 海因里希·施里曼对他认为是荷马史诗中特洛伊城的发现，激发了人们对古代神话的兴趣，也使人们更相信神话与考古学上的历史沉积层之间的关联。 对考古学的兴趣的一个重要补充，是文学中对风景特别是城市风景的运用。 在《萨朗波》（1862）中，福楼拜在第二帝国时期的巴黎幽灵（specter）之上叠加了迦太基（Carthage）①，这预示着后来的立体主义技巧。 而后者又影响了詹姆斯·乔伊斯，他松散地将尤利西斯的英雄世界叠加于现代都柏林城市之上。

这种对同时性（simultaneity）[现代主义者称之为空间形式，后现代主义者称之为共时性（synchronic）]的运用，是对自然主义的直线性世界的否定。 这肯定会让温德姆·刘易斯感到沮丧。 亨利·柏格森（Henry Bergson）尤其对机械论的优先地位和达尔文的进化论提出了挑战，因为这种理论抹杀了宇宙的创造性展开，并剥夺了人的主观性深处的相应的创造力量。 在那种主观性中，神话的、原始的和直觉的力量本来占据着至高的地位。 柏格森加剧了启蒙与现代主义思想之间的分裂。 人类用智慧创造出各种工具，然后借助那些工具适应并最终控制自己的环境。 在这里，智慧涉及一种好像是"向外"看的过程，它面向物质世

---

① 迦太基，非洲北部一古代城邦，位于今突尼斯东北部突尼斯湾沿岸，由腓尼基人于公元前 9 世纪创立，并在公元前 6 世纪之后成为地中海上迦太基政权中心。 该城在第三次布匿战争结束时（公元前 146 年）被罗马人毁灭，但不久即被恺撒重建。 ——译者注

80　界，关注工具、手段、行动和能使社会有序、进步的组织。当智慧"向内转"之后，它就全力以赴地把"有组织的世界分解为无组织的世界"，但它无法"想象真正的连续性，真正的流动性，以及这两个世界的相互渗透，一句话，它无法想象生命的创造性进化"（Bergson，162）。为了理解存在的内在领域，我们必须转向直觉。柏格森对直觉的定义是："已经成为无偏向的、有自我意识、能反思其对象并无限地扩展其对象的本能。"（176）①这种活动产生出一种审美机能，有这种机能的人，能发现事物的内在现实是一种纯粹的存在，而不是机械组织的某个范畴或原则。柏格森把这种内在现实看作是时间的"存在"，称之为**绵延**（*durée*），并把它与"真实的"生命联系起来。

　　向外转的智慧说明了启蒙对工具性和进步的信仰；向内转的智慧——也即直觉——则说明了现代主义者对与形式不可分的内在的艺术现实的信仰。艺术原则和认知对洞察内在现实来说同样重要，因为通过智慧超越本能、直觉又超越智慧的运动，人们到达了一个更高的、可与艺术共享的、穿透了表象面纱的现实层面。因此，直觉的智慧既是认知能力的最高形式，也是驱动进化的生命超越自身的力量。这一力量的重量把过去整个带到当前一刻，并带给记忆。在柏格森的思想中，对宇宙和自我的创造都离不开直觉和记忆的作用。所以，对柏格森来说，心灵既指引生命也通向生命。柏格森以这个观念，挑战了机械论和目的论的观念，动摇了启蒙主义和达尔文主义的思想前提，增强了现代主义者关于艺术是最高级的活动的信念，并帮助现代主义者确立了关于宇宙与心灵不可分离、自我是从记忆中创造出来的思想前提。

　　柏格森的上述区分，对于任何有关城市的"观念"都很重要。向外转的智慧针对的是城市的工具性，它的各种机构、它作为商业和工业系统的功能。而向内转的智慧走向直觉的真理，这种真理属于一个先于城市的基本现实，即存在的领域。所以，康拉德笔下的马罗或菲茨杰拉德笔下的尼克·卡拉威之类的叙述者，以直觉的方式所感受到的内在的现

---

　　① 参见柏格森《创造进化论》，姜志辉译，商务印书馆2004年版，第148页。译文有修改。——译者注

实越深，其外在的现实就变得越模糊。乔伊斯把这种透视主义（perspectivism）称为视差性观察（parallax view）：当我们把焦点对准前景时，背景就变得模糊；而当我们把焦点对准背景时，前景则变得模糊。因此，此类叙述者越是直觉到形式的内在意义，他就越发看不清自己周围的机械世界（也即都市世界）。艾略特通过泰瑞西斯（Tiresias）①——一个在现代都市文学中经常出现的观察者形象——很好地表明了上述一切。

81

四

一个可以用来证明柏格森观点的文本是爱伦·坡的《人群中的人》（"The Man of the Crowd"，1840）。故事的叙述者坐在伦敦的一家旅馆里，打量着他周围的环境，并通过凸窗观察外面的街道。他近来得了一场病，现在正在康复中，那场病增强了他的感受力，使他成为一个印象主义的叙述者。他观察着自己周边的事物，发现组成人群的人都带有了一种复杂的性质。他试图把他们的职业、阶级和其他意义特征综合起来，以获得对那种复杂性质的把握。突然，他瞥见人群中走出一位上了年纪的老人，于是突发奇想，跟着老人在城市中转了整整一天一夜：先进了一个集市，接着穿过泰晤士河河堤，再经过一座剧院，来到一片贫民区，然后进了一家小酒馆，最后完成了一个圆满的循环，又返回到他们开始出发的那家旅馆。这个循环过程还伴随着一种阐释的循环，叙述者的结论是，这个循环无法解读："那个老人……拒绝孤独。他是人群中的人。我再跟下去也将毫无结果，因为我既不会对他了解得更多，也不会知道他的罪孽。这世上最坏的那颗心是一部比《灵魂的小花园》（*Hortulus Animae*）②还粗鄙的书，它无法被阅读也许

---

① Tiresias，又译为"提瑞西阿斯"（本书中统一为"泰瑞西斯"），希腊神话中的盲眼先知，后常被作家们借用为作品——如艾略特的《荒原》——主人公的名字。——译者注
② Hortulus Animae，拉丁文，意为"灵魂的小花园"，是流行于 16 世纪初的一种祈祷书，有各种版本，常配有丰富的插图。——译者注

只是上帝的大慈大悲。"（*Selected Poetry and Prose*，162）①人群中的人，**就是人群**，同时，从转喻的角度来说，也就是城市。虽然叙述者所感受到的深刻印象给他留下一幅难忘的人群中的人的图景，但是环绕——也即围绕——城市所做的环行之旅却因缺乏意义而落空，留给我们的是一种神秘和诡异感。诚如叙述者告诉我们的那样："我无法了解更多。"（162）丹尼斯·多诺霍曾敏锐地意识到，爱伦·坡的"短篇小说是想象和现实的寓言，是华莱士·史蒂文斯（Wallace Stevens）②所谓的处理着外在暴力的内在暴力的寓言"。一旦它"发现自己所面对的现实无法穿透时"，那种想象便落空（*Being Modern Together*，9，12）。因而

82　叙述者得到的是人群中的人的深刻印象（也就是城市的印象），但是，在印象领域之外，那些感性经验意味着什么——也即那些经验所提供的关于城市本身的意义是什么——他却说不出来。爱伦·坡这篇对波德莱尔产生巨大影响的小说，结尾的口气与《黑暗之心》和《了不起的盖茨比》如出一辙。后两部小说也运用了印象主义的叙述手法，它所提供的印象，从未很好地处理都市的复杂性，并限制了我们对都市复杂性的最终理解。

注 释：

[1] 参见勒庞（Le Bon）的《乌合之众》（*The Crowd*，1896）、罗伯特·奈（Robert Nye）的《群体心理学的起源》（*The Origins of Crowd Psychology*，1975）（这是关于前一部著作的非常有用的评论）、弗洛伊德（Freud）的《群体心理学和自我的分析》（*Group Psychology and the Analysis of the Ego*，1922）和卡内提（Canetti）的《群众与权力》（*Crowds and Power*，1962）。

[2] 安东尼·维德勒（Anthony Vidler）的《建筑的诡异：论现代的无家可归感》（*The Architectural Uncanny*：*Essays in the Modern Unhomely*，1992）是讨论诡异的一部重要著作。

[3] 关于现代主义者转向反动政治的讨论，可参约翰·哈里森（John Harrison）的《反动派》（*The Reactionaries*，1967）和威廉·切斯（William Chace）的《庞德和艾略特的政治身份》（*The Political Identities of Ezra Pound and T.S.Eliot*，1973）。

---

① 参见爱伦·坡《人群中的人》，收入《爱伦·坡集》，曹明伦译，生活·读书·新知三联书店1995年版，第450页。译文有修改。——译者注
② 华莱士·史蒂文斯（1879—1955），美国诗人，著有诗集《关于秩序的思想》《带蓝色吉他的人及其他》等。——译者注

第六章

都市奇幻

一

我们的许多城市观念都披着启蒙思想的外衣。 我们前面已经谈到，启蒙运动使两种意识形态转向特别醒目。 它注重理性和合理性，科学和技术；它从强调天生的权利转向强调个人的自然权利。 启蒙运动成了美国这个新兴国家的意识形态奠基石，是后来的自由主义传统——相对无阻碍地寻求自我感的权利——的基础。 弗朗西斯·培根的《新大西岛》(*The New Atlantis*, 1627)①这部奇幻著作，在很大程度上预见着这种意识形态。《新大西岛》从根本上改写了托马斯·莫尔的《乌托邦》，想象了一个完全由科学家治理的乌托邦。 那些科学家们掌握了制冷技术，懂得通过人工制造金属，对土地也很有研究，并掌握了动植物的杂交育种等许多技术。 那个共同体的每个成员都承担着科学方面的一项功能：如四处游历，收集实验数据，汇编实验结果，为新的发明寻找实际的应用途径，总结规律，等等。

这种对科学过程的信仰在大西洋两岸都创造出了它自身的对立面。这个对立面的大多数思想都被归之于浪漫主义名下。 在美国，霍桑通过《拉伯西尼的女儿》("Rappaccini's Daughter", 1846)和《通天铁路》

① 参见弗朗西斯·培根《新大西岛》，何新译，商务印书馆 1959 年版。 ——译者注

（"The Celestial Railroad"，1843）等作品，强调应该对科学有所限制。
在英国，玛丽·雪莱（Mary Shelley）在《弗兰肯斯坦》（*Frankenstein*，
1818）①中质疑了科学家创造新生命——取消婴儿生产过程并使妇女变得
84 多余——的企图。 在这部作品中，人造的怪物起来反抗自己的创造者
维克托·弗兰肯斯坦，杀死了这位科学家的最亲密的朋友即他的新娘，
最后也杀了弗兰肯斯坦本人。 尽管怪物所犯下的罪行极端凶残，但故
事的叙述者罗伯特·沃尔顿却意识到，弗兰肯斯坦才是更大的罪魁祸
首，因为是他创造了这个与任何其他生物物种都不一样的怪物，使得它
没有伴侣和朋友，没有爱，没有友谊，也没有灵魂。 换句话说，玛
丽·雪莱想通过强调人的局限性来防止科学走入歧途。 她把人定义为
科学家研究的最终极限。 但是，启蒙运动对理性的强调太过强大，不
可能被轻易地动摇。 柯南·道尔创造了歇洛克·福尔摩斯（Sherlock
Holmes）这个非常典型的有理性的侦探，而福尔摩斯则借助那种理性去
保护启蒙的另一项遗产：帝国的城市。

二

侦探把城市带回到"以人为本"的状态。 狄更斯笔下的布克特探
长、康拉德笔下的希特探长（Inspector Heat），柯南·道尔笔下的歇洛
克·福尔摩斯，都给城市赋予了一个属于人的维度。 柯南·道尔很欣
赏爱伦·坡创造的奥古斯都·杜邦、埃弥尔·加波利奥（Émile
Gaboriau）②创造的勒考克，以及威尔基·柯林斯（Wilkie Collins）③在
《月亮宝石》（*The Moonstone*，1868）和《白衣女人》（*The Woman in
White*，1860）中所创造的侦探。 柯南·道尔笔下的福尔摩斯，以他在

① 参见玛丽·雪莱《弗兰肯斯坦》，胡春兰、侯明古译，人民文学出版社 2004 年
版。 该小说被称为"世界第一部科学幻想小说"。 ——译者注
② 埃弥尔·加波利奥（1835—1873），法国著名侦探小说作家。 ——译者注
③ 威尔基·柯林斯（1824—1889），英国著名侦探小说家。 ——译者注

爱丁堡大学医学院的教授约瑟夫·贝尔(Joseph Bell)医生为原型，后者的观察能力和推理能力极富传奇性。 柯南·道尔说："在读一些侦探小说时，我吃惊地发现，几乎每个案件的破获都出于偶然。 于是我想自己试着写一个故事，让主人公像贝尔医生对付疾病一样对付自己的罪犯，只凭科学，不靠偶然。 结果我创造了歇洛克·福尔摩斯。"(转引自 Eyles, 10—11)因此，福尔摩斯的故事是新科学(维多利亚时代的人称之为科学的理性主义)与技术力量的一个证明。

　　19 世纪的科学有相当一部分涉及用现代的线索重构过去的事件。科学家们用归纳法对史前期的世界进行了重构：达尔文通过对鸽子的观察得出了关于适应性的理论，居维叶(Curvier)①通过对少量遗留下来的骨骼化石的研究，提出了关于史前期动物的解剖学构造的理论。 在一次著名的讲演《一支粉笔》("On a Piece of Chalk"，1886)中，托马斯·赫胥黎(Thomas Huxley)②从他手中的一支粉笔谈起，最后绘出了一幅史前期的地理状况全景图。 艾恩·奥斯本(Ian Ousby)③曾指出，福尔摩斯的文章《生活宝鉴》("The Book of Life")④再现了赫胥黎的方法。《血字的研究》(A Study in Scarlet)中引述了该文的一些段落："一个逻辑学家不需要亲眼见到或者听说过大西洋或尼亚加拉瀑布，就能从一滴水上推测出它们存在的可能性。 所以整个生活就是一根巨大的链条，只要见到其中的一环，整个链条的情况就可推想出来了"(Ousby，154)⑤。 在《四签名》(The Sign of Four)中，福尔摩斯从华生的哥哥遗留给华生的手表中，推出了一个关于酗酒的和被荒废的天才的悲剧故事。 福尔摩斯倾向于抽象地思考问题，所以在他进行观察时常

85

---

　　① 居维叶(1769—1832)，法国动物学家，比较解剖学和古生物学的奠基人。 ——译者注
　　② 托马斯·赫胥黎(1825—1895)，英国生物学家，著有《进化论与伦理学》(即《天演论》)。 ——译者注
　　③ 艾恩·奥斯本，美国当代文学评论家，著有《剑桥英语文学指南》《犯罪聚会：侦探爱好者手册》等。 ——译者注
　　④ 指《血字的研究》中提到的福尔摩斯发表的一篇文章。 ——译者注
　　⑤ 参见柯南·道尔《福尔摩斯探案全集》(上)，丁钟华等译，群众出版社 1981 年版，第 16 页。 译文有修改。 ——译者注

常忽视个人痛苦。 他善于将各种线索联系起来，但却经常对潜藏于那些证据背后或底下的东西视而不见。 在这些故事中，城市往往成了秩序的体现，因为福尔摩斯常常看不见失序或混乱，那些混乱比他揭示给我们看的表面现象隐藏得更深。 不过，尽管福尔摩斯看不到在一座城市中会有多少考古学的沉积，但他发现，任何细微的证据在意义连结的大图景中都很重要。 他的观察能力引起了人们对开始去神秘化的物理世界的新的兴奋感。 比如，在《吸血鬼》（"The Sussex Vampire"，1895）和《魔鬼的脚印》（"The Devil's Foot"，1910）中，福尔摩斯就把人们从对吸血鬼和恶鬼附身的迷信①中解放了出来。

歇洛克·福尔摩斯系列包括 60 篇小说，其中 56 个短篇，4 个长篇。 几乎所有这些作品都先在《海滨杂志》（*The Strand Magazine*）上发表过，然后于 1891 年至 1927 年间被收入独立的几卷集子中。 歇洛克·福尔摩斯生于 1 月 6 日主显节那一天。 当他在东印度公司当军官的父亲回到英国后，全家定居于约克郡的麦克罗夫特。 福尔摩斯在那里接受詹姆斯·莫里亚蒂（James Moriarty）②的辅导，为进入牛津大学做准备。 从牛津毕业之后，福尔摩斯到美国旅行，最终认为伦敦是世界的中心，而美国是英国的延伸。 回到英国后，他在伦敦定居并成为一名私人侦探③。 福尔摩斯是位绅士，举止文雅，为人沉静但有点古怪，并且十足地我行我素。 他厌恶女人，至少对女人情感性的那一面不信任。 有一次他对华生说："即使是最好的女人，也决不能完全信赖她们。"（*The Sign of Four*，83）在同一部小说的结尾处，他警示华生结婚的危险说："可是爱情是一种情感的事情，和我认为是最重要的冷静

---

① 这里的"迷信"原文为 superstitious beliefs，其他译为"迷信"的地方原文为 cult，详见第 10 页译者注。 ——译者注

② 在柯南·道尔的《福尔摩斯探案全集》（*The Complete Sherlock Holmes*）中，莫里亚蒂作为一个大反派一直是福尔摩斯的死对头，全集中并没有出现福尔摩斯接受莫里亚蒂私人辅导的信息。 作者的这个信息可能来自尼古拉斯·迈耶（Nicholas Meyer）的《百分之七溶液：转录自医学博士约翰·H·华生回忆录》（*The Seven-Per-Cent Solution：Being a Reprint from the Reminiscences of John H. Watson*，M.D.），该书重写了福尔摩斯与莫里亚蒂的关系，并提到莫里亚蒂曾给青年福尔摩斯辅导过数学。 ——译者注

③ 有关福尔摩斯的出生与教育问题，在《福尔摩斯探案全集》中只有零星的交代。 此处有些说法，可能综合了其他文本中的信息和"福学"研究的成果。 ——译者注

的思考格格不入。 我永远不会结婚，以免影响我的判断力"。（138）福
尔摩斯对性很冷淡，蔑视家庭，吸可卡因，是一位躁狂抑郁症患者。
像狄更斯笔下许多畸形人物一样，福尔摩斯冷静、理性、不为感情所
动、没有家庭。 虽然他的推理的严密使他可以归入科学共同体，但他
的恍惚懒散和忧郁的沉思，他用小提琴即兴作曲的才能，以及他吸毒后
的幻想，都使他更像是颓废理论所造就的天才人物。 此外，虽然他学
识广博——小说中他从神迹剧谈到中世纪的陶器、意大利的斯特莱迪瓦
利厄斯提琴①、锡兰的佛学和现代战舰——但他对卡莱尔（Carlyle）②和
哥白尼的太阳系学说却全然不解。 由于许多冒险小说都有一个主人公
和一位助手，柯南·道尔也为福尔摩斯创造了一位亲密伙伴约翰·华生
（他既是小说人物，也是叙述者）。 华生是一位医学博士，刚从军队退
伍。 他在克莱梯利安酒吧遇上的一位朋友把他介绍给福尔摩斯，此后
他与福尔摩斯合租房子。 福尔摩斯的陪衬是詹姆斯·莫里亚蒂（James
Moriarty），一个国际犯罪团伙的头目，国际恶魔的化身。 他威胁着城
市并进而威胁着那个国家和体系。

　　福尔摩斯的存在是为了保卫伦敦，铲除帝国世界中心的邪恶，不管
它是源自犯罪团伙的阴谋，还是源自一个个孤立的罪犯。 必须保证这
个体系的安全。 福尔摩斯既是这个体系的体现，又为保障这个体系的
完好无损效劳出力。 他永远愿意保卫上层阶级的价值，正如他为巴斯
克维尔庄园的继承者亨利·巴斯克维尔爵士所做的那样③。 通过帮助
亨利爵士恢复对庄园的继承权，福尔摩斯保护了财产权，而财产权制度
对作为一个国家的英国来说是基本的东西。 柯南·道尔的政治立场是
右翼的。《恐怖谷》（*The Valley of Fear*，1915）的故事背景是一座因对劳
工的剥削而臭名昭著的美国采矿城镇，在小说中，福尔摩斯站在资方的
立场上介入事件。 很显然，柯南·道尔是同情资方的。

---

　　① 斯特莱迪瓦利厄斯（Stradivarius），意大利人，其制造的提琴闻名世界。 ——译者注
　　② 托马斯·卡莱尔（1795—1881），英国散文家，历史学家和哲学家，著有《法国革
命史》《论英雄、英雄崇拜和历史上的英雄业绩》等。 ——译者注
　　③ 这里讲的是"探案全集"中的"巴斯克维尔庄园的猎犬"一案。 ——译者注

《血字的研究》（1887）比起其他小说来说，具有非比寻常的意义。因为正是在这篇小说中，柯南·道尔对福尔摩斯和华生两个人都进行了介绍。华生原先在部队当军医，在第二次阿富汗战役中肩部受了伤（在后来的小说中成了脚部受伤），接着又染上了伤寒，最后从部队退役回到伦敦。在小说开头，他把伦敦说成是"荒野"，是"一个大污水坑，大英帝国所有的游民懒汉都不可避免地汇集到这里来"（*A Study in Scarlet*，10）。福尔摩斯和华生初次见面是在一个化学实验室，在那里福尔摩斯"发现了一种试剂，只能用血色蛋白质来沉淀"，他可以用它来鉴别血迹。华生和福尔摩斯在贝克街 221 号 B 座合租房子，这使他了解到，福尔摩斯患有躁狂抑郁症，拉起小提琴来不讲章法，还有一些其他的怪癖，其中包括他喜欢"步行到很远的地方去，所去的地方好像是伦敦城的贫民窟一带"（17）。

城市是福尔摩斯感兴趣的事物之一。他曾写过一篇文章①，在其中他称"整个生活就是一根巨大的链条，只要见到其中的任何一环，整个链条的情况就可推想出来了"（22）。此外，他还声称"太阳底下本来就没有什么新鲜事，都是前人做过的"（22）。福尔摩斯好像通过上帝的望远镜看见事情的真相。但上帝任何时候都知道真相，而福尔摩斯则必须通过推理来重构真相。前者预先就明了一切，而后者在一切成为事实之后才敢下定论。柯南·道尔认为上述两者之间有许多共同之处。福尔摩斯把天才重新定义为"无止境地吃苦耐劳的本领"（36），由此用推理替代了浪漫主义的直觉。因为他总是比华生领悟得更早，所以他的推理能力似乎更高人一筹，这与苏格兰场②的两个老是出洋相的侦探雷斯垂德和葛莱森形成鲜明对照。

《血字的研究》涉及伦敦与美国，《四签名》则涉及伦敦和印度。柯南·道尔相信英国在未来会成为一个伟大的帝国，他把美国看作是那个宏伟蓝图的一部分。他认为，致使美国与英国分裂的"独立战争"

---

① 指《血字的研究》中提到的福尔摩斯发表的《生活宝鉴》。——译者注
② 苏格兰场（Scotland Yard），伦敦警察厅的别名。——译者注

是一个错误,这个错误应当得到改正,因为英美两国的命运是纠缠在一起的。当然,在此观念的背后,是他对盎格鲁—撒克逊民族至高无上的信念和对"昭昭天命"(manifest destiny)①的信仰。在《血字的研究》中,恶魔的化身伊瑙克·锥伯(Enoch Drebber)和约瑟夫·斯坦节逊(Joseph Strangerson)来到伦敦并遭到暗杀。杀手杰斐逊·侯波(Jefferson Hope)却最终赢得了我们的同情。我们在小说中读到一个故事中的故事:在伦敦发生了一桩神秘的谋杀案,但谋杀的动机产生于美国西部的荒漠中。侯波到欧洲来,是为了追踪锥伯和斯坦节逊这两个害死了他的未婚妻和丈人的摩门教徒,结果他在伦敦找到并暗杀了他们。被捕之后,他对福尔摩斯说:"你们可以认为我是一个凶手,但是,我自己却认为我跟你们一样,是一个执法的法官。"(128)柯南·道尔似乎同意他的说法,杰斐逊·侯波在被捕的当晚就因动脉血瘤症而去世,因此并没有接受审判。

作为一个故事来说,《血字的研究》显得毫无生气并且做作,但它却让我们注意到城市在福尔摩斯传奇中的意义。故事的两大情节分别发生在两个不同的世界:一个世界是伦敦,它属于福尔摩斯这个理性主义者;另一个世界在盐湖城,它属于摩门教徒。由于柯南·道尔把摩门教当作是一种迷信(cult),所以摩门教徒在此代表着过时的和邪恶的东西。他们的存在的合法性基础是从历史上传下来的隐秘真理,但他们现在用那些真理来获取对自己的追随者进行统治的权力。柯南·道尔和福尔摩斯都对这种神秘的权力深恶痛绝,所以难怪他们对杰斐逊·侯波充满同情。福尔摩斯的伦敦拥有超过四百万人口,像是帝国中心的一座迷宫。而卜瑞格姆·杨在盐城湖建造的教堂处于一片荒漠的边缘,临近西部拓荒者所到的最前沿地带。尽管伦敦有自己的不足,但柯南·道尔还是有一种"位高则任重"的感觉,认为伦敦把文明传播到了世界更偏僻的地方,而摩门教徒们则通过赋予那些自称有迷信知识的

---

① "昭昭天命"也有人译为"天赋命运"或"命定扩张说",钱钟书将其译为"显著的命运"。——译者注

人以权力，限制了民主的精神（一种新的杰斐逊式的希望）①。 柯南·道尔把美国的西进运动与帝国的扩张精神联系了起来。 因此，在破获锥伯和斯坦节逊的谋杀案的同时，福尔摩斯不仅揭开了迷信狂热的神秘面纱，还为真正的民主扫除了一个障碍。 在伦敦，杰斐逊·侯波成了"双料"的福尔摩斯，他既追踪锥伯，又冲破城市的迷宫去寻求复仇。通过侯波和福尔摩斯，边疆和帝国相遇并变得充满象征意义。 他们在帝国和边疆之间为文明的前进步伐而献身。 这两个人来自世界的两极，但侯波同时还代表着都市（尽管是它的外围）的命运。 他们都尽其所能地维护着伦敦作为世界中心的历史作用。

在《四签名》（1890）中，给伦敦带来麻烦的东西来自印度。 一位帝国的战士琼诺赞·斯茂（Jonathan Small）因被财富诱惑而杀害了一位富有的印度国王的密使，并盗走一箱价值至少五十万美元的稀世珠宝，卷入了一场不明智的冒险活动中。 像康拉德小说《黑暗之心》中的库尔茨（Kurtz）一样，斯茂在到达帝国边地（在这里是印度）之前并不是一个罪犯。 虽然他们在被捕之前已经把珠宝藏了起来，他和他的同伙还是以谋杀罪被判终身监禁。 当看守他们的两位军官舒尔托少校（Major Sholto）和摩斯坦上尉（Captain Morstan）答应帮他们逃狱之后，斯茂和他三个同伙才把藏珠宝的地方告诉了他们。 但是，当舒尔托少校到该处确证了珠宝确实存在之后，便违背自己与那四个人及摩斯坦上尉的约定，独自一人带着珠宝回到伦敦。 在伦敦，他一直过着优裕的日子，直到有一天摩斯坦和斯茂——还有一个安达曼岛的土著童格（Tonga）作为助手——追踪而来。

《四签名》又一次涉及一场对伦敦世界不利的帝国冒险。 福尔摩斯对伦敦城了如指掌，所以当他和华生到郊区去赴舒尔托的儿子塞笛厄斯（Thaddeus）的秘密约会时，可以对路过的街道和广场如数家珍。 华生

---

① 作者在此根据自己的观点对"杰斐逊·侯波"（Jefferson Hope）的名字进行了解释。 ——译者注

虽然对所经过的街道感到迷糊，但他把秋天傍晚汽灯下雾茫茫的晚期维多利亚的伦敦描绘得栩栩如生。 这个段落很重要，因为从波德莱尔到艾略特，这是看待城市的基本的文学方式。 从这里，我们看到一颗心灵在记录着它对城市的印象：雾气茫茫、泥泞的街道和泥浆里映出的乌云、从两旁店铺窗子里射出的淡黄的灯光、被周围的昏暗所吞没的人群的一张张或忧愁或快活的脸。 叙述者和读者都能感受到这一切印象累积起来所产生的效果：这是一座被忧惧和神经紧张所困扰的城市，它给人一种怪诞和奇异感，这是一座诡异的城市：

89

> 这一天是九月的傍晚，还不到七点钟，但天色已经变得阴沉，浓浓的迷雾笼罩了这座大城市。街道上一片泥泞，空中低悬着令人抑郁的卷卷黑云。伦敦河滨马路上的暗淡路灯，照到满是泥浆的人行道上，只剩了萤萤的微光。还有淡淡的黄色灯光从两旁店铺的玻璃窗里射出来，穿过迷茫的雾气，闪闪地照到车马拥挤的大街上。我心里想着：在这闪闪的灯光照耀下络绎不绝的行人，他们的面部表情有的欢喜有的忧愁，有的憔悴有的快活——其中含有无限的怪诞和奇异的事迹，好像人类的一生，从黑暗来到光明，又由光明返回黑暗。我不是易于产生感触的人，但是这个沉闷的夜晚和我们将要遇到的怪事，使我不禁精神紧张起来。(*The Sign of Four*, 25)[①]

心灵与描述性细节相互作用的结果，是一系列的印象。 通过这些印象表现出来的是都市的心灵（尽管华生本人会否认）。 后来康拉德把这种技巧运用得更为纯熟，并被福特·马多克斯·福特和其他的现代主义者所继承，比如斯蒂芬·克莱恩和海明威，他们改变了自然主义的全知叙述者的视角。 这种技巧不仅创造了与印象主义绘画同样风格的文

[①] 参见《福尔摩斯探案全集》（上），前引，第144页。 译文有修改。 ——译者注

学，而且为我们提供了一位都市叙述者，他对城市的反应把我们从一个客观领域带到一个主观领域，从一种共享的现实带向一种私人的现实。城市的意义就来自这种特别的感知领域。后来艾略特曾指出，当他要描绘城市时，他发现柯南·道尔的方法增强了他曾归之于波德莱尔和康拉德的那种沉浸其中的感受能力。

在《四签名》中，怪诞而恐怖的城市预示着琼诺赞·斯茂和童格的故事。他们，一个罪犯和一个生番，正悄悄进入这座城市，他们体现了被从外部带入城市的骚乱。特别是童格，他的"野蛮本性……已经发作"（68）。他在泰晤士河上被追杀，而泰晤士河（正如在康拉德小说中一样）把伦敦与世界联系了起来。船上的追杀是最为惊险的一幕，在追杀的过程中，华生第一次见到了童格。对此他描绘道："旁边蜷伏着的黑影子，慢慢地站了起来，原来是一个黑人，体格的矮小我从来没有见过。他那畸形的大头，上面长着蓬乱的头发。"华生把他当作是个"怪状的生番"，他丑恶的脸"足以令人丧魂失魄"。那幅"狞恶的怪相，他那两个小眼凶光闪闪，嘴唇极厚，从牙根向上翻撅着，他在向我们狂喊乱叫，半兽性的暴怒在发作"（101，102）①。童格是一种进化上的返祖现象，不仅是返祖到动物，而且返回到野蛮状态。而根据弗洛伊德的理论，这种状态会引起一种诡异感。当我们进入社会时，会把那种野蛮性抑制下去，但城市的卫士们却认为可以把它彻底消灭。于是，福尔摩斯和华生掏出了手枪，对准正举起木制刺标的童格双弹齐发，最后看着他掉进泰晤士河中。这时华生写道："刹那之间我就看到他那一双狠毒的眼睛在白色的漩涡中消失了。"（120）通过福尔摩斯和华生这两个中介，那条把伦敦与世界连接起来的河，变成了一个清污池，涤荡着它给城市带来的罪恶，包括那被斯茂撒入河水中的无价珍宝。

童格体现了被柯南·道尔视为潜伏于帝国边疆的野性。斯茂被捕

---

① 参见《福尔摩斯探案全集》（上），前引，第 207 页。译文有修改。——译者注

后向福尔摩斯讲述了自己的经历：有一次他在恒河游泳，结果被一条鳄鱼把整条小腿都咬掉了。在被取消了军籍之后，有一位印度种植园园主照顾了他，请他当监督人。但不久那位园主就在北印度的一场叛乱中丧生①。这位大英帝国的战士在说下面的话时，所强调的既是文化上的差异，也是种族的差异："前一个月，印度还和国内一样太平无事，到下一个月，二十多万黑鬼子就失去了约束，把全印度变成了地狱一般。"（115）斯茂在阿格拉（Agra）加入了孟加拉第三火枪团，该团后来在河对岸建立阵地帮着镇压叛乱。阿格拉本身也难以防守，因为这座城市从来没有超越最原始的状态。斯茂说："阿格拉是座很大的城市，聚居着各种各样稀奇古怪而又可怕的魔鬼信徒。"（116）一次在堡垒门外值班时，斯茂"向下望着那宽阔而弯曲的河流和那大城里闪烁的灯火。咚咚的鼓声和印度铜锣的声音，吸足了鸦片的叛军们的狂喊乱叫，整夜里都提醒着我们：河对面有着危险的邻人"（118）。通过对秩序与无序进行对照，柯南·道尔显然是在强调作为原始野蛮对立面的文明城市的意义。必须消灭原始的野蛮，为文明的城市的前进步伐扫除障碍，福尔摩斯就是这一任务的执行者。柯南·道尔身上带有后期维多利亚时代对狄俄尼索斯因素的不信任感，因此福尔摩斯保卫着自己的伦敦，使它远离那种原始表现。

　　童格之死和斯茂的被捕，使城市恢复了稳定和平静。警察可以为案件的破获而邀功，华生可以放心追求摩斯坦小姐，福尔摩斯则可以为自己的推理能力而自傲，尽管他同时还需要借可卡因来慰藉自己。可卡因在这里很显然为故事增添了一种甚至连福尔摩斯自己也没有意识到的讽刺意味，即可卡因比理性更有力量，它代表的是狄俄尼索斯精神，而非阿波罗②精神。此外，它的存在还表明，非理性是我们不可能完全逃避的领域。它既存在于歇洛克·福尔摩斯身上，也存在于柯南·道尔希望他去保卫的惨淡的城市中。

91

---

① 指1857年爆发的印度反英民族大起义。——译者注
② "狄俄尼索斯"和"阿波罗"即"酒神"和"日神"。——译者注

三

在维多利亚时代后期,能够比歇洛克·福尔摩斯探案故事系列受到更大欢迎的,只有亨利·莱特·哈葛德(1856—1925)的小说。那些完全不同的作品,以完全相反的方式吸引着读者,同时也证明了一个事实,那就是对于读者大众来说,更看重的是冒险故事而不是意识形态,他们完全可以接受相互矛盾的文化立场。柯南·道尔笔下的歇洛克·福尔摩斯是一个极端的理性主义者形象,他面对的是进步的未来。而莱特·哈葛德笔下的路德维希·何利(Ludwig Holly)和艾伦·郭德曼(Allan Quartermain)则分别是学者和白人猎人,他们的兴趣在考古学和人类学,他们面对的是包含普遍真理的辉煌的过去。柯南·道尔撕去了过去的神秘面纱,并质疑了迷信的意义;而哈葛德则认为,在原始的过去里埋藏着能解开历史之谜的秘密。那些秘密通常与已经消逝了的原始社会或迷信联系在一起,后者利用那些秘密形成自己的权力,并以难以索解的(编码的)方式把自己的权力传递下去。(品钦的《拍卖第四十九批》就运用了同样的手法,为历史披上了一层神秘的面纱)。

哈葛德最著名的作品《她》(*She*,1887)① 采用了一个叙述框架(narrative frame):作品以经过编辑的、寄给出版者的手稿形式出现。故事讲的是路德维希·荷莱斯·何利(Ludwig Horace Holly)当上了里欧·文西(Leo Vincey)的监护人,而后者为了追查自己继承的遗产,最后查到了两千年前因一场爱情而被小说中的"她"即艾莎(Ayesha)谋杀了的一位叫卡利克拉提斯(Kallicrates)的希腊人。里欧和何利前往"她"的所在之地,神秘的科尔(Kor)城。到那里他们发现,两千年来艾莎一直活着,而里欧就是卡利克拉提斯的再生之身。"她"把里欧和

---

① 《她》(*She*),又译为《洞窟女王》或《神秘女王》。中译本收入哈葛德《所罗门王的宝藏》,张济明译,长江文艺出版社 2007 年版。——译者注

何利带到使她长生不死的火柱边，但是，当"她"走入火中的时候，时间倒转了，她被火焰吞没。

艾莎统治着亚玛亨格尔（Amahanggers）族，这个原始部族现在正控制着曾一度是帝国城市的科尔城。 科尔是一座从石壁上挖出来的城市，"她"一直住在这座隐蔽的城市，与世隔绝（何利简要地向她讲了关于犹地亚①、希腊、罗马的历史，让她明白了现在所处的时代）。 艾莎是一位与大地和庄稼联系在一起的生殖女神（fertility figure）。 哈葛德 92 激发了后期维多利亚人对考古学和人类学的兴趣，其最终结果就是弗雷泽的杰作《金枝》（*The Golden Bough*，1890—1915）。 哈葛德从自己所处的工业化都市时代，回溯到几千年前的原始农耕社会：一个从石壁中创造出伟大城市的社会。 由于艾莎掌握了永生的秘密，所以她能超越人类的局限。 但是，她所控制的城市却是在废墟上重建的，它提醒后期维多利亚人，即便最强大的力量也是脆弱的。 依小说中的推测，科尔城的原住民是因一场无法控制的瘟疫而全部死光的。 莫顿·科恩（Morton Cohen）②推断，哈葛德之所以会这么写，或许是因为他当时心里想着举世闻名的津巴布韦（Zimbabwe）废墟，"自从 19 世纪末被发现以来，这座神秘的石头城就一直让考古学家们感到困惑"（108）。

哈葛德用自己的故事表明，原始崇拜的力量控制了他们的世界，为他们自己的创造才能建立了丰碑。 这意味着伟大的真理从时间伊始就存在着，只要将历史之锁打开，那些神秘事物的含义就会展露出来。[1]最后艾莎被保她永生的火焰吞没的那一幕，是向叙述奇幻（narrative fantasy）的一次跳跃，不过，读者可能会把这种跳跃读解成一种例证性的东西，认为没准在不列颠帝国的边缘地带存在着一片像科尔一样奇异的领地，那里有古老的真理等着现代读者去发现。 换句话说，哈葛德把两个情节糅合在了一起：他给我们呈现了一次深入中非的探

---

① Judea，又译为朱迪亚，古代巴勒斯坦南部地区，包括今以色列南部及约旦西南部。 ——译者注

② 莫顿·科恩，当代美国学者，以研究刘易斯·卡罗尔（《爱丽丝漫游记》的作者）闻名。 ——译者注

险，这次探险打开了一个神秘和令人好奇的领域；同时，他又为那个领域安排了一位讲述者，一位能将其意义译解出来的专业学者。

当哈葛德在《所罗门王的宝藏》（*King Solomon's Mines*，1885）中让艾伦·郭德曼和他的朋友们为了寻找亨利·柯蒂斯爵士（Lord Henry Curtis）失踪的兄弟，前往库库安纳国（kukuanaland）探险时，他再次运用了前面同样的叙事模式。在哈葛德的小说中，每座城市的历史上都有一座消逝了的城市。在他们发现俄斐（Ophir）城——当时那里已经退回到最黑暗的野蛮状态——的废墟过程中，该城市以往的秘密也等着被重新发现。郭德曼和他的同伴来到库库安纳国，这又是一座洞穴中的城市。它完全是从石头中挖凿出来的，里面有一些通道，所罗门通过这些通道把他的宝藏运回犹地亚。在帮助合法的国王恢复其在库库安纳国的王位的过程中，郭德曼和他的朋友同时也游历了这座洞中之城（一半像墓地，一半像藏宝库）的深处。在那里，他们发现了千年以前的巨大雕像。那些雕像证明了史前期人类就具有创造永恒之美的能力。一条宏伟的大道（这是早期工程方面的巨大成就）曾把这座城市与外面的世界联系起来。但那条大道已经被荒沙掩埋，而那座城市，像哈葛德笔下所有的城市一样，成了已经消失的伟迹的一个象征。在这里，历史是一个提醒，它告诉人们，人类是有局限的：野蛮和文明相互渗透，共同构成人性。

在《艾伦·郭德曼》（*Allan Quartermain*，1887）①中，哈葛德对这些主题抱一种坚定的态度："文明只是野蛮状态的银箔，它是一种虚荣，像北极光一样，它的出现只是为了在它退去时让天空更黑暗。它从野蛮状态的土壤中像棵树一样地长出来。我相信，或迟或早，它会再一次像树一样倒在这片土壤里。正如埃及文明倒下了，希腊文明倒下了，罗马文明和许多其他现在世界上数不清的文明也倒下了。"（420）②原始与文明之间之所以呈现这种关系，其原因在于人性是永恒的。哈

①　参见《白女王与夜女王》，杨佑方译，四川人民出版社1998年版。——译者注
②　参见《白女王与夜女王》，前引，第7页。译文有修改。——译者注

葛德告诉我们，如果我们把自己分成二十份，那么其中就有十九份野蛮而只有一份文明，而且，"如果我们真的要了解自己的话，我们应该朝我们人性的那十九份野蛮看，而不应该朝第二十份看。这第二十份尽管实际上无足轻重，却涂敷在其他十九份的表面，就像鞋油之于靴子，饰面之于桌子，使那十九份看起来完全与它们的实际不一样"（421）①。虽然我们只能通过现在的棱镜看待过去，但过去可以被解读和解码，从而为我们提供对那些事件的再现（re-presentation）。哈葛德认为，人性就"像一个铁环"，"只要世界继续存在，人还是人，你就不能增加它的总周长。这是一项固定不能改变的事物，像星辰一样固定，比山峰更持久，像永恒的道路一样不可更动"（420）②。

在《艾伦·郭德曼》中，主人公郭德曼和朋友游历中非，来到一个叫查拉（Charra）的地方，在塔纳河畔，又一次发现了一座已成为废墟的城市。这座城市的历史可追溯到"旧约"时代的一座富裕重镇，它曾是和印度及其他地方进行贸易的中途站。但是奴隶贸易的兴起改变了已有的贸易方式，使这座城市衰落了，因为城市存在的前提，永远是它的功能和超出它自身之外的某些控制目的。城市——它的兴衰和它力量的脆弱性——成了一个象征："往者已矣，逝者难追。一切事物都要走这条路。这些城市就像过去住在它们城门里边的绅士淑女一样，曾经有过辉煌的日子。而现在，它们正如过去的巴比伦和尼尼微（Nineveh）③。或许伦敦和巴黎有朝一日也将成为这个样子。没有任何事物会亘古长存，……在这座已成废墟而被人遗忘的城市，一个道德家可以看出宇宙命运的象征……我们从浮世的海滩被投进永恒的海洋。"（432）④

哈葛德让进化的时钟停止，并看到了从人类起源直到现今为止的意义谱系。这些意义只有那些可以在时间中回到过去的旅行者才能发

94

---

① 参见《白女王与夜女王》，前引，第8页。——译者注
② 参见《白女王与夜女王》，前引，第8页。译文有修改。——译者注
③ 尼尼微，古代亚述国的首都，今伊拉克北部摩苏尔附近。——译者注
④ 参见《白女王与夜女王》，前引，第14—15页。译文有修改。——译者注

现。 哈葛德笔下人物的旅行所发挥的功能，相当于威尔斯的时间机器
所发挥的功能①。 通过它，人物不仅在空间上从英国来到非洲，而且在
时间上从现代工业世界来到原始世界——在小说中，就是已消逝的封建
农业社会。 跨越大陆之旅同时也是跨越历史之旅：从后启蒙时期到前
启蒙时期，从工业城市到早期农业城市。 而农业城市的存在，依靠的
是现代人已经远离了的神话作为凝聚力量。

哈葛德的叙事手法被同时代的许多作家采用，虽然那些人自有其不
一样的叙事意图：布拉姆·斯托克(Bram Stocker)②通过那些手法把读
者带到帝国边缘，让他们再次与那些不死亡灵(undead)接触(就像在
《她》中一样)；康拉德通过那些手法把读者带到刚果的心脏地带：在那
里，世界的秘密，不是像在《她》中一样通过照亮科尔的火光，不是像
在《所罗门王的宝藏》中一样通过艰辛地凿出来的地下城市，也不是像
在《艾伦·郭德曼》中一样通过那使米洛西斯(Milosis)城成为太阳神的
纪念物的巨大工程，显露出来，而是通过吞没了库尔茨的黑暗显露出
来。 旅行总是或以城市为起点，或以城市为终点。 读者也总是随着故
事从现在回到过去，那里常常处于一种野蛮状态，并以这种状态显示着
城市的脆弱。 甚至处于帝国顶峰的伦敦这样的城市，也同样脆弱。 科
尔城的居民及其女王受死亡的神秘所支配，与此相同，现代伦敦也受到
对我们来说很神秘的普遍原则所支配。 世界虽然在变，但其内在的规
则却一如既往。 由于同样的力量贯穿于整个历史，现代城市将再现(re-
present)③古代的城市。 柯南·道尔坚信表象之下潜藏着因果律，而莱
特·哈葛德则坚信未来是过去的继续。 前者是机械论的，后者是目的
论的；前者注重在时间中引起后果的原因，后者注重已经实现了的结
果；前者指向唯物主义的城市，后者指向唯心主义的城市。 自然主义

① 指英国著名科幻小说家赫伯特·乔治·威尔斯的小说《时间机器》中的时间机
器。 ——译者注
② 布拉姆·斯托克(1847—1912)，爱尔兰小说家，出生于都柏林，著有科幻小说
《水晶杯》，恐怖小说《命运之鞋》，1897 年出版的《德拉库拉》为吸血鬼形象翻开了新
的一页。 ——译者注
③ re-present 这里也可译为"重演"。 ——译者注

文学(从巴尔扎克、左拉到弗兰克·诺里斯和德莱塞)循着前者的方向，而浪漫的理想主义(从斯宾格勒到汤因比，从爱默生到哈特·克莱恩①)则循着后者的方向。

四

　　维多利亚后期的奇幻文学处理的是过去的意义，这或许是因为这一时期的变化过于频繁，读者渴望获得一种保持距离的感觉。　在那些奇 幻作品中，过去的统一总是通过被迷信力量所强化了的神话信仰来实现。　作品中的现代旅行者遭遇到那些信仰之后，总试图解开其神秘面纱。　对于哈葛德来说，有些普遍的真理就在这些领域；对于柯南·道尔来说，他必须让那些被称为真理的东西经受理性的审查和科学的检验；而对于布拉姆·斯托克来说，真理存在于信仰与科学两个领域之间，他笔下的观察者是牧师和科学家的混合体。

　　德拉库拉伯爵在历史上确有其人，他是罗马尼亚的一位伯爵，传说他习惯用一根长长的木棍刺穿土耳其战俘，把他们折磨至死。　德拉库拉是匈人大帝阿提拉(Attila the Hun)的直系后代。　他为自己成为对抗土耳其人的顶梁柱而自豪。　他还声称自己曾为之战斗的人们现在竟然要毁灭他，而小说自始至终都没有否认这一点。　他的城堡靠近北罗马尼亚的三大巴尔干半岛区域(Balkan territories)(特兰西瓦尼亚、布科维纳和摩尔达维亚)的边界。　那个地方充满血腥的历史使它付出了文化上的代价，并使它从欧洲分裂出去。　为了打破这种孤立状态，德拉库拉转向欧洲，尤其是英国。　正如范·黑尔辛(Van Helsing)告诉我们的那样，德拉库拉发现英国是个最有前途的地方，在英国这个具有强大的政治机构的国家，他可以创造出崭新的社会生活。　范·黑尔辛用奇怪的

———————————

①　哈特·克莱恩(Hart Crane, 1899—1932)，美国诗人。　——译者注

腔调（他的腔调使他和德拉库拉一样像个外国人）得出他的结论：英国对德拉库拉来说，是"最有前途的地方"，因为它那启蒙主义的法律和习俗，对于他的魔鬼行径来说，可以起一种掩盖作用。

这样，德拉库拉具有破坏性的恶行将从内部毒化英国——尤其是伦敦——使之溃烂。他的受害者将在毫无所知的情况下被他的部队所征服。斯托克的《德拉库拉》（*Dracula*，1897）①是关于不死亡灵的故事，那些人既未被救入天堂也未被罚入地狱，而是徘徊于天堂与地狱之间。他们没有影子，既有形又无形，既可以从极小的缝隙中通过，又可以化作蝙蝠和狼的形状。鲜血是他们的食物，他们靠吸取受害者的鲜血维持生命。这种行径让人们联想到有关基督的救赎之血和圣餐的故事，因为他们的行为正好是后者的翻转。与这种倒转相一致，吸血鬼从那些恶行中诞生。人们普遍认为，自杀者就会变成吸血鬼，此外，凡是被吸血鬼害死的人，反过来也会变成吸血鬼。这种转化，使得一个与活人世界相对应的共同体出现了，这个共同体代表着一个有序社会中的无序原则。

96　　吸血鬼的故事和狄俄尼索斯的传说一样，来自小亚细亚，也就是说，来自西方/东方的区分。西方似乎被东方的恶魔所威胁。露茜·韦斯特拉（Lucy Westenra）的名字进一步证明了这个主题：西方的光（生命）［light（life）］被德拉库拉所扑灭。②故事的一大半情节发生在伦敦，在那里，德拉库拉代表着非理性要素，是狄俄尼索斯的现代化身。他像狄俄尼索斯一样，是城市这个被认为有序系统内部的无序原则的体现。从这个角度来看，他与瘟疫或其他降临到城市的灾难是一样的。为了让城市存在下去，那种力量必须被压制（suppressed），或者用弗洛伊德的信徒——他们对德拉库拉故事中有关性和诡异的暗示很是敏感——的话说，必须被压抑（repressed）。

---

① 中译本参见《嗜血幽灵》，尤云峰译，作家出版社2005年版。——译者注
② 此处，作者在用 Lucy Westenra 这个名字的寓意做文章：Lucy 源自拉丁语，意为"带来光明和智慧的人"；Westenra 字面意思是"西方的"。——译者注

德拉库拉作为一个逃票者登上一艘俄罗斯的轮船德莫特尔女神号。这艘船在到达其终点约克郡的怀特白之前，在一场暴风雨中触礁搁浅。德拉库拉在英国一登岸，小说的内生性质（小说人物如同出自同一家族）就变得十分明显。露茜·韦斯特拉小姐与戈德明男爵订了婚，却被谢瓦尔德医生爱着，结果成为德拉库拉的第一个牺牲品。她死后成为德拉库拉的仆人，以吃汉普斯特的小孩为生。接着，德拉库拉对露茜最好的朋友，情同姐妹的米娜·哈克尔产生了兴趣，但米娜最终逃出了他的魔掌。范·黑尔辛，也是一个外来者，被女人围绕着，正如德拉库拉在他的城堡中被妇女们围绕着一样。小说树立了两个强有力的父亲形象，范·黑尔辛和德拉库拉（尽管他因为以鲜血为食而显得很年轻），他们都在为家族的统治地位而斗争：原始世界和现代世界——迷信力量和科学力量——卷入了一场永久的战斗。

德拉库拉代表邪恶力量，他的陪衬人物都是城市人，包括几位掌握了科学知识的人和乔纳森·哈克尔。哈克尔是位律师，一开始在埃塞克斯（Essex）他导师的事务所受训，精通伦敦的房地产。他被派往特兰西瓦尼亚为德拉库拉购置房产做善后工作〔德拉库拉在伦敦东部的普福里特（Purfleet）买了一栋旧房子，计划在那里建立一个吸血鬼帝国〕，结果成了德拉库拉的阶下囚。被囚期间，哈克尔没找到好机会，要不然就会把德拉库拉杀死（恐惧激活了他的被压制了的原始本能），可到最后他逃出去的时候，已经残败不堪，病得几乎没了命。他担心德拉库拉会建立一个与现实世界完全相对的帝国，如果那样的话，无异于让原始人在文明世界进行殖民。哈克尔在德拉库拉城堡的经历，摧毁了他对理性世界的启蒙主义信任。一旦离开城市，也就离开了它所提供的保护。回到伦敦，让哈克尔大大松了一口气。但他之所以轻松，是因为他把对城市之外的邪恶的记忆压抑了下去。他告诉米娜说："你知道，我的大脑曾经烧糊涂了，差点就快疯了。秘密就在这里（一本笔记本中），但我并不想知道它。"（Stoker，114）当哈克尔得知德拉库拉正计划 97 以自己的"不死亡灵"组成的大军颠覆伦敦时，他加入了范·黑尔辛教授和谢瓦尔德医生的队伍，为保卫城市而战，使它不受已经威胁着它的恶魔所侵犯。不过，此后哈克尔再也不可能像在小说开始时那样，对生活那么乐观和信任了。

范·黑尔辛教授是一位积极践行其信仰的天主教徒，同时也有着欧洲人的科学精神。他既掌握着最新的医药发明方面的信息，又有着对抗吸血鬼的相关传统知识。一方面，他决不怀疑科学的力量；另一方面，他又认为"我们每个人应该思维开阔，不要用小部分的真理去检验绝大部分的真理"（249）。他从不否认生活中的神秘之物，事实上，他认为"在我们之中，存在一种从古老的异教世界承袭下来的命运（fate）"（175），但他同时也认为那些神秘之物可以通过天启宗教的力量和科学的真理而得到理解。他还坚信过去的记录能揭示一些东西，所以他很看重乔纳森和米娜的日记，认为"通过准确地掌握一些小细节，他定能发现很多线索"（347）。

约翰·谢瓦尔德医生是一位精神病院的看护，他把德拉库拉和精神异常联系了起来，从而在某种程度上消除了整个故事的神秘性，使之变得世俗化了。起初他对范·黑尔辛的超自然信仰表示怀疑，并认为科学的进步将解释所有神秘的东西。可是，当他对露茜的血液进行分析时，吸血鬼德拉库拉就在吸她的血（147）。他很难相信吸血鬼会出没于19世纪的伦敦（248），因为在他看来，这座城市已经被科学所武装，不可能受到非理性力量的攻击。当故事与精神病人伦菲尔德（他会生吃蜘蛛和苍蝇）牵扯起来时，精神失常和德拉库拉之间的关联也就更为密切了。伦菲尔德成为德拉库拉的仆人之后，变得更为狡猾和精明，从而使他的精神失常反而以一种知晓更高真理的面目呈现出来。他对动物和昆虫的亲近，使他离狼和蝙蝠的世界相距只有一步之遥，而德拉库拉往往化身为狼和蝙蝠。德拉库拉的野蛮行径带有异教色彩，只能用与宗教有关的东西如十字架和大蒜叶子（大蒜叶子与基督的圣洁有关）去阻止它。正如理查德·华生（Richard Wasson）指出，斯托克似乎在暗示，技术的进步已经使得人类远离了隐秘知识（dark knowledge），使得文明人越来越察

觉不到邪恶的力量，从而无法进行抵抗（Wasson，24—25）。随着小说走
向结局和德拉库拉的死去，谢瓦尔德变得越来越心胸开阔，越来越意识
到在迷信力量和科学力量之间保持平衡，并承认后者的局限性。通过
原始崇拜的棱镜，他已经看到现代制度机构是多么脆弱。

　　从一开始，德拉库拉的计划就是征服伦敦，他还召唤了其他试图从
内部摧毁或控制这座城市的力量。虽然意识到自己的英语不够地道，
但他却对城市的运转了然于心。作为一个外国人，他知道自己是个外
来者。他有点像狄俄尼索斯的形象，被顶礼膜拜的妇女们所环绕，并
有能力摧毁这座城市。作为一个充满力量的男人，他让人想起巴尔扎
克笔下的伏脱冷，这个权力狂对法律和秩序毫不在乎，以城市运作完全
相反的方式威胁着城市，对抗着已被城市制度化了的各种力量。德拉
库拉还像一位闲逛者（flaneur），既想加入人群，又与人群保持距离；既
参与到城市之中，又把城市掌握在自己手中。他告诉哈克尔说："我期
待在繁华的伦敦街头漫步，我想融入到湍急的人流中去分享伦敦的生
活、变化、兴亡以及所有造就伦敦的一切。"（Stoker，31）德拉库拉指望
依靠自己的仆人大军以不死亡灵的名义接管伦敦。

　　由于这部小说创作于大英帝国的鼎盛时期，斯托克触及了一个敏感
的问题：这部都市奇幻小说再次暗示了来自帝国边缘、来自他者的神秘
的异国世界、来自对抗性文化的威胁。在《德拉库拉》中，对现代科
学知识的信仰受到原始迷信力量威胁的程度，比在柯南·道尔甚至哈葛
德的作品中还要严重。当伦敦城与被神秘的过去所埋没的秘密有了联
系之时，为了对抗并打败德拉库拉，范·黑尔辛把过去和当前的所有知
识——既有科学的，也有宗教的——都用上了。文明的未来似乎没有危
险了：在英国，文明安全地落入戈德明男爵之类的人手中，他的贵族身
份并不妨碍他也是一个平凡的人；在美国，文明则由昆西·P·莫里斯
继承，他以自己的英勇行动，为打败德拉库拉助了一臂之力，而他的务
实精神和坚定的信念，使美国成为文明进步中的新阶段。范·黑尔辛
通过把现代的宗教和科学结合起来，不仅使启蒙思想和基督教精神融合

98

在一起，而且成功地击败了德拉库拉的超自然力量，阻止了德拉库拉对伦敦的殖民，挫败了德拉库拉在伦敦建立一个"不死亡灵"共同体的计划。 斯托克的小说又一次涉及了都市内部两种力量之间的斗争原型，同时他还引入了两个外来者——一个代表秩序，一个代表混乱，使他们陷入一场保全伦敦、对抗变化多端的狄俄尼索斯的阴谋的殊死斗争。

五

约瑟夫·康拉德的主要小说著作都涉及殖民进程。《黑暗之心》（*Heart of Darkness*，1899）、《吉姆老爷》（*Lord Jim*，1900）、《诺斯特罗摩》（*Nostromo*，1904），以及马来西亚小说系列（the Malay novels），都涉及殖民活动，尤其是当牵涉文明与原始生活的关系时，就更是如此。在《黑暗之心》中①，马罗说："所谓对土地的征服，其意义在大多数情况下不过是把一片土地从一些肤色和我们不同或者鼻子比我们稍平一些的人们手中抢夺过来。"（10）②《黑暗之心》最初于1899年分三次连载于《黑林》（*Blackwood*）杂志③，1902年被收入短篇小说集《青春》（*Youth*）出版。《青春》中的作品都与马罗有关，记录了他在体验普遍真理的不可靠之后的幻灭。 马罗最终明白了，野蛮是历史的公分母，文明只不过是把它掩盖了起来而已。 库尔茨有能力把那种野蛮力量组织起来，转化为一种权力。

《黑暗之心》展示了孤独和原始环境可能给文明人带来的摧毁性后果。 诺曼·谢利（Norman Sherry）④指出，马罗的经历与康拉德的经历

---

① 中文版参见康拉德《黑暗深处》（即《黑暗之心》），黄雨石译，百花文艺出版社1984年版。 ——译者注
② 参见《黑暗深处》，前引，第16页。 ——译者注
③ 原文为 *Blackwell*，为 *Blackwood* 之误，今据 *Oxford Companion to Eng. Lit.* 更正。《黑林》杂志是当时非常有名的一本杂志，发表过数位现代作家的作品。 ——译者注
④ 诺曼·谢利（1925—2016），英国小说家、传记作家，著有《格雷厄姆·格林传》《康拉德传》等。 ——译者注

很相似。 小说中荒凉颓败的内陆站，就是黑暗之心物理上的中心。 库尔茨在那里远离文明，在野蛮丛林中生活，结果在身体上和文化上都退化了。 尽管在小说中库尔茨独自一人呆了一年，但康拉德实际经历过的那个内陆站却是一个非常热闹的地方，远不是山顶上一处破房，虽然它的负责人(一个名叫科雷恩的男人)病得非常严重，并且像库尔茨一样，也在归途中去世了。 尽管有这些相似之处，谢利还是认为，库尔茨的原型是另一位名叫亚瑟·尤金·康斯坦·胡德斯特的人，他是一位克里斯玛型人物，在商业和探险中取得巨大成就，最后死于丛林之中。 谢利认为，"尽管胡德斯特的命运(fate)与库尔茨的并非完全相同，但是，这两个人都对自己征服刚果丛林的'空旷无垠的异国'的能力深信不疑，并因此都被自己想要征服的东西所毁灭。 胡德斯特被那里的居民毁了，库尔茨被那里的原始习俗毁了"(111)。 然而，康拉德不大可能遭遇马罗所说的那种敌视。 对此，谢利指出，那个地区的土著受到刚果阿拉伯人的影响，不可能听从库尔茨那样的欧洲人的指挥(53)。 此外，无论是科雷恩还是胡德斯特，都不像库尔茨那样是孤身一人，在现实中，也没有哪位负责人主持过小说中所说的那种"无法形容的仪式"(Sherry，67)。

马罗之所以获得去刚果任职的机会，是因为在丛林中待了很长一段 100 时间的前任船长与当地的村长发生了纠纷，结果被人用长矛扎死了。这样的事件立即显示出，丛林对一个人的前途意味着什么，并且也显露了其中所藏着的暴力。 当马罗来到中央站时，他目睹了丛林以自己的混乱回击着秩序。 老远运来的供居民点使用的管道全扔在沟里，其中连一节完好的也没有了，"全给砸得稀巴烂"(Conrad，20)。 不久，马罗见到了公司的会计主任。 后者为了保护自己不退化，穿戴得非常整洁。 他身边都是些要么病重要么快死的人，只有他干净的白衬衣使他与死人和混乱区别开来，正如城市只有依靠其脆弱的制度机构才与其残余的野蛮区别开来。

当马罗最后见到库尔茨时，了解到库尔茨在英国受过一点教育，他母亲是半个英国人，他父亲又是半个法国人。 库尔茨曾对文化中最优雅的部分表现出自己的天才，是一位很有造诣的音乐家。 事实上，小说中有人指出，"全欧洲曾致力于库尔茨的成长"（50）：他堪称是文明的最终成果。 由于有库尔茨，当地土著统一了起来，他领导他们去捕象，或攻击其他氏族。 他的营帐周围，象牙堆积如山，围墙的木桩上悬着一个个人头，脸都向着房子那边。 那些人头象征着他对权力的滥用，也提示人们，贪婪和死亡总是相伴相随。 回到公司之后，一位认识库尔茨的记者告诉马罗，库尔茨在集会时很有演讲才能，在许多大型集会上，有能力为自己的政治纲领激起群众对他的崇拜。 由于对卡里斯玛型领袖的性质和群体心理的性质有深刻洞察，康拉德和斯托克一样，在这篇小说中把我们带到帝国的心脏，而极权主义就在帝国的另一边。

马罗的叙述是通过另一个叙述者告知读者的。 在《黑暗之心》的开头，有一位不知名的叙述者，他对环境作了一番描绘之后，引出了马罗，后者对一群人——从他们的职业中我们可以知道城市意味着什么——讲述自己的故事。 双重叙述者的运用，把希腊悲剧的形式完全颠倒了过来：马罗并不是对着入戏的观众（像希腊戏剧中的合唱队），而是对着一群漠不关心甚至毫无同情心的人，讲述自己的故事。 这群人只是粗略地听一听故事情节，并不会对故事的宗旨进行移情性的思考。 康拉德的故事的真正指向在此框架之外，针对的是小说的读者。

要理解《黑暗之心》的含义，必须考虑到它的讲述方式。 许多评101 论家已经指出，康拉德的机械论倾向使他有时接近达尔文的思想。 不过，通过马罗的印象，人们可以深入到库尔茨的内心。 外在的描述，在很大程度上依据的是从达尔文及其同行——特别是马克斯·诺尔道——那里抽象出来的退化理论；但内在的洞察，却使每一位读者深入马罗的主观性当中。 马罗看到，启蒙的世界变得越来越黑暗，而他对进步的信仰也逐渐消退。 有些评论家把马罗的思想与佩特笔下的马利乌斯(Marius)①的思想联系起来。 而伊恩·瓦特(Ian Watt)②则把康拉德给《水仙号上的黑家伙》所作的"前言"读解成佩特式(Pateresque)的美学宣言。 但是，佩特关注的是印象的叠加所产生的力量，而康拉德则不止于此，正如阿伦·亨特(Allan Hunter)所说，他还对他所谓的"记忆的持久性"非常关注〔《人生与文学随笔》(*Notes on Life and Letters*)，转引自 Hunter，11〕。

马罗的经历既是对过去时间的回归之旅，也是对退化的一种研究：康拉德带领我们从文明之地向存在之源回溯。 在那里，我们可以看到原始的力量依然为文明所利用，但又被文明所竭力隐藏。 康拉德告诉我们，在文明与野蛮之间，并没有太大的区别，野蛮就在文明的外表下运作。 马罗到达丛林深处之后，马上在库尔茨身上发现了作为生命驱动力的贪婪。 城市依靠各种制度机构而运转，而后者只不过再现了那种原初的斗争。 正如城市凭借技术和官僚机构来控制其居民，马罗和库尔茨也都凭借自己的手段去控制野蛮人：库尔茨把自己装扮成他们的神，而马罗则借助船上汽笛的力量。 康拉德在暗示，有史以来，宗教和科学就一直是统治者们用以维持自己权力的手段。 无论在城市还是在丛林，殊无二致。

布鲁塞尔城把生活中的混乱和恐惧掩饰了起来，显得很有条理。马罗把它称为"一座粉饰过的坟墓"③。 一座坟墓，一座死人之城。城市是权力的纪念碑，但是，马罗看到，这样的纪念碑总是与死亡的现实密不可分，与把我们带回原始状态和让我们回归大地的力量密不可分。 死亡和退化，是生命的法则，它们为城市的意义和生命本身设定了限度。 城市作为启蒙思想之体现的实体，妄图否定自己的局限性，试图成为统治世界的力量的象征，但马罗看穿了这种傲慢的外表。 同

---

① 马利乌斯，佩特小说《享乐主义者马利乌斯》的主人公。 ——译者注
② 伊恩·瓦特(1917—1999)，当代美国文艺评论家，著有《小说的兴起：笛福、理查逊、菲尔丁研究》《十九世纪的康拉德》等。 ——译者注
③ Whited sepulchre，语出《圣经·马太福音》，意为"伪善者"或"假道学"。 ——译者注

样，库尔茨既看到了开始也看到了结局，看到了文明赖以存在的基础，以及人类处境的无奈。

伊恩·瓦特曾指出，康拉德的思考是他的时代的产物。当时有科学推测，认为地球的诞生，只是源自太阳的气体冷却之后的意外的副产品。此外，根据热力学第二定律（由加尔文勋爵于 1851 年首次详细阐述）①，地球在耗完其热能之后，最终会变得冷寂。对熵的理解于是关联了对宇宙的理解：整个宇宙也可能像机器一样报废，就像紧过了头的钟一样，不再走了。康拉德本人在 1897 年也曾把宇宙比喻成一架机器，"它从混沌中……演化而来……看！它在编织……它把我们编织来编织去。它编织时间、空间、痛苦、死亡、腐败、绝望，以及所有的幻觉——什么都不在乎"（转引自 Watt, *Conrad*, 153）。（这里的编织机，让人联想到马罗所描绘的在布鲁塞尔的公司办公室里编织毛线的两个妇女）。

这种宇宙悲观主义，导致了一种信念，认为文明建立在无法完全消除的矛盾的基础上。在 1893 年题为《罗马人》（*Romanes*）的讲演中，托马斯·赫胥黎声称，在自然法则和由文明所造就的道德感之间，存在着无情的断裂：后者暗示人的可完善性，而前者强调人有根本的局限。弗洛伊德甚至走得更远，认为现代人是通过将更根本的本能压制下去，才变得更文明。但是，那些本能不可能被完全彻底地压抑掉，它们最终必然会爆发出来，成为诡异之物的组成部分，并总是以丧失文明为代价。库尔茨这个人物就证实了这些观念。在城市，他是一位诗人，一位画家，是文明的化身；到了丛林，他就完全变了，退化成了原始的野蛮人。这里的思考与关于进化论的辩论相一致。赫伯特·斯宾塞认为，进化会带来进步和改善，而马克斯·诺尔道认为，进化也会导致退化/堕落（degeneration）。

库尔茨死前最后一句话是"太可怕了！太可怕了！"当马罗告诉库

① 关于热力学第二定律的相关论述详见本书第八章。——译者注

尔茨的未婚妻"我听到了他（库尔茨）所说的最后一句话"时，她说：
"说给我听听。"马罗没有说实话，而是编了个谎言说："他所说的最后
一个字是——你的名字。"（Conrad，78—79）为了使生活（实际上是文
明）能继续下去，谎言是必要的：城市恶行深入丛林，却被多愁善感所
掩盖。 库尔茨的未婚妻若想保住对爱的多愁善感的感觉，就必须对库
尔茨在非洲的情妇、对贪婪、死亡和堕落一无所知。 帝国的使命若要
继续执行下去，就必须以她的名义把男人们派遣出去。 真理——被与
诡异之物隔离开——建立在文明的谎言之上。 如果这样来理解《黑暗
之心》，它就比哈葛德的《她》更深刻地洞察了宇宙的秘密。 阿伦·亨
特认为，康拉德"在澄清大量他认为流行的谬论"（Hunter，15）。 因
此，康拉德把我们带到了怀疑的死胡同，面对一种对于真正入了门的人
来说必然成为一种生活方式的破坏性要素。 小说的结尾，我们回到泰
晤士河上的一条船上，完成了一个首尾相连的循环。 据说泰晤士河一 103
直流向刚果，它创造出一种现实，让现代城市与原始丛林、熟悉与诡异
无缝地连接在一起。 正如框架叙事（frame narrative）中看透了人生秘
密的佛陀，马罗领悟了生存的奥秘。

康拉德或许共享了赫伯特·斯宾塞的一个主要思想：进化运动总是
从同质走向异质，从简单走向复杂，从形态和功能上的无差异走向差异
化。 因此，丛林与城市的不同，只关乎其复杂的程度，而无关乎其本
质。 当城市变得越来越复杂，它的组织手段也就越来越复杂，但那个
组织永远要面临它力图压抑的原始冲动的考验。 因而，康拉德以斯宾
塞自己的方式挑战着斯宾塞，否认了历史的进步，因为库尔茨与其说是
进化了，不如说是退化/堕落了。 对康拉德其他小说的考察，也证实了
这个结论。 维罗克（Verloc）的伦敦的道德败坏；吉姆（Jim）死后帕图桑
（Patusan）的混乱，以及拉祖莫夫（Razumov）的俄罗斯的暴政，都与进步
背道而驰。①自然有其内在的、人类无法超越的物理界限，而大都会，

---

① 维罗克、吉姆、拉祖莫夫分别是康拉德小说《间谍》、《吉姆老爷》和《在西方的
注视下》的主人公。 ——译者注

尽管异质而复杂，也要像丛林中的山村一样，遵从同样的法则。

　　康拉德和斯托克一样，既挑战了柯南·道尔对理性的启蒙主义信赖，又挑战了哈葛德对神秘的过去的信赖。斯托克对依然存在于文明社会中的迷信崇拜的力量进行了描绘，康拉德则更进一步，揭示了文明与野蛮之间难以觉察的联系，展示了当面对混乱的退化/堕落力量时，秩序的力量显得多么微弱；而一旦受到传染，城市从内到外又是多么脆弱。

注 释：

　　[1] 有人指出，弗洛伊德写那篇《论诡异》时，正在看《她》这部小说。显然，"被压抑者的重返"——对过去意义的不可避免的重新发现——是哈葛德最明显的主题之一。

第七章

乔伊斯之城

一

詹姆斯·乔伊斯是典型的现代小说家，他的作品用遍了现代主义文学的各种叙事模式：从在虚构中假装真实［如《都柏林人》（*Dubliners*）和契诃夫短篇小说中的生活写照］，到一种关于艺术家自我意识——带着它对不确定性的感受——的文学。后者是一种具有自我指涉性的叙事游戏的文学，也是（经常以戏仿的方式）对一般话语进行破坏的文学［有人或许会指出，《芬尼根的守灵夜》（*Finnegans Wake*）就是如此］。作为一次文学运动，现代主义经历了浪漫现实主义、自然主义、新现实主义、唯美主义和——受到时间循环论和柏格森意识理论支配的——神话象征主义，然后走向各种版本的后现代主义。后现代主义强调意识是语言或其他结构的一部分，其方法改变了我们思考自然和历史的方式，因为它用符号代替了实体，用关系代替了外部现实，用阐释代替了绝对意义。小说家乔伊斯的创作历程，提前向我们展示了小说在 20 世纪被概念化的方式。

乔伊斯与自然主义文学的关联虽然遥远而间接，但却是真实存在的。这种关联以乔治·莫尔（George Moore，1852—1933）为最直接的中介。莫尔的早期小说创作受到左拉的影响，他的作品如《湖》（*The*

Lake，1905)、《未开垦的荒地》(*The Untilled Fields*，1903)和《空喜一场》(*Vain Fortune*，1891)，乔伊斯都很熟悉。 乔伊斯经常瞧不起莫尔作品的某些方面，例如，在《湖》中，神父奥利弗·戈加蒂(Father Oliver Gogarty)的性觉醒缘于他穿过梅奥郡某个湖泊的一次裸泳，乔伊斯认为这样的转变有点突兀了。 但与莫尔一样，乔伊斯认为爱尔兰处于基督教会的麻痹之下，国民的道德怯懦削弱了自治和独立的欲求，乡村狭隘的地方主义，使爱尔兰锁闭在一种小农意识中。 爱尔兰人满脑子性与死亡，但他们禁谈前者而颂扬后者。 处于这一自我毁灭的紧张游戏中，爱尔兰的青年男女注定要神经质式地释放他们的能量，在被无形的墙所阻碍时，渴望逃离。[1]乔伊斯不必费力就可以在莫尔的作品中找到与他自己的《都柏林人》(1914)中的故事——例如《伊芙琳》("Eveline")、《一朵浮云》("A Little Cloud")、《对手》("Counter-parts")和《寄寓》("The Boarding House")——相对应的篇章。 而且莫尔的意义既在于他的写作技巧，也在于他的创作主题，因为他已经从左拉的全知视角的长篇小说，转向了更多地从心理方面展开叙事的短篇故事，即围绕着一个中心意识来展开的故事。

乔伊斯认识到，这种意识的展开可能成为某种新型小说的基础——这种小说包括一位具有审美眼光的主人公，对他来说，细腻的感受比情感更重要，他在特定的商业/工业环境的审美语境而非自然主义语境中，去寻求自我定义。 福楼拜的《情感教育》已经展露出弗雷德里克·莫罗(Frederic Moreau)将情感最终演绎到极度荒谬的情形。 在《萨朗波》和《圣·安东尼的诱惑》(*The Temptation of Saint Anthony*，1874)中，福楼拜也同样表现了一种审美意识会如何改变小说。 不过，对乔伊斯激发最多的是沃尔特·佩特。 在《文艺复兴》中，佩特曾写道："为知识界确立一个正确的有关美的抽象定义并不重要，重要的是批评家要有某种气质，具有被一个美的客体的出现而深深感动的能力。"(509)

亨利·詹姆斯的小说《卡萨马西玛公主》(*The Princess Casamassima*，1886)创造了一个会被美的事物深深打动的人物，并依靠这个人物来展开故事。 小说中的海尔辛斯·罗宾逊(Hyacinth Robinson)在威尼斯的圣马克广场前放弃了自己的无政府主义计划，因为他开始相信，创造比毁灭更重要，特别是创造美好的事物。 这种对唯美主义的信奉已成为现代主义文学背后的主导思想之一。 此后，弗吉尼亚·伍尔芙(Virginia Woolf)、马塞尔·普鲁斯特(Marcel Proust)(他早期作品深受佩特影响)和托马斯·曼(Thomas Mann)把这种冲动转化为一场文学运动。 乔伊斯则把它当作重写自己的教育小说《一个青年艺术家的画像》(*A Portrait of the Artist as a Young Man*, 1916)的基础，而这部小说著名的一幕，正是斯蒂芬·迪达勒斯在海滩前对美的敬服。 斯蒂芬步行穿过都柏林——"可爱、肮脏的都柏林"，当他开始用审美的眼光审视周边的事物时，那些客体呈现出了印象主义的意味。 斯蒂芬意识到，都市客体对他来说具有审美和文学上的对应物，城市风景激发文学家的灵感："他每天早上横越街市的散步早已开始了，他事先便已知道，在他穿过费尔维尤泥泞的土地时，他将想起纽曼的带有修道院气味的用银线贯穿的散文；在他走过北滩路时……他就会想起古多·卡瓦尔坎迪的阴森的幽默而不禁微笑；当他在塔博特街的拐角处走过贝尔德瓷器店的时候，易卜生精神，将会像一阵尖厉的清风在他的心上吹过。"[1](*Portrait*, 204)

　　如我们所见，如果现代文学的两大题材是艺术家和城市，那么还有一个伟大题材就必定是城市中的艺术家——群氓之中的一种审美意识，在迷宫中不致迷乱的感受。 乔伊斯、托马斯·曼、普鲁斯特均共享这一主题。 如果对泰瑞西斯形象作更加宽泛的理解，波德莱尔的《恶之花》、艾略特的《荒原》、哈特·克莱恩的《桥》和威廉·卡洛斯·威廉斯的《佩特森》(*Paterson*)都是这一主题的诗性表达。

　　对这一题材贡献最大的或许是福楼拜。 在《布瓦尔和佩居谢》中，福楼拜对资产阶级思想进行了嘲讽，将其视为追逐商业目标的百科

106

---

[1]　参见乔伊斯《一个青年艺术家的画像》，黄雨石译，外国文学出版社1983年版，第203—204页。 译文有修改。 ——译者注

全书式的经验主义。 在《情感教育》中，他摒弃了情感教育这一占据小说舞台近二百年的题材。 他的《圣·安东尼的诱惑》是最早的纯审美小说，它的基础是细腻的感受而非情感。 庞德敏锐地意识到，福楼拜是现代主义之父。 现代主义作为一种文学运动，厌恶商业社会，或者转向唯美主义，或者转向一种无视中产阶级和下层阶级痛苦的类似于上层阶级的体验——这在弗吉尼亚·伍尔芙的布卢姆斯伯里或亨利·詹姆斯和艾略特的沙龙世界中均能见到。 现代主义寻求的不是商业区（downtown）的世界，而是住宅区（uptown）的世界，它远离粗鄙的商业追逐，由高雅的有闲男性以及"来回地走/谈着画家米开朗基罗"的女性组成。 这一"向内转"——其典型的例子是沙龙中的普鲁弗洛克和城市中的斯蒂芬·迪达勒斯——将我们带入了现代意识中。

107

乔伊斯的创作题材从未超出过商业/工业城市，那些关于帝国的极权主义城市的题材留给了其他大多在伦敦进行创作的现代作家。 实际上，乔伊斯的兴趣更为具体，他对商业城市的关注甚于对工业城市的关注。 这或许自有原因。 1904 年，都柏林的人口为 35 万至 40 万，而伦敦人口则将近 700 万。 事实上，较之工业的世界，都柏林更接近一个农夫的世界。 在《尤利西斯》中，乔伊斯很好地抓住了一些相关细节：小说开头时出现的卖牛奶的老妇人、迪希先生关于口蹄疫的那封信，以及横穿马路阻拦了前往葛拉斯涅文公墓送葬队伍的牛群。 如果有人想论证文学形式与历史进程之间不可分割的关联，则此处的证据是再好不过了。 乔伊斯的创作与 19 世纪后期的现实主义文学一样，都关注农耕和乡土社会向商业和都市社会的转变。 乔伊斯在爱尔兰见到的，易卜生（Ibsen）在挪威、霍普特曼（Hauptmann）在德国、邓南遮（D'Annunzio）在意大利也都见过，并且他们都对乔伊斯有所影响。 然而，乔伊斯在爱尔兰见到的，左拉在法国、契诃夫在俄国也都见过，但这两人似乎对乔伊斯的直接影响很小。（乔伊斯的《都柏林人》与契诃夫短篇小说之间的关联说明了间接共享的历史时期的复杂性）

这些文学家中，有许多正是通过文学的方式思考着马克思和恩格斯曾经用经济学的方式提出过的问题：土地问题；农民阶级的背井离乡；商业阶级陷入由金钱与商品关系所掌控的新型城市中；家庭随着青年一代告别土地而解体；这一转型对女性的影响；作为都市特征的犯罪的增加；都市机构如寄宿公寓的出现，并在城市中取代了核心家庭；日益扩张的城市对人的意识的影响；城市仿佛迷宫，似乎超出了以人为本的状态。

狄更斯、巴尔扎克、果戈理、陀思妥耶夫斯基都曾对这一新型城市做出描述——刻画了外省青年男女为寻求更高的本质自我而大批涌入城市，以及男主人公在新的金钱与商业的世界中，踏上寻求成功的孤独之旅时，家庭随之解体的情况。 那些故事一方面通过一些情节剧的情节，特别是某个骗子（如巴尔扎克笔下的伏脱冷和陀思妥耶夫斯基笔下的拉斯柯尼科夫）的罪行而展开；另一方面还通过某个能克服城市的匿名性和混乱的侦探（如狄更斯《荒凉山庄》中的布克特探长）而展开，那些侦探揭开谜团，通过使城市人格化的方式将城市恢复到以人为本的状态。 雨果告诉我们："正是怪诞与崇高富有成果的联合，产生了现代精神——它的形式复杂多样，它的创造物无穷无尽，正因为如此，它与古典精神的简单划一截然不同。"（转引自 Fanger，229）雨果的话表明，现代城市既怪诞又崇高：它以追求一个不一样的现实为名扭曲了自然。

108

二

乔伊斯看到了崇高与怪诞通过一种美学意识而展开的叙事上的可能性。 他就这样超越了19世纪的现实主义和自然主义文学，赢得了自己作为小说家的声誉。 但是在他真正创作之前，还必须肃清两种叙事元素——感伤性和情节剧。 狄更斯的世界以多愁善感为基础，其信念是：社会罪恶能够被人类心灵的行善力量所克服。 但这样的想法无法在个人感日益削减的都市环境中长久占优势。 当文学成规不再被人信服时，就会被对它们的戏仿所取代。 故而在《尤利西斯》的"太阳神的牛"一章中，乔伊斯对狄更斯的伤感进行了戏仿。 另外，在狄更斯的城市占中心位置的是神秘的情节剧人物——如贾格斯和图金霍恩，他们掌握了藏在保险库之类的地方的密秘信息。 他们拥有抽屉或橱柜的钥匙，而那些地方又藏着打开其他秘密处所的钥匙。 小说的情节常常取决于他们所藏匿的文件的解密，也就是说，故事情节的展开依靠的是被那些人当作权力来使用的信息。《都柏林人》与契诃夫的短篇小说一样，情节剧的元素被削减了，叙事依赖于日常事件，依赖于寻常事物——实际上，普通平凡正是这些小说的关键。 在平凡的一天，平凡的人，做平凡的事：甚至早在《尤利西斯》之前，乔伊斯的小说就已经具备了这一性质。

在乔伊斯的世界中，很多东西来源于共有的偏见和流言蜚语的作用。 流言蜚语之于乔伊斯的世界，正如情节剧的信息之于狄更斯的世界。 流言蜚语，从其本质来说，就是将人们纳入一个团体或把他们从一个团体中排除出去的平凡信息，它依赖于共享的意义。 在帕迪·迪格纳穆(Paddy Dignam)的葬礼上，某些人的私语就将利奥波德·布卢姆排除在外。 布卢姆关于迅速且无痛苦的死亡的好处的论调遭到了沉默的抵制，因为他们不允许举行那样的临终仪式；而谈论自杀的罪恶又让他和坎宁翰(Cunningham)先生——他清楚布卢姆的父亲是怎么死的——感到不舒服。"都柏林是怎样一座城市啊！"乔伊斯曾告诉弗兰克·勃金(Frank Budgen)说，"我真怀疑还有哪座城市会像它这样。 任何人随时都可以跟一个朋友打声招呼，然后就开始说起张三李四的闲话。"(Budgen，60)

狄更斯笔下的伦敦，是给城市的商业性质强加一种情节剧色彩而形成的；乔伊斯笔下的都柏林，则是给城市的商业性质赋予一种平凡性而形成的。 布卢姆的广告经纪人身份并不是偶然——对于这位史诗式英雄的最后子孙来说，再没有比广告经纪人更商业化的职业了。 布卢姆的整个早晨都忙于为亚历山大·凯斯(Alexander Keyes)的茶、酒和酒柜安排广告。葬礼中，看门人的钥匙让他想起了这项不受注意的麻烦工作，于是葬礼结束后，他带着底稿来到报社。所有这些事情，包括他让凯斯更新其广告，都发生在城市的中心——城市中心一度是留给宗教圣所的，但现在却被报社这一现代城市的商业喉舌所占领。1904年6月16日，都柏林有两份报纸，早上的《自由人报》（*Freeman's Journal*）和晚间的《电讯报》（*Telegraph*）。乔伊斯利用了这两份报纸，尤其在《尤利西斯》中，频频借助于《电讯报》。

如果说对雨果而言，19世纪展示了崇高中的怪诞；那么对乔伊斯而言，20世纪则展示了商业主义中的怪诞。布卢姆在街上漫步时，看到挂着三明治式广告牌的人们，在为海利文具店做宣传。商业的目的和人的目的之间的对比，创造出了乔伊斯小说所借用的叠合（coincidences），它常常形成神圣与世俗之间富有讽刺意味的并置。后来，布卢姆看到一块告示牌给为米塞尔医院——亨德尔的《弥赛亚》的首演，就是为了这家医院——筹款的米卡斯义卖做广告。再后来，他看到汤姆·莫尔的塑像矗立在一处公共小便池上方，并想起莫尔的著名歌曲《海洋的汇聚》。这些对照使他的小说与维多利亚时期的小说对怪诞的使用大不相同。

如果将都市生活中的事件与经验并置起来可以产生讽刺效果，那么将文学中的不同成规和方法并置起来就也可以造成同样的效果。这一点可以在乔伊斯后来写的《都柏林人》的故事中发现。佛罗伦斯·沃尔兹（Florence Walzl）和伯纳德·本斯托克（Bernard Benstock）已经很有说服力地指出，乔伊斯把主显节（1月6日）的节日象征性叠加于《死者》（"The Dead"）的故事之上（Walzl, 449; Benstock, 165）。[2] 到 1914年，乔伊斯已经意识到，他可以通过将象征主义叠加于现实主义之上，来改变自然主义文学的现实。杰克逊·库普（Jackson Cope）坚持认为，乔伊斯是从加夫列拉·邓南遮那里学会这一招的。乔伊斯用他关于易卜生的论文得来的钱买了邓南遮的书。库普认为小说《火》（*Il Fuoco*, 1900）和戏剧《我死去的妈妈》（*La ciatt morta*, 1900）对乔伊斯的影响最大，它们用复杂的方式交替运用了现实主义与象征主义、纪传

110

与神话的手法，创造了一个考古学的层叠的现实。 库普认为，"乔伊斯从这里所学到的方法，使得他的斯蒂芬英雄获得了更高成就，超越了教育小说（Bildungsroman）的局限"（60）。

在《斯蒂芬英雄》（*Stephen Hero*，1904）中，斯蒂芬意识到某些确定的瞬间会使一座城市的意义展现出来，也就是意识到，都柏林、伦敦或巴黎的本质会在一些偶然事件中揭示自身。 无意中听到的一场不完全的、琐碎的闲聊揭示了都市之爱的本质，"同时这种琐碎性使得他想去把许多这样的瞬间搜集在一本关于顿悟的书中"（*Stephen Hero*，211）。 这就是乔伊斯开始创作《都柏林人》时的意图。 但在后来的《都柏林人》故事中，乔伊斯意识到，在自然主义细节之上叠加的象征主义，远离了严格的现实主义，增加了一个反讽的维度，并创造了一种喜剧性效果。《一个青年艺术家的画像》与《斯蒂芬英雄》之间的对比清楚地表明，乔伊斯从现代现实主义转向了现代唯美主义——它们是叙述的现实的两种不同模式。 但尽管乔伊斯放弃了新现实主义，他还是坚信，事物实际上会展现它们自身的意义。 这样一种展现的过程与关于顿悟的观念——以及一种象征主义理论——密不可分。

当乔伊斯开始掌握神话语境中的那些象征时，他就既超越了自然主义文学，也超越了象征主义文学。 在《一个青年艺术家的画像》第四章中，被审美化了的、使人产生顿悟的小鸟般的女孩，具有了象征意义，因为《一个青年艺术家的画像》受到迪达勒斯-伊卡罗斯（Daedalus-Icarus）神话的左右——也即受到关于像小鸟一样飞翔的神话的左右。在从唯美主义向神话象征主义的转变过程中，乔伊斯从现代主义的初期阶段走向了我们今天所说的现代主义高级阶段。 最能反映这一变化的小说，当然是《尤利西斯》（1922）。 在这部小说中，乔伊斯调用了上述一切叙事元素，同时，这部小说所涉及的自然主义层面以象征的方式被一种叠加于其上的神话结构所固定。《尤利西斯》是考古学上发生的事件在文学上的补充。 前者发现不同时期的城市层叠在一起，后者认识到不同的文化也按时间顺序层叠在一起。 海因里希·施里曼在特洛伊城(1871)的发现，以及阿瑟·埃文斯在克里特岛(1876)的发现，都对邓南遮的作品产生了巨大影响，后者又转而影响了乔伊斯。 在乔治·莫尔的《湖》中，诺拉·格莱恩(Nora Glynn)就参加了那样一次考古挖掘。 在特洛伊，施里曼发现了多达九座城市的层层相叠：7A 和 B 城就是荷马史诗中的特洛伊城。 特洛伊城的考古学结构在《荒原》、《诗章》，尤其是在《尤利西斯》中，都得到了体现。

三

乔伊斯对地中海世界的兴趣或许有另外的动因。 早在 1907 年，他就相信在地中海文化与爱尔兰文化之间存在着联系。 1907 年 4 月，在的里雅斯特人民大学(Università Popolare in Trieste)所做的一次讲演中，他根据海洋贸易理论和语言中存在的共有元素，主张不仅在伊比利亚与爱尔兰之间存在联系(从长远推测)，而且在爱尔兰与早期腓尼基和晚期埃及之间也存在直接的联系。 他从爱尔兰语言的特性开始说起：

> 这一语言的起源在东方，它已被许多语言学家确认与腓尼基古代语言有关联，而根据历史学家的研究，腓尼基人是贸易与航海的创始者。这个具有海上霸权的充满冒险精神的民族，在爱尔兰建立了一种文明，而这一文明在第一位古希腊历史学家拿起他的笔之前，早已经衰微并几近消失了。它小心翼翼地保护着自己知识中的秘密，外国文学对爱尔兰岛的首次提及出现于公元前 5 世纪的一首希腊诗歌中，在那首诗中，历史学家转述了腓尼基人的传说。根据评论家瓦兰西(Vallancey)的意见，在拉丁语喜剧作家普劳图斯(Plautus)①的喜剧《普努卢斯》(*Poenulus*)中，腓

---

① 普劳图斯(约公元前 254—前 184)，古罗马喜剧家，著有喜剧《一坛黄金》等。 ——译者注

尼基人所说的语言几乎与今天爱尔兰农民的语言完全相同。这个古老民族的宗教和文明——后来以德鲁伊教(Druidism)闻名——属于埃及文化。德鲁伊教的牧师在空旷的地方修建他们的庙宇,在橡树林中朝拜太阳和月亮。在那个知识贫乏的年代,爱尔兰牧师被认为是非常博学的,当普鲁塔克提及爱尔兰时,他说那是圣徒的住处。在公元四世纪,阿维努斯(Festus Avienus)最先以**圣岛**(*Insula Sacra*)来命名爱尔兰。后来,历经了西班牙人与盖尔人部落的入侵后,圣·帕特里克(St. Patrick)和他的信徒们使爱尔兰皈依了基督教,爱尔兰再次赢得了**圣岛**("Holy Isle")之名。(*Critical Writings*,156)

这段文字说明了为什么乔伊斯最终被维科多·贝拉尔(Victor Berard)的理论所吸引,根据后者,"尤利西斯"的故事深受腓尼基文化的影响,由此演绎出一篇犹太人的诗章。乔伊斯对古腓尼基、希腊、克里特、埃及文化和爱尔兰文化之间对应性的深信,促使他最终接受维柯的历史理论。

人们通常把乔伊斯对维柯理论的兴趣与小说《芬尼根的守灵夜》联系起来,但理查德·艾尔曼(Richard Ellmann)①曾指出,早在创作《尤利西斯》的时候,乔伊斯就已然对维柯感兴趣了。但如果考虑到乔伊斯对福楼拜的兴趣——特别是对《布瓦尔和佩居谢》这类小说的兴趣,那种联系也就不足为奇了。因为小说《布瓦尔和佩居谢》对那种完全相信事实堆积的理性至上主义的启蒙思想进行了抨击。更能说明问题的是《萨朗波》,这部小说展现了福楼拜自己对维柯的运用:一种时空的秩序(布匿战争时期的迦太基)反映了另一种时空的秩序(第二帝国时

---

① 理查德·艾尔曼(1918—1987),美国文学批评家,乔伊斯、王尔德和叶芝的传记作者。其《乔伊斯传》获 1960 年美国国家图书奖,被公认是关于乔伊斯生平的最重要的研究。中文版可参见艾尔曼《乔伊斯传》,金隄等译,十月文艺出版社 2016 年版。——译者注

期的巴黎）。维柯认为每三个时代——神的时代、英雄的时代和人的时代，或无历史的时代、半历史的时代和历史的时代——循环完毕，就会有一次**复归**（*ricorso*）。那三种时代都各有自己独特的仪式，分别是宗教仪式、婚姻仪式和葬礼仪式。循环中的第一次转变发生于特洛伊战争之前，第二次在特洛伊战争期间，第三次在雅典与罗马走向共和国之时。古代的回流或复归发生在罗马陷落时，由此文明又被一种新的野蛮状态所取代，然后又走向一个封建的或中世纪英雄的新时代，继而走向维柯在他自己的时代所能观察到的启蒙的民主时代①。现代时期的回流始于启蒙运动的结束，其结果是商业的停顿和道德的堕落——现代主义无法从中摆脱出来。

　　维柯的循环不可避免地会导致视差性观察（parallax view），像轮回（metempsychosis）一样，这个词在《尤利西斯》中很重要。根据扎克·博文（Zack Bowen）的观点："视差，据罗伯特·鲍尔爵士（Sir Robert Ball）[当布卢姆仰望港务总局的钟（Ballast Office Clock）时，正好想起了他的作品《天堂的故事》（"The Story of the Heavens"）]的解释，就是当人们在眼前举起一根手指并观察远处物体时感受到的视觉效果，这时那根手指看上去变成两个了。相反，如果盯着那根手指，则远处的物体看上去就重叠了。天文学意义上的视差，是指当人们从行星上的不同位置观察远处的天体时，尽管后者的位置保持不变，人们还是会觉得它们出现在不同的位置上。"（469）这一观点对乔伊斯思考叙事的新思路意义重大。视差性观察创造了两个活动区域，一个前景和一个背景，凝视其中一个时，另一个变得模糊——这也就是说，选择哪一种立场来观察是主观的，取决于历史意识。如我们所见，乔伊斯在《圣恩》、《死者》和《一个青年艺术家的画像》中运用了类似视差的方法；但在《尤利西斯》中，这种方法唤起了人们对它本身的关注，从而占支配地位。[3]

_____

① 参见维柯《新科学》，朱光潜译，人民文学出版社 1986 年版。——译者注

四

乔伊斯最初将《尤利西斯》设想为《都柏林人》的一部分。 在一封 1906 年 9 月从罗马寄给弟弟的信中，乔伊斯谈及要写一个关于都柏林犹太人艾尔伯特·亨特的故事，此人曾在 1904 年 6 月 22 日的一场巷战之后把乔伊斯带回家。 就我们所知，乔伊斯从未写下这样一个故事，但这个念头在他心中萦绕了七年，直到他开始写作《尤利西斯》。

对于乔伊斯来说，与荷马作品的平行对照很重要，因为它们可以使都柏林成为一座徘徊于神圣世界与世俗世界、古代世界与现代世界之间的城市。 正如迈克尔·塞德尔（Michael Seidel）所见，"当他需要某些障碍物以阻止采用史诗形式时，乔伊斯非常清楚该去哪里。 他去街上"（102）。 把英雄故事翻过来的方法，就是去发现布卢姆，这个人的微不足道的故事，就算是新闻报纸也懒得去认真讲述。 我们被告知，布卢姆在帕狄·迪格纳穆的葬礼上与麦科伊和斯蒂芬·迪达勒斯（他们没参加葬礼）以及麦金多斯（他既参加了又没参加葬礼）在一起。 对乔伊斯而言，这个世界上诸神的位置已经被一个拉广告的所取代，神圣的已经变为世俗的，因为有太多的东西不得不通过人群来传递，"独眼巨人"一章中的市民就是人群的体现。

也许过去与现在的这种并置最成功的例子出现在"游岩"那章中。 初看起来，这章似乎是《尤利西斯》所有章节中最为写实的一章，许多评论者已指出，它在细节上与《都柏林人》很接近。 在寄给弗兰克·勃金的一篇评论中，乔伊斯俨然证实了这一印象，因为他提到自己在写作时将一张都柏林地图放在眼前。 但是，理查德·艾尔曼已经证明，乔伊斯在这一地图之上叠加了中东的地理：利菲河（Liffey）变成了博斯普鲁斯海峡（Bosphorus），伊阿宋的"阿格号"（Jason's Argo）曾穿越过这座亚欧之间的海峡。 而现在，那里取而代之漂浮着的，是一份免费传单，宣传着那个叫作亚历山大·德威（J. Alexander Dowie）——一个来自美国的福音传道者——的新时代的以利亚（Elijah）。细节很重要：他是来自新世界的新时代的以利亚，在一则广告中，他的到来被宣布为是要向大众显示上帝的国度。如今，报纸也成为宗教方程式的一部分。

在"埃奥洛"那章，报纸的大字标题以"在希勃尼亚首都中心"开始。报纸成为商业城市的地理中心。在这座神圣的城市（神圣的城市为所有城市提供了原初构想），处于中心位置的是圣坛。像乌尔城（Ur）和乌鲁克城（Uruk）那样的城市，都是用作神圣的埋葬之地，沙漠中的部落可以返回那里去膜拜他们的死者。每座城市都有其神明以及传达神明旨意的教士网络。透过一系列叠层，乔伊斯带我们通过一则报纸广告——这则广告使布卢姆注意到一家计划在以色列搞柑桔林的德国公司——到达对如下问题的思考：神圣的城市如何被世俗的目的所取代并变得堕落。被建造出来用于膜拜死者的城市，其自身已经变成死亡之物："一片荒原，不毛之地。火山湖，死海。没有鱼，也不见杂草，深深地陷进地里。没有风能在这灰色金属般的、浓雾弥漫的毒水面上掀起波纹。降下来的是他们所谓的硫磺。平原上的这些城市，所多玛、蛾摩拉、埃多姆，名字都失传了。一座在死亡的土地上的死海，灰暗而苍老。"（*Ulysses*，61）①

神圣的古老城市如何被改变，是布卢姆感兴趣的事。后来，在"莱斯特吕恭人"一章中，当布卢姆走过都柏林的商业大街时，他的思虑又回到了这一问题。这些神圣的古老城市是从内部被破坏的，它们允许自己的神圣功能变得世俗。巴勒斯坦被所多玛和蛾摩拉所取代，赫里奥波利斯（Heliopolis）被巴比伦所取代。而商业城市最后也落得个崩溃的结局。在《尤利西斯》中，过去神圣的、英雄的城市与现在世俗的、商业的城市，具有共同的不确定性：这部小说就是通过这样一种视差性观察所得到的。《圣经》中的以利亚参与了反对巴力这位伪

---

① 参见乔伊斯《尤利西斯》（上卷），萧乾、文洁若译，译林出版社1994年版，第143页。——译者注

神和财迷心窍的亚哈的斗争；新时代的以利亚在都柏林市中心拿出了
115 表面上是宗教的但实际上是商业的传单。 新的城市与其说是一个神圣
的地方，不如说是一个商业的地盘；与此相应，给予生命的河流带来
的，是亚历山大·德威这个新时代的以利亚的骗人的信息。 布卢姆将
这些观念互相叠加在一起，因为在城市中，现代生活流于其对金钱的
追逐：

> 整整一座城市的人都死去了，又生下另一城人，然后也死去。
> 另外又生了，也死去。房屋，一排排的房屋；街道，多少英里的人
> 行道。堆积起来的砖，石料。易手。主人转换着。人们说，房产
> 主是永远不会死的。此人接到搬出去的通知，另一个便来接替。
> 他们用黄金买下了这个地方，而所有的黄金还都在他们手里。也
> 不知道在哪个环节上诈骗的。日积月累发展成城市，又逐年消耗
> 掉。沙中的金字塔。是啃着面包洋葱盖起来的。奴隶们修筑的
> 中国万里长城。巴比伦。而今只剩下巨石。圆塔。此外就是瓦
> 砾，蔓延的郊区，偷工减料草草建成的屋舍。柯万用微风盖起来
> 的那一应蘑菇般的房子。只够睡上一夜的蔽身处。[①] （164）

既然布卢姆体现的是商业城市，他的目光集中在城市的商业功能上
也就不意外了。 在这些段落里，深藏着一种历史循环感。 城市就像弥
漫其间的文化一样，繁荣了又衰败。 艾兹拉·庞德认为，文明之所以
会没落，是因为它脱离了与大地的联系，日趋商业化，并创造出货币与
高利贷体系，将工人与其工作、手艺人与其手艺相分离。 看上去布卢
姆在表达相似的东西，但对于历史是如何运转的，乔伊斯远比庞德含
糊。《尤利西斯》从迪希先生的基督教黑格尔主义（历史的工作就是揭示
上帝的启示）转向了斯蒂芬的被俘获（entrapment）感（历史就像他要尽力

---

① 参见乔伊斯《尤利西斯》（上卷），前引，第313页。 ——译者注

挣脱的噩梦）。当斯蒂芬告诉迪希上帝就是街上的一阵叫喊时，他几乎就是在描绘《尤利西斯》作为小说而起作用的方式。大多数情节与街市及改变街市活动的商业进程密不可分。身穿棕色胶布雨衣的男人强化了这一点。他在帕狄·迪格纳穆的葬礼上神秘地出现又消失，在"刻尔吉"一章中还是这样，他不是像基督一样现身，而是噩梦的先兆。穿胶布雨衣的男人代表着某种狂欢式的东西；他是神秘的陌生人，是另一个版本的狄俄尼索斯形象，是一个外来者，他暗示着一种比日常秩序更强大更神秘的力量，因而对他的周围环境形成一种挑战。

与都柏林本身一样，穿胶布雨衣的男人是某个更大连续体的一部分，是历史的一部分。历史的循环创造了被贬低的现在，同时也创造了斯蒂芬竭力要从中醒过来的商业噩梦。"刻尔吉"一章是乔伊斯对这一噩梦世界的再现。正如许多评论者已经指出的那样，正是一个瓦尔普吉斯之夜让斯蒂芬和布卢姆排遣了精神和情感上的骚乱，正是这种宣泄使他们在面对都市的不连续性时可以继续前行（在《芬尼根的守灵夜》中，乔伊斯延续着同样的宗旨）。而"刻尔吉"这章通向了"伊大嘉"那一章，在那里，斯蒂芬和布卢姆都被比作从天空划过的流星，因而被置于一个更广阔的宇宙中。在整部小说中，布卢姆一直着迷于穿过城市的人流，而斯蒂芬则为历史的潮流所困惑。在"伊大嘉"那章中，当他们停下来小便时，都对裹挟着他们的"潮流"感到不那么乐观。当然，对这潮流的巨大"肯定"来自莫莉（Molly），她的能量具有性别的基础，她的快乐与做母亲的过程密不可分。她的梦想预示着《芬尼根的守灵夜》中安娜·利菲娅·普鲁拉贝尔（Anna Livia Plurabelle）的梦想。在《芬尼根的守灵夜》中，安娜化为河水汇入海洋，从而为生命的循环作补充。大略而言，乔伊斯在《尤利西斯》中创造了一幅城市的循环图景，它被或起或落的潮流所裹挟，既可能被历史的噩梦图景所取代，也可能在那使生命永恒的活力中被欢乐所取代。每个视点都在小说中得到体现：布卢姆眼中的城市景象，斯蒂芬眼中的历史景象，莫莉的维持生命本身前进节奏的冲动。

116

五

如果说《尤利西斯》的起点是尤利西斯或永世流浪的犹太人（Wan-dering Jew）[4]的故事，那么《芬尼根的守灵夜》（1939）的起点则是奥西里斯（Osiris）①的故事，后者或许是关于诸神的最根本的神话。奥西里斯被弟弟赛思（Seth）谋杀，身体被肢解并散落各处，然后被成为他妻子的妹妹伊西斯（Isis）重新拼合在一起并恢复了生命。当时她怀着他们的儿子赫拉斯（Horus），后者活着就是为了报杀父之仇[这是一个与塔木兹（Tammuz）、阿多尼斯（Adonis），狄俄尼索斯和耶稣基督相似的故事]。兴起又衰落，衰落又兴起——这就是《芬尼根的守灵夜》的模式，在此，爱尔兰传说中的芬恩·麦库尔（Finn McCool）被伊厄威克（Humphrey Chimpden Earwicker）所取代。同样根本的英雄神话是特里斯坦（Tristan）和伊索尔德（Isolde）的故事：老国王马克（King Mark）被其侄特里斯坦取代，后者窃得了马克妻子伊索尔德的芳心。在《芬尼根的守灵夜》中，特里斯坦和伊索尔德的故事，与父亲和儿子们为争夺伊索尔特[（Iseult)在奥西里斯传说中被称作伊希（Issy)]的爱而产生的争斗故事相似。无论是她的名字，还是小说把背景设置在查普利佐（Chapelizod)[伊索尔德的小教堂（Isolde's chapel）②]，都强化了它与伊索尔德之间的关联。

在写作《芬尼根的守灵夜》的过程中，乔伊斯开始从相互关系的角度思考他笔下的人物：他为主要人物设计了一套标记或符号，并把那些符号中的许多看成是可以相互替换的。根据小说主要人物在维柯式循环中所处的阶段不同，他们的意义也不同。例如，伊厄威克是在不同

---

① Osiris, 也译为"奥锡利斯"（本书中统一为"奥西里斯"），埃及神话中的神，是地神塞伯和上天女神娜特的私生子，人们认为他是每年大自然变化的化身。——译者注
② 作者这里把"Chapelizod"解读为"chapel + izod"即"Isolde's chapel"。——译者注

时间段有着不同名字的被肢解神，他或是奥利弗·克伦威尔（Oliver Cromwell），或是一艘挪威轮船的船长，或是俄国革命中一个叫布克莱（Buckley）的人，或是查普利佐某酒店的老板。他在凤凰公园（Phoenix park）中的秘密举动，带有几分亚当的原罪（它在现代城市中再现为一种卑劣行为）的性质。这一对兄弟——闪（Shem）和肖恩（Shaun），作家和邮递员，波希米亚人（bohemian）和中产阶级（bourgeois），一个是挥霍无度的蚱蜢/乞求圣恩者（gracehopper），另一个是节俭的蚂蚁/行动者（ondt）；一个是葡萄（Gripes），另一个则是狐狸（Mookse）——代表着它们最终在普遍意识（universal consciousness）层面上和解之前，在空间与时间上的两极（乔伊斯对温德姆·刘易斯，英格兰对爱尔兰）。当符号变换时，人物也随之改变，直到像一位评论家所说的那样，"当每个人都是另外某人时，难以辨认出谁是谁"（转引自 Bowen and Carens, 595）。

因而，《尤利西斯》与《芬尼根的守灵夜》之间的差别是巨大的，这与乔伊斯在小说中对城市的描述和呈现方式相关。首先，在一部以原型方式组织起来的作品——如《芬尼根的守灵夜》——中，我们失去了对前景的感觉，而只剩下了背景。都柏林和爱尔兰，以及组成这座城市的人们，开始消逝或变得越来越轮廓不清，直到无法看见。辨别人物越来越难了，我们丧失了日常感和一个明确的位置感，从事件中可抽象出的东西变得比事件本身更重要了。这一扁平化（flattening）是自《芬尼根的守灵夜》之后小说的方向。从塞缪尔·贝克特（Samuel Beckett）到托马斯·品钦，我们将看到乔伊斯对 20 世纪小说家的直接或间接的影响。

其次，《芬尼根的守灵夜》表现了一个关系化的而非中心化的叙事领域。人们可以认为奥西里斯传说或埃及的《亡者之书》（*Book of the Dead*）是小说的中心，也可以像玛戈特·诺里斯（Margot Norris）那样，把俄狄浦斯传说作为小说的中心，并向我们表明它如何发挥着完全同样的功能。《芬尼根的守灵夜》具有互文性，它既从自身也从其他叙事中获得意义。读者很快就会发现，结局一幕真是意味无穷。母鸡从鸡棚中啄出的那封信，戏仿了《凯尔经》（*Book of Kells*）中的故事，这本书

118

被埋葬、发掘，而后被重新解读；它也戏仿了奥西里斯神话及其同源传说，使它屈从于弗洛伊德主义或马克思主义的解读，则是对现代文学批评活动的嘲弄。 这种做法会不断使故事变得支离破碎。 在一稿一稿的修改中，乔伊斯在语言方面越来越复杂，直到他几乎创造了一个具有后现代主义特征的关于延迟、弥散和差异的完美典范。

最后，通过分析乔伊斯从《尤利西斯》到《芬尼根的守灵夜》的变化，我们可以看到，那种使故事变得支离破碎的结果并不来自反抗或革命，而是来自乔伊斯自己的体系内部。 这里的经验是，每个组织体系都必然地包含一种解体的原则。 在关于自然与历史的维柯式有机理论内部，是一种结构理论。 当乔伊斯开始以一元神话的方式（monomythic terms）对普适时间（universal time）进行思考时，那种结构理论就变得明显了。 因此，从《死者》经《尤利西斯》中的"普洛调"和"刻尔吉"章，再到《芬尼根的守灵夜》的过程，是一个转变的过程，一种内部的转换而非对某种范式的拆毁。 或许乔伊斯自己并没有自觉地意识到这种转换。 无论意识到与否，事实就是这样：乔伊斯的小说成为现代叙事转变的范例。 用一个与他的作品相适合的比喻，我们可以说，他是我们所有人的父亲，是路途尚不明晰之时看见道路的人；他既创造了现代小说，又毁灭了现代小说；用了整整一代人的时间，人们才学会理解他在叙事上的脱离常轨。

六

在《尤利西斯》中，神话被叠加于一座现代城市之上；在《芬尼根的守灵夜》中，神话则被叠加于一场梦境之上。 哈利·列文（Harry Levin）写道："乔伊斯毕生的努力，就是从历史的梦魇中逃脱出来，以图在一个共时性的平台上构想人类经验的总体，在千年至福（millennium）的无时间性中将过去、现在和未来共时化。"（198）就这样，《尤利西斯》的结尾将乔伊斯引向了《芬尼根的守灵夜》，正如《一个青年艺术家的画像》的结尾将他引向《尤利西斯》。《尤利西斯》设置了两个历史时刻，并保持其停滞不前，以达到讽刺的目的。 这些时代层叠在一起，结果呈现出一种变形效果。 也就是说，《尤利西斯》描绘了英雄时代的残存者和处于人的衰弱现实中的牧师，如布卢姆和康米神父（Father Conmee）；描绘了以海恩斯（Haines）为代表的一个贵族阶级的最后喘息和其他英国占领者；[5]描绘了支配着城市的商业结构的兴起，后者通过新闻报纸控制着城市的声音，使城市中的人在街道上受制于各种展示符号，把城市的生活限制在电车的轨道范围内。 相反，《芬尼根的守灵夜》将一个历史时刻转变为另一个时刻，并抹去了它们之间的差异。《尤利西斯》象征性地容纳了一个物质世界，《芬尼根的守灵夜》则神话般地改变了这一世界。 换言之，《尤利西斯》的景象是隐喻性的（metaphoric），《芬尼根的守灵夜》则是变形性的（metamorphic）：隐喻性的景象维持物质世界的原样，而变形性的景象则改变物质世界。正如哈利·列文所言："街市生活与荷马式的传奇通过《尤利西斯》被严格地区分开来。[但]《芬尼根的守灵夜》的中心则是无限远处的一个点，在那个点上，两种平行的东西交汇在一起。"（142）当平行的东西没有交汇时，结果便是模拟史诗（mock-epic）；当它们相交汇时，我们看到的就是普适的历史（universal history）。 布卢姆是隐喻性的（和讽刺性的）奥德修斯，而伊厄威克则是变形性的亘古以来的任何人。 在《尤利西斯》中，都柏林依然是都柏林——是一座在循环的时间掠过之后的城市；在《芬尼根的守灵夜》中，都柏林则包含了亘古以来的所有城市。《尤利西斯》所呈现的是自然主义的/现实主义的景象，在那里，物质世界象征性地层叠在一起；《芬尼根的守灵夜》所呈现的则是神话的/反再现的（antirepresentational）景象，在那里，物质世界被有机地转变了。

　　1912 年 3 月，乔伊斯在的里雅斯特人民大学做了两场关于"现实主义与理想主义"（verismo ed idealismo）的报告。 他通过讨论丹尼尔·笛福和威廉·布莱克（William Blake）来说明这两个文学极端。 乔伊斯

119

认为，笛福笔下的鲁滨逊·克鲁索是实干的、机械的、商业的人，即现代人；而布莱克笔下的阿尔宾（Albion）则是浪漫的空想家，他超越物理矛盾，从外部获得一种对统一的有机把握。《尤利西斯》是乔伊斯对现实主义和象征主义景象进行大融合的产物，而《芬尼根的守灵夜》则代表他伟大的浪漫主义想象。 后一部作品带着机械的现实超越其自身，并使现代主义进入一个新的文学维度。 与浪漫主义思想一样，乔伊斯用记忆创造了一个普遍的自我（universal self），以有机取代机械，以神话取代象征，并强调人与自然的不可分离。 在《尤利西斯》中，市民们潮水般涌过城市，但在《芬尼根的守灵夜》中，伊厄威克和安娜·利菲娅·普鲁拉贝尔则变成了城市。 皓斯山（The Hill of Howth）变成了巨大的脚，都柏林变成一个巨大的腹部，威灵顿纪念碑是一根巨大的阴茎，安娜则变成了利菲河——她永远在这些物理通道和人体通道中川流不息。 伊厄威克变成了亚当、特里斯坦、克伦威尔和帕内尔（Parnell）。当乔伊斯创作《尤利西斯》时，他运用的是乔达诺·布鲁诺（Giordano Bruno）关于终极统一以及这种统一在地球上呈现出差异与对立的理论。到创作《芬尼根的守灵夜》时，乔伊斯已经赞同布莱克的观点："永恒喜爱时间的产物"。

在《芬尼根的守灵夜》中，乔伊斯超越了他早期小说中的机械论观点和《尤利西斯》中的象征主义，后者是为反衬商业城市的紧张状态而采用的方法。 他不仅假定一个对过去的神话城市的维柯式回归，而且以他变形的力量创造了一种救赎的景象。 这样一来，他发掘了一座神圣的死者之城，正如伟大的考古学家施里曼挖掘出已死去的特洛伊城——这座城市与尤利西斯的故事密切相关。 不管是艾略特，还是埃兹拉·庞德，都将把活死人——他们在世俗的、不真实的城市①为自己

---

① "不真实的城市"原文为 Unreal City，语出艾略特《荒原》（查良铮译本），也译为"虚幻的城市"（汤永宽译本）、"飘渺的城"（裘小龙译本）或"并无实体的城"（赵萝蕤译本）。 艾略特在诗的原注中说明了这个意象出自波德莱尔《恶之花·七个老头子》中的两行："熙熙攘攘的都市，充满梦影的都市，/幽灵在大白天拉行人的衣袖。"（钱春绮译本）——译者注

的事务奔忙——与某个神话王国中的救赎力量或天国的城市埃克巴塔那（Ecbatana）的景象进行对照，正如布卢姆在计算以火车运输牲畜的利润的同时，又与格拉斯奈维（Glasnevin）的死者进行交流。但在《尤利西斯》中——不像在《芬尼根的守灵夜》中所显示的那样——都柏林从未被布卢姆撒冷理想国所取代，因为生命从一个临终看护者身上涌流出来，从城市那致命的衰落中，也从那衰落的城市中，涌流出来。

七

随着心灵的向内转，物理世界，包括城市，成为一种主观的现实。乔伊斯笔下的都柏林，或者通过斯蒂芬·迪达勒斯和利奥波德·布卢姆的投射而呈现其意义，或者表现出梦和语言的广泛特性——这是《芬尼根的守灵夜》的特色。经由塞缪尔·贝克特的修正，乔伊斯式的现实 121 被千变万化的幻景和幽灵似的东西所取代，萎缩成了一间隔绝的房间或一片荒芜的废墟，就像我们在后期现代主义作品——如塞缪尔·贝克特的作品——中所见到的已日趋衰颓的城市那样。作为都柏林圣三一学院（Trinity College）的一名学生，贝克特对笛卡尔极感兴趣，他有一个大活页笔记本，里面记满了对笛卡尔及其批评者的哲学评注。贝克特的兴趣最终扩展到笛卡尔的同时代人和启蒙运动的各种观念。

如我们所见，对启蒙运动的回应之一，是华兹华斯用记忆所创造的那种自我，它后来通过柏格森的哲学而得到了深刻的强化，并使得普鲁斯特这样的现代主义者得以诞生，也导致了贝克特第一部著作主题的出现。换句话说，现代主义的最终结果导致了一种自我的美学，这一点奥斯卡·王尔德和乔伊斯在不同的场合下都做过解释。王尔德的唯美主义创造了丹蒂，一种作为艺术客体对等物的自我；乔伊斯通过斯蒂芬·迪达勒斯——无论是实在地还是讽刺性地——建立了一个王国，在那里，美展现为一种顿悟，而现实被想象所改变。此前，乔伊斯曾把启蒙运动的规划（agenda）当作自己抨击的对象，将福楼拜的《布瓦尔和佩居谢》之类的作品，看作是对崇拜科学的精神和百科全书式的头脑的批评。 利奥波德·布卢姆是更人性化的布瓦尔和佩居谢，他是一个查理·卓别林（Charlie Chaplin）式的人物，当他以科学的目光去看世界时，便自然而然地显得可笑。 布卢姆环顾都柏林，在启蒙传统中为重大问题——从遮盖墓地尸体散发的气味到为饲养场至码头造一条铁轨——寻求解决方案。 布卢姆是个很有同情心的角色，我们最终会非常喜欢他，但在乔伊斯的小说中，我们常常更多是嘲笑他而非和他站在一起，特别是当他认为科学的头脑可以安排并控制其环境时。

贝克特的小说从认识论的怀疑开始。 和笛卡尔一样，贝克特也想将心灵与肉体分开，然后将心灵与其环境分开。 但与笛卡尔不同，贝克特认为，心灵浸渍于周围的现实之中过深，所以永远无法把它从中分离出来。 此外，贝克特对我们的精神进程将把我们带往何处，提出质疑。 笛卡尔将创造看成是一个由向着最终原因和上帝的最终形式前进的创造物构成的等级体系，贝克特却看到心灵与肉体之间、心灵与任何最终形式之间的联系是何等微弱。

贝克特作品中的生活，就像下棋一样进行。 他笔下的人物徘徊于对死亡的欲求与对死亡的恐惧之间。 一股生命的力量——叔本华的宇宙意志的残余——驱使着他们活下去，尽管他们有死亡意志。 因此，贝克特笔下的人物处于永远在半途上的旅馆中。 在早期自然主义小说中，因为受达尔文的影响，人类常被认为处于已摆脱的兽性与向更完美的未来进化的半途中；但在贝克特那里，过去和未来无法在质上区别开来：那里只有空白的时间之墙中的空无的现在。 因此，他笔下的人物被困于一个不连续的时间进程中——被从一个不能以传统的方式提供意义的过去和一个已经被贬损的未来中分离了出来。 无论是启蒙意义上的自我，还是浪漫主义意义上的自我，都被否定了：贝克特笔下的人物在自己的心灵中找不到秩序来赋予世界以意义，找不到方法通过记忆和过去的经验来创造一种个人的身份，他们也找不到根植于他们自身存

122

在、根植于自然世界或根植于想象的创造过程的美的源泉。

许多现代主义者都试图找到摆脱这种彻底的虚无主义的道路。 尼采认为从理性中解放出来的意识能够更好地与现实达成妥协；贝克特同时代的巴黎人让-保罗·萨特试图以苦恼的、存在主义的自我——其意志可填补那种虚空——来填充这一暂时的、个人的真空；米歇尔·福柯比尼采走得更远一步，他把意识看作是一种话语形式，它与文化密不可分，并被权力——尤其是种种社会机构——所固定。 贝克特认为，所有这些处理自我的方式都过于显得英雄化，过于受制于意识的形式、人的意志或机构化的权力。 与其同时代的人相比，他对后启蒙时期（post-Enlightenment）的人的批判更全面。 他给理性和想象以限制，对人的意志发出质疑；他既剥夺了时间的直线性，也剥夺了时间的循环性；他从自然中抽掉了自然用以自我完善的任何进程；此外，他（先于德里达很久就）认识到语言的脆弱性，认为语言被对心灵提出的相互冲突的要求彻底抵消了。 乔伊斯的流放是地理学上的，贝克特的流放则是形而上学的。 他清空了现代自我的一切残余意义——并拒绝任何把他已经完全颠覆的东西再颠倒过来的方法。 在这样的猛攻之下，不存在自我、不存在共同体、不存在历史，也不存在城市，因为我们向内转，转向了一种否认外在都市现实世界的意识。

注释：

[1] 不久，在给胞弟斯坦尼斯勒斯的信中，乔伊斯写道："有时忆及爱尔兰，我觉得自己似乎过于苛刻了。 我从来没有再现过（至少在《都柏林人》中）这座城市的任何美丽之处。"（转引自 Hart，122）

[2] 乔伊斯运用象征手法的例证还有许多。 沃尔顿·利兹（A.Walton Litz）曾指出，《两个浪子》（"Two Gallants"）采用了现实主义与象征主义的混合手法，乔伊斯利用了"浪漫小说曾积累下来的效应和印象"（Litz，"Two Gallants"，63，65）。 另外，玛文·麦格兰纳（Marvin Magalaner）和理查德·凯恩（Richard Kain）也曾指出，乔伊斯采用了一种手法，将但丁式的框架叠加于小说《圣恩》（Grace）之上（Magalancer，100—101；Kain，147）。

[3] 关于尤利西斯传说对乔伊斯小说的重要性的论争，自这部小说出版之日起就一直存在着，批评家如艾略特和理查德·艾尔曼都强调神话的平行对照，而如艾兹拉·庞德和休·肯纳（Hugh Kenner）则轻视它们。 但是如果乔伊斯信奉的是从他对维柯的运用而产生的视差性观察，那么便没必要存在不同意见了。 小说的两个层面，前景和背景，现实主义的方面和象征主义的方面，都同样在起作用（正如艾略特和艾尔曼所宣称的那样），但

它们无法同时成为关注的焦点(这一点,或许庞德和肯纳都直觉到了)。

[4]永世流浪的犹太人,因在髑髅地指责了耶稣,被注定要在世界上流浪,既不死去,也无休息,直到基督再次降临。正如切斯特·安德森(Chester Anderson)所指出的,他有时与以诺(Enoch)、以利亚(Elijah)和闪米特(Semitic)神话中的农神赫迪尔(Al-Khadir)联系在一起(C. Anderson, 11)。以赫迪尔为起点,经由以诺,到利奥波德·布卢姆,完成了一个维柯式的循环。一旦乔伊斯开始意识到维科多·贝拉尔关于腓尼基人的——也就是闪米特人的——理论对尤利西斯传说的影响,他便将永世流浪的犹太人的故事浓缩到了尤利西斯的故事中。因此,说他的现代尤利西斯是犹太人十分恰当,就如说他的现代迪达勒斯是一个爱尔兰人一样恰当,既然他曾将爱尔兰与地中海联系在一起。

[5]德克兰·凯伯德(Declan Kiberd)在其纪念碑性的著作《创造爱尔兰》(Inventing Ireland,1995)中指出,乔伊斯是通过殖民地的(实际是后殖民地的)眼光来观察爱尔兰的,他的爱尔兰"只是此地已非此地的诸多现代空间中的又一个而已"(337)。因此,乔伊斯预示着后来的拉什迪(Rushdie)、奈保尔(Naipaul)和加西亚·马尔克斯(Garcia Marquez)(339)。我本人对乔伊斯的解读与凯伯德存在着根本的不同。我觉得乔伊斯描绘的爱尔兰通过与地中海神话的关联,坚实地扎根于欧洲大陆的历史内部。如果他的爱尔兰图景看似缺少中心,那只是因为他以不同的文学方式进行描述,从而创造了一系列不同的现实(或不同的现实主义)。随着他将我们从自然主义文学边缘带向后现代主义边缘,乔伊斯的历史意识,包括爱尔兰的历史,远比凯伯德所愿意承认的根深蒂固得多。我认为,乔伊斯更多地将英国的殖民主义看作是那段历史的一个意外而非本质,也就是说,他更多地把它看作是维柯式循环的产物,而非殖民命运的象征。当然,爱尔兰再也不能重获那已经失去了的属于它自己的文化,但对乔伊斯而言,那并非完全没有好处,因为爱尔兰已经向欧洲的中心靠近了许多。凯伯德的观点,尽管充满智慧和见识,迎合了当下的批评时尚,但在以一种更传统的方式对乔伊斯进行阅读后,最终必然会对这种观点的魅力提出质疑。

第八章

都市之熵

一

　　到 20 世纪，我们已经从末世论（apocalypse）转向了熵（entropy）①。热力学第一和第二定律解释了熵的性质：首先，宇宙的能量总和是不变的，能量既不会增加，也不会减少，只能从一种形式转化为另一种形式；其次，每当能量从一种状态转化为另一种状态时，都会丧失可以在将来用于作某种功的一定能量。在一个封闭的系统中，那些丧失了的能量就是熵。在一个开放的系统中，负熵会被补充进来，作为能量的来源。比如，植物就从太阳那里吸收能量。城市是一个封闭系统，没有什么东西在它自身之外为它提供能量。

　　为了反驳科学与技术的统治，杰里米·里夫金（Jeremy Rifkin）在《熵：一种新的世界观》（*Entrop：A New World View*，1989）中指出，在生产的每一阶段，从其环境中所聚起的任何能量都最终会"以这种或那种形式耗散"（129），结果导致混乱的增长："现代工业社会中能量的大规模流转，正在给我们所生活的世界创造巨大的混乱。我们所用的机械的效率提高得越快，能量转化的过程就越迅速，可用的能量就消耗

----

　　① 本章所涉及的关于熵的理论，可参见杰里米·里夫金、特德·霍华德合著《熵：一种新的世界观》，吕明、袁舟译，上海译文出版社 1987 年版。——译者注

得越快，混乱就积累得越多。"（80）里夫金指出：在狩猎—采集社会，人们花了好几百万年才耗尽了环境中相应的能量；在农业社会则用了几千年，但过渡到工业社会之后，人们只用了几百年，就耗尽了环境中相应的能量（67）[①]。作为原料（可用能量）被利用的一切，最后都化为无用的废料（waste）（不可用能量）（58）。要维持一个人活一年需要300条鲑鱼，这些鲑鱼要活一年就需要吃掉90 000只青蛙，这些青蛙要活一年就需要吃掉2 700万只蚱蜢，而这些蚱蜢要活一年就需要吃掉1 000吨青草。里夫金总结说："因此，一个人要维持较高的'秩序'状态，每年就要耗费2 700万只蚱蜢或1 000吨青草所蕴含的能量……每个生命维持自身的秩序，都会以创造整个大环境的更大的混乱为代价。"（54）[②]

在《荒原》中，艾略特的"荒"（waste）一词比里夫金所说的范围还要广。艾略特处理的是繁殖神话（vegetative myths），在那些神话中，大地因干旱或其他自然灾害而枯竭，而这些神话又涉及祭仪神话（sacrificial myths）。但是，艾略特将那些原始神话叠加到现代伦敦之上，加重了都市化的工业社会的荒凉（同时也呈现了这种荒凉的意义），这种荒凉从伦敦市民无精打采的表情中就可以看出来。此外，艾略特认为，西方世界走向荒原的步伐，从文艺复兴之后开始加快，而里夫金也持这种观点。因此，虽然艾略特和里夫金从不同的前提出发，却得出了极为相似的结论。

二

在艾略特之前，已有其他都市作家利用了里夫金的工业意义上的荒原风景（landscape）。比如狄更斯就曾认为，当城市超出了以人为本的状态，就会变成一个破坏性的实体（entity），它将市民们组织在不具有

[①] 参见《熵：一种新的世界观》，前引，第59页。译文有修改。——译者注
[②] 参见《熵：一种新的世界观》，前引，第50页。译文有修改。——译者注

人格的机构周围，使他们对金钱充满欲望。在《董贝父子》中，铁路扩大了城市的规模(scale)，匹普在城市中背叛了自己人类的本能；荒凉山庄在大法官庭的审判游戏中成为"财产"，公正被"拖拖拉拉部"①所取代；在《小杜丽》中，牢房代替了家，房屋化为了灰烬；在《我们共同的朋友》中，死亡对抗着生命。狄更斯的城市把原初的城市(ur-city)颠倒了过来：城堡变成了监狱，神圣的墓园变成了坟场(necropolis)，聚会的场所成了火车站。贾格斯和图金霍恩这两个城市代理人，追逐着金钱，通过他们所掌握的秘密和其他信息获得巨大的权力。由于物质实利越来越成为价值的标准，爱和友谊便日益丧失空间。时尚成为时间的刻度，并根据市民的购买力，外在地定义着市民的身份(identity)。由于时尚总是不停地变换花样，所以没有内在的稳定性，感觉不到任何同一性(identity)；精神的空虚成为一种生活方式。空虚的市民们住在作为自然对立面的怪诞风景中，绝望地去寻找一些能赋予生活以意义的东西。狄更斯的"荒原"的终点，正是艾略特"荒原"的起点。

125

陀思妥耶夫斯基同样也预见了"荒原"的来临。在《罪与罚》(1865)中，他向人们展示出聚会场所——市民们到那里去本是为了人类的共同事务——已然消逝，取而代之的是集市。陀思妥耶夫斯基不喜欢圣彼得堡：他把它看作是一座无根的人造城市，就算它有根的话，那根也不是从大地中长出来的(像诺夫哥罗德和基辅那样)，而像是浮在空中。彼得大帝用武力把那块土地从瑞典人手中抢过来，并建造了一座城市。它就像阿姆斯特丹和威尼斯一样，建在不适于居住的芬兰湾(Gulf of Finland)沼泽地。彼得大教堂——在它尖塔之上竖立着十字架——像一艘轮船一样停泊在那里，"船桅"颇有象征意味地指向西方。这座教堂为被陆地围住的俄罗斯提供了一个进入欧洲的入口和一种接触欧洲世俗思想的途径，特别是密尔(Mill)和边沁(Bentham)的功利主义思想。圣彼得堡成为彼得大帝统治这块土地的纪念碑，也成为维持一

---

① 参见第 5 页译者注。——译者注

个帝国所必需的政府官僚机构的中心。《罪与罚》是陀思妥耶夫斯基处理城市最直接的一部小说，读者可以一步一步地跟着故事情节走遍圣彼得堡的街道。 小说中，许多重要的事件都发生于公共场所，如索尼亚（Sonia）拉客、马美拉多夫（Marmeladov）之死、斯维里加洛夫（Svidrigaylov）自杀、拉斯柯尼科夫亲吻大地，以及他在干草市场广场忏悔。陀思妥耶夫斯基利用了圣彼得堡内在的矛盾。 虽然小说的许多情节发生在人群之中，但它所写的却是可怕的隔离和内心的孤独。 作为西方启蒙运动的纪念碑，这座城市拥有伟大的建筑美，但在它的街道上，却遍布着醉鬼、浪荡汉、妓女、疯子和杀人犯：这座城市所象征的东西与它所制造的人间现实，完全相抵触。

拉斯柯尼科夫杀人，既有意识形态上的原因：他想证明自己在人类共同体之外，证明自己不是普通人；也有心理上的原因：他想证明自己真能那么做。 与完全融入了俄罗斯知识分子思想中的激进的西方思想相比，陀思妥耶夫斯基所认同的是俄罗斯的（东方的）思想，这种思想立足于大地，以爱和人们之间的交流为基础（交流是集市的最原本的目的）。 这样一来，拉斯柯尼科夫必须经历两个阶段：他必须先克服自己极端的个人主义，然后才认同人性的观念（the idea of humanity）。 当他公开承认这种转变时，基督的十字架观念（the idea of Christ's cross）与十字路口观念（the idea of crossroads）便会合到一处。 当拉斯柯尼科夫在干草市场的广场上亲吻大地，当小说最后他与狱外的索尼亚相会之时，拉撒路（Lazarus）①与新耶路撒冷便一起来临。 这样，陀思妥耶夫斯基通过把自我融入人民之中——融入一个共同体当中——通过基督教和共同人性的观念，使城市得到救赎。 共同的自我（communal self）是新耶路撒冷的基础。 在狄更斯那里，我们看到的是一幅19世纪的荒原景象，但是陀思妥耶夫斯基为我们指引了一条出路。 艾略特写《荒原》时，正在一边读《我们共同的朋友》，一边读《罪与罚》的法文译

126

---

① 拉撒路，《圣经》中的人物，指生前受苦、死后有福之人。 ——译者注

本，这两部著作都对他产生了深刻影响。

艾略特在狄更斯和陀思妥耶夫斯基那里感受到的没落感，我们在19世纪其他评论家——尤其是龙勃罗梭（Cesare Lombroso）①和马克斯·诺尔道——那里同样也能感受到。尽管人们很少将艾略特与诺尔道这样的社会观察家联系起来，但有一种明显的关联，揭露了他们思想的相似性。在献给龙勃罗梭的《退化》（*Degeneration*，1892）一书中，诺尔道指出，现代主义是颓废（decadence）的尽头。他说，是紧张而兴奋过度的城市的兴起导致了颓废，因为它让人神经疲劳，精神萎靡。这种都市心灵状态（state of mind），渗入了那些颓废的文学形式——如神秘主义、极端自我主义、文学中的现实主义和自然主义等——中。瓦格纳（Wagner）、托尔斯泰（Tolstoy）、罗塞蒂（Rossetti）和魏尔伦失之神秘主义，其特点是思想的模糊不清和不连贯，情欲的随时亢奋，以及宗教的狂热。于斯曼、波德莱尔和尼采则失之极端自我主义，其表现是：迷恋自我、吸毒或使用其他刺激物、思想的偏执与不健全。左拉代表了自然主义，其标志是悲观主义和种种放荡的观念。根据诺尔道的观点，这三种退化的形式都有共同的原因，都可归之于"大脑无法正常工作，因此意志薄弱，注意力不集中和滥情……从临床的观点看……这些病理现象只不过是衰竭的不同症状，……它显示出中枢神经系统的衰竭"（536）。

现代的文学大脑已经感染了上述毛病，其表达的内容都有病理上的缺陷。诺尔道对于斯曼的《反常》这类作品特别敏感，《反常》揭示了现代人的"反五谷"、"反自然"倾向。诺尔道强调尼采的重要作品都是在他陷入生理疯狂之后写出的；他还攻击左拉，尽管他同意左拉的如下观点，即城市致使"最不适者"（the unfittest）——冷漠无情的上层阶级和野蛮的下层阶级——得以幸存。诺尔道悲叹个人自主性（individual autonomy）的丧失，并认为个体的衰弱反映了民族的衰弱。凝聚为一体 127

---

① 龙勃罗梭（1835—1909），意大利犯罪学家、精神病学家、刑事人类学派的创始人，著有《犯罪人论》《天才与堕落》《天才》等。——译者注

的人们所拥有的对命运的远见和与大地的有机感受，都一去不复返了。
（日后，诺尔道花了很大精力投身到犹太复国主义运动中，希望找到一
个犹太人的家园，来弥补那种丧失了的对土地和共同体的感觉。）

对于大多数此类议题，斯宾格勒同样关注，并且发展出了一套新观
点。同样，他也注意到现代城市中存在着一种短路。斯宾格勒认为，
人的生命之根在土地，而城市耗尽了乡村的一切，使乡村宣告破产，这
就反过来削弱了城市本身。城市与其自身之外的"滋养之源"切断了
联系，变成了一个封闭的系统，进入一个耗尽其能量的熵化过程；它自
己供养自己，产生了各种堕落的观念，造成了人的苦难。结果，人的
本能被理性、智慧和意识所取代；人对自然和神话的感受被科学理论所
取代；人对自然的集市（物物交换）的感受被抽象的货币理论所取代。
最后，斯宾格勒还讨论了"文明人的不育状态"[①]和欧洲的终结，认为
欧洲将会被新兴的国家所取代，或许是中东某国，或许是俄国。

目睹充满活力的共同体被机械的、无生机的机构所取代，斯宾格勒
描绘了自己胸中的荒原图景。这幅图景与艾略特在《荒原》中对伦敦
的描绘，以及庞德在《诗章》中对帝国城市的描绘有许多共同之处。
庞德也讨论了"同质共同体"（homogeneous community）如何防止文化
的熵化问题。《诗章》描绘了当文化与大地、人与其劳动、城市与价值
共同体之间的密切联系断裂之后所出现的景象。那种断裂时刻总是伴
着高利贷者同时到来，那时钱可以生钱，货币的抽象理论成为经济学的
基础，国家银行及其他都市机构开始统治城市。杰斐逊曾压制美国国
家银行的兴起，他为此而做的斗争使他成为庞德心目中的英雄之一。
但是，当最后汉密尔顿派的设想明显要胜出时，庞德便转而忠于墨索里
尼（Mussolini），并对合作状态有了新的信赖。《比萨诗章》（*The Pisan
Cantos*，1948）可以算是一个证明，记录了他对那种历史失败的记忆。

艾略特、庞德和斯宾格勒共享的一个资源，是其他一些强调了文化

---

① 参见斯宾格勒《西方的没落》（第二卷），吴琼译，上海三联书店 2006 年版，第
91—92 页。——译者注

的没落的著作，比如亨利·亚当斯的《论教育》（*Education*，1907）和赫尔曼·黑塞的《混乱中的一瞥》（*Blick ins Chaos*，1920）。 艾略特在《荒原》中曾提到《混乱中的一瞥》。 黑塞像斯宾格勒一样，认为旧世界正在破产，将被一个新世界所取代，并认为文化之中潜伏着一种不文明的生存状态。 当这种潜伏的东西被唤醒，就会激起人的动物本能，于是就会出现卡拉玛佐夫型的人物。 他认为卡拉玛佐夫是一种原始而神秘的亚洲理想人物，这种人物已经开始吞食欧洲的精神。 同时，他还认为这种理想人物的出现标志着"欧洲的没落。 这种没落是一个转折点，是向亚洲的回归，向大自然母亲和本源的回归，……这当然会带来新生，就像所有尘世的死亡都将重获新生一样。 经历这种'没落'现象的只有我们，……让他〔德国皇帝（the Kaiser）〕感到恐惧的是卡拉玛佐夫，让他感到如此巨大如此无可非议的恐惧的，正是东方对西方的传染，正是欧洲疲惫的心灵向它的亚洲母亲的回归"（Hesse，71，75）。黑塞认为，当欧洲开始吸收亚洲的影响时，它的没落就开始了："半个欧洲，至少半个东欧正在通向混乱的道路上行进，它沉醉于某种神圣的狂乱之中，在万丈深渊的边缘上边走边唱，像卡拉玛佐夫那样醉醺醺地唱着圣歌。 市民们对那些圣歌报以愤慨的嘲笑，而虔诚的人和先知则垂泪倾听。"（85）斯宾格勒和黑塞两个人都相信西方的没落，但斯宾格勒所忧惧的是新的工业都市主义的影响，而黑塞所担心的是一种不和谐的因素——一种新的酒神精神——正在从东方潜入到欧洲的文化中。艾略特的《荒原》给这些假设赋予了生命。

128

三

《荒原》以现代伦敦为中心，从现实的三个层面展开：个人的、历史的和神话信仰的。 城市作为西方历史的顶点，体现着个人意识的某种状态，并反映了存在的一个复杂面。 伦敦是若干处于兴衰过程中的城市之一：

> 正在倾坍的塔
> 耶路撒冷雅典亚历山大
> 维也纳伦敦
> 虚幻
> （II，374—377）①

诗中提到的每座城市，都代表着一种文化或一个帝国的最高点，它们都在某次战火硝烟中落入野蛮人之手。 艾略特在前文中提到：

> 在无际的平原上蜂拥，在裂开的
> 只有扁平的地平线环绕的土地上跌撞的人群是谁
> 群山那一边的是什么城市
> 在黯蓝的天空中裂开，重新形成而又崩裂
> （II，369—373）②

129

艾略特的这些诗句，可以说是《混乱中的一瞥》的注解："半个欧洲……正在通向混乱的道路上行进"，它像喝醉了的卡拉玛佐夫一样边走边唱。 西方人已经耗尽了历史，由于城市的居民们屈从于世俗利益的得失，每个人都囚禁在自我的牢笼之中，城市一次又一次背叛了理想，一次又一次被从内部榨干抽空。

为了理解"自我的牢笼"对艾略特来说意味着什么，我们必须暂时回到 17 世纪的认识论。 对于笛卡尔来说，现实要求两个世界——主观世界和客观世界——保持各自的独立。 他的意识是一种分裂了的意

---

①② 参见艾略特《荒原》，收入《四个四重奏》，裘小龙译，沈阳出版社 1999 年版，第 90 页。 译文有修改。 ——译者注

识，一种现代主义废除了的区分。 早在 18 世纪，休谟（Hume）就对统一的人格（unitary personality）这个由来已久的神话提出了挑战，把个体的身份/同一性（individual identity）归结为一束非连续性的感觉①。 在《文艺复兴》的结论中，佩特接受了休谟的认识论，不过用"印象"代替了休谟的"感觉"，印象是指"物理世界的各种对象——在观察者大脑中化为一组印象——如颜色、气味、质地"（Pater，235）。 而这些印象是"不稳定的，闪烁不定且不连贯的……它们和我们对它们的意识一起燃烧又熄灭"（Pater，235）。 这种认识论是印象主义艺术和现代主义文学的基础，并挑起了 H·G·威尔斯和亨利·詹姆斯之间关于虚构的现实（fictional reality）的争端。 对于弗吉尼亚·伍尔芙来说，这种认识论提供了一条出路，以摆脱自然主义的无所不知的意识。 因此，印象主义成为观看城市的一种途径。 城市变成了一种个人的、常常是孤立的经验，每个城市居民都陷入自己的主观性中。 无论是康拉德的马罗、菲茨杰拉德的尼克·卡拉威，还是艾略特笔下的城市居民，他们所看到的，只是他们自己的某种延伸。 当他们看到自己无法接受的东西时，就或者否认现实，就像马罗对库尔茨的未婚妻说谎一样；或者看不真切，眼里满是云翳，视线模糊不清，就像在《了不起的盖茨比》结尾处尼克一样；或者转向内心，把自己锁进自我的牢笼。

　　因此，要理解艾略特对风景特别是对城市的利用，要从某种关于心灵和场所的理论开始。 艾略特对环境的利用与他对 F·H·布拉德雷（F.H.Bradley）②的阅读关系重大，艾略特在哈佛的博士论文写的就是这位哲学家，他们的思想之间的关系很复杂。 布拉德雷区分了两个层面的现实：理想的现实和真实的现实，人的现实和神的现实，直接的现实和超验的现实。 艾略特引用过布拉德雷的一段关键性文字，这段文字质疑了启蒙的主要前提：

130

① 详见休谟《人性论》（上册），关文运译，商务印书馆 1997 年版，第 281—294 页。 ——译者注
② F·H·布拉德雷（1846—1924），英国哲学家，著有《逻辑原理》《现象和实在》等，早期艾略特深受他影响。 ——译者注

这个半人、半神的理想怎么可能成为我的意志呢？答案是，它绝不可能成为你作为私人自我的意志，因此你的私人自我必须成为完美无缺的。你必须消灭你的私人自我来获得那个完美无缺的自我，而且通过信仰使你自己与那个理想合一。你必须决心放弃你自己的意志，也就是放弃仅仅是张三或李四的意志，而且你必须把你的整个自我，把你的整个意志，都投入神圣的意志之中。那必然成为你的唯一的自我，因为它是你的真正自我。你必须既用思想，又用意志，来坚持你的真正自我，其他的东西，你必须放弃。（Eliot，*Selected Prose*，202）①

启蒙思想强调直线性时间和进步观，以平等的名义废除等级制，并给每个个人创造其自我的能力以最大的强调。 这种关于个人潜能的观念是与共同体的观念相抵触的。 在工业文化时代，它还导致原子化的个人，造成封闭的自我牢笼。 布拉德雷试图通过放弃那个"私人自我"，通过以更高现实的名义否定个人意志，来打破那个封闭的牢笼。在艾略特几乎所有的诗作中，他都唤起这种布拉德雷式的理想，并展示出一个人是如何接近或远离那个理想的。 由此，他创造了城市的双重形象：既是神之城，又是人之城；既是神圣的，又是世俗的；既是新耶路撒冷，又是地狱。

四

在论但丁的文章中，艾略特告诉读者，他从波德莱尔那里学会了怎么在自己的诗歌中利用城市来唤起一种现代世界中的都市地狱感。 波德莱尔揭示了"现代大都市中更为肮脏的一面，……展示了

---

① 参见艾略特《弗朗西斯·赫伯特·布莱德利》，收入《艾略特文学论文集》，李赋宁译，百花洲文艺出版社 1994 年版，第 179 页。 译文有修改。 ——译者注

把都市肮脏的现实和变幻不定融合起来，把都市的平淡无味与稀奇古怪并置在一起的可能性"（Eliot, *To Criticize the Critic*, 126）。 虽然19世纪的小说家用现实主义的方式利用过城市，但在波德莱尔之前，还没有哪位诗人从这个方向上继承过狄更斯、巴尔扎克和陀思妥耶夫斯基的方法。 波德莱尔的观点证实了艾略特对城市的早期印象："在我的童年时代……我的都市想象就是对叠加了巴黎和伦敦的圣路易斯（St. Louis）①的想象。"（Eliot, "The Influence of Landscape", 420）

艾略特并不害怕直面都市的堕落。 他兴致勃勃地阅读詹姆斯·汤姆森（James Thomson）②的《恐怖之夜的城市》（*City of Dreadful Night*, 1874）和另一位二流法国小说家 C-L·菲利普（Charles-Louis Phillipe）③的《蒙帕纳斯的比比》（*Bubu of Montparnasse*, 1901）。 比比本是巴黎 131 一位细木工匠学徒，后来成了一个皮条客。 这个故事讲的是本来可能让人喜爱的小人物，因陷于贫穷和无助而变得残酷无情。 其中的许多细节，与艾略特对都市贫民——那些"在便宜的旅店里喝酒"的房客（35，参见《普鲁弗洛克的情歌》）或"两腮鼓胀满嘴咀嚼着食物"的食客（53，参见《阿泼耐克·斯威尼》）——的描绘非常相像。 尽管艾略特在其诗中所生动地描绘的是现代的世俗城市，但他笔下的城市还是从圣奥古斯丁的《上帝之城》那里获得意义。 又一次是波德莱尔证实了都市诅咒和都市拯救之间的联系。 艾略特认为，波德莱尔看到了启蒙规划的局限性，看到了进步并不能改变人的本性或状况。 事实上，进步的精神只会增加人的贪婪和野蛮，从而强化人性中最坏的部分。 艾略特认识到，有必要克服"现代生活的倦怠。 我相信这正是波德莱尔所要表现的，也正是这一点使波德莱尔不同于拜伦和雪莱的现代新教。

---

① 圣路易斯，美国城市。 ——译者注
② 詹姆斯·汤姆森（1700—1748），英国诗人，著有《四季》《恐怖之夜的城市》《统治不列颠》等。 ——译者注
③ C-L·菲利普（1874—1909），法国小说家，著有《蒙帕纳斯的比比》《山鹑老人》《母亲与孩子》等。 ——译者注

占据波德莱尔心灵的，……实际上却是基督教永恒意义上的罪"（Eliot，Introduction，19，20）①。

相比一般读者来说，世俗之城与信仰之城之间的联系对艾略特来说或许更显而易见，实际上这种联系早已深深地铭刻在艾略特自己的心灵上。在《岩石》的"合唱第二部"中，他写道：

> "我们是天国的公民"；是的，但那是你们
>
> 在世上的公民身份的样板和模型。

当我们无视尘世与天国之间的关系时：

> 我们就可以在发展工业的同时
>
> 着手帝国的扩张。
>
> 出口铁、煤、棉织品
>
> 还有知识启蒙
>
> 以及所有的一切，包括资本
>
> 以及几种上帝的真言：
>
> 不列颠民族确保了一项使命
>
> 的完成，但自己家中却朝夕难保。
>
> （chorus Ⅱ form *The Rock*，in *Collected Poems*，100—101）

艾略特用以下诗句对促使现代城市诞生的思想精神作了总结——这种思想为了财富而控制自然，违背了共同体的观念：

---

① 参见《艾略特诗学文集》，王恩衷译，国际文化出版公司 1989 年版，第 115 页。——译者注

当陌生人问起："这座城市的意义何在？

你们挤在一起，是否因为你们彼此相爱？"

你将如何回答？"我们居住在一起

是为了相互从对方那里捞取钱财"？

(chorus Ⅲ form *The Rock*，in *Collected Poems*，103)

　　《荒原》表现了这种物质主义的深渊。 当一群活死人流过伦敦桥，流入威廉大王街（伦敦的华尔街），教堂的钟声敲响了世俗的追逐，呈现在人们眼前的，是一幅人间地狱的景象。 艾略特诗中的叙述者沿着泰晤士河巡游，经过圣玛格纳斯殉道者大教堂。 这座由雷恩设计的壮观的建筑物，在该诗写作之前正面临被摧毁的危险（见图6）。 叙述者穿过伦敦鱼市场（Billingsgate），这是伦敦的一个鱼贩子居住区，它的出现强化了传说中的渔王（Fisherking）和基督之间的联系，后者是人类的渔夫（fisher），他的门徒们自己也都是渔夫（fishermen）。 当叙述者穿过伦敦大桥时，路过1666年伦敦大火的纪念碑。 我们从该诗的原稿影印本中得知，艾略特把这座纪念碑与德莱顿（Dryden）①的诗《神奇的年代》（*Annus Mirabilis*，1667)联系在一起，后者是为赞美伦敦的伟大而在大火之后写成的。 这两位诗人都将伦敦看作是宗教城市（参见 Kenner，"The Urban Apocalypse"）。 艾略特将自己的文化理想设置在德莱顿的17世纪的世界，他认为从那时起，开始了一个持续的衰落过程。

　　艾略特的观点使他与颓废派的哲学立场有了联系，至少是间接的联系。 从于斯曼，经波德莱尔到王尔德，颓废派都转而关注文化中的退化或堕落的方面。《J·阿尔弗瑞德·普鲁弗洛克的情歌》（"The Love Song of J. Alfred Prufrock"，1915)深深地依赖这个传统。 普鲁弗洛克是颓废派在美国的代表：他意志薄弱，优柔寡断，看重艺术甚于生活，

---

　　①　约翰·德莱顿(1631—1700)，英国作家和桂冠诗人，著有《神奇的年代》《一切为了爱》等。 关于艾略特《荒原》的修改情况和详细注解，可参见《艾略特与〈荒原〉》，李俊清著，人民文学出版社2007年版。——译者注

**图6　圣玛格纳斯殉道者大教堂。这座由克里斯托弗·雷恩设计的教堂——
一个宗教的象征,带着"爱奥尼亚式的银白与金黄的神秘光辉"
——在艾略特写作《荒原》之时,正面临着被摧毁的危险。**

图片来源:哈佛大学设计学院弗朗西斯·洛布图书馆。

混迹于沙龙世界,在那里,女人们来回地走,谈着画家米开朗基罗;他
抑制性欲,没有能力提出爱的问题。 当纯粹的颓废派变得与堕落的精
神相一致时,艾略特却从它那里去寻求救赎。 在他看来,堕落的世俗
城市中沉积着过去的宗教的遗迹。 但不管是颓废派还是艾略特,都认
为现代世界正在从某个更完美的时刻开始走向没落,那个更完美的时
刻,存在于理性主义还没有引发宗教与科学的分裂的中世纪的欧洲,或

是德莱顿的伦敦。 艾略特将宗教与科学的分裂——他把它称之为"感觉的分离"——与神话想象的消亡联系在一起，因为后者被经验主义所排斥。 他贬低经验主义的兴起及其所强调的随意性和非连续性，却又用自己对那种非连续性的感觉来描绘现代世俗城市，而这样的城市已经产生了猖獗一时的唯我论的个人主义。

134

　艾略特在《荒原》中呈现的，不仅是伦敦的历史，而且是以雅典为起点的城市的共同的历史。 这个进展也解释了诗中为何安排如下角色出场：泰瑞西斯（雅典）、基督（耶路撒冷）、克利欧佩特拉（亚力山大）、玛丽·拉里希伯爵夫人（维也纳），以及伊丽莎白女王（伦敦）。 换句话说，艾略特的作品分享了历史地质学的方法，是历史的层层相叠。 这种方法预设了时间的循环进程，也能容纳他对神话的利用，容纳柏格森的绵延观念和一种共时性的感觉，同时还能容纳把历史看作一个不断重复的过程的信仰。 艾略特通过他关于城市的观念把所有这些都放进了这首诗中。

五

　随着城市越来越远离乡土生活，它的社会机构变得更强大，城市也不再是自然节律的一部分。 浪漫主义为了恢复人与自然的关系，创造了一种更大的力量，让自然从属于它；创造了一种"民族精神"（*Volksgeist*），并将个体的心灵放置于一个象征世界的中心。 他们转向神话，转向一种有机理论，转向一种对经验的理想化感觉，把经验当作是像历史一样有待去发现的东西。 早在文艺复兴时期，理性就被看作是自然的一部分，但经验主义把理性从自然的运行中分离出来，并把它分配给了心灵，正如笛卡尔所做的那样。 这种分裂造成了神话的方法和科学的方法的区分，神话的方法强化着人类与自然的同一化，而科学的方法则使两者泾渭分明：自然遵循自身的法则运行，人类则对那些法则进行观察并描绘它们。 一旦人们将自然看成是一套法则，就不再会有奇迹发生：事物变化是可重复的，因而可以机械性地预测到。

艾略特对神话想象的消逝表示不满，并重新强调了文学神话学，以防止现代人变得贫困，只会解读那些毫无联系的征象。 艾略特指出，因为丧失了与大地的联系，丧失了与自然节律和自然中的精神营养的联系，城市也丧失了其精神上的意义。 由于城市与救赎之水（redeeming water）、与生命的神话脉动相阻隔，结果造成了都市荒原和历史的熵化，沙漠就是它的隐喻。 在这样的语境里，艾略特在《荒原》中的预设就变得昭然若揭——那些预设可以从艾略特的文学批评中得到证实。从乔叟的中世纪世界，到充满神经衰弱的妇人和其他将自己封闭于"孤独的自我"中的人的现代世界（"我们想着这钥匙，牢房里的每个人"；第 414 行）；从"死去的土地"（第 2 行），到充满行尸走肉的城市；从群体的希望，到神经紧张的、充满都市焦虑和恐慌的城市（"今夜我的神经很糟。 是的，很糟"；第 111 行）；艾略特通过这首诗描绘了混乱空间中的虚无和人群中的孤独。 女人们无聊地坐在酒吧，年轻的小伙子进入乱糟糟的房间，心不在焉地做爱。

我们改变了衡量人性的方式，从依靠大地的节律，变为依靠都市的机械装置。 在那些机械背后，隐藏着为了金钱而征服自然的破坏性欲望，《荒原》原稿的影印本揭示了这种欲望的存在。 诗的第四部分①——对北极进行掠夺的麦尔维尔式或康拉德式的航行——以轮船的毁灭和全体水手的死亡而告终。 这次死亡之旅丰富了"利润和损失"（第 314 行）的主题，但在诗的定稿中，这个主题更多地被隐藏而不是被发展了。

我们以上所考察的，是对艾略特想象中的城市景观产生影响的文学因素。 但对艾略特的城市景观同样重要的，是他对新兴科学——尤其

---

① 即"水里的死亡"，但后来只剩下十一行诗，其余都被庞德删节了。 可参见《水手》，收入《四个四重奏》，裘小龙译，沈阳出版社 1999 年版，第 261 页。 ——译者注

是考古学和人类学——的兴趣。 在《荒原》的注释里，艾略特提到自己从弗雷泽的《金枝》中受益匪浅①。 1890 年，詹姆斯·乔治·弗雷泽爵士出版了《金枝》前两卷。 此后，从 1895 年至 1915 年间，他又编辑了包括这两卷在内的十二卷本，到 1936 年又增添了"结局"（"After-math"）。《金枝》研究的是位于罗马城外内米湖（Nemi）畔的圣林及其传说。 这片圣林属于森林女神狄安娜（Diana）管辖范围，保卫它是一位祭司，他利用"金枝"对抗所有的入侵者。 一旦入侵者获胜，就可以成为继任祭司②。 弗雷泽的研究展示了人类学的两个重要方面。 首先，他描绘了原始思维和巫术之间的联系，记录了一种原始信仰，根据那种信仰，当国王上了年纪或精力开始衰退时，或当土地变得贫瘠时，国王就必须被处死，以便把位置让给另一位更有生命力的首领。 因此，献祭的主题很早就进入了原始信仰中，这也预示了基督的救世功能。 其次，随着弗雷泽关于原始社会的知识的增长，他可以把这些知识加入对圣林的讨论中。 换句话说，内米的地位，使他可以将自己的观点直接扩展到世界上所有其他文化。 因为内米只不过是大世界中的小世界，内米是一个可以揭示普遍性的特殊例子。 弗雷泽和后来的乔伊斯一样，把一种历史图景叠加到另一种之上。 艾略特对弗雷泽的成功及其方法了然于心。

136

人类学家们对待过去的态度有三种。 有些人把过去看成田园诗，把现在看作是从历史上的某个时刻开始的一个堕落的世界。 另一些人则信仰进步——认为生活和技术都随着直线性时间一起向前发展。 还有一些人看到了在野蛮的过去与文明的现在之间，有一种不变的联系，他们坚信，在过去与现在之间有一种微妙的关系，文明只不过是掩盖现实的原始性质的一种方式。 起初艾略特倾向于第一种和第三种观点。当他阅读了弗雷泽和其他人类学家的著作后，开始对作为宗教起源的原

----

① 指艾略特的原注，参见《荒原》，收入《四个四重奏》，裘小龙译，前引，第 66 页。 ——译者注
② 详见《金枝》（上、下册），詹·乔·弗雷泽著，徐育新、汪培基、张泽石译，中国民间文艺出版社 1987 年版。 ——译者注

始主义感兴趣。 他发现了基督的故事与奥西里斯传说及其同类传说之间的联系。 他只在一定程度上追随弗雷泽的思路：弗雷泽对原始社会的回顾对他很有吸引力，但他不同意弗雷泽将科学取代宗教看作是进步的观点。 可以说，艾略特利用人类学，是为了给自己的信仰和哲学信念进行辩护。

因此，艾略特对弗雷泽和魏士登（Jessie Weston）的利用有双重目的。 那不仅为他提供了一种回顾过去的途径，也使他能够借此强调神话和宗教仪式的道德价值。 视弗雷泽为导师的剑桥仪式主义人类学派（Cambridge Ritualist school of anthropology）将这种价值抬到很高的位置。 剑桥仪式主义人类学派的成员包括简·艾伦·赫丽生（Jane Ellen Harrison，1850—1928）、吉尔伯特·默雷（Gilbert Murray，1866—1957）和弗朗西斯·康福德（Francis Cornford，1874—1943）①。 弗雷泽认为，人类的思维方式依次经历了巫术、宗教和科学三个阶段。 他的研究（基本上以对传教士的问卷调查为基础）证实了他的如下观点：贫瘠土地的新生，与国王的献祭之间有着原始的联系。

这样的神话贯穿着整首诗。 艾略特以此展示现代人在试图控制土地时所丧失的东西。 艾略特所借助的主要神话，描绘的是人与大地最基本的关系。 祭司就是国王，因为他不但可以预测还实际控制着能带来生命的河水的上涨。 杰西·魏士登对土地的意义与塔木兹（Tammuz）、阿多尼斯（Adonis）和基督传说之间的关系作了如下解释：

> 我们知道，对塔木兹的膜拜可以追溯到公元前 3000 年。 而塔木兹即便不是腓尼基-古希腊的阿多尼斯（Phoenician-Greek Adonis）神的直接原型，至少也是众神之父（母）的代表，……土地

---

① 简·艾伦·赫丽生，英国考古学家，著有《古希腊宗教的社会起源》等；吉尔伯特·默雷，英国希腊学专家，著有《古希腊文学史》等；弗朗西斯·康福德，英国学者，著有《修昔底德》等。 ——译者注

和民族的灾难被描绘得栩栩如生,膜拜者充满感情地向塔木兹祈
求保佑,祈求得到他的怜悯,并当场显灵,结束他们的苦难……他 137
的影响是有效的,他不光是作为春天之神(Spring God)持掌着大
自然在春天的复苏[注意《荒原》的开篇],还控制着所有自然再生
的能量。(37—38)

魏士登描绘得极为详细的神话因素, 被糅进了《荒原》之中。 渔王是这
种生命膜拜的产物,同样的产物还包括圣杯和寻求圣杯的武士的传说,
特别是罗伯特·德·博隆(Robert de Borron)①的珀西瓦尔(Percival)版
的传说(艾略特用的正是这一版本):"那位圣者与他的同伴在荒野漫游
期间, 有些同伴陷入罪恶。 约瑟夫(Joseph)的妻弟布朗士(Brons)听从
神的旨意,捕了一条鱼,他用圣杯和鱼准备了一种神秘的食物,卑劣之
人都无法分享它。 这样,罪人就与好人分开了。 从那以后,布朗士就以
'富有的渔夫'(the Rich Fisher)而闻名。"不过,值得注意的是,在珀西
瓦尔版的传说中,归之于布朗士的名号通常是渔王(Roi Pêcheur),而不
是富有的渔夫(Riche Pêcheur)(Weston,116—117)。

艾略特的诗是对魏士登所描绘的细节的重新编排。 泰洛纸牌是祭
司用来预测潮水涨落的工具。 危险之堂(Chapel Perilous)是寻找圣杯
的武士的目的地。 珀西瓦尔版的武士来到"危险之堂",之所以"危
险",是因为一位黑手武士在此杀了三千武士并把他们埋在附近的墓
地。 他在暴风雨中到来,听到有声音从风雨中传出(参见"雷霆所说
的"),走进蝙蝠成群的钟塔。 根据渔王的传说,如果这位武士能战胜
"黑手",他就能使人类与大地重新回到和谐状态,世界将获得新生。
在艾略特的诗中,寻求圣杯的武士先穿过都市,目睹种种景象,然后
才来到"危险之堂"。 艾略特把繁殖神话与对现代城市的描绘叠合
在了一起,因为他意识到这两者之间不可分割的联系。 特大城市不

---

① 罗伯特·德·博隆(1170—1212),法国诗人,著有《阿利马太的约瑟》《梅林》
《珀西瓦尔》等,叙述英雄珀西瓦尔寻找圣杯的故事。 ——译者注

仅毁坏了人与大地的共生关系，并且通过对大地的控制，而把人性囚禁在"自我"的纪念碑中。艾略特在诗尾的怀疑的语调，表明他意识到自己无法超越历史，无法将现代人从都市主义的诸种危险中解放出来。

六

城市既容纳生命能量又组织生命能量。当这个容器在道德上处于完满状态时，物质的和精神的能量就以向心的方式和谐相处；当它在道德上有缺陷时，就离心离德，陷入一片混乱。在表面的秩序下面，总是藏着可能爆发出来的无序。艾略特的世界，尤其是他笔下的城市，一直不停地试图将原始的能量控制在一定范围之内。这就是为什么艾略特着迷于康拉德的《黑暗之心》，并被小说所描绘的文明面纱底下几乎荡然无存的野蛮能量所吸引的原因。人类曾经处于秩序与无序、精神与物质、上帝之城与人之城、野蛮的斯威尼与堕落的普鲁弗洛克的中间地带。艾略特相信，这些层面在某些地方相会：人与神在基督身上相会，人与动物在斯威尼身上相会，欲望与禁忌在普鲁弗洛克身上相会，城市的秩序与无序、原始与文明，这些都在伊丽莎白时代的伦敦相会。因此，艾略特先提到与城市的宗教和神秘方面相关的东西，比如奥古斯丁和但丁的上帝之城，弗雷泽和城市的繁荣与荒芜；然后再描绘已经丧失了城市原初意义的现代城市。

艾略特的解决办法是诉诸宗教：回到我们的宗教起点，恢复基督教文化。由于艾略特把宗教思想与世俗文化叠合在一起，所以他晚期作品（其中充满了这种主题）存在着普遍的混乱。比如，在《焚毁的诺顿》（"Burnt Norton"）①中，他写了人类时间的连续性，在此连续性之

①　《焚毁的诺顿》，即艾略特《四个四重奏》的第一首。——译者注

外，不允许任何其他事物存在：

> 时间现在和时间过去
> 也许都存在于时间未来，
> 而时间未来又包容于时间过去。
> 假若全部时间都永远存在，
> 全部时间就再也无法得到拯救。①

城市无法拯救自己：

> 不健康的灵魂把嗳出的麻木
> 吐入枯萎的空气，被风卷带着掠过
> 伦敦的阴沉的山冈，掠过汉姆斯蒂德
> 和克拉肯韦尔，坎普顿和普特尼，
> 海盖特、普林姆罗斯和拉德格特。
> 不是这里，不是这里的黑暗一片，
> 不在这颤抖的世界里。②
>
> （"Burnt Norton"）

要想理解这些诗句，我们必须首先明白，把暂时与永恒联系起来的是基督，他是（个人和集体的）救赎力量的根源所在。正如艾略特在《干燥的萨尔维吉斯》（"The Dry Salvages"）③中所说："那过去仿佛有了另一种模式，不再只是一个结果"④，一旦我们"领悟/那无始无终

---

① 参见艾略特《焚毁的诺顿》，收入《情歌·荒原·四重奏》，汤永宽译，上海译文出版社1994年版，第62页。译文有修改。——译者注
② 同上，第70页。——译者注
③ 《干赛尔维其斯》，即艾略特《四个四重奏》的第三首。——译者注
④ 参见艾略特《干赛尔维其斯》，收入《情歌·荒原·四重奏》，汤永宽译，前引，第104页。——译者注

与时间的交叉点"①，一切都回到那一点：

      ——基督化为人身。

    这里,各种生存地位不可能取得一致

    是确实无疑的,

    这里,过去和未来

    已被征服,并且获得和解。②

    ("The Dry Salvages")

在《焚毁的诺顿》中提出来的关于暂时而又永恒的时间问题，在《干燥的萨尔维吉斯》中得到了解答。 此外，生者与死者组成了一个尘世-非尘世(earthly-unearthly)的灵魂的共同体，这个共同体把人之城与神之城统一了起来，把开始与结局联结在一起，构成了一个循环。

七

艾略特在诗歌和散文中提出的大多数问题，在他的诗体剧中也得到探讨。《合家重聚》(*The Family Reunion*，1939)的故事发生于一座没落的庄园——卫希伍德(Wishwood)。 这座庄园在曼芹茜夫人(Lady Monchensey)手中保持完好，在她的长子哈利(Harry)回来接管房子之前，曼芹茜夫人拒绝让它有任何变化。 在外八年的哈利，在回英国的船上眼看着自己的妻子落入水中(也可能是被哈利推入水中)被淹死。一回到卫希伍德，哈利才意识到他失去的童贞无法在那里找回。 他的童年一去不复返了，就像河边那棵被撬空的树，已经被伐倒用来做凉亭

---

① 同上，第114页。——译者注
② 同上，第208页。译文有修改。——译者注

了。 哈利对自己的父亲毫无记忆，他父亲在他还是个孩子的时候就离开了庄园，大家都知道他父亲是与他的姨妈阿加莎（Aunt Agatha）一起离家出走的。 父亲和她住在一起，直到五年后去世。 似乎每一代人都在重复上一代人的故事：哈利的父亲也希望自己的妻子死去。 而爱上哈利的玛丽（Marry）也像爱上哈利父亲的阿加莎一样，来到卫希伍德居住。 因为感到负疚，也为了摆脱罪恶感及其化身欧墨尼得斯的纠缠，哈利决定离开卫希伍德。 这时，他母亲去世了。 他意识到，家、房子，还有那个理想中的过去，将一去不复返了。

　　《合家重聚》是艾略特对激进的现代变革世界的证词。 庄园失去了任何有意义的功能，无法保持自己的完整。 我们现在面对的，只有过着空虚、孤独生活的现代居民，他们中的大多数甚至感受不到萦绕在哈利心头的那种罪恶感。 艾略特笔下的过去，既挥之不去，又遭到背叛，就像卫希伍德庄园一样，既被文化背叛，也被个人背叛。 阿加莎的遭遇说明，苦难必定是共同的，而不可能只是私人的。 然而，共同体的基础已经不复存在了。 希望之桥未能变成现实，艾略特没有像在他后期诗歌中那样，为该剧安排一个带有宗教希望的光明的尾巴。 ¹⁴⁰

　　在《鸡尾酒会》（*The Cocktail Party*，1949）中，艾略特回到了另一个相似的主题：孤独，使个体与个体隔绝开来的孤立状态。 正当参加鸡尾酒会的客人到来之时，爱德华·钱伯莱尼（Edward Chamberlayne）却发现妻子拉维尼娅（Lavinia）离他而去。 在客人中，有一位很面生，这位神秘的陌生人似乎拥有一种神秘的力量，他就是精神病医生亨利·哈考特-雷利（Henry Harcourt-Reilly）。 最后，正是这位陌生人使爱德华和拉维尼娅重归于好。 爱德华是没有爱的能力的男人，而拉维尼娅则是没有被爱的能力的女人：他们的无能正好成全了他们。

　　爱德华和拉维尼娅的故事具有喜剧性，但另一位人物西莉亚·科波斯顿（Celia Coplestone）则为作品添上了一份严肃。 西莉亚爱着爱德华，但却对他毫不了解。 彼得·魁普（Peter Quilpe）又爱着西莉亚，但她也不真正了解彼得。 彼得则把自己的需要投射在她身上（*The Cocktail Party*，382）。 故事发生在伦敦，这部戏向我们展示的是艾略特笔下的都市人形象：他们都把对方当作好友，但却仅了解对方的外表，而从未真正地进行交流。 他们常把自己的想象或需要——或如西莉亚所说的"梦想"——投射为一个"他者"。 西莉亚对爱德华说：

> 我看见另一个人，
>
> 我把你当作一个我从未见过的人。
>
> 我以前见过的人，只是一个投影，
>
> 我现在明白了——它投射的正是我想要的——
>
> 不，不仅是想要的——而是我渴求的——
>
> 我竭力想要它存在的东西。
>
> （327）

我们知道，由于她的孤独，由于她"幽居于这个充满幻觉/充满想象，记忆和欲望变幻不定的世界"（365），这样的投射是必需的。

西莉亚通过当修女，加入了一个修习共同体，后因传教而死于非洲。 对于艾略特来说，西莉亚的传教是对"贫瘠的荒漠"进行救赎的一种方式，因为传教把原始和文明连接了起来，把原始神话和基督教堂联系在了一起。 西莉亚的死，在很大程度上象征性地表明了上述意义。 她选择去非洲，是以放弃在好莱坞的成功梦想为代价的。 好莱坞综合了两种极端的文化，大都市的商业文化和乡村的原始文化，所以"未开化的人和基督徒一起，对过于世故的城市进行谴责"（375）。 上述含义大多由亨利·哈考特-雷利爵士这个形象传达出来。 他的头衔和姓氏暗示着城市与野蛮文化之间的关联［哈考特（Harcourt）是组织机构，雷利（Reilly）代表无教养的爱尔兰人］。 艾略特曾告诉一位记者说："哈考特-雷利是机器中的上帝。"（转引自 Crawford，235）

剧中的喜剧因素削弱了西莉亚之死的情节剧效果。她的死再一次重申了艾略特的观点，那就是只有通过共同体——包括由生者和死者所组成的共同体——才能走出自我的牢笼。在《鸡尾酒会》中，艾略特对城市和共同体做了重要的区分：城市吸引着大批大批追逐物质和幸福的人；而共同体吸引着少量有共同价值取向的人，他们的所作所为使得他们能够超越自己个人的幸福感。这部戏剧同样回到了艾略特关心的另一个主题：原始文化与宗教之间的联系。他认为神话中充满了被宗教精神化了的性能量(sexual energy)。亨利·哈考特-雷利医生与这种能量相通，西莉亚在临死时也接触到了这种能量。这是因为他们都远离了都市居民，而后者已经与那些救赎性力量相隔离。对此，罗伯特·克洛福特(Robert Crawford)有言："(艾略特)看到工业化日益威胁着这个社会，尤其是在权力集中化了的城市中，工业化正在切断人们与其生命之根的联系。"(201)

近期的评论文章，比如克洛福特的文章，已经敏锐地觉察到艾略特对人类学、原始文化与城市之间联系的关注。克洛福特证实了艾略特对有关宗教和原始文化的著作进行过钻研，其中包爱弥尔·涂尔干的《宗教生活的基本形式》(*The Elementary Forms of Religious Life*，1915)、杰文斯(F.B. Jevons)的《宗教史入门》(*Introduction to the History of Religion*，1927)、泰勒(E.B. Tylor)的《原始文化》(*Primitive Culture*，1889)，还有列维-布吕尔(Lery-Bruhl)、弗雷泽、斯宾塞、吉伦(F.J. Gillen)等人的著述(Crawford，18，25，72，91)。现代人与原始人之间的联系，使许多文学文本具有了完全不同的面目，比如《人猿泰山》(*Tarzan of the Apes*，1914)和《黑暗之心》。对这些问题的关注，也影响着艾略特对一些文学形象(比如福尔摩斯)的看法。福尔摩斯是一位理性的都市人物，但诚如我们所见，他必须面对非理性的异常事件。艾略特同意康拉德的观点，认为在文明与野蛮、原始文化与城市文化之间，存在着"恐怖"的交叉(intersection of "horror")。这种对照体现在渔王身上，体现在《荒原》中的荒漠图景中，也体现在《鸡尾酒会》中的西莉亚和哈考特-雷利医生等人物身上，以及艾略特笔下的阿泼耐克·斯威尼（Apeneck Sweeney）身上。

艾略特提到斯威尼的作品有五部：《艾略特先生的星期日早晨礼拜》（"Mr. Eliot's Sunday Morning Service"，1918）、《夜莺声中的斯威尼》（"Sweeney Among the Nightingales"，1918）、《笔直的斯威尼》（"Sweeney Erect"，1919）、《斗士斯威尼》（*Sweeney Agonistes*，1932）和《荒原》（1922）。在第一首诗中提到斯威尼时，他正在洗澡。在第二首诗中，斯威尼与两个女人及一位陌生男人在妓院，那个男人对那两个女人产生怀疑，离开了房间，但"又重新出现在窗子外，把身子往里伸进"，但是夜莺（抑或妓女?）在血淋淋的林子里歌唱，"那时阿迦门农正高声疾呼"，把它们的"粪便"玷污他那"不光彩的尸布"①。在《笔直的斯威尼》中，斯威尼和古希腊之间的联系更为明显。艾略特似乎在说，英雄世界的基础是暴力，这种暴力的化身是斯威尼。现代世界压抑了暴力，取而代之的是普鲁弗洛克。艾略特似乎在说，新英格兰的思想家——从爱默生到亨利·詹姆斯——从未包容过斯威尼这类人物，因为斯威尼代表着19世纪侵入波士顿的爱尔兰移民：

> （爱默生曾说，
>
> 一个人的拖长的影子是历史，
>
> 他那时可未曾见到过斯威尼
>
> 在阳光下跨立的侧影。）②
>
> （"Sweeney Erect"）

尽管斯威尼的本性是原始人，但他却始终与城市联系在一起：他体现了潜藏在都市人身上的暴力以及被现代生活压抑了的性能量。斯威尼讲到一个城市男人的故事："他曾干掉过一个姑娘"，之后用"来苏儿"

①② 参见艾略特《四个四重奏》，裘小龙译，前引。译文有修改。 ——译者注

(Lysol)①把她的尸体保藏起来，放在澡盆里②。 城市模糊了生与死的差异。 当人们在《斗士斯威尼》中看到斯威尼把陶利斯(Doris)带到一座食人生番的岛上时，肯定会想到《鸡尾酒会》。 斯威尼将变成"食人生番"，而陶利斯则将步西莉亚后尘，成为前者的"教士炖菜"而被吃掉，因为他们都回到了原始状态③。

正如艾略特笔下斯威尼的故事所示，原始与文明之间的区分在某种程度上变得模糊，其理由看起来有点自相矛盾。 一方面，我们越是回到原始状态，就离人身上的动物性越近，正如斯威尼一样；另一方面，我们越是回到原始状态，也就越接近某种性能量，而在艾略特看来，一旦这种性能量被精神化，就具有救赎的能力。 这些观点反映了启蒙思想与浪漫主义之间的差异：启蒙思想对原始文化不信任，而浪漫主义则在原始文化中发现了后来被压抑了的活力。 不过，艾略特毫不费力地就把这些并非完全一致的观点协调起来，因此他的理想化的基督教文化总有其较阴暗较原始的一面。 艾略特的观点得到克里斯托弗·道森(Christopher Dawson)④著作的支持，特别是他的《制造欧洲》(*The Making of Europe*，1932)、《超越政治》(*Beyond Politics*，1939)和《宗教与文化》(*Religion and Culture*，1950)。 从后一本著作中，我们可以很清楚地发现，道森和艾略特一样，相信在原始宗教和基督教之间存在着联系。 不过，他们两个人最为关心的是城市，因为这个容器使其居民脱离了原始意义和存在的更深层领域。

因而艾略特创造了一幅现代城市的复杂图景，他笔下的城市处于尘世(有时是地狱)和天堂之间，欧洲没落的现实和基督教文化的理想之间，处于丧失了的性能力和救赎性的活力之间。 他笔下的城市由那些永远不可能组成一个共同体的面目不清的人群组成，它与那种将性欲与

143

---

① "来苏儿"，一种消毒防腐剂。 ——译者注
② 参见艾略特《四个四重奏》，裘小龙译，前引，第146页。 译文有修改——译者注
③ 在《鸡尾酒会》中，西莉亚最后被当作异教徒炖烧。 ——译者注
④ 克里斯托弗·道森(1889—1970)，英国文化哲学和文化史学家，著有《宗教与西方文化的兴起》等。 ——译者注

神话结合起来以形成一种拯救能力的原始的精神能量切断了联系。终其整个文学生涯，艾略特都在努力将这些要素连接起来——也就是说，努力制止都市的熵化，努力将那"不真实的城市"①建立在道德价值基础上。[1]

八

在对城市的看法上与艾略特相近的有奥登（W. H. Auden）②。这两位诗人的文学生涯具有惊人的对称性。艾略特出生于美国，后来移居英国；奥登出生于英国，后来移居美国。作为他们早期诗歌特征的世俗的声音，后来都被宗教的声音所取代。他们的后期文学生涯都用于寻找一种理想化的基督教共同体——奥登称之为"公正之城"（the just city）。

奥登的早期诗歌受到马克思、弗洛伊德和心理学家霍默·兰（Homer Lane）等人思想的影响。1938 年他离开欧洲定居美国，环境的改变带来了意识形态的变化。他的宗教信仰越来越受到克尔凯郭尔（Kierkegaard）和尼布尔（Reinhold Niebuhr）③的影响。这种转变标志着他从一个共产主义的同情者变为一位重新皈依的基督徒。由于奥登描画了两种可能性，一种关于城市的基督教形象开始浮现。人类的意志，如果发挥作用，能够使都市共同体变成公正之城，一个幸福的场所，即上帝之城；而如果消极无为，城市就会堕落和腐烂。

奥登的诗提供了许多关于现代城市的形象。在《寓意之景》（"Paysage Moralisé"）一诗中，城市是孤岛的对立面，象征着与隔离和

144

---

① 语出艾略特《荒原》，详见第 150 页译者注。——译者注
② 奥登（1907—1973），英国诗人、剧作家、文学批评家，被认为是继叶芝和艾略特之后英国最重要的诗人。——译者注
③ 尼布尔（1892—1971），美国神学家，著有《道德的人，不道德的社会》等。——译者注

退隐相对立的社会生活。 在《诗集》（*Poems*，1934）的第二十二首中，奥登把城市描绘成一片工业废墟：不冒烟的烟囱，倾圮的桥梁和废弃的发电站。 在《看陌生人!》（*Look Stranger*! 1936）的第三十一首诗中，由"良心败坏的人、武器制造者"所建造的城市，"各种可怕的谣言诱惑着、恐吓着大众"，仇恨和恐惧威胁着人们。 现代都市社会就像一个荒漠，凄凉孤寂，横无际涯。 在《无墙的城市》（*City Without Walls*，1969）中，奥登认为"传统的围墙，神话和文化……已经瓦解了……［使得］现代人的生活丧失了方向和意义。 都市人类被迫隐居在由钢筋和玻璃筑成的洞穴中"（35）。 尽管奥登认识到现实中城市的混乱、肮脏和不道德，但他却总会描绘一个救赎的理想。《西班牙》（"Spain"，1937）中的城市有成为公正之城的可能性，奥登后来将公正之城这一社会理想与上帝之城这一宗教理想画上了等号。 在《纪念城市》（"In Memorial for the City"，1949）中，奥登告诉我们，上帝之城只有通过"完全的信仰"才能实现。 奥登的尘世城市是希腊人世俗的物质城市；而他的上帝之城则是一座基督之城，后者带有某种永恒的成分，可以使那个时刻化为"永恒的事实"。 天堂的信仰之城有可能救赎尘世之城。

　　奥登从世俗的人文主义转向了宗教信仰，认为精神的东西往往通过世俗的东西被释放。 他相信，城市的没落与狂欢有关。 狂欢是被压抑的不满的一种发泄释放，它催生了反抗要素。 狂欢是以喜剧的方式接受人类尘世的一面，是一种**互相嘲笑**，也是一种**自我解嘲**。 狂欢提供了一种更高的生命领域，一个信仰的领域，在那里，苦难作为一种恩典的机会而出现。 在《海与镜》（*The Sea and the Mirror*，1944）中，奥登把莎士比亚的《暴风雨》（*The Tempest*）当作一堂关于现代状况的直观教学课。 普洛斯彼罗（Prospero）既需要凯列班（Caliban），也需要爱丽儿（Ariel）①，既需要世俗的，也需要缥缈的；正如工业城市既需要烟囱，也需要一个理想化的对立面一样。 由于当艺术家不成，普洛斯彼

---

　　① 普洛斯彼罗、凯列班和爱丽儿都是莎士比亚的戏剧《暴风雨》中的人物。 其中凯列班是野性而丑怪的奴隶，而爱丽儿是缥缈的精灵。 ——译者注

罗投机性地从美学行当转向政治行当，结果成为专制君主，一个现代主义的希特勒式人物。 在奥登艺术世界处于中心位置的，是艺术和政治的对立；一方的失败总是导致对另一方的依靠，而宗教则提供了另一个选项。 但是我们将会看到，历史的这种合流，也并非就没有危险。

注 释：

　[1] 杰弗里·M·佩尔(Jeffrey M. Perl)的《怀疑论和现代仇恨》(*Skepticism and Modern Enmity*，1989)和肯尼斯·亚瑟(Kenneth Asher)的《T·S·艾略特与意识形态》(*T. S. Eliot and Ideology*，1995)探讨了艾略特思想的连续性。 前者的重点在实用主义的怀疑论，后者的重点在艾略特对夏尔·莫拉斯(Charles Maurras)的回应。 两者都没有注意到艾略特早期对神话的关注和他后来界定基督教文化的努力之间的联系。

第九章

超越自由主义

一

艾略特视现代主义为旧世界最后的挣扎，而非新世界最初的斗争。在对启蒙主义城市大失所望之后，他认为现代城市可以通过一场心灵的激进变革而获得救赎，这场变革就是用新的精神去节制旧的物质主义倾向。个人——不再是自主的——需要寻找新的能量源泉，需要在一个共享的共同体中去排遣自己的焦虑。艾略特和奥登等作家，希望以宗教理想来取代启蒙的极端利己主义观念，后者体现的是自由主义信念，它认为，在一个被保证会无限进步的世界里，理性、实际、具有创造力的个人，可以自由地再造自我。

陀思妥耶夫斯基与艾略特一样，也无法接受启蒙运动的规划。1862 年，他游历了欧洲，对巴黎和伦敦这些西方首都的失望感与日俱增。在他看来，它们是物质主义的、颓废的。在晚年，他始终如一地反对自由主义和资本主义，认为它们合力铸造了以金钱为基础的自主的自我。陀思妥耶夫斯基预见了许多日后为艾略特所关注的东西：他不信任理性主义，谴责对进步的信仰，并且同样对科学表示厌烦。他认为离开了上帝的人只能创造悲剧性的文明。对他而言，上帝体现在理想化的农耕秩序里，其根基在俄国农民身上。迈克尔·哈灵顿（Michael

146　Harrington)①曾一针见血地指出："当陀思妥耶夫斯基谈论离开了上帝的人时，他实际上指的是与土地分离了的人。他对无神论的谴责，实际上是对城市的控诉……在他身后发展起来的大城市里，居住着无根而又迷茫的人们。古代的上帝、传统的智慧、古老的制度，全都消散或消逝了"(157)。陀思妥耶夫斯基看到，在新的都市化过程中出现了两种畸变的人物类型："地下人"和"宗教大法官"(Grand Inquisitor)。"地下人"将我们引向疏离②与孤立，"宗教大法官"则把我们引向极权主义：这两种类型是不可分的，简直就是一枚硬币的两面。

　　陀思妥耶夫斯基的《地下室手记》(*Notes from the Underground*，1864)可能是他对尼古拉·车尔尼雪夫斯基(Nikolay Chernyshevsky)的著作《怎么办?》(*What Is to Be Done*，1863)的回应。《怎么办?》是一部乌托邦小说，它提出激进的个人主义(车尔尼雪夫斯基称之为"理性的利己主义")，并视之为社会问题的解决方案。陀思妥耶夫斯基认为车尔尼雪夫斯基的启蒙理想已经影响了圣彼得堡。在陀思妥耶夫斯基看来，圣彼得堡是"全世界最抽象最有目的性的城市"。这里的"有目的性的"[1]一词不是强调其有机性，而是强调其人为性——这是一种"反城市"(anticity)，它违背了城市自然演进的法则。圣彼得堡作为合理化的城市规划的产物，不仅极不自然地建在沼泽地中，而且处于北极光的照耀下，这种光会产生怪异的光辉，并模糊光明与黑暗这两种被自然区分的界限。陀思妥耶夫斯基的"地下人"就是这个世界的产物：他脱离生活，拒绝任何可将自己安置其中的共同体的观念，并承受着因高度的自觉意识和孤绝的思索带来的痛苦。在《地下室手记》里，陀思妥耶夫斯基攻击对那种以理性主义为基础、脱离俄国人民，尤其是脱离俄国农民价值观而组织起来的社会的信仰。他悲叹启蒙对理性和进步的信任，坚持认为人性的不完美已经从根本上否定了对乌托邦

----

　　①　迈克尔·哈灵顿(1928—1989)，美国著名评论家，著有《另一个美国》等。——译者注
　　②　"疏离"原文为 alienation，通常也译为"异化"。——译者注

的任何希望；此外，在个体还没有发生改变的情况下实行政治改革，将会使得共同体的建立成为一个泡影。"地下人"就代表了彼此孤立造成的最终后果：他体现了冲突的情感所造成的混乱，这种冲突的情感把他从自己的感觉中剥离了出来；当他把丽莎（Liza）赶走从而毁掉了自己获得救赎的最大希望时，他就证明自己已经完全失去了普通人的情感和爱与被爱的能力。

在《罪与罚》中，陀思妥耶夫斯基直接向19世纪的其他小说吸取营养，尤其是巴尔扎克的《高老头》。他对渴望成为拿破仑、成为人类最杰出的天才的拉斯柯尼科夫这个人物的描绘，很大程度上借鉴了伏脱冷这个藐视道德规范的形象。小说开头，在侦察科科长波尔菲里·彼得罗维奇（Porfiry Petrovich）的纠缠下，拉斯柯尼科夫做了一次表白，这次表白意味着拉斯柯尼科夫的思想发生了一次巨大的转变。彼得罗维奇与狄更斯笔下依靠对城市的谙熟而破案的布克特探长不一样，他的优胜之处在于他精通心理学，猜得透拉斯柯尼科夫的思想活动。他深知拉斯柯尼科夫的罪恶感早晚会暴露自己，深知他终有一天会在十字路口忏悔。如他所见，经历了痛苦挣扎的拉斯柯尼科夫亲吻着大地，希求回归它，回归人民，回到农民中间去。对于陀思妥耶夫斯基而言，救赎不是存在于城市中，而是存在于人民中。拉斯柯尼科夫因为崇尚激进的个人主义，因为相信不凡的自己可以泰然杀人而对整个人类犯下了罪行，并且正是对于人类共同体来说，拉斯柯尼科夫必须为自己的谋杀赎罪。在努力赎罪的过程中，有两个人帮助了他。一个是波尔菲里·彼得罗维奇，城市世俗权力的体现者；另一个是索尼亚（Sonia），人民宗教精神的体现者。彼得罗维奇让他面对法律，而索尼亚则让他面对已经具体化为基督的人类共同体，他只有在那里才能得到最终的救赎。在《罪与罚》中，陀思妥耶夫斯基使"宗教大法官"与"地下人"、权威与孤立者、世俗与宗教言归于好。只有一个神秘的共同体能够救赎堕落的城市。但是当神秘的共同体扩展到民族国家的观念（包括其政治规划和民族的天命感）时，我们将会看到，这个解决办法本身又

147

隐藏着种种政治问题。

从艾略特和陀思妥耶夫斯基身上我们可以看到，一旦启蒙理想出了问题，人们就会拼命去寻找替代的意识形态。但并不是每个人都像陀思妥耶夫斯基、艾略特和奥登那样，把宗教作为解决办法。有些人转向了新唯美主义，但是正如安德列·别雷（Andrey Bely，1880—1934）所指出的那样，救赎艺术的力量也可能引起它自身的怀疑主义。别雷最初是俄国象征主义运动成员之一，他试图将世界化约为一个在现实和幻想这两个存在层面运行的彼此对应的系统。如上所述，圣彼得堡是一座启蒙主义城市：它设计于 1703 年，建在一片沼泽地中，以其教堂、城堡、街道及令人印象深刻的运河统治着未开化的大自然。但普希金（Pushkin）早在 19 世纪初就已经察觉到，这座城市里有一种不祥的东西。在《青铜骑士》（*The Bronze Horseman*，1833）——标题里的青铜骑士当然是指遥望着西方的彼得大帝——中，普希金认为圣彼得堡体现了"西方"与"东方"的结合，这种结合使圣彼得堡有了一种诡异感，一种挑战了民族身份/同一性的无家可归感。

148　　　　在《圣彼得堡》（*St. Petersburg*，1913）中，别雷把圣彼得堡因东西两个世界的相互影响而带来的无家可归感传达了出来。他质疑了彼得大帝的启蒙热忱，并拒绝承认剥夺了生活的神秘性的科学的权威性。这部小说提出了冲破抽象观念回归自然的创造力的要求，并且尤其强调了人们应该更多地依赖于直觉而非理性的必要性。小说中的故事发生于 1905 年的 9 月 30 日至 10 月 9 日之间，但是许多过去的事件被编织到这个时段里，从而造成了一种时间的扭曲。一方面，圣彼得堡是一座健康的城市，是世界上最大的大陆帝国的首都；但另一方面，它又是幽灵一样的城市。俄国刚刚被日本打败，而且正在承受着一系列的城市起义和工人罢工的困扰。古老的价值观不再适应新的现实。这是座无根的人造城市，正处在社会骚乱的边缘。

官吏阿鲁科夫（Ableukhov）和他的儿子尼古拉·安德列耶夫纳（Nikolay Apollonovich）分别类似于陀思妥耶夫斯基笔下的"宗教大法官"

和"地下人"。一个恐怖主义组织给了尼古拉一颗炸弹，叫他炸死自己的父亲；炸弹连同简陋的定时器一起藏在沙丁鱼罐头里，经尼古拉"漫不经心"地一碰，它便在他卧室里滴滴答答走起来，二十四小时后，就要爆炸。在这里，钟表这个使西方文明世界有序化的机械装置，与爆炸装置连在了一起：毁灭被内嵌于时间之中，别雷的小说也包含着自己的世界末日时刻（作品中的炸弹并没有伤人；因为真正的炸弹在尼古拉的心中）。

别雷改写了詹姆斯的《卡萨马西玛公主》，在詹姆斯这部小说中，唯美主义战胜了政治：海尔辛斯·罗宾逊拒绝参与无政府主义者的密谋，因为他发现美的秩序比政治革命造成的无序更重要。与他相反，尼古拉认为诉诸美学的解决办法根本不现实，因而没有什么能取代暴力。通向唯美主义的道路并非没有危险，实际上，它常常是一次致命之旅〔就像托马斯·曼笔下的阿申巴赫（Aschenbach）①、菲茨杰拉德笔下的盖茨比、佩特笔下的马利乌斯、王尔德笔下的道林·格雷和于斯曼笔下的埃桑迪斯（Des Esseintes）②〕。但是唯美主义毕竟是一种可以安置那种在文化上变得空虚的自我的途径。别雷将我们带到了自由主义的尽头——对于碎片化的现代恐惧，对于丧失自我个性的恐惧。尼古拉最终迷失在自己精神混乱的迷宫中，因为他的心灵似乎已经染上了城市自身的特质。

城市无助于实现更充分的自我感，正相反，城市会使自我更加迷惑。在"不真实的城市"里，甚至连商业活动也不再脚踏实地地开展了。钱开始生钱。与此相对应，在果戈理的《死魂灵》（*Dead Souls*，1842）里，价值与商业活动之间没有丝毫关联。乞乞科夫（Chichikov）跑到农村去买来不少"死魂灵"（指已经死去却还未在花名册上勾掉的农奴），然后向银行抵押，从而将已经死亡的城市转化为商品。商业系统催生了对这个系统本身进行盘剥利用的种种阴谋诡计，而不是鼓励有

---

① 阿申巴赫，托马斯·曼小说《威尼斯之死》的主人公。——译者注
② 埃桑迪斯，于斯曼小说《反常》的主人公。——译者注

效的生产。 在《外套》（"The Overcoat"，1842）和《鼻子》（"The Nose"，1836）这两篇作品中，果戈理先于卡夫卡将上述过程推向了极端。 当这种反常感变得神秘和凶险时，就会改变日常事物的形态，并给19世纪的现实主义增添一个诡异的维度。 尤内斯库（Ionesco）①、热内（Genet）②与卡夫卡一道，在各自的作品中对这种变了形的现实描绘得淋漓尽致。 但是，对都市资本主义的更传统的批判，来自托马斯·曼。

二

在同质性的都市共同体瓦解后，我们所面临的问题是：如何为世俗社会中的平民大众提供一种身份。 这是托马斯·曼经常涉及的问题。比如他认为，当音乐是宗教的一部分时，才最有生命力。 但是在文艺复兴时期，音乐从宗教目的中分离出来，变成一支独立的文化力量。这种世俗主义在贝多芬和瓦格纳那里达到了顶峰，他们先将音乐引入19世纪宗教自由主义当中，尔后再将其转化为属人的东西。 托马斯·曼将个人主义和自由主义视为现代主义的基础，它们几乎成了一种导致文化退化的迷信。③他笔下的人物最初看起来都对自己的中产阶级地位很满意，但是这种满意最终不过是一种盲目的自满。 当他们试图透过自己所在社会的常规和习俗去找回已经丧失了的生命活力时，这样的努力常常将他们带向死亡或死亡的边缘。 托马斯·曼希望调和纯粹的理性主义和纯粹的神秘主义。 他的《布登勃洛克一家》（Buddenbrooks，1900）描述了一个资产阶级家庭的没落史，也即其对物质的"欲望"的衰退过程，以及一种孱弱无力的艺术家气质的浮现过程。

---

① 尤内斯库（1909—1994），法国荒诞派戏剧鼻祖，著有《秃头歌女》《责任的牺牲者》等剧作。 ——译者注
② 让·热内（1910—1986），法国作家，著有《玫瑰的奇迹》《盛大的葬礼》等。 ——译者注
③ "迷信"原文为 cult，也译为"膜拜"、"崇拜"。 ——译者注

艺术家是退化和颓废过程的一部分，是一种伴随生理衰退而来的美学变形，托马斯·曼在《威尼斯之死》（*Death in Venice*，1913）中处理的就是这个主题。　他在《托尼奥·克勒格尔》（*Tonio Kröger*，1903）中试图调和艺术家与资产阶级的价值观，但是这个离开了普通人和普通生活的艺术家，最终变成了都市流浪者。　托马斯·曼认为一个人内在自我观念的弱化，会从内部侵蚀他的个性。　他笔下的艺术家通常像那些颓废者一样，变得厌世，渴求死亡。

　　阿申巴赫也是托尼奥一类的人物，但比他更老一些。　因为他把不存在的理想看作是现实，所以他失去了与生活的联系。《威尼斯之死》讲述了一个被压抑了的同性恋者的故事，同时，它也是一个在现代主义面前迷失方向的旧世界走向腐朽的寓言。　威尼斯与冯·阿申巴赫一样，正在从内部死亡：他们都试图在世界面前掩藏自己的病态。　曼把充满活力的神话的缺位看作是现代生存最关键的特质，他强调我们需要意识到我们内在于理性社会中的非理性天性。　他在现代城市的虚假秩序中，看到了某种破坏性的无序在涌动。《威尼斯之死》也许是托马斯·曼首次尝试神话写法——即通过将当代与古代并置而赋予当代历史以某种形式——的文本。　对这个故事的许多读解都强调曼采用了狄俄尼索斯神话。　有些批评家甚至在人名上也观察到了某种关联：亚琛（Aschen）与"尸体"（ashes），巴赫（Bach）与酒神巴克科斯（Bacchus），塔齐奥（Tadzio）与萨巴梓俄斯（Sabazios，狄俄尼索斯的另一个名字）等等。　阿申巴赫在墓地见到的陌生人是一个狄俄尼索斯形象（他甚至幽灵般消失在一尊希腊雕像中），而那场侵扰威尼斯的霍乱其实是一种常常与狄俄尼索斯的出现相关的鼠疫。　甚至阿申巴赫用餐时饮用的石榴汁也存在这种关联性，因为传闻石榴最初就是从狄俄尼索斯的血液中长出来的。　阿申巴赫的梦与狄俄尼索斯的故事之间的关系更直接：两者都包含了膜拜上帝的狂野的音乐、舞蹈和尖叫，癫狂的女人们穿着也相同，并且一样地吃生肉，一样地痛饮用以献祭的野兽的温血。　此外，诱使阿申巴赫来到霍乱肆虐的威尼斯的，正是理性与情感之间无法调和

150

的不一致状态，而后者又恰恰是狄俄尼索斯神话的核心。 当阿申巴赫无法妥善处理其所在的颓废世界时，当他将塔齐奥过分理想化时，他便被一个没落过程所支配。 就像这座强行要求一种虚假秩序的城市一样，阿申巴赫也无法处理好自己的内在混乱。 正如康拉德所意识到的，艺术与文明一样，背后都暗藏着一个破坏性过程。 艺术家的命运与所有伟大城市的命运一样，都无可避免地要走向死亡：艾略特的"正在倾坍的塔"这个主题，主宰着现代想象。 更黑暗的、狄俄尼索斯的生命力量压倒了阿申巴赫。

《一个不问政治者的看法》（*Reflections of a Nonpolitical Man*，1918)抨击了自由主义对进步的信仰。 特别是，托马斯·曼既认识到德国的伟大，也意识到它潜在的邪恶。 他后来的作品以稍稍不同的形式重新回到了这些主题。 在《魔山》（*The Magic Mountain*，1924)中①，塞塔姆布里尼(Settembrini)所持的是理性、启蒙和自由主义的立场。 另一个人物纳夫塔(Naphta)持与他相反的立场。 纳夫塔是一个东欧犹太人，他在一场大屠杀中幸存了下来，并被耶稣会的会士们收留；此外，他还是一个秘密共产党员(crypto-Communist)，一个原纳粹分子(proto-Nazi)，他甚至能把天主教与恐怖主义融为一体。 纳夫塔似乎是经过托马斯·曼改造过的"宗教大法官"。 不同的是，托马斯·曼的纳夫塔对民族国家充满信任，而陀思妥耶夫斯基笔下的"宗教大法官"却对民族国家持不信任态度。 塞塔姆布里尼与纳夫塔之间的争论——老牌的激进个人主义信念和新兴的极权主义信念之间的争论——无果而终，留给我们的，是一种无定形关于大众人（mass man)②的观念。

在《浮士德博士》（*Dr. Faustus*，1948)中，这种僵持的斗争被引向

---

① 中译本参见托马斯·曼《魔山》，钱鸿嘉译，上海译文出版社 2006 年版。 ——译者注

② "大众人"(mass man)，指构成大众社会的假设性典型人物，受大众标准化信息化传播左右的普通的、无个性和无责任感的人，与其相对应的概念是"个体人"(indvidual man)。 ——译者注

一个相互冲突的死胡同，自由主义规划也被文化上的疯狂所取代。 阿德里安·莱弗金（Adrian Leverkühn）的故事以纳粹主义的兴衰为背景：他与魔鬼签约，故意染上梅毒，最终变得精神错乱。 在对莱弗金的描写中，托马斯·曼着重借用了自己对尼采的认识。 尼采为存在是一种"美学现象"（Aesthetic phenomenon）辩护，把"自我"等同于"艺术自由"。 这种自由是自由主义意识形态的延伸，而莱弗金形象地展示了当这种自由被彻底的个人主义推向极端之后所带来的毁灭性后果。 随着现代生活变得越来越理性化、机械化和工业化，艺术便被驱赶到了地下——回到原始的、神话的和非理性的世界。 在其早期的作品里，托马斯·曼倾向于神话性的解释，很借重狄俄尼索斯的神话故事，也很信奉尼采的"永恒轮回"观——即历史将不断自我重复。 但是在《浮士德博士》中，莱弗金对无调性风格学说（atonalism）或十二音体系（twelve-tone musical system）①的运用，使他进一步远离那种把自我建立在传统艺术上的做法；他将原始主义发展到极端，而他的另一个信念——文化必须以异教崇拜（pagan cult）为基础——使他与神秘的民族主义结盟（曼把这种神秘的民族主义与纳粹联系在一起）。 他的故事由色勒努斯·采特勃洛姆（Serenus Zeitblom）（Zeitblom 即"time bloom"，暗示"无可避免性"）讲述；这位叙述者本人是启蒙运动的产物，所以对莱弗金的那种浪漫主义的过分行为感到迷惑。 面对莱弗金的无法驾驭的活力，他既无能为力，同时也有点串通一气，结果，采特勃洛姆为启蒙的意识形态提供了一个更糟糕的结局。

从根本上说，浮士德神话是对破坏性的个人主义的一种颂扬。1587 年，德国的约翰内斯·施皮斯（Johannes Spies）最先把浮士德故事带入文学领域，此后，浮士德的故事又因克里斯托弗·马洛（Christopher

①　十二音体系（twelve-tone musical system），现代派作曲手法之一。 由奥地利作曲家勋柏格于 1921 年创立。 作曲家放弃传统的调式、调性与和声体系，将半音音阶中的十二个音任意排成一个音列，然后以倒置、逆行等技法加以处理，除非所有的音都出现过，否则任何一个音不得重复。 ——译者注

Marlowe)和歌德的创作而闻名①。 托马斯·曼在传统的浮士德故事的基础上加入了疾病、艺术、文化解体等主题。 当莱弗金发现个人天才和极权主义这两种力量无法调和时,他体现的是艺术家和那决意要走向自我毁灭的民族国家。 在莱弗金身上展现的是奥古斯丁的"上帝之城"的不可能性,是共同体的不可能性,他代表了托马斯·曼在《一个不问政治者的看法》中所表达的政治希望的反面。 正如迈克尔·哈灵顿所说:"在《浮士德》中,世界太疯狂了,以至于对它的唯一明智的回应只能是疯狂。 对于堕落的陈旧描绘(诸如社会击败共同体、法理社会击败礼俗社会)以悲剧的形式回归了,用于描绘新的境遇。"(64)当城市居民分享了这种心灵状态,城市便从内部摧毁了自身。 莱弗金的音乐世界里也不存在任何和谐的可能性了。 对此,哈灵顿反问道:"在一个彻底世俗的、缺乏超越性的、充满战争和动乱的世界,和谐的根基在哪儿呢? 约定俗成的美只是一个谎言,艺术家所面对的是一如既往的混乱。"(65)在《浮士德》中,托马斯·曼将我们带向启蒙主义和浪漫个人主义的不可避免的终点,带向作为自由主义规划的最终破坏性产物的城市。

　　启蒙主义的人追逐权力,浪漫主义的人追求自由。 浪漫主义以自我具有特权为名打破了资产阶级的约束,而尼采是从启蒙主义的人(作为某个体系的一部分的人)到浪漫主义的人(赞颂自己的天才的人)的转变的中介。 在《浮士德》中,托马斯·曼在一个浪漫主义自我的丰富传统的内部展开工作。 在莱弗金之前,有巴尔扎克的伏脱冷、拜伦的曼弗雷德(Manfred)②,以及陀思妥耶夫斯基的斯塔夫罗金(Stavrogin)③和尼采的超人。 所有这些崇尚激进自由的人都走向了自我毁灭。 斯塔夫

---

① J. 施皮斯、马洛和歌德的作品分别是小说《浮士德博士的故事》(*Historia von Doctor J. Faustus*,1587)、剧本《浮士德博士生与死的悲剧》(*The Tragical History of the Life and Death of Doctor Faustus*,1604)和剧本《浮士德》(*Faust*,1806—1831)。 ——译者注
② 曼弗雷德,拜伦诗剧《曼弗雷德》的主人公。 ——译者注
③ 斯塔夫罗金,陀思妥耶夫斯基小说《群魔》的主人公。 ——译者注

罗金最终自杀了，他的信徒基里洛夫(Kirilov)更是试图以自杀的方式将人类从上帝的掌控中解救出来。曼弗雷德远离人类，孤独地站在圣母峰顶宣称："我是我自己的毁灭者"。尼采在阅读过陀思妥耶夫斯基和拜伦以后，对他们的英雄主义的反抗思想留下深刻印象。但是，由于缺乏根基，这种浪漫主义的自由在新的资产阶级社会里无法立足，尤其是在城市中，因为那里所谓的秩序，与顺从几乎是同义词。韦利·塞弗(Wylie Sypher)洞察到了这个根本要点，他断言"事实证明，对自由的浪漫主义信念，与对社会进步纲领的自由主义信念，两者根本不能相容"(26)。奥尔特加-加塞特(Ortega y Gasset)①也看到了这一点，他详细描绘了浪漫主义-自由主义(romantic-liberal)的人堕落到大众人(mass man)的轨迹，描绘了浪漫主义英雄让位于资产阶级技术人员的过程。罗伯特·穆齐尔在《没有个性的人》(*The Man Without Qualities*，1930—1943)中捕捉到的正是这一现象：乌尔里希(Ulrich)是新时期的职员(the new functionary)，他完全被外界环境所规定；这时候重心已经不在他本人身上，而是在事物之间的关系上。正如塞弗所说，我们正从浪漫的个人主义走向自由的集体主义："自由主义的社会纲领最终否定了人的重要性。自由变成了一种组织，而且偏偏还是中产阶级组织。"(26)从大众(mass)到主人(master)只有一步之遥；当浪漫主义的自由蔓延开来并被民族国家所吸纳，就会成为极权主义的养料。在此过程中作为中介的，有卡莱尔的特菲尔斯德罗赫(Teufelsdröckh)②，还有一种认为浪漫主义英雄是政治稳定根源的信念。

　　在从罗伯特·穆齐尔和浪漫个人主义的终结，到大众人和贝托尔德·布莱希特(Bertolt Brecht，1898—1956)③，是同一根链条上的不同

---

　　①　奥尔特加-加塞特(1883—1955)，西班牙思想家，被喻为西班牙的陀思妥耶夫斯基，著有《无骨气的西班牙》《大众的反叛》等。——译者注

　　②　指卡莱尔小说《衣裳哲学》(*Sartor Resartus*)中的"Diogenes Teufelsdröckh"，后者被描述为天使和恶魔式的人物，Teufelsdröckh 的字面意思即"上帝生的魔鬼"。——译者注

　　③　贝托尔德·布莱希特，德国著名戏剧家，著有《高加索灰阑记》《四川好人》等。——译者注

153 环节。 布莱希特对托马斯·曼的《一个不问政治者的看法》很反感，因为它寻求一种鼓动人心的民族主义（一种共同体的有机观念），而非塞塔姆布里尼的启蒙主义希望或纳夫塔的中央集权（centralized power）思想。 托马斯·曼既反对自由主义也反对极权主义，而是（至少在开始的时候是这样）寄希望于中产阶级的稳定，但是他以对大众人的未完成的思考结束了自己的写作。 而布莱希特对中产阶级的复兴丝毫不抱希望，他信奉关于大众人的思想，并走向了共产主义。 但是布莱希特和托马斯·曼分享着一些共同的前提：对于新兴特大都市的不信任。 在《都市丛林》（*The Jungle of the Cities*，1924）中，布莱希特描述了高尔加（Garga）家族的衰败，他们从欧洲村庄移居到芝加哥这座都市丛林，错误地幻想获得一种更好的生活。 在《马哈哥尼城的兴衰》（*Rise and Fall of the Town of Mahagonny*，1929）中，他认为城市就是人的命运：无论是人还是城市都适用同样的法则，而最高的法则就是金钱：它统治一切活动，控制人际关系，将市民分裂为剥削者与被剥削者。 在《马哈哥尼城的兴衰》中，布莱希特甚至抨击西大荒（Wild West）①神话，认为它那欺诈的个人主义把天真质朴的人诱引到一个已经被金钱所腐化的世界。 布莱希特的反都市主义虽然彻底，但并不新颖。 他对城市物质主义的抨击要晚于 H·G·威尔斯。 在威尔斯那里，我们也看到一条从浪漫主义自由和自由主义纲领，经由关于大众人的观念，最终走向极权主义超级国家②的思想轨迹。

三

随着城市变得越来越混乱、越来越不友好甚至越来越充满敌意，城

---

① "西大荒"（Wild West），指美国开拓时期的西部。 ——译者注
② "极权主义超级国家"原文为 totalitarian superstate，其中 superstate 以往也译为"极权国家"，但为了与 totalitarian state（极权主义国家）相区分，本书中译为"超级国家"。 ——译者注

市居民也变得越发疏离、越发孤独、越发孤立，城市风景也越发怪诞，都市过程本身也变得越发荒谬。 在《托诺－邦盖》（*Tono-Bungay*，1909）中，H·G·威尔斯进一步发挥了这种观念。 使得旁德罗夫叔叔（Uncle Ponderevo）发财致富的专利药品，反而对服用者稍稍有害，而各种计谋策划——如寻找夸普（quap）①——使得商业活动陷入了一种帝国主义状态（以对荒野的入侵、对土著的残杀和对自然资源的掠夺为特征）。 康拉德和艾略特恰好从这里开始：康拉德的写作以侵蚀着城市心脏的帝国冒险为起点；艾略特则从来自死亡之城的泰瑞西斯的警告声开始。

因科学技术对人类的统治而带来的焦虑，却使人类作出了一种完全相悖的反应——相信技术可以帮助我们适应自己的环境，为人类的发展指引方向，并成为进步的基础。 在威尔斯看来，新城市就是这种发展的产物。 在《时间机器》（*The Time Machine*，1895）中，叙述者通过引人入胜的细节，详细描绘出当旅行者进入未来时所看到的地球变冷以及人类退化的过程。 在那里，他发现了两种完全不一样的生命形式：一种是艾洛伊人（Eloi），他们过于审美化（aestheticized）以至濒临灭绝；另一种是莫洛克人（Morlocks），他们变得过于凶残，以至比野兽还不如。在《莫洛博士岛》（*The Island of Dr.Moreau*，1896）中，威尔斯重新安排了情节，在那里，莫洛博士热衷于器官移植，并通过这种手术改造了岛上的动物，赋予它们以人类的基本能力（也就是思考和运用语言的能力）。 但是当一些动物重返它们的基本天性时，它们便开始反抗，直至杀死了莫洛博士和他的助手。 和威尔斯的许多故事一样，这个故事也是从一位参与者兼观察者（participant-observer）的视角来叙述的；在逃出小岛以前，这个参与者目睹了动物们怎样一步一步地恢复其暴力天性，直到最后，不剩一点人性的痕迹。

尽管莫洛博士有如此命运，威尔斯还是相信，只要有一位科学家领

①　"夸普"（quap），一个假设性存在的核粒子，含有一个反质子与夸克，尚有待证实。 ——译者注

袖——柏拉图所谓的哲人王——的开明领导，就能够实现发展的进步。
但威尔斯是在深思熟虑之后慢慢转向这一立场的，在一开始，他就碰到
了一个难题：这么一位领导者很可能是个不道德的暴君。 在《当睡者
醒来时》（*When the Sleeper Wakes*，1899）中，他第一次借奇幻故事的形
式表达了这种忧虑。 故事的主人公格林厄姆（Graham）在沉睡了203年
后醒来，发现自己正身处某个极权国家的城市。 更令他惊讶的发现是，
自己在世上的投资经过这些年的累积竟已达到世界资产的一半！但是真
正的权力却掌握在奥斯通（Ostrog）手里，后者信奉上等人（Overman）思
想，认为上等人的职责就是征服弱者，使低等人和野蛮人服从控制。 格
林厄姆作为一个带着自己启蒙信念来到未来的人，无法接受这种政治观
点，于是，他开始挑战奥斯通的权力，虽然小说并未说明他成功与否。

　　《当睡者醒来时》是爱德华·贝拉米（Edward Bellamy）①的《回顾：
2000—1887》（*Looking Backward*，*2000—1887*，1888）的奇幻版，后者讲
述的是另一个沉睡者的梦幻般的见闻。 这位沉睡者被带到了一个理想
化的工业社会，那里所有的人类愿望都因机器技术而得到满足，整个国
家则由一个工程师独裁者统治着。 马克·吐温在《亚瑟王朝廷里的康
涅狄格州美国佬》（*A Connecticut Yankee in King Arthur's Court*，1889）
中，威廉·莫里斯（William Morris）②在《乌有乡消息》（*News from No-
where*，1891）中，都回应了贝拉米对于未来的想象。 马克·吐温所幻
想的世界末日式（apocalyptic）结尾显示了他对于无视伦理界限的技术所
统治的社会的恐惧。

155　　威尔斯也多少分享了这种忧惧。 早在《现代乌托邦》（*A Modern
Utopia*，1905)中，他就展开了对民主主义和民族国家的批判。 他批判
民主主义是因为它过于依赖个人主义，且又鼓励对自然的经济剥削；他
抨击民族国家是因为后者需要一个臃肿的官僚系统，并且要受到"国家

---

　　① 爱德华·贝拉米(1850—1898)，美国小说家，著有《回顾》等。 ——译者注
　　② 威廉·莫里斯(1834—1896)，英国作家和画家，著有《地上乐园》《世外之树》
等。 ——译者注

公务员"(the State official)的奴役(*A Modern Utopia*，79)。 他认为避免这种绝境的出路，在于创造出一个鼓励共同利益的世界国家①："这个国家代表整个人类而非个人；至于说乌托邦的世界国家，它更是代表整个人类。"(80)威尔斯的乌托邦理想与他对达尔文进化论的信仰密不可分。 但是他对达尔文的思想做了限定，因为他并不相信自然是在为人类利益服务；相反，人类必须用自己在后天环境中所获得的智慧，为自然指引方向。 正是在上述思想背景中，他将国家看成是一种比个人更高级的发展形式，而世界国家又是比民族国家更高级的发展形式。他认为民族国家已经走到了其自然发展的尽头，帝国主义的出现便是证据：他正确地预见到，既然每一个民族国家的发展都以损害其他国家为代价，那么，这个过程必然会导致世界大战。 在世界国家的理想中，威尔斯将人分为四个等级：创造的人(the Poietic)[即知识分子(intellectuals)]、活动的人(the Kinetic)[即管理者(administrators)]、愚蠢的人(the Dull)及一般人(the Base)。 这种分类使人想起他早期在艾洛伊人与莫洛克人之间进行的区分，只不过此处最高与最低两个极端不再是种族的差别(种族划分以生物学和遗传因素为基础)，而是受教育程度的差别，而教育的"选择出自人们的自愿"(236)。 新知识分子阶层——威尔斯称其为武士(Samurai)——以自己的智慧为人类的进化发展进程指引方向。 威尔斯不信任民主的理想，对他来说，希望存在于种族(race)而非个人之中。 他开始相信被他称作"种族精神"(Mind of the Race)的东西，这种"种族精神"是个人精神融入种族记忆和集体精神的结果。 因此，他和塞缪尔·巴特勒(Samuel Butler)②以及后来的阿道司·赫胥黎(Aldous Huxley)③一样，采纳了活力论(vitalist)的观点——这种观点认为事物充满了精神。 因为他站在这个立场上进行思考，所以他为秩序而牺牲了自由，为权威而牺牲了民主。

---

① "世界国家"(World State)与"城邦"(city-state 城市国家)、"民族国家"(nation-state)相对应。 ——译者注
② 塞缪尔·巴特勒(1835—1902)，英国作家，著有《众生之路》等。 ——译者注
③ 阿道司·赫胥黎(1894—1962)，英国作家，著有《美丽新世界》等。 ——译者注

威尔斯用了近四十年时间宣传这些思想。 但最后，在 20 世纪诸多历史事件的重压之下，他感到筋疲力尽，并彻底修改了他那些奇幻的观念。 在《黔驴技穷》(*Mind at the End of Its Tether*，1944)中，对宇宙的乐观主义让位于对宇宙的悲观主义。 这部于他去世前两年写成的著作，不仅否定了种族精神的有效性，还以我们所熟知的一段话预言了宇宙的结局："我们的宇宙不仅仅已经破产，而且连一点股息都没留下；不仅仅是清算了账目，还将彻底地消失，不留下任何残骸。 任何形式的追踪都将是完全徒劳的。"(*Mind at the End of Its Tether*，17)威尔斯认为我们已经到达了宇宙进程的终点："镭钟(The Radium Clock)为地球计时，给它划定一个多则百亿年少则五十亿年的有生命存在的时期。在此时间段，不同的生命形式相继占统治地位，直到被另一种更能适应变动中的环境的生命形式所取代。"(24)现在，人的统治已经到了尽头，这个物种"也即智人……当前的形态已经过时了……普通的人(Ordinary man)已经走到了尽头，只有一小部分适应力最强的人或许可以幸存"(18，30)。

这种悲观主义的原因不难窥见。 来自希特勒德国和斯大林苏联的大量事件，粉碎了威尔斯的幻想。 在他对民族国家丧失信任的同时，威尔斯或许确实也曾期望过希特勒和斯大林的崛起，但他从未对极权主义的权力滥用作出任何让步。 此外，他关于一种前进中的种族精神的观念并没有历史事实作为基础。 威尔斯的思路从内部崩毁了，一直以来指导着他工作的两个强有力的构想因此被推翻了：一个是启蒙主义构想，他对它进行了驳斥；另一个是达尔文主义构想，他对它进行了彻底的修正。 一旦丧失了对这些传统的信念，他也就一无所有了。

那些发生在威尔斯身上的思想争辩，同时也广泛地发生于现代主义思想运动中。 如前所述，在某一点上，爱德华·贝拉米与马克·吐温和威廉·莫里斯正好相对立。 捷克作家卡雷尔·恰佩克(Karel Capek)①认

---

① 卡雷尔·恰佩克(1890—1938)，捷克小说家，著有《大战鲵鱼》《机器人》等。 ——译者注

同威尔斯的许多想法，但他断言威尔斯从未看清法西斯的危险性。　叶夫根尼·伊万诺维奇·扎米亚京（Yevgeny Ivanovich Zamyatin）[①]从苏联内部提出了更多的问题，他在苏联看到了太多让他对极权主义国家产生怀疑的现象。　后来阿道司·赫胥黎和乔治·奥威尔（George Orwell）也加入了这一批评的大合唱。　奥威尔的《1984》使得威尔斯的思想——小说有时对它进行了不公正的歪曲——彻底信誉扫地。

四

当城市以商业活动而非与土地相关的活动为存在基础时，对城市缺陷的揭示就变得更为激烈，这种揭示主要集中在中央集权的必要性上。157当都市艺术家的意识向内转时，外部的政治现实却变得更倾向权威主义。　启蒙主义的城市使得自由的个人主义得以诞生，但是当现代主义者回避或对各种形式的极权主义控制持赞成态度时，那种自由个人主义的自我感便发生了极大的变形。

扎米亚京的《我们》（We，1924）[②]是最早描绘极权主义国家的作品之一，这部反乌托邦小说，描绘了26世纪里一个用科学和技术造就的"完美"国家。　这个"统一国"（The Single State）正如它的名称所示，由一个独裁者——一个大恩人（Well-Doer）或一位大恩主（Benefactor）——和一个官僚机构即保卫局统治着。　而公民都住在玻璃房子里，以便于政治警察的监督。　这个国家所依据的理念前提是：在伊甸园中，人类一直是幸福的，直到有一天他们去寻找自由；而这个统一国就是要通过消除自由，再次让他们回到幸福乐园。　但是自由并不那么容易被压制，它总是要么以对爱的渴望的形式回归（这是国家所禁止的），要么以人类

---

①　叶夫根尼·伊万诺维奇·扎米亚京（1884—1937），前苏联小说家、剧作家，作品《我们》早于赫胥黎的《美丽新世界》和奥威尔的《1984》，被誉为第一部反乌托邦小说。——译者注
②　参见中译本《我们》，刁绍华等译，北方文艺出版社2002年版。——译者注

其他"原始"冲动(人的本性的残留部分)而重返。 一旦扎米亚京否定了城市，他笔下的臣民便处于前文明时期。

《我们》写于列宁去世前后，它无疑受到威尔斯和杰克·伦敦的启发；因而，扎米亚京的讽刺对象似乎是一般的工业国家而非斯大林政权或苏联。 那个大恩人至少部分地是以科学管理之父弗雷德里克·温斯洛·泰勒(Frederick Winslow Taylor)①为原型的。 在《科学管理原理》(*Principles of Scientific Management*，1911)中，泰勒系统阐述了对劳动者进行严格分工，进而将个体组织到机器生产中的科学方法。 不过，虽然扎米亚京的主要主题可能是关于技术带给人们的影响，然而他也预言了斯大林主义的罪恶：他描绘出了那些本来可能成为个人主义者的人在高度组织化的、盲从袭习的社会中的命运。 这个主题最早由陀思妥耶夫斯基在《宗教大法官》(*The Legend of the Grand Inquisitor*)中处理过，后来赫胥黎和奥威尔也有所涉及。 事实上，从宗教大法官到大恩人，再到赫胥黎《美丽新世界》(*Brave New World*，1932)中的穆思塔法·蒙德(Mustapha Mond)和奥威尔《1984》(1949)中的奥勃良(O'Brien)，完全是一脉相承。 在上述所有作品中，个人都是更高权威的牺牲品：为了确保一致，国家必须根除自主的自我。

一道玻璃围墙环绕着整个城市，把非理性与理性、荒野与都市隔离开来；它的崩塌会让人类与自然重新统一，使理性与直觉再次和解，使自主的自我获得新生。 像许多对萎顿的城市的描写一样，扎米亚京在这里抬高了自然王国的价值：他的"自然"指的是野性的能量，它充满着本能的激情——个人已经被与这种激情切断联系。 围墙内部，居民们因都市的熵化而受累；围墙以外则是不断的革命带来的威胁。 秩序与混乱，熵与革命，都是都市存在的两个面向。 扎米亚京构想出的未来城市既荒凉又充满希望：荒凉是因为自主的自我不可避免地丧失了，

①　弗雷德里克·温斯洛·泰勒(1856—1915)，美国著名管理学家，1911年发表《科学管理原理》，提出了通过对工作方法的科学研究来提高工人劳动效率的基本理论与方法，被称为"科学管理之父"。 ——译者注

这导致了各种形式的极权主义控制；充满希望是因为个体内部残留的原始力量正在与这种控制进行斗争，并且，随着这个"罗马帝国"的陷落，始终存在着革命的可能。熵与革命都存在于这个超级国家的根子里；在秩序之下永远潜伏着无序。

尽管扎米亚京笔下的城市有官僚控制作为依靠，但永远存在着一股力量要逃出城市，返回到残存的自我：书中的那幢古代的房子（the Ancient House）代表着这种逃离。革命在城市边缘悄然进行，在那里，个人像陀思妥耶夫斯基笔下的"地下人"一样，期待着从压抑中解放出来。同时，秩序和控制的力量统治着白天。超级国家的崛起导致了个人主义的崩溃，因而集体主义的冲动标志着主体的丧失。而后现代思想家很久以后才注意到这一点，并把这种主体的丧失当作突出话题。城市给我们带来了大众、工业秩序和集体主义政治。对于扎米亚京而言，自我的本真性（self-authenticity）追寻之旅需要倒转方向，即穿越城市，重返原始王国。

五

当扎米亚京这种重返前城市时代的思想真正被付诸实践时，结果却是灾难性的，因为那恰好是阿道夫·希特勒建立第三帝国的目标。1933 年至 1945 年间，希特勒（1889—1945）通过国家社会主义，在德国建立了一个极权统治。他认为自己继承了第一帝国（中世纪的神圣罗马帝国）和第二帝国（俾斯麦在 1871 年击败法兰西后建立的普鲁士统治）的传统。希特勒以两种方式获取权力：（1）他呼吁因凡尔赛条约（Treaty of Versailles）而分裂的各德语国家重新团结起来；（2）他以民族天命（national destiny）这样的煽动性口号吸引大众。希特勒的崛起得力于德国在一战中的战败，战胜国从德国索取了大量的赔款，这给德国人民带来了巨大的政治挫败感；此外，希特勒的崛起还得力于 20 世纪 30 年

159 代的全球大萧条，后者使面临困境的德国经济雪上加霜。 希特勒将与他的政治目标有同样倾向的"德国工人党"（German Workers' Party）改组为"国家社会主义德国工人党"（Natonal Socialist German Workers' Party）——纳粹（Nazis）。 希特勒通过创造出一系列可恶的敌人而巩固了自己的权力；那些敌人，即"他者"，首要的就是马克思主义者和犹太人——对于希特勒而言，这两者是同义词。 由于这些敌人主要是城市居民，希特勒开始憎恶城市。 他在《我的奋斗》（Mein Kampf，1924）中写道："对我来说，巨大的城市是亵渎种族的体现……我在城市生活得越长久[先在维也纳，后来在慕尼黑]，对那些开始侵蚀德意志文化古老基石的外国混杂人群的憎恶感就愈发滋长。"（转引自 Shirer，49）

狄俄尼索斯对一座城市施以催眠术；而希特勒则在一个民族国家内部，通过将这个民族国家连接到一个由他自己创造的崇高天命（sublime destiny）的方式，对一个国家施以催眠术。 希特勒利用了几乎所有与城市相对立的东西：他强调乡村胜过城市，强调民族（Volk）胜过人群，强调文化的纯洁性胜过多样性。 他盗用并曲解了过去的知识和文化观念，比如说，他为了自己的目的而歪曲尼采的超人思想；别具用心地利用瓦格纳神话和其他神话，建构起一套关于德意志国家的神秘观念；以错误的种族观念为基础创造出一种社会等级结构；将过去的政治挫败感转化为对军事征服的呼唤。 于是，一旦城市掌握在他手中，他就像以前的众多统治者一样，把它转变为自己的权力和统治的纪念碑。 但是，无论我们是跟着拿破仑三世进入帝国城市，还是跟着希特勒后退一步，通过民族进入极权主义城市，我们都仍然处在被大众所定义的城市王国。

六

扎米亚京在超级国家崛起之前创作了《我们》；乔治·奥威尔（1903—1950）于第三帝国倒台以后写出了《1984》。 虽然奥威尔读过扎米亚京的《我们》，并且还写了一篇鉴赏文章，但他一方面回顾了上一代作家（史蒂文森、吉卜林、巴特勒、吉辛、高尔斯华绥）的创作，另一方面也思索着未来出现超级国家的可能性。 奥威尔有着扎米亚京所缺乏的那种对历史连续性的意识，这有助于他洞察到历史上曾发生过的民族国家、帝国主义、极权主义之间的相互影响。（所以今天，我们必须根据历史来阅读他的未来主义小说）

奥威尔笔下的超级国家一开始是一种启蒙建构，诞生于对自然进行控制的需要；此后这种控制迅速扩张，以至于笼罩到一般民众头上。超级国家其实是资本主义演进发展的一部分，它的最终产物是权力。这就解释了为什么一定要实行思想控制、篡改历史并摧毁语言，因为超级国家的目标就是摧毁个人主义。 奥威尔认为，随着可以提供另一种可能的社会主义运动的失败，现代历史走上了歧路。 国家不再促进个人平等，而是创造出一种以地位和等级制为基础的新的不平等：代替富人的是老大哥（Big Brother），代替商业大亨的是超级警察（superpolice-man）。 当控制本身成了一种目的，创造一个城市共同体的希望就破灭了，现实中产生的，是受某个统治者所控制的大众。 160

在《1984》中，一个由老大哥所领导的神秘的内党（Inner Party）控制着"大洋国"。 奥威尔以对过去进行人性化甚至伤感化的方式，使得其所在的超级国家与过去的民族国家形成鲜明的对照。 在小说中，代表过去的有那家旧杂货店，还有那里的双人床和老式的旧钟。 温斯顿（Winston）的参照系是过去，他是文本中唯一一个可以作为小说人物来阅读的角色。 其他的人物，包括朱丽叶（Julia），不过是政治符号，他们既没有过去也没有思想。 温斯顿的怀旧显示出他希望回到一个还没有发展到那么糟糕的过去，希望让历史从头开始以便走向一个更好的结局。 但他的理想是徒劳的：当他放弃了对朱丽叶的爱（那一幕让人想起扎米亚京的《我们》）时，他便失去了与人性（humanity）最后的联系。奥威尔最先想把小说的标题定为《欧洲最后一个人》，由此可知，温斯顿代表的是人文主义（humanism）的最后残余和个人主义最后的遗迹。

就像非理性的纳夫塔对塞塔姆布里尼的启蒙言论作出有力攻击一样，奥勃良似乎也打败了温斯顿。 纳夫塔与奥勃良都认为个人的无力预示着人文主义的终结，而后现代话语中所谓的主体(subject)的消失，只不过确认了他们的观点。

奥勃良质疑了温斯顿关于个人与大众、过去与现在、共同体与党的区分。 他知道温斯顿相信"党并不是为了自身的目的去寻求权力，而是为了大多数人的利益……因为一般群众是脆弱的懦夫，他们不能运用自由或正视真理"，奥勃良认为温斯顿所说的是蠢话，于是把致痛仪表盘的杠杆扳高，并告诉温斯顿："党完全是为了自身的原因而去寻求权力。 我们对别人的利益不感兴趣；我们仅仅对权力感兴趣。"(Orwell, 216—217)[1]建立专政不是为了保卫革命，反过来进行革命是为了建立专政。 权力的目的就是权力本身。 奥威尔洞若观火地看到，极权主义权力要求社会固定不变，对任何改变充满敌视。 奥威尔笔下的世界由"大洋国"与另外两个超级国家(superstates)即"东亚国"和"欧亚国"统治着；这三个国家总是不断地在政治上结盟，又不断地交战。 奥威尔认识到一个极权主义国家(totalitarian state)[2]必须不断地从事战争，因为它必须通过战争消耗掉由先进的科技创造出的产品，这样，公民的生活水平就不会得到提高，也就不会破坏作为权力基础的社会等级制度。

如果把《1984》当小说来读，故事的中心就是温斯顿；如果把它当反乌托邦作品来读，故事的中心则是国家。 奥威尔关注的是国家，是从启蒙主义城市到民族国家，到帝国，再到极权体制这一发展脉络中所出现的问题。 他声称，这部作品与其说是对具体的极权主义国家的攻击，不如说是对极权主义的危险性的全面警示。 这个声明表达了他对启蒙主义民主失败的焦虑。 奥威尔将民主的失败归之于自由主义及其

---

① 参见《奥威尔经典文集·一九八四》，黄磊译，中国华侨出版社2000年版，第276—277页。 译文有修改。 ——译者注

② 关于"超级国家"和"极权主义国家"的译法，详见第196页译者注。 ——译者注

对个体的信仰的崩溃，以及现代社会主义和共产主义的失败：先是个人的贪婪分裂了国家，继而由极权主义权力造成了国家的非人化。在这两种情况下，政治系统都无法创造出一个共同体。

现代国家一直在滥用权力。奥威尔清楚地观察到权力是如何结构化其他东西的：权力把意识、语言、性、历史，甚至大自然都纳入自己的统治范围，把风景（landscape）变成经过国家允许才能看到的远景（vistas）。权力以官样文章（Newspeak）的形式消灭了差异：战争即和平，自由即奴役，无知即力量①。逻格斯中心主义（Logocentrism）被权力所取代，于是语言（国家的一种延伸）的意义取决于"老大哥"的说法。在国家层面上的错误影响到所有的东西——城市、大众、语言、意识、艺术。和威尔斯一样，奥威尔把我们带到了启蒙遗产的逻辑终点。城市以对权力的组织开始，以被其组织的权力所吞噬而告终。

七

现代主义最初是一场美学运动。马修·阿诺德是那些把文学视为宗教替代品的人物之一。但是有些现代主义者（如别雷）则把唯美主义本身视为业已枯竭的文化选项。结果，有些人（如艾略特和奥登）重新回到宗教；另外一些人（如威尔斯和布莱希特）则走向世界国家（world state）或各种形式的极权主义。因此，正如托马斯·曼、扎米亚京、奥威尔和其他人所揭露的那样，自由主义规划——尤其是其中个人的命运（fate）——在民族主义和极权主义面前破产了。最终可以看到，超人（superman）和超级国家（superstate）其实是一枚硬币的两面。使个人获得解放的力量（都市主义的兴起）最终导致了民族国家的产生，但无论是个人还是民族国家，都遭遇了毁灭性的破产。"超人"（*Übermensch*）

162

---

① 这三句话出自《1984》，是大洋国"内党"的党标。——译者注

在自身中原就带有毁灭性的因素，正如极端的民族主义（受到瓦格纳、尼采和海德格尔的超人理论的鼓励）导致了"灾难性的结局"（*Götterdämmerung*）①或民族的灭亡。 在《文化绝望的政治》（*The Politics Of Cultural Despair*，1961）中，弗里茨·斯特恩（Fritz Stern）②将自由主义政治规划的毁灭性后果记入了史册。 对自由资本主义的攻击，来自右翼的有发端于德国的神秘民族主义，来自左翼的则有以马克思主义为基础的社会乌托邦主义（social utopianism），它们在思想上的交锋体现在托玛斯·曼和布莱希特之间，以及威尔斯和奥威尔两者各自思想的**内部**。 对自由主义和资产阶级（bourgeois）资本主义的批判是浪漫主义的一种延续，它在各个阶段都有反都市的倾向。 这种批判被诺尔道继承，并影响了斯宾格勒，再后来又被希特勒和新马克思主义者所继承（尽管看起来有点自相矛盾）。 新马克思主义者把城市看作是国际资本主义诡诈的网络的一部分。 因此，城市或是被当作退化和堕落的根源而受攻击，或是被转化为晚期资本主义的迷宫。 我们会发现，迷宫是后现代城市特征的表现。

许多现代主义者试图将都市自我建立于既定机构（比如共产党或教会）之上。 这些意识形态成为理想化的城市被投射于空间和未来的基础：它们只是一种愿望，而非一种现实的前景。 这种投射是我前文所说的"向内转"的一种延续。 作为一种走向主观现实的现代主义运动，"向内转"倾向于在心灵中创造一个理想化的世界。 后现代主义批判了这种超验的现实（transcendent reality），称之为元虚构（metafiction）和主人叙事（master narratives），并主张一种不建立在任何基础上的现实。 可反讽的是，现代主义的心灵从没有完全消亡过，相反，它总是在某个时刻——即尽管超验的意义已经丧失，可人物仍然承认某个外在权威的时刻——幽灵般地浮现。 我们将看到，托马斯·品钦笔底下的

---

① Götterdämmerung原是尼采一本书的书名，即《诸神的黄昏》，此处被借用，意为"灾难性的结局"。 ——译者注

② 弗里茨·斯特恩（1926—2016），德裔美籍历史学家和教育家，著有《文化绝望的政治》《权力的责任》等。 ——译者注

奥狄芭·马斯和保罗·奥斯特（Paul Auster）①笔下的昆恩（Quinn）就是那种人物。此外，城市变得越神秘，也就变得越有威胁性；神秘感预示着可怕的未知物和无法预测之物。奥威尔的"老大哥"无迹可寻，但"老大哥"所创造的那种诡异的心灵状态却继续存在，并在后来的小说中一再出现；一种后现代的焦虑感代替了从前的权威。

自由主义的理想坍塌了：自我的基础必须是比它自己的自反性（self-reflexivity）和自主性（autonomy）更大的东西。城市需要理论的辩护，需要一套以丰富的知识为基础的意识形态。然而，各种机构——教会和国家——非但没有解放个人，反而约束了个人。如果艺术、宗教和政治都成问题，那么，剩下的难题是：究竟什么可以代替自由主义规划？对此，战后存在主义给出了一个短命的回应。它以现象学的方式，仅仅通过心灵就使浪漫主义英雄摆脱了虚无，从而再造了关于浪漫主义英雄的观念，回到了激进个人主义的领域。[2]这个难题最终是一个与大众社会（mass society）有关的问题。这一问题在欧洲还没有获得圆满的解答，就在美国被再次提出。

163

注释：

　　[1]"有目的性的"（Intentional）有时被翻译成"有预谋的"（premeditated），这两个词都指一种脱离肉体的、与物质世界进程相分离的心灵状态。
　　[2]关于浪漫主义英雄和存在主义之间关系的讨论，参见拙著《危险的跨越》（*A Dangerous Crossing*），第1—12页；关于存在主义英雄的自我毁灭性质的讨论，参见拙著《恶魔的探索》（"Demonic Quest"）。

---

　　①　保罗·奥斯特（1947—），美国小说家、诗人、翻译家、评论家和电影编剧，代表作有"纽约三部曲"、《月宫》《孤独及其所创造的》等。——译者注

第 四 编

美国再现

第十章

城市与荒野

一

美国的城市与欧洲的城市不同，与其说是对欧洲城市的复制，不如说是对欧洲城市的再现（re-presentation）[①]。 在欧洲，一个城市定义自身时，相对的是它在中世纪的起源和从封建社会以来的变化；在美国，一个城市定义自身时，相对的则是荒野和边疆的经验。 **边疆**一词也有着非常不同的含义，它既象征着旧世界中两种力量相交汇的边界，也代表着新世界里开放的空间和机会。 在美国，与边疆相遇就意味着与荒野相遇，这一点相应地具有一种新的主题上的重要性。 在东海岸，美国城市以欧洲城市特别是伦敦为模型；而地处俄亥俄州和密西西比山谷的城市则模仿东海岸的城市。 最先来到这里的是纤夫和猎人，然后是农民，接下来是办事员和专业人员，他们改变了农耕的乡村。 对于那些念念不忘《圣经》中所说的在荒野中寻找城市的移民们来说，越过边疆就意味着走向荒野，走向荒野所代表的一切。 对于来到新的荒野的清教徒和越过整座大陆来到边疆的人，其所经历的与《圣经》中记载的耶路撒冷的故事相类似。 关于它们的占统治地位的比喻

---

① representation 一般译为"表述"、"描绘"、"代表"，在强调其构词法（re + pres-entation）时，直译为"再（次）（呈）现"，这里也可译为"重新表达"。 ——译者注

是山上之城。

沃尔特·普雷斯科特·韦布（Walter Prescott Webb）在《大边疆》（*The Great Frontier*，1952）中分析了现代欧洲与世界其他地方的关系，描绘了将大都市与边疆连接起来的政治系统。 韦布认为两者相互关联：大都市作为文化中心，是西方文明的存储器；边疆依靠城市而运转，同时又使城市制度——如限嗣继承权、所有权、长嗣继承权——变得无力。 边疆的力量在于它的吸引力："毫无疑问，从 1500 到大约 1900 年的边疆经验是人类在现代时期最难忘的冒险之一。 在大都市的边沿，经常是在它边界的另一边，伟大边疆的烽火吸引人们走出城市，鼓舞他们去建功立业为之献身。"（Webb，280）正如马丁·格林（Martin Green）所说："1850 年以后，美国的想象忽然转向了西部和大陆。"（144）

美国从殖民地向共和国的转变，同时也是从基督教意识形态向启蒙意识形态的转变：美国《宪法》和《权利法案》都是启蒙主义文献。 本杰明·富兰克林和托马斯·杰斐逊在"发明"美国的过程中起了决定性的作用。 实际上，尽管由于汉密尔顿的联邦制和工业州的兴起，损害了杰斐逊的理念，但后者还是在两百年的时间里左右着美国的知识辩论。 杰斐逊的理念由诸多因素构成：他热爱农耕生活，是启蒙运动的产儿，把国家利益置于优先地位。 杰斐逊赞成简单朴素的农业共和国。 他担心由革命开动的权力机器会被误用，会由于资本主义的竞争、城市的发展和城市无产阶级的产生和壮大，而使民主变为新的权威主义。 他在《弗吉尼亚纪事》（*Notes on Virginia*，164—165）中强调："在土地上劳动的人们是上帝的选民。"因为担心工业革命的不利后果，特别是他在欧洲（作为驻法大使，他在那里住了五年）所目睹的后果，他阻止弗吉尼亚制造业的发展，主张应该让工厂留在欧洲。 他对城市的厌恶，与其说来自 18 世纪 80 年代的美国，不如说来自当时的欧洲。 他对乌合之众尤其恐惧。 他在《弗吉尼亚纪事》中断言，乌合之众对人民和对政府都具有破坏性："大城市的乌合之众之于纯洁的政府，正

如脓疮之于健康的身体。"(165)①

　　虽然杰斐逊最初是个联邦主义者，但当他认为一个过于强大的中央
政府可能成为威胁时，便参与创立了民主共和党（Republican Party）②。
他的信念使他和詹姆斯·麦迪逊（James Madison）、詹姆斯·门罗（James
monroe）以及他的弗吉尼亚同事结成同盟，也使他和纽约的亚历山大·
汉密尔顿（Alexander Hamilton）产生冲突。　汉密尔顿支持英国王室，杰
斐逊却同情法国对共和制的追求，并想摆脱对英国经济上的依赖；而汉
密尔顿认为英国在经济上的支持对于这个新国家来说非常重要。　杰斐
逊对国内经济也有自己的看法。　作为南方人，杰斐逊对以银行和工厂
为基础的工业的、资本主义的北方心存忧惧。　在总统任期中，他签订
了《路易斯安那土地购置案》（Louisiana Purchase）③，这不仅使美国拥
有了原属法国的新奥尔良州，也打开了从密西西比河到落基山脉的密西
西比山谷，在政治上联合了南部和西部。

　　杰斐逊竭尽全力保持政教分离，他对美国天命的持久信念，使《圣
经》中新耶路撒冷圣城的观念得以世俗化。　他的圣城是理性思考的产
物。　像许多启蒙主义思想家一样，杰斐逊受到古代思想特别是古罗马
思想的影响。　他认为，英雄的古典主义这个欧洲神话，将在美国得到
实现。　在获取皮尔·查尔斯·朗方（Pierre Charles L'Enfant）的帮助以
设计联邦城市（federal city）的过程中，杰斐逊起了关键性的作用；他还
参与了华盛顿的规划，包括白宫和国会大厦的设计。[1]晚年的杰斐逊
看到建设一个工业化美国的必要性，但他坚持认为，工业必须服从和适
应农业经济。　可是，1812 年美英战争之后，他看到美国正走在一条不
可逆转的工业化道路上。　他逝世后 34 年，南北战争爆发，工业化运动
达到高潮。

169

---

　　①　参见杰斐逊《弗吉尼亚纪事》，《杰斐逊集》（上册），彼得森注释编辑，刘祚昌、
邓红风译，生活·读书·新知三联书店 1993 年版，第 311—312 页。　译文有修改。——
译者注
　　②　Republican Party 直译为"共和党"，为与建立于 1854—1856 年间的"共和党"
相区分，一般将前者称为"民主共和党"。——译者注
　　③　指 1803 年美国从法国手中购得现路易斯安那州大片土地的条约。——译者注

杰斐逊对欧洲城市的忧虑为许多美国重要作家所共有。 在《喝彩》（*The Bravo*，1831）中，詹姆斯·费尼莫尔·库珀(1789—1851)把威尼斯描述成阴谋和腐败的中心；[2]赫尔曼·麦尔维尔(1819—1891)在《雷德本》（*Redburn*，1849）中描绘了一个无情的伦敦；纳撒尼尔·霍桑（Nathaniel Hawthorne，1804—1864）在《玉石人像》（*The Marble Faun*，1860）①中认为现代罗马已经不可救赎。 他们认为，如果美国城市要繁荣发展，就必须与欧洲的过去一刀两断，必须创造新的都市现实。 但这种看法从一开始就有矛盾。 所有这些作家都对城市生活的性质持严格的保留态度。 不管是在欧洲还是在美国，城市总归还是城市，况且，美国城市已经开始表现出与欧洲城市的类似性。 在《福谷传奇》（*The Blithedale Romance*，1852）②中，霍桑描述了实现乌托邦远景的不现实性。 卡弗台尔(Coverdale)是一位美国闲逛者，他这样描述他在城市中的日常生活："我不大愿意投身到人类活动和消遣的浊流中。 现在，对于我来说，更适合的方式是在边缘地带闲逛，或者在它上空盘旋。"(161)作为城市内部的非实体灵魂，他对离群索居的需要，使福谷对于他来说还是太具有群居性了。 像波德莱尔一样，卡弗台尔来到城市，成为人群中的孤独者——也就是说，成为人们之中的孤独者，而所谓人们，已经不再是个体的人，而是成为物、成为都市客体，被剥夺了人的身份。

霍桑像许多同时代的人一样，把城市视为克制荒野的一种手段。《红字》（*The Scarlet Letter*，1850）有着双重背景，一重是被认为代表秩序的新兴城市，一重是让人感到不受管束的荒野。 海丝特(Hester)走出村庄时被诱奸，这使她被那个共同体驱逐。 在接下来的岁月，她一直生活于村庄和荒野之间。 霍桑小说中的荒野带有狄俄尼索斯故事中的许多内涵。 有一种不可预知的和没有被驯服的东西，从荒野入侵到

170

---

① 中文版参见《玉石人像》，胡允恒译，百花洲文艺出版社 2000 年版。 ——译者注
② 中文版参见《红字·福谷传奇》，侍桁、杨万、侯巩译，上海译文出版社 1997 年版。 ——译者注

村庄；正是印第安人的世界提供了一个辩证的对立面，体现着清教秩序所竭力压抑的混乱。像杰斐逊一样，霍桑非常强调具有救赎性质的共同体观念；但也像杰斐逊一样，他也看到这样一个共同体必有其局限性，而人类的任务就是去克服它，尤其当面临的是自然条件的局限时，更应该如此。自然的无序，深深内在于城市秩序；这两者都无法完全容纳对方。《通天铁路》和其他故事都显示出，霍桑已经看到了杰斐逊的理念的局限性：人性注定了共同体的不完美，它本身就使那种新耶路撒冷的观念无法实现。

　　杰斐逊的理念虽是一个失败了的关于美国的可能未来的理念，但它却统治着现代作家的文学想象。关于杰斐逊在任期间的历史，亨利·亚当斯写了一部长达九卷的著作。艾兹拉·庞德视杰斐逊为美国最后的希望。菲茨杰拉德将城市占统治地位之前的美国，也就是杰斐逊的美国，看作是他理想中的美国。约翰·多斯·帕索斯写了三本书，将杰斐逊理想化。福克纳将他小说中的堕落世界的中心，设置在一个名叫杰斐逊的密西西比城镇。此外，许多批评家已经指出，弗兰克·劳埃德·赖特（Frank Lloyd Wright）关于建筑的有机观念，也受到杰斐逊的很大影响。[3] 171

二

　　埃德加·爱伦·坡(1809—1849)的小说带给我们一种与新耶路撒冷和杰斐逊的乌托邦不一样的城市。爱伦·坡比其他的浪漫派作家更极端，认为城市包含了一种破坏性力量，这种力量造成了一个解体过程。他笔下的城市，无论是已经被湮没了的远古城市，还是19世纪的伦敦或巴黎，都与不可避免的死亡联系在一起。在《玛丽·罗热疑案》（"The Mystery of Marie Roget"，1842)中，爱伦·坡将玛丽·罗热的谋杀者从斯塔滕岛（Staten Island）转到巴黎，因为巴黎更神秘、更不祥,也更便于作恶。《未来之事》("Mellonta Tauta",1848)是对 2848 年的纽约的奇幻预测,这个纽约已经被自然灾害、宗教和民主(乌合之众)改变了。

1848 年,爱伦·坡创作了他称之为"散文诗"的《我发现了》("Eureka")一文,对宇宙进行了长篇大论的哲学和半科学式的解释。许多批评家把这部写于逝世前八个月的作品,看作是理解他早期作品的一把钥匙。通过阅读后来的作品来解释先前的作品这种方法,当然会引起一些批评方面的难题,但是把这种方法用于《我发现了》,却也会带来一些好处。在这部作品中,爱伦·坡宣称上帝是上帝自己所创造的,是他自己的意志的产物。宇宙源自上帝所创造的一颗"原始粒子"(primordial particle)。这颗粒子扩张到了宇宙的最边缘,而当它到达边缘时,就向内转,向自己的源头回归。随着宇宙的扩张,它也经历了自己的多样性;当它向自身坍塌时,就成为统一(unity)。物质就这样趋向自己的熵毁灭:所有东西都在消耗中走向最终的统一。这样一种哲学来自宇宙双重运动的信念,这种双重运动在人类日常劳动的经验中可以被发现。这些最重要的运动——创造、外扩和内收——揭示了爱神和死神的冲突,生的希望和自我毁灭的欲望的冲突。丹尼尔·霍夫曼(Daniel Hoffman)称这是双重真理:"扩张和收缩……生命和死亡。一切都是双重的。"(295)

换句话说,在爱伦·坡看来,所有东西都在走向死亡,然后又由死亡走向原初的统一。这种哲学解释了爱伦·坡对年轻美丽的女人之死的着迷,因为她们都被召唤到一个特殊的王国去了。这也解释了我们在《海中的城市》("The City in the Sea",1831)之类的诗歌中所发现的城市景象。这座城市,正如亚特兰蒂斯(Atlantis)一样,象征着海底世界的统一,在那儿,死者已经回归:

> 瞧!死神为他自己竖起了宝座
> 在一座奇妙的城市,萧森寥落

就在那遥远而迷蒙的西方。①

　　这座城市不像地球上的任何东西。 它是"玻璃的荒野"，被海底发出的光照亮，它被死神统治着。 死神在一座高塔之上，"傲然俯视"着这座城市。 这首诗的结尾，暗示了这座城市对生者的魅惑力：它是一种比地狱更有力的对抗天堂的力量。 我们再次看到城市与死亡王国密不可分；负熵把城市带回到一种最初的惰性状态。

　　在短篇小说《未来之事》中，爱伦·坡展示了负熵的作用。 这篇小说写于 1848 年，背景却设置在一千年以后的 2848 年。 故事讲了一次气球旅行，目的地是已经成为废墟的纽约。 最初的破坏好像是来自 2050 年的一场地震，它导致了城市的衰败，内部的虚弱加速了这一过程。 这种内部的虚弱，起因于将太多的权力给予教堂——"为了膜拜'财富'和'时尚'这两尊神而建造的一种宝塔"（*Complete Works*，VI，291）——和乌合之众，爱伦·坡将后者与在美国误入歧途的民主等量齐观。 在爱伦·坡的作品中，几乎每次提到城市，就会一并提及一泓水：在《未来之事》的结尾，气球崩溃并掉入海水中，那巨大的、吸纳了所有时间的漩涡，正如同《亚瑟·戈登·皮姆海上历险记》（*The Narrative of Arthur Gordon Pym*，1838）中的涡流以及《大漩涡底余生记》（"*A Descent into the Maelstrom*"，1841）中的大漩涡。

　　在爱伦·坡看来，城市总是外在于时间，它是过去的废墟，然而所有未来的生活又悖论性地涌向那个过去。 爱德华·H·戴维森（Edward H. Davidson）认为，对考古学的新兴趣，影响了爱伦·坡对消逝了的死亡城市的看法。 这样的城市消解了时间的"直线性的连续性，也不再以这种时间把历史切割成某些时代和时期"，相反，它引入了一种"浩茫的、没有一定方向的时间观念，在这种时间观中，过去的事物呈现为一种超时代的现实"。 死亡和死亡之城变得像一件艺术品：它不受

173

---

　　① 参见爱伦·坡《海中之城》，收入《爱伦·坡集》，曹明伦译，生活·读书·新知三联书店 1995 年版，第 86 页。——译者注

时间的影响，自身就是一个统一体（Davidson，117—118）。 因为爱伦·坡笔下的城市外在于时间，批评家们很难将他归类。 弗农·帕林顿（Vernon Parrington）在概括美国文学时所用的自由主义原则，无法把爱伦·坡囊括在内；F·O·麦西逊（F. O. Matthiessen）也无法把爱伦·坡用模糊手法运用的风景，与霍桑、麦尔维尔和惠特曼等人想象的美国协调起来。 威廉·卡洛斯·威廉斯试图将爱伦·坡纳入他对美国特性的概括，可是他的尝试没有说服力，没能说明爱伦·坡的风景的独特位置：他的风景即便不在时间领域之外，也已经到了它的边缘。 爱伦·坡不断把我们召回到一种虚无状态。 而城市就是那陌生的家，它在荒野的另一边，我们最终被召唤到那里。 在这种想象的深处，是爱伦·坡对进步福音的不信任。 这种不信任支持了爱伦·坡关于毁灭和衰变的学说。 像其他对城市进行观察的浪漫主义者一样，爱伦·坡也强调对物理世界的限制，并留给我们一种带有诡异感的、分崩离析的城市——这种城市是一个神秘的家，我们的局限使得我们一定会像所有生命一样，回到那里。

三

　　与爱伦·坡不同，赫尔曼·麦尔维尔把城市定位在此间此时。 他笔下的城市处于它的起点（即荒野）和它要走向的终点（即解体）的中间——也就是说，他的城市要根据自然和文明之间的差异来阅读。 在早期作品中，麦尔维尔表现出了对文明的强烈不信任感，特别是当文明将其意志强加给生活于质朴安宁环境中的原始人群，结果扰乱了他们文化的和谐状态时，就更是如此。 在《泰皮》（*Typee*，1846）和《欧穆》（*Omoo*，1847）中，他特别批判了传教士，他们的传教活动，使得各部落土生土长的信仰受到威胁。 在这些小说中，善与恶泾渭分明。

　　在《泰皮》中，叙述者汤姆（Tom）在海上航行数月之后，于1842年夏天抵达可怕的努克赫瓦岛(Nukuheva)，它是南太平洋马克萨斯群岛(Marquesas)中玻利尼西亚诸岛(Polynesian)之一。 汤姆因无法忍受在多丽号(*Dolly*)上所受的虐待，决定和朋友托比(Toby)一起弃船潜逃，虽然他们知道当地的土著泰皮(Typee)是食人生番。 当他们进入丛林，落入泰皮人手中，却发现那是一个复杂而自足的社会。 虽然那里山谷中没有大道，只有"迷宫一样的小路，在灌木丛中七弯八拐，没有尽头"(*Typee*，222)，但通过椰树上的岗哨用口耳相传的方式，岛上两头的人可以相互通信。 汤姆还发现了建于许多代以前的类似巨石阵(Stonehenge)①的建筑，它包含着"创造"宇宙的秘密。 汤姆推断，"三千年以前，在马克萨斯的山谷中，住着与当时居住于埃及大地上相似的人群"，他们在智慧上和文化复杂程度上，与古埃及和古希腊人达到同样的水平(179)。 像埃及人一样，泰皮人也建造了令人印象深刻的墓地。 由于祭司们宣称他们掌握了关于神秘之物的知识，所以他们被赋予特别的权力。 虽然泰皮人确实生食被杀死的敌人的尸体，汤姆也不赞成他们的做法，但他最终还是认为，那种行为并没有破坏他们的道德感(228)。

这座岛屿有着丰饶的谷物和其他食物，养育了健康的人们。 汤姆最终发现，初民的生活较之文明的生活，有着更多优点；岛上生活的自足状态，与城市生活中的贫乏和依赖状态，形成了鲜明的对照。 当地人与这片土地和谐相处，大家一起分享它，共同体意识使每个个体的力量变得更强大。 那儿也有个人财产，但是没有房地产之类的东西；因为所有人都能得到足够的物品，也就根本不存在贫穷。 所以，"那儿没有丧失赎回权的抵押，……没有乞丐；没有关押罪犯的监狱……总之——没有**金钱**！在这个山谷中，从来就没有作为'万恶之源'的金钱"(141—142)。 可是虽然有这样的吸引力，汤姆和托比还是回到了努克赫瓦这座港口城市，最后回到了文明世界。 泰皮人的世界为麦尔维

① 巨石阵，英国南部索尔兹伯里附近的一组立着的石群，可上溯到公元前2000年—前1800年。 ——译者注

尔的现代读者提供了一种参照，使他们可以在对比中发现城市的文明生活所固有的局限性；但是，现代人类是城市的产儿，向过往原始世界的逃遁，只能是一时冲动。

在《雷德本》中，麦尔维尔站在望远镜的另一端去看待城市本身的罪恶。如果说自然中存在真理，那么城市中的真理肯定与之不同，因为城市是人类的创造，并且服从于人类的变化。如果说上帝之手在自然中留下了印记，那么在城市中留下印记的则是人类之手。当雷德本看到过去的城市和现在的城市之间巨大的差别时，他意识到城市的不稳定性。雷德本首次来到利物浦时，带着他父亲 50 年前用过的旅行指南。他很快发现，他父亲所经历的利物浦和他现在看到的利物浦，根本不是一回事。这种改变造成了一种强烈的错位感，一种双重的失落感——还是一个孩子的时候，他失去了父亲；等他长大成人，又失去了父亲的世界。

175

在麦尔维尔那里，父亲的遗产总是贫乏的，他在《皮埃尔》（*Pierre*）中将再次处理这个主题。雷德本最能接近父亲的方式，就是沿着他父亲曾经走过的路线一路走下去，一直穿过教堂大道尽头的石拱门。但是，这条路线将他带到了一座雕塑前，它提醒他"非洲奴隶交易曾经是利物浦最重要的贸易；曾有一度，人们认为这个城镇的繁荣与它的那种行径会永远联系在一起"（*Redburn*，149）。他父亲的世界不但在物理形态上不同，在道德上也不同。他认识到，这本珍贵的旅行指南，"几乎是没有用的。不错，指导过父亲的东西不能指导儿子……我想……此时此刻，……我明白了一些道理，而且再也不会忘记。我的孩子，这个世界是一个变动的世界……每个时代都有自己的指南，旧的只能当作废纸"（150—151）。

雷德本开始意识到，不仅文化建立在流沙和变化着的价值观之上，而且罪恶也不可避免地根植于其结构之中。雷德本被利物浦的贫穷和悲惨所震撼。就在一条繁忙的城市街道边的破洞中，他看到一位母亲和她的三个孩子，好像都已经死了。一个轻微的动作告诉他，那位母亲和其中两个孩子还有一点气息，但是"已经饿得奄奄一息，无力说话了"(174)。　附近拾破烂的人对这位母亲的悲惨遭遇漠不关心："'她活该，'一个丑陋的老妇人说，她把捡来的一包东西往驼背上搭，正要蹒跚着走开，'那个贝茜·詹宁斯是活该——依我说，她根本没结过婚。'"警察也同样无动于衷："'这不关我的事，伙计，'他说，'我不负责这条街道。'"当雷德本向一家大商店的看门人寻求帮助时，那人告诉他，财产比人命重要："'你疯了吗，小伙子，'他说，'难道你认为帕金森和伍德愿意把他们的商店变成医院吗？'"他寄宿公寓的女房东，在其他方面都很慷慨，现在却告诉他说"她给她自己街道里的乞丐分发了足够的东西……不能照顾到所有的近邻"(175)。　于是，雷德本设法从厨师那里拿了一些面包。　当看到孩子们痉挛性的反应时，他认识到，他的好意只不过是在延长他们的折磨。　对人类的痛苦的漠不关心已经成为一种都市的生活方式。　不幸的人太多了，面对个人的痛苦，都市人的心肠已经变硬，生命也变得廉价。　第三天早上，雷德本发现母亲和孩子们都死了。　就在当天稍晚些时候，他们的尸体被挪走了，在他们原来待的地方"一堆石灰正在闪光"(178)。

　　麦尔维尔的小说之间具有对话性：《雷德本》中对城市极度贫困进行详细描绘的段落，与《泰皮》中对食物的丰盛进行描绘的段落，形成了生动的对照。　土著人只要从自然中就能获得自己的所需，城市居民则必需依靠与金钱密不可分的分配体系。　金钱是文明法律的基础。　当雷德本穿过城市的码头区时，看到了更多被社会遗弃的人，其中有一个年轻人，被工业机器弄成残废，"他的胳膊被撕裂了，流着血"(180)。当铺老板像大海中的鲨鱼一样多，同情心又像鲨鱼那样少得可怜。　都市中的艰苦得不到改善；现代法律所保护的是财产而不是生命，至少不保护穷人的生命。

　　在穿越利物浦市中心的过程中，雷德本开始意识到另一种城市真理：所有的城市都是一样的。　因为城市的形式由它们的功能所决定，所以它们有着相同的结构，并且变得看上去彼此相像，特别是它们的富

176

人区："除了码头一带以外，利物浦正像纽约这样的地方一样。 有着同样的非常相似的街道，同样的一排排带着石阶的房子，同样的人行道和围栏，同样拥挤的、永远带着漠然表情的人群"（195）。 利兹运河使他想起伊利运河（Erie Canal），圣约翰超市使他想起富尔顿超市，国王大道使他想起百老汇。 所有的城市，都加深了伊甸园堕落后的罪恶；向法律和其他官僚机构求助，和向"无心肝的"人群求助一样，都徒劳无益。 事实上，与狄更斯一样，人群和法律这两种使人性变得抽象化、从而使市民远离人性的都市现实形式，正是麦尔维尔通过城市所要表现的东西。 雷德本已经意识到，死亡确实潜伏在城市的人行道之下，嘲弄着都市生活和维持这种秩序的制度机构。 麦尔维尔笔下的皮埃尔（Pierre），将得出同样的结论。

《皮埃尔》（1852）一直被称之为"浪漫现实主义"的标准文本。 麦尔维尔构建出一种象征主义的现实，然后将它叠加在各种现实主义背景——特别是世纪中叶的纽约城——之上。 在《皮埃尔》中，麦尔维尔把对都市的厌恶提升到了另一个层次。 这个故事本身是很奇怪的。 皮埃尔·格伦迪宁（Pierre Glendinning）和他妈妈在波克夏（Berkshires）过着田园诗般的生活，这时，他发现自己的父亲曾经跟一个漂亮的法国移民有染，而且抛弃了她和他们的孩子。 为了替父亲赎罪，皮埃尔悔弃了与露茜·塔特恩（Lucy Tartan）的婚约，转而与他的同父异母姐妹伊莎贝尔（Isabel）结婚。 他带着伊莎贝尔和戴利·尤乌（Delly Ulver）去纽约，想在那里当个作家谋生。 戴利·尤乌是一位与伊莎贝尔相识的年轻女人，不久之前生了一个私生子（已经死了），她似乎也跟皮埃尔父亲的生活有关。 皮埃尔的所作所为，使他妈妈将本该是他的继承权给了他表兄格伦迪宁·斯坦利（Glendinning Stanley），并无情地与他断绝了关系。

在纽约，皮埃尔和他的一家（最后露茜也加入了进来）住在被改造成艺术家公寓的使徒教堂（Apostle Church）。 因而，麦尔维尔不是简单地延续了巴尔扎克的观念，把寄宿公寓当作已失去的家庭的替代品。 在麦尔维尔这里，房子由教堂改建，强调了宗教和世俗之间的距离。 房中居住的是城市的新观察者：艺术家。 正是在这里，皮埃尔接触到了普洛蒂努斯·普林利蒙（Plotinus Plinlimmon），并读了他的小册子《天文计时和钟表计时》（"Chronometricals and Horologicals"）。 他之前在来城市的汽车上发现了这本小册子。 小册子解释说，格林威治钟不能播报中国的时间，基督的（天文计时的）行为跟我们现代的（钟表计时的）文化并非一致。 换句话说，这本小册子教给皮埃尔他已经知道的东西：道德真理既是相对的又是模糊的，善和恶总是密不可分。 皮埃尔开始认识到，在尘世中，不可能创造天堂。

写完《皮埃尔》之后，善和恶对于麦尔维尔来说，将不再是可分的现实。 马里乌斯·贝利（Marius Bewley）曾指出，在《白鲸》（*Moby-Dick*，1851）中，麦尔维尔努力"把秩序引入他的道德世界，在善与恶之间建立一种对立"。 但在《皮埃尔》和《骗子的化装表演》（*The Confidence Man*，1857）中，那种对立被一种模糊感取代。 结果，"道德行为……变得不可能。 不存在形而上学的善恶两极，在生活实际的层面上也没有辩证的范式可做依据，麦尔维尔的主人公无法发展或进步。 他们根本就是自己生活处境的被动牺牲品，陷入了无限展开的道德模糊性①之中，这种模糊性的全部重要性，就在于它会抽空生命的一切可能的意义"（Bewley，94—95）。

皮埃尔所走进的城市就体现了这种模糊性，并使得人类境况中最坏的部分变得更坏。 皮埃尔来到纽约时看到的第一束光，来自监狱；见到的第一个人是妓女。 乱哄哄不停声的乌合之众，使这座城市看上去像是巴别塔，而它的荒淫无道又使它像是巴比伦。 当皮埃尔杀死格伦迪宁·斯坦利，作为弑兄的隐喻，他就成了该隐——所有城市的创立者。 他死于这座城市的"内脏"，一个叫作"坟墓"（Tombs）的监狱之中，并且导致了伊莎贝尔和露茜的死亡。 就像雷德本一样，皮埃尔的

_____

① "模糊性"原文为ambiguity，前文也译为"歧义"。 ——译者注

旅程也是从天真无知到经历世事，从田园式的美好生活到都市的死亡。

就像许多都市小说一样，《皮埃尔》的大多数含义是通过对艺术的指涉而获得的，虽然在这座城市里，皮埃尔更像一位哲学家而非艺术家。他之所以对父亲的一幅肖像（他表哥偷偷画下的）入迷，是因为他相信，那里可能隐藏着他从未真正了解的父亲的秘密。皮埃尔在离家之前把这幅父亲的肖像销毁了，但在纽约的一座博物馆里，他和伊莎贝尔却偶然看到了一张看起来和他父亲的肖像一模一样的画。在那张肖像画正对面的墙上，挂着一张碧雅特丽丝·钦契（Beatrice Cenci，1577—1599）的肖像。碧雅特丽丝·钦契是一位意大利贵妇，她因为谋杀了自己恶贯满盈的父亲而被处死。这两张肖像画在空间上的并置，强化了这两个故事之间的相似性。像碧雅特丽丝一样，皮埃尔也面对父亲寻求正义，以正义之名杀人；而且像碧雅特丽丝一样，他也为自己的行为付出了生命代价。钦契的故事给皮埃尔的故事增添了浪漫主义的确实性和普遍性。当神话被叠加在不和谐的城市之上时，人物的模糊性和地点的模糊性便成为一回事。无论如何努力，城市都无法摆脱将人类的生存与道德的模糊性和死亡联系在一起的现实。

在《录事巴托比》（"Bartleby the Scrivener"，1853）中，麦尔维尔明确探讨了一旦城市逻辑受到质疑时，将会把我们带往死亡的心灵状态。故事的叙述者是一位华尔街的律师，他处理合同、抵押和契约等城市基本业务，通过这些活动，财产权得以确认或转移。这样的工作使现代城市得以存在：若没有这样的机构，资本主义社会无法运转。因为叙述者的工作任务增加了，他便雇用了巴托比，以扩大自己原先的班底。原先的班底包括录事员"老傻瓜"（Old Turkey）和"钳子"（Nippers），还有一位叫"姜汁饼干"（Ginger Nut）的青年勤杂工。本来一切都很正常，可是有一天，当叙述者要求巴托比校对一个文件时，巴托比回答说："我宁愿不干。"城市要想作为商业体系而运转，必须有合作的等级制，从最低级的职员到最有权力的企业家，都要遵守那个等级制。但巴托比拒绝加入这个体系，从而恰恰挑战了它的存在。

巴托比类似于神秘的陌生人。关于他的背景，我们几乎一无所知，但混乱确实尾随他而来，因为"这个录事是天生的无法改变的无序的牺牲品"（"Bartleby", in *Selected Tales*, 111—112）。这种无序使巴托比从日常世界中分离出来，并且，小说中说："他看上去很孤独，在宇宙中绝对孤独"（116）。巴托比的故事是一个关于墙壁（walls）的故事。不仅背景是华尔街（Wall Street）①，而且办公室也被其他建筑物的墙壁所包围：从叙述者的窗户眺望，看到的是"高高的砖墙，因为年代久远变成了黑色"；在办公室的另一头，巴托比透过"纱窗后的暗淡窗户往外看，只看到死气沉沉的砖墙"（93，111）。在一个有限的世界中——那里，死亡是最后的惩罚，善良被邪恶所沾染——人们没有任何根据，可以判定某种行为比另一种行为更好。巴托比的"我宁愿不干"，与"钳子"每天早晨喝醉酒和"老傻瓜"每天下午急躁发脾气，具有同等的意义。

巴托比将自己从人群——并进一步从城市——分离出来，拒绝认同 179 他们的终极目的。这种行为是向城市的挑战。面对这种挑战，叙述者再也不能维持自己的社会优越感。他告诉我们说，巴托比的行为使他失去了身份感，"使我泄气"（109）。他开始感受到巴托比所带来的"无序"，那个星期天他没有去教堂，因为"我看到的这些事情使我当时无法去教堂"（112）。巴托比的心灵状态开始感染他人，办公室的每个人都不知不觉地开始使用"宁愿"这个词。叙述者不知道这些事情会发展到何种程度，很害怕，便把办公室从华尔街搬到了靠近市政厅的地方。当新的房客发现巴托比仍然在旧办公室住宿时，他告诉叙述者，"你要对你留在那儿的那个人负责"（124）。叙述者绝望地恳求巴托比，承诺给他另一份工作，甚至提出带巴托比一起回自己家。但是他的所有提议又一次被拒绝了。心烦意乱的叙述者逃进了城市："这些天来，我驾车到城镇北部的各处，驶过郊区，……穿过泽西城和荷波肯，在曼

---

① Wall Street 直译即"墙街"。——译者注

哈顿镇和阿斯托里亚作了短暂的逗留"(127)。 面对巴托比对城市的挑战，这次旅行似乎是必要的，它让叙述者确认了城市的具体可感知性。在回办公室的途中，他得知房东已经报了警：巴托比作为流浪者被逮捕，现在关在"坟墓"监狱。 这座监狱是"反向的"城堡，城市依赖它将自身与它内在的威胁隔开。 叙述者在监狱的院子里看到了巴托比，他站在蓝天下的一小块草地上，"面对着高墙"(128)。 城市最大程度地排除了自然。 然而，叙述者依然是巴托比所面临的绝望的希望源泉，他给巴托比留下钱，以便在饮食上得到照顾。 但巴托比反抗到底，开始绝食，直到最后死去。

在小说结尾，我们被告知，巴托比可能曾经是"华盛顿'死信'办公室(Dead Letter Office)的一名下属职员，在一次人事变动中被辞退"(131)。 在麦尔维尔的小说中，从通信的死亡到资本主义体系的死亡只有一小步之遥，在品钦的小说《拍卖第四十九批》中，也将如此。 熵在城市秩序的核心起作用，从内部将城市耗尽。 巴托比已经直觉到了这个过程的真理，叙述者也直觉到了，所以，他最后的同情既是针对巴托比，也是针对自己。

在《单身汉的天堂和少女的地狱》（"The Paradise of Bachelors and the Tartarus of Maids"，1855)中，麦尔维尔通过两个故事的对照，创造了另一种叙事，在那里，城市的秩序与无序密不可分，都市财富的前提是产业工人的贫穷。 单身汉的故事发生在圣殿骑士的现代修道院。 圣殿骑士就是在神圣的土地上战斗的骑士，在这个故事中，他们的代表是律师。 律师们的圣殿就是一个俱乐部，他们在那儿享用着奢侈的晚餐。 第二个故事是由同一个人叙述的：在新英格兰一家造纸厂，一个脸色茫然苍白的女孩照看着庞大的怪物似的机器。 叙述者发现，上述两个场景总是让人从一个联想到另一个，从而将富裕的律师的世界和被剥夺的少女的世界联系起来，也将维持这个系统的文件与生产这些用来写文件的纸张的工业地狱联系起来。 如同《录事巴托比》的叙述者发现自己在道义上与巴托比相连，单身汉们也在道义上与少女们相连。

在一个商业/工业系统中，都市最上层不安地与最底层相邻并坐。

涉及二分法的另一个故事是《两座教堂》（"The Two Temples"），因为这篇小说攻击了纽约的恩典教堂（Grace Church），所以在麦尔维尔生前未能发表。叙述者在被一座簇新而华丽的哥特式教堂拒之门外后，偷偷地溜了进去，结果被拘留。在教堂里，他听到穿着黑色制服的牧师称颂他那有钱的会众是"世上的盐"（"The Two Temples"，1246）。叙述者在教堂里受到的待遇，与在伦敦戏院受到的人们的热情款待，形成了鲜明的对照。斯特兰德大道上的戏院确实使他想起纽约的教堂：其顶端的楼座类似于教堂的塔楼；管弦乐队使他想起教堂的风琴；远远地坐在下面的观众，有珠光宝气的女士和衣着讲究的男子；演员麦克里迪很像穿着黑衣的牧师。两座教堂：异国他乡的世俗教堂给他以慈爱，家乡的宗教教堂却对他充满敌意。麦尔维尔小说的成功，靠的就是这样的二分法。

麦尔维尔有意设置的对比，控诉了作为启蒙革命最终成果的社会体系。他的许多故事，包括《录事巴托比》，可以被解读为既是对城市也是对启蒙遗产的谴责。例如，巴托比最终认识到，自然和文化之间的差异被消解，它们已经彼此渗透到对方之中；认识到在启蒙文化中，我们过高地估计了理性意志的作用，以为可以通过它控制自然界并生产财富——就像在华尔街一样。但是卑微的录事员却透过这种文化建构看到了自然——不是浪漫主义的自然，而是模糊得多的自然，它打开了一个形而上学的空隙，就像在《单身汉的天堂和少女的地狱》之类的故事中所呈现的那样。因此，巴托比的"我宁愿不"，是面对成问题的社会规划时有意的消极态度。这就提出了一个伦理问题：当一种可疑的文化需要使我们远离混乱和一个暧昧不明的世界时，人们负有什么性质的责任？在这种阅读中，巴托比成了一个比批评家们通常所发现的行动者更积极的行动者，因为如果这样来阅读，他的行为就是对我们启蒙规划——这种规划授权对边疆进行掠夺（康拉德笔下的马罗认为，这种授权与帝国主义密不可分）——的有意的、存在主义的质疑。麦尔维尔以

181

《录事巴托比》向世人证明：世界现在就是城市，因为边疆已经终结。

与此相应，麦尔维尔晚期小说之一《骗子的化装表演》，回顾了人类为边疆的终结所付出的代价。小说中的故事，发生在圣路易的"诚实号"轮船上。诚实号在愚人节启航，沿着开阔的西部边界，在密西西比河上一路向前行驶，1 200英里的途中，一连串人物轮番上船或离船。小说常常因叙述故事中的故事而停下来。其中有一个故事涉及约翰·摩多克上校（Colonel John Moredock）的一篇长篇大论："论仇恨印第安人的形而上学——一位与偏爱野蛮人的卢梭截然不同的人士的观点"。这个故事可能更像虚构，而没那么真实。随着故事的展开，读者被告知，摩多克的母亲是一位拓荒者，她因为印第安人的攻击而失去了三个丈夫。当她带着自己的九个孩子一路走向位于密西西比西岸的伊利诺伊州时，受到印第安人的攻击，除了她的儿子约翰·摩多克外，其他人都被印第安人杀害。约翰的任务就是复仇。他追踪"来自不同部族的二十个叛徒，他们甚至在印第安人中也是犯法的"（*The Confidence Man*，133），最后把他们全都杀死了。但这并没有满足他复仇的欲望，这种体验反而使他希望杀死更多的印第安人。摩多克变得像埃哈伯船长（Captain Ahab）①一样走火入魔，希望摧毁所有荒野的化身，最初是以复仇的名义，而后是以文明的名义。摩多克灭绝印第安人的欲望，是埃哈伯将自己的意志强加到白鲸身上的欲望的再现。像在其他小说中一样，麦尔维尔在这里提出了关于开发/剥削（exploitation）——也就是人类欲望以其自身权威的名义，去控制和征服自然中的野性——的道德问题。就像在《泰皮》中一样，无论是对于来自城市的人，还是对于将要去城市的人，荒野本身似乎都是一种威胁。有一些批评家认为，麦尔维尔的《骗子的化装表演》是霍桑的《通天铁路》的续篇。霍桑警示我们，那种认为我们可以达到完美的城市幸福（无论它是永恒的还是暂时的）的信念是危险的；同样，麦尔维尔也像爱伦·坡一样，把

---

① 埃哈伯船长，麦尔维尔小说《白鲸》的主人公。——译者注

人之城与死亡之城描绘为密不可分的。 城市诞生的代价，是对荒野的征服，这强化了城市居民表现出来的模糊性，把这种模糊性变成一种新的宿命（fate）。

注释：

　　[1] 朗方以凡尔赛为模型来设计美国首都：网格状样式，由中心发散的林荫大道斜割街道。 杰斐逊主持了国会大厦设计的竞标，选择了威廉·桑顿（William Thornton）的方案：具有古典比例的长方形，罗马式的圆顶。 杰斐逊自己对白宫的设计则以帕拉迪奥风格的别墅为模型，有圆顶和柱廊，很像蒙蒂塞洛——这个方案被詹姆斯·霍本修改了。经杰斐逊之手建造于波托马克河岸的这座首都，有着比罗马以外的任何城市更多的古典建筑（Risjord，78）。

　　[2]《喝彩》写一个威尼斯刺客，是库珀的欧洲三部曲的第一部。 虽然库珀同情欧洲的贵族，但他仍觉得历史重心已经转移到了美国。 尽管他算得上是美国的贵族，但他对美国民主的前途充满信念（见 *An American Democrat*，1821）。 他晚年多少放弃了这种信念。 他的《皮袜子故事集》描写了美国边疆拓展（从北方的纽约到大草原）的进程。

　　[3] 见 J·M·菲奇（J. M. Fitch）《建筑学与富足美学》（*Architecture and the Esthetics of Plenty*，1961）；又见文森特·史考利（Vincent Scully）的《美国建筑学与都市主义》（*American Architecture and Urbanism*，1969）和《美国建筑学的兴起》（*The Rise of American Architecture*，1970）。

第十一章

都市边疆

一

正如对麦尔维尔的阅读所预示的那样，关于美国城市发展的主要争议之一，在于城市在多大程度上可以独立于美国的边疆。 弗雷德里克·杰克逊·特纳(Frederick Jackson Turner)①认为，边疆创造了自己的现实，形成了美国作为一个国家的特性。 在他 1893 年著名的论文中，特纳认为："观察这个国家历史的真正视点，并不是大西洋海岸，而是西大荒。"(1—2)在超过一代人的时间里，特纳的这篇论文都是将城市与边疆关系概念化的基本出发点。 在《论城市的兴起》(*The Rise of the City*，1933)中，老阿瑟·M·施莱辛格(Arthur M. Schlesinger, Sr.)②提出了一种与之相竞争的范式，认为"城市随着殖民点的前哨向西挺进"(210)，因而，边疆经验从来都不独立于都市美国。 老施莱辛格坚决主张，城市与乡村的差异导致了宪法框架下最早产生的两个全国性政党：汉密尔顿的联邦党人的方案偏袒城市金融机构，而杰斐逊的共和党人的方案则偏袒农民。 类似于1825年完成的伊利运河的开发，证

① 弗雷德里克·杰克逊·特纳(1861—1932)，美国边疆史学或边疆理论的创始人，著有《边疆在美国历史上的重要性》等。 ——译者注
② 老阿瑟·M·施莱辛格(1888—1965)，历史学家，美国著名历史学家阿瑟·施莱辛格的父亲。 ——译者注

明了城乡关系的共生性。 该运河使东部市场向五大湖区域的农产品开放，养活了旧西北区的移民，并使美国中西部地区城市化。 反过来，一旦运河把纽约城与美国内陆连接起来，纽约就成为东海岸最重要的城市，在人口和经济增长上远远超过波士顿、费城和巴尔的摩。 1800 年，纽约居民数仅为 6 万，到 1860 年，这个数字已达到 80 万。 一旦铁路系统延伸到运河，这个城市就更加发展起来。 理查德·韦德（Richard Wade）先以论文，而后以其影响深远的专著《都市边疆》（*The Urban Frontier*，1959），进一步发展了老施莱辛格的观点。 韦德关注的是 1790 年至 1830 年间贯穿阿巴拉契亚西（trans-Appalachian West）的那些城市。 在匹兹堡、辛辛那提、莱克星顿、路易斯维尔和圣路易斯之类的城市里，紧随着农民之后的城市居民，以及重要航道（自俄亥俄河至密西西比河）上的大城市网络，促进了从东海岸到密西西比河流域的贸易和交通。 韦德指出，"由于以蒸汽为动力的航运加快了运输速度，缩减了距离，50 年的城市发展期在一代人的时间里就完成了"（70）。 这些城市因效法像费城这样的东部城市的组织结构和意义，从而将东部的影响带往了全国。

南北战争后，坐落于五大湖的另一个城市群，成为这个国家的工业中心：它们是布法罗（钢铁）、匹兹堡（炼钢）、克利夫兰（石油）、底特律（汽车）、芝加哥（炼钢和石油）和密尔沃基（啤酒）。 1866 年，电报范围的扩大与大西洋海底电缆的铺设，使美国东海岸成为中西部地区与欧洲的联系中枢。 与此同时，蒸汽机的应用使工业发生了根本性的变革：工厂再也不必为获得水力资源而不得不取址河畔。 当工厂迁往城市，农村人口也随之而动。 到 1920 年，人口状况已经发生了引人注目的变化：人口普查报告显示，在这个国家的历史上首次出现半数以上人口居住在城市地区的情况。 一大批生长于农村的人，不得不去适应新的、紧张忙碌的城市生活节奏。 乔治·M·毕尔德博士（Dr. George M.Beard）在他的《美国人的焦虑》（*American Nervousness*，1881）一书中预见了这个问题，他生造了"神经衰弱"（*neurasthenia*）一词，用来形容因都市生活的节奏与压力带来的精神不稳定。 而压力来自紧张的竞争、共同体的缺失、人之间的敌对状态和匿名性、神经刺激、心神烦乱以及噪音侵扰。

伴随城市变化而来的，是政治机器的兴起[以纽约的坦慕尼协会组织（Tammany organization）为例，它在其"老板" W·M·特威德（W. M. Tweed）和理查德·克罗克（Richard Crocker）的影响下，于1854年至1932年间主宰了城市政治]。随着欧洲移民的不断来到，移民和当地居民都变得不满起来。1863年的纽约暴动之所以发生，主要源自爱尔兰工人的不满：有钱人可以用300美元购买"替身"，而他们却不得不去参加内战。很多人将犯罪率的上升归结为移民贫困的加剧。有组织的犯罪的增加是这种现象的一个方面。在1953年的一篇文章中，丹尼尔·贝尔（Daniel Bell）论证了有组织的犯罪是移民群体社会流动的一种方式。19世纪下半叶，爱尔兰人与东欧犹太人控制着纽约的犯罪；1920年以后，这种控制力转移到美籍意大利人和黑手党手中。尽管顶着社会恶名，犯罪也不失为美国社会的另一种登龙术——菲茨杰拉德笔下的盖茨比很清楚这一点。

一旦发生了由乡村美国向都市美国的转变，城市就变成主要的政治文化场所。今天，主要的社会问题——从城市内部的衰落，到移民与少数族裔问题，犯罪与帮派斗争问题，分区制问题，公共住房问题，交通、失业与社会福利问题——都是城市问题。许多重要作家都清楚地看到：自内战结束，城市便已经成为我们的命运。威廉·福克纳、马克·吐温和薇拉·凯瑟（Willa Cather）①的作品，以文学形式揭示了这种由农耕美国到都市美国的转变的意义。

二

威廉·福克纳或许比其他任何美国作家都更多地以荒野为创作主

---

① 薇拉·凯瑟（1873—1947），美国女小说家，早期作品关注西部边疆拓荒移民生活，后期作品涉及对现代城市生活的批判，著有《啊，拓荒者》《我的安东妮亚》等。——译者注

题，但是荒野并没有提供一个道德上纯洁的起点。 土地自从被人占据，就已经成为会堕落的了。 伊凯摩塔勃（Ikkemotubbe）的命运（fate）——正如福克纳写的故事，尤其是收在《去吧，摩西》（*Go Down, Moses*）中的故事——展示了这种堕落。 作为契卡索部族在该地区——即福克纳笔下的约克纳帕塔法县（原型为历史上的拉斐特郡）——的最后领袖，他以卑鄙手段攫取了权力。 他因爱情角逐失利而离开种植园，在新奥尔良住了七年，在那里他自称为头人（Man）——他的人民的领袖，并获得了"杜姆"（Doom）[源自法文"人的"（*du homme*）]①的称号。 在彻底城市化之后，他重返种植园，设计使原先的合法头人下台，自己成为新的领袖。 在《去吧，摩西》中，伊凯摩塔勃是山姆·法泽斯（Sam Fathers）②的父亲，山姆的母亲是一个有四分之一黑人血统的混血女子。 而在《公道》（"A Justice"，1931）③中，山姆则成了契卡索人克劳菲什—福特（Crawfish-ford）与一个已经嫁给黑人的黑人女性的私生子。 在这个故事中，伊凯摩塔勃给这孩子取名为：山姆·有两个父亲（Sam Had-Two-Fathers）。 凭借在新奥尔良做不动产生意得来的知识，伊凯摩塔勃将荒野的不同部分出售给不同的殖民者与种植园主。 那些最后得以声称自己是贵族的家族——康普生（Compsons）、萨托里斯（Sartorises）、德·斯班（De Spains）、萨德本（Sutpens）和麦卡斯林（McCaslins）——也都是通过这样的土地交易而发家的。 一旦土地变为财产，可供买卖，也就相当于蛇进入了伊甸园。 出售的不止于土地：伊凯摩塔勃还将自己的儿子山姆·法泽斯卖给了卢修斯·昆塔斯·卡洛瑟斯·麦卡斯林（Lucius Quintus Carother McCaslin）。 山姆仍然是荒野之子，他向卡斯·爱德蒙兹与艾克·麦卡斯林传授祭祀森林的仪式。

　　山姆生于 1808 年，死于 1883 年，这段时期正是城市化工业控制南

185

---

　　① Doom 在英文里是"厄运"、"世界末日"之意，但其读音与法文 du homme（人的/来自人的）的读音相近。 ——译者注
　　② Sam Fathers 直译即"山姆·几个父亲"。 ——译者注
　　③ 中文版参见福克纳《公道》（朱炯强译），收入《福克纳中短篇小说选》，中国文联出版公司 1985 年版。 ——译者注

方并破坏荒野的时期。 福克纳最初在《熊》（"The Bear"）这篇小说中，对上述变化作了生动的叙述。 熊的死亡，紧接着是山姆的死亡，象征着内战后南方在新型工业的改造下旧秩序的消亡。 布恩（Boon）与大狗"狮子"杀死了熊，正如木材公司砍毁了森林。 熊的死亡与荒野的死亡是同一个事件，它们通过福克纳的语言紧紧结合在一起。 布恩与狗"骑"在熊身上，用刀戳进了熊的心脏，熊"倒了下去。 它不是软疲疲地瘫下去的，而是**像一棵树**似的作为一个整体直挺挺地倒下去的，因此，这三者，人、狗和熊，还似乎从地上反弹了一下"（*Go Down，Moses*，241；粗体为引者所加）①。

在《熊》和福克纳的其他小说中，与荒野的死亡相对的是孟菲斯城（Memphis）的兴起。 孟菲斯城的人格化身是我们在《圣殿》（*Sanctuary*，1931）中遇见的"金鱼眼"（Popeye），他体现着现代的机械化世界。 他是一个恐惧自然的人，作者对他的描述，用的也是机械的词汇（他的脸像个踩过的罐头，他的眼睛像两团橡胶）。 他是邪恶的化身，是堕落的（他是梅毒患者之子）和非自然的〔他有性障碍，用玉米棒子芯强暴了谭波儿·德雷克（Temple Drake）〕。 高温·史蒂文斯（Gowan Stevens）背叛了南方残留的所有骑士精神，抛弃了谭波儿，使她落入"金鱼眼"的魔爪。"金鱼眼"带她去孟菲斯的妓院，为她提供性伴侣，以窥视他们做爱。 曾经是城市精神中心的圣殿，已沦为妓院。 祭祀仪式与性行为之间的联系（也就是说，宗教与性的关系），从一开始就存在：正如福楼拜在《萨朗波》中所示，神殿中居住着执掌情欲的月亮女神。但是，通过理查逊笔下的克拉丽莎，我们发现，神殿的禁锢显示了一种退化，而理查逊与菲尔丁都把这种退化与城市联系在一起。 此外，无论旧式的贵族世界在实际中是怎样的，它的理想现在已经被完全颠覆了：谭波儿是对南方女性的一种讽刺模仿，她欺骗性地扮演了受难的南方女性的角色〔20 年后，福克纳在《修女安魂曲》（*Requiem for a Nun*，

① 参见福克纳《熊》（李文俊译），收入《福克纳中短篇小说选》，中国文联出版公司 1985 年版，第 437 页。 ——译者注

1951)中再次回到了这个主题]；高温·史蒂文斯，这个酗酒胆怯的花花　186
公子，是对南方骑士精神的讽刺模仿；圣殿（如今是罪恶的代名）成了藏
污纳垢之所；杰斐逊镇追求面子甚于追求真实，对美德的表象比对美德
本身更在意，这也算是对"杰斐逊"这一名字的讽刺。　现在，这个世
界的中心，是"金鱼眼"的孟菲斯黑社会，它反自然、机械呆板、充满
剥削，凌驾于正义甚至法律之上［李·戈德温（Lee Goodwin）是"金鱼
眼"杀人案中的替罪羊，而"金鱼眼"则因不是自己所实施的谋杀被处
死］。　在福克纳的杰斐逊镇，许多罪恶来自于孟菲斯，那些罪恶沿铁轨
而传播（铁轨是他曾祖父参与建设的）。

　　在福克纳的后期小说里，这种外部世界的罪恶体现在斯诺普斯
（Snopes）家族中，尤其体现在弗莱姆·斯诺普斯（Flem Snopes）身上。
这个家族来自南部之外的某个地方，通过法国人湾（Frenchman's Bend）进
入杰斐逊镇。　和"金鱼眼"一样，弗莱姆有性障碍而无道德约束，彻底
为贪欲所役使。　他施展计策，从瓦尔纳（Varner）商店的伙计爬上了杰斐
逊镇商农银行主席的位置。　他的活动映射了新的工商业的起点：他开下
等餐馆，监管发电厂，接手曼弗雷德·德·斯班（Manfred de Spain）家的
银行和房子（宅邸）。　每次晋升后，他总要提拔某个斯诺普斯族人填补旧
职。　最后，贵族们被排挤光了，镇子完全被斯诺普斯家族侵占。

　　这些故事是美国形式的哥特式小说的例证。　城市的兴起和农业社
会的没落，使哥特式小说不仅在英国，而且在美国出现。　这种变化在
内战前就已出现在北部，而后向南方扩展。　霍桑的《带七个尖角阁的
房子》（*The House of the Seven Gables*，1851）和爱伦·坡的《厄舍屋的
倒塌》（"The Fall of the House of Usher"，1839），预示着福克纳小说的
方向。　随着南方在内战之后被城市化，庄园的能量被榨干并迅速衰落。
在《押沙龙，押沙龙！》（*Absalom, Absalom!*，1936）中，福克纳直接处理
了这个主题。　父亲——此处是托马斯·萨德本（Thomas Sutpen）——的世
界是堕落的：兄弟相残，兄妹乱伦，家族持续退化，直到萨德本最后一
个传人变得精神错乱。　当亨利·萨德本秘密返回宅邸，在空旷的房间

里像幽灵一般游荡时，哥特式小说的要素得到了强化。把宅邸彻底烧毁的一场大火，让那已经死去的一切完全消亡。

福克纳的世界可被定位在哥特式小说世界与"南方版"艾略特的荒原世界之间：一个从过去的某个时刻开始的没落过程。而那作为起点的确切时间，只能是一种推测：土地何时成为财产？人类何时成为财产（即奴隶）？内战后的南方何时开始工商业化？荣誉何时让位于贪欲？勇气何时被面子所替代？古老的美德何时成为对自身的反讽？又或者，既然这些事情都与一种基本的掠夺密不可分，它们或许都只是某种单一现象的不同阶段而已。无论是哪种情况，福克纳的荒野确确实实处于退化中。猎人的目标不再是熊而只能是松鼠；康普生家族的最后传人是白痴班吉（Benjy）；萨德本的最后继承人则是残疾的詹姆斯·邦德（James Bond）。这些旧贵族，无论有什么缺陷，都已被斯诺普斯们所取代。显然，这种取代只是使事情恶化。杰斐逊这个名字所代表的希望，已经化为泡影，孟菲斯的存在使它黯然无光。而一种疲倦的消极状态，甚至使某种救赎能量也无从谈起。

三

1910 年，也就是福克纳出生 13 年之后，马克·吐温去世。马克·吐温感觉到新的世界正在取代旧世界。他所在的时代，是美国由农耕社会向都市社会转变的时代，是美国边疆迅速终结的时代。马克·吐温从来没有与那个时代妥协过，虽然在《镀金时代》（*The Gilded Age*，1873）中曾有过那样的尝试。他觉察到都市生活变得越来越非人化，城市压抑了个人的内心生活，而人们因此隐藏了真实的心灵状态。他在1882 年的"笔记"①中写道："要研究人类的本性，不能在城市中进行，

① 指马克·吐温未出版的《1850—1900 年美国社会历史笔记》（"Notes for a Social History of the United States from 1850 to 1900"）。——译者注

只能在条件更落后的环境中（比如村落中）进行。 在村落中，你对所研究的人的里里外外可以看得一清二楚；在城市里，你只能了解他们的外表，而他们的外表通常只是一种假象。"

在马克·吐温看来，人出生时有着卢梭式的纯真，是社会制度破坏了那种天性：我们所谓的"道德感"或良心之类的东西，都是通过一种在道德上已经败坏、堕落的训练而获得的。 曾有过一个很短的时期，他希望工业时代能通过创造一个富足的世界———一个乌托邦，使人在道德上得到提升。 但是他很快就意识到，新的技术统治以及更新的权力形式，不是减少而是增强了人们的贪欲，增加了滥用科技的可能性，并使得人类前所未有地更具破坏性。 天生就具有罪恶品性的人类，现在更有物理条件去制造更大的危害，正如汉克（Hank）在《亚瑟王朝廷里的康涅狄格州美国佬》的结尾所做的那样。 马克·吐温认为，面对新的工业化的都市世界，人们越来越难保持纯真——这些主题出现在《神秘的陌生人》［"The Mysterious Stranger"（出版于他去世后的 1916年）］和《人是什么东西》（"What Is Man"，1906）等作品中。《神秘的陌生人》中的魔鬼告诉男孩，在幻象的背后有一整套起因，它们的具体情况早就存在于魔鬼的大脑中了，而男孩只不过是将魔鬼的梦想付诸行动。

188

《傻子出国记》（*Innocents Abroad*，1869）和《苦行记》（*Roughing It*，1872）处理了 19 世纪美国生活的两极：移民所来之处的欧洲的生活与其后代所去之处的西部的生活。 马克·吐温看到了这两者都有缺陷。 他对君主政体和世袭的贵族统治都有着天生的不信任，并对任何有帝国主义苗头的东西都持怀疑态度。 英国在布尔战争（Boer War）中的行为，俄国想并吞日本领土的企图，美国对古巴和菲律宾群岛的处理，这一切都激起他同样的愤怒。 任何西方国家的传教士都是他的靶子，因为这些传教士的背后往往跟着军舰。 对马克·吐温而言，帝国主义只是资本主义对外扩张的逻辑结果；对国内来说，他认为都市美国正变得控制过度，民主政治面对乌合之众和中央政府，也将走向失败。

在未出版的《1850—1900 年美国社会历史笔记》（"Notes for a Social History of the United States from 1850 to 1900"）中，马克·吐温认为美国在 1850 年后变得财迷心窍。 他认为加利福尼亚的淘金热导致了暴富之欲，这种暴富心态在内战后加剧，而华尔街的银行家和铁路运输的促进者则对之推波助澜。 这些肆无忌惮的家伙首先想要的是"发财；能骗人时就骗人，迫不得已才诚实"。 与查尔斯·杜德利·华纳（Charles Dudley Warner）合写的《镀金时代》，描绘了一个堕落的美国，一个已经背弃了自己承诺感的国家。 为了证明边疆必然受到城市的影响，该书提供了鲜明生动的关于边疆和华盛顿特区之间联系的记述。 截至 1873 年，美国国会已向铁路公司出售了近两亿英亩的公用土地。 联合太平洋铁路公司（Union Pacific）主管的兄弟、马萨诸塞州国会议员欧凯斯·艾姆斯（Oakes Ames），以内部价向其他国会议员提供股票。 将目光转向纽约时，马克·吐温则以特威德集团（Tweed ring）为例，他们通过捏造军火库租金和修理费用，通过索取或真或假的建设资金，从这个城市掠夺了约两亿美元。

《镀金时代》同时还揭示了边疆与必然对它进行剥削的资本之间的联系。 想要"在草原泥泞的平地上建立一座拿破仑城"的塞勒斯上校说："到处都可以去开发，只要我们拿出点资本就行了。 赶明儿，把铁路修到这儿来，把出产运到外地去，田地顿时就有了市场。"①(133)在资本的背后，当然是华尔街与华盛顿的政客——也就是说，资本的背后是城市。 乔治·华盛顿·郝金斯（George Washington Hawkins）继承了他老爹塞(Si)的梦想，坚信田纳西的地产投机将最终带来财富。 但是当老郝金斯为求高价转卖而买下土地时，祸根就种下了。 通过引述约翰·洛克的观点（即劳动使土地成为财产），他的儿子告诉我们，如果那些土地早先被用来耕作，那么故事将被改写。 小说的重心在于土地，土地的使用与滥用。 土地使投机家们——郝金斯老爷、其子华盛顿·

189

---

① 参见马克·吐温《镀金时代》，李宜燮、张秉礼译，上海译文出版社 1979 年版，第 129 页。 译文有修改。 ——译者注

郝金斯、塞勒斯上校和亨利·布瑞理（Henry Brierly）——失败的失败，破产的破产。当萝拉·郝金斯（Laura Hawkins）被卷入华盛顿的致富计划之一（为黑人学院出售土地）时，土地投机也直接毁掉了她。腓力普·斯特林（Philip Sterling）也进行土地投机，但意味深长的是，在那些投机者走光后，他却在躬耕劳作时发现了煤矿。通过这个硬加上去的光明的尾巴，马克·吐温将一只手揭露了的东西用另一只手掩盖了起来。在萝拉与华盛顿的故事里被否定的美国人的发财梦，却在腓力普与露丝·鲍尔顿（Ruth Bolton）的情节中，以感伤的方式被再次肯定。

在《密西西比河上的生活》（*Life on the Mississippi*，1883）中，马克·吐温对比了现在与过去的密西西比河。此前，他曾在阔别20年后重返该河，为《哈克贝利·费恩历险记》（*Huckleberry Finn*，1885）的故事背景寻找第一手材料。他的所见使他对过去——特别是他乘坐河船时代的水上生活——充满乡愁，而那些河船已经几乎被铁路彻底取代了[1]。吐温正如哈克（Huck）一样，在这样一个迅速向单一而麻木的刻板生活屈服的世界上，誓死捍卫他的纯真。在他的《笔记》（1891年2月20日）中，马克·吐温幻想如果60岁的哈克与汤姆回来了将发生什么："从不知道什么地方——和疯狂。［哈克］想着他又是一个小男孩了，总是在每张脸上寻找汤姆和贝基（Becky）。汤姆来了……不再漫游世界……他们一起谈起旧时光；都很孤寂，生活是一次失败，所有那些曾经可爱的，所有那些曾经美丽的，现在都发了霉。他们一起死去。"

马克·吐温发现人类一直在重复不断地破坏着荒野。他恰当地将这种心灵状态与丹尼尔·笛福联系起来。在《亚瑟王朝廷里的康涅狄格州美国佬》中，马克·吐温笔下的美国佬自比笛福的鲁滨逊："我觉得我是另一个流落孤岛的鲁滨逊·克鲁索，脱离社会，只有些家畜驯兽。我若想勉力生活则必效其所为——发明、创造、建设、把东西组织起来——动手动脑，保持勤奋。嗯，那就是我要做的事。"（33）具有讽刺意味的是，这个美国佬和洛克一样，认为荒野（wilderness）**就是**荒废

190

之地（waste）①，认为荒野可以因劳作而得到救赎；但是，正如福克纳《熊》中的麦卡斯林家族一样，他的所作所为只能导致救赎的反面——当荒野消逝之后，剩下的只是荒原（wasteland）。

四

薇拉·凯瑟通过描绘内战之后被"自由土地"所吸引的移民拓荒者，为我们提供了消逝的边疆的另一种记录。到1869年，联合太平洋铁路已经建成，布灵顿铁路（Burlington Route）也抵达南部的内布拉斯加州；1870年至1880年间，成千上万的殖民者来到内布拉斯加草原。《我的安东妮亚》（*My Ántonia*，1918）描绘了他们既孤独又具有公共性的生活。面对那片土地，他们是孤独的，但较之仍留在城市的移民，他们又更容易融入共同体之中。有许多人被这种经历所毁，如雪默尔达先生（Mr. Shimerda），对波希米亚故乡的思恋导致他自杀。也有许多人仅凭着坚忍而生活下来——尤其是安东妮亚，她不仅自己坚持了下来，并且还支撑了她丈夫（而她的母亲却未能以这种方式支撑自己的丈夫），直到下一代站稳脚跟。

薇拉·凯瑟在小说中描绘了四种风景（landscapes）。首先是草原和农场，即小说开头时吉姆·伯顿（Jim Burden）生活的地方。在那里，他祖父是道德权威；在那里，吉姆目睹了雪默尔达一家生活的艰难——那是名副其实地"靠土地过日子"。其次是城镇，一旦离开土地来到镇上，生活就变得略微抽象化、仪式化，规矩也多了，在那里，统治人们的更多地不是道德权威，而是哈林先生（Mr.Harling）与维克·卡特（Wick Cutter）这样的有钱人。第三种风景是林肯市那样的中西部城市，在那里，吉姆离开土地更远，进入了大学与剧院，在那些地方可以

---

① waste 也译为"废墟"。——译者注

学到知识，培养审美趣味。　第四种风景是剑桥市、马萨诸塞州和纽约市，这更是一次对土地的远离，算是来到了土地的"对立面"，这里有吉姆取得法学学位的哈佛大学，以及他将就职的公司总部。

对凯瑟来说，边疆是美国民族真正的大熔炉。　人们只有一起工作才能生存：任何从"旧世界"带来的偏见都将在组建新的共同体的过程中得到改变。　而当人们从边疆迁入城镇，那些偏见则会变得更顽固。来自弗吉尼亚的家庭自我感觉比外来的家庭及佣人女孩们优越，然而正是这些女孩们最后在社会上获得了成功，因为她们像莉娜·林加德(Lena Lingard)和蒂妮·索特鲍尔(Tiny Soderball)一样，既刻苦工作又不肯放弃。　在这片土地上，有的人成功，有的人失败，而吉姆·伯顿所讲述的故事和他自己一样，是个不幸的故事。　因为当他越来越远离土地，他感到自己越来越无力。　他所走的道路是一个大圈子，虽然他已经远离了安东妮亚和那片土地上的生活，可他仍然为他们共享的过去所笼罩，他将永远有别于其他的城市居民，并因此比那些居民更好些。在小说结尾，吉姆说："我有一种回归到原来的我的感觉，而且感到人类经验的圈子多么狭小。　对于安东妮亚，对于我来说，这就是命运之路，它把我们带向早年那些偶然发生的事件，而这些事件又都预先决定了我们以后的道路。　现在我懂得，这同一条路又把我们带到一起来了。　不管我们感到失去了多少东西，我们却共同拥有着那无法以言语表达的宝贵的往事。"(*My Ántonia*，272)[1]当写作《我的安东妮亚》时，凯瑟意识到，无论她的人物是生存还是毁灭，边疆经验总归是消逝了。　小说的结尾，安东妮亚已是当地人的女儿。　拓荒者经验中所留下的东西，都被金钱和从一开始即是罪恶之源的维克·卡特之流所统治。卡特与这土地这人民再无干系，只是为钱而活着。　防止他的钱在死后留给妻子的想法，使他永远处于折磨中。　于是他先谋杀了妻子然后自杀，但他的遗产却被律师们瓜分了。　安东妮亚留下了活生生的 11 个孩

---

① 参见薇拉·凯瑟《我的安东妮亚》，收入《啊拓荒者/我的安东妮亚》，周微林译，外国文学出版社 1983 年版，第 402—403 页。——译者注

子作为遗产，而维克·卡特什么都没留下。

在《一个迷途的女人》（*A Lost Lady*，1922）中，凯瑟再一次处理了边疆与城市、过去与现在之间的差异。这部作品深刻影响了菲茨杰拉德对消逝的边疆①与新兴的城市的差别进行概念化的方式。在凯瑟的这部小说里，边疆的意义由福瑞斯特上尉（Captain Forrester）来承担，他在内战后来到平原，帮助建设贯穿该地区的铁路。边疆的精神则由他年轻的妻子玛丽恩（Marian）传承，玛丽恩来自加利福尼亚，在上尉经历一次重大事故后嫁给了他。她的角色后来由尼尔·赫伯特（Niel Herbert）继承——后者是这部小说中的吉姆·伯顿式人物，是完美的象征。尽管尼尔不是故事的叙述者，但他带来一种能够提供意义的道德维度。他藐视的对象主要是弗兰克·艾林格（Frank Elinger）和艾维·彼得斯（Ivy Peters），前者代表暴力的作用，后者是一个维克·卡特式的守财奴。当尼尔获悉福瑞斯特夫人与艾林格有私情，当他后来发现她将业务往来移交给彼得斯，他彻底醒悟了。他目睹了一种生活方式——他把这种生活方式与西部等同——的消逝，这种生活方式随着福瑞斯特上尉的逝世和福瑞斯特夫人的堕落而完全消亡了。在小说的结尾我们了解到，尼尔"已经见到一个时代的告终，见到拓荒者的晚年。他生逢一个光辉几近消逝的时代……这是开发西部的最终点……那个时代，一去不复返了"（*A Lost Lady*，168—169）②。尼尔无法原谅福瑞斯特夫人背弃那种理想精神，他谴责"她属于拓荒的时代，但她不愿意与这个时代共存亡"而宁愿"接受任何条件去生活"（169）③。像盖茨比一样，尼尔希望福瑞斯特夫人还能坚持理想，即便这理想已经日暮途穷。

在《教授的住宅》（*The Professor's House*，1925）中，凯瑟再一次让

---

① "消逝的边疆"中"消逝"的原文为 lost，与"迷途的女人"中"迷途"的原文是同一个词。——译者注
② 参见薇拉·凯瑟《一个迷途的女人》，董衡巽译，漓江出版社 1986 年版，第119—120 页。——译者注
③ 同上，第120 页。——译者注

人们在过去的理想与打了折扣的现实之间进行选择。在这里，边疆与城市的对比，通过原始崖城（Cliff City）［以梅莎维德国家公园（Mesa Verde）为原型］与华盛顿特区的对立显示出来。这座已经消逝的古城可追溯至数千年前，它坐落于美国西南部（科罗拉多与新墨西哥两州交界处），现身于石崖之中，建造它费了很长一段时间。这座城市应该可容纳七万多居民，那些居民的文明程度与知识（尤其是天文学）已经达到了很高水平。但是，随着崖城居民的物质积累越来越丰富，他们变得越来越文雅，越来越不尚武力，结果越来越没有能力保护自己。尽管表面上这座城市处于错综交织的各个部落之外，但它很可能被其中某个嫉妒它的发达状态、但文明程度更低并更野蛮的部落摧毁。是汤姆·奥特兰（Tom Outland）发现了这座已消逝的城市，但他却无法去华盛顿宣布这个具有全国性重大意义的事件，这说明这两个世界之间存在太大的不同。由于汤姆是新人（发明了一种新发动机的科学家/工程师），所以他自己的故事也同时是西部精神的反映。新旧两股力量在他身上交战，小说暗示，我们既可以支配土地，也可以与之和平相处。

教授关于西班牙人征服美国的八卷本著作，在主题上与崖城故事正好相反，那是一个关于军事胜利而不是失败的故事。但是教授本人的设置也与汤姆相对。当教授看见他自己的家庭变得越来越物质主义，他也变得越来越消极、疲惫，对死亡也越听天由命。当他的家人去巴黎度假时，他自己留了下来，搬进了老房子的阁楼书房。风吹熄了炉火，也推动了他走向死亡的潜在愿望。是忠实的家仆奥古斯塔（Augusta）救了他。在这部小说中，奥古斯塔相当于安东妮亚：她体现着单纯的生存意志，悬崖上的居民的意志，拓荒者的精神，属于当下的精神。小说描绘了两种心灵状态：一种是启蒙精神，控制的欲望和追逐物质利益的欲望；另一种是边疆精神，与土地融合为一体的和谐共生的愿望。汤姆与教授都挣扎着要保持这种——奥古斯塔和崖城早期居民很轻易就拥有的——生命精神。与土地和谐共生的目标使生活丰富，而追逐物质则终将导入死境。在小说结尾，教授意识到他生命的两个阶段(青年与中年)已经结束,但他现在已经有勇气直面最后的阶段。 他不同于华盛顿的官僚们,也不同于他的家人,甚至也不同于汤姆·奥特兰,他最后学会了怎么处理现在与过去之间的矛盾。

凯瑟重复不断地探讨关于消逝的过去(尤其是消逝的边疆)的主题。 尽管像理查德·韦德所认为的那样,边疆运动最初可能也是一场都市运动,但根据福克纳、马克·吐温与凯瑟的描绘,在某个关键点,城市开始统治并摧毁原先存在的一切共生关系。 边疆的终结,致使一种生活方式终结,从而使美国陷入一种都市命运、一种都市力量的桎梏中。

注 释:

　　[1]马克·吐温的《密西西比河上的生活》重新书写了一种瑞普·凡·温克尔(Rip Van Winkle)(美国作家华盛顿·欧文小说《瑞普·凡·温克尔》的主人公。 ——译者注)式的美国习惯:将理想建筑在一个无法见容的世界上的倾向。 这样的著作有很多:亨利·詹姆斯的《美国景象》(*The American Scene*,1907)、德莱塞的《印第安纳假日》(*Hoosier Holiday*,1916)、庞德的《我的故土》("Patria Mia",1911)、艾略特的《信奉异教神祇》(*After Strange Gods*,1934)、菲茨杰拉德的《我失落的城市》("My Lost City",1932),以及亨利·米勒的《为记忆而记忆》(*Remember to Remember*,1947)——这类文本通常是作者一别廿年后重回美国情境,发现这个世界可悲地发生了变化,他们觉得那么深具美国特性的价值也随之而变。 当然,由于一个人所贬低的世界成了另一个人的理想世界,那样的经历就带有很大的主观性。 但是,在每部著作中,作者都传达了一种生动的感觉:我们已经耗尽了一种永远不可能重来的充满可能的时刻。 那是一种我们背弃了曾经的承诺的感觉。

第十二章

都市力量[①]

一

　　在讨论法国和美国自然主义文学时常常被忽视的一点是，像弗兰克·诺里斯和西奥多·德莱塞这样的作家，他们与巴尔扎克和左拉经历了同样的历史时刻。 所有这些小说家都把他们的小说背景设在一个日益工业化的世界。 对于自然主义文学的这种国际性来说，非常关键的一点是：美国南北战争的后果与 1848 年至 1870 年间发生在法国的变化是类似的，两国的经济都从以土地为主导转向以商业/工业为主导。 在美国，这个时期见证了城市的快速发展、合作经营的兴起、移民劳工的涌入，以及恶劣工作条件的蔓延。 如同左拉的作品一样，美国南北战争后的小说场景从象征着权力和财富的会议室，转向显示财富的沙龙，转向被财富控制的立法法庭，以及以人的巨大牺牲和苦难为代价创造财富的磨坊、工厂和矿井。 然而，如果仅仅从文化影响的角度来进行分析，最多只能把讨论推进到这里。 如果仅仅对直接的文学影响进行探讨，这种探讨会更带有局限性：文学作品太复杂，根本无法"推究"到它们的任何一种单一源头。 但左拉远不仅是一个创作了几十部小说的

---

　　① "都市力量"原文为 urban powers，其中 power 具有"权力、力量、能量"等多种含义。 ——译者注

作家，他还发展了一种叙事方法，一种看待现实的方式，这在大西洋两岸都留下了持久的影响。法国和美国的自然主义文学有着同样的叙事模式，它们的差别是在共有的意义谱系中显示出来的。[1]

195　　像左拉一样，弗兰克·诺里斯和西奥多·德莱塞（以不同的方式）按照自然主义生物学理论来创作小说。麦克提格（McTeague）和凡陀弗（Vandover）这样的角色是导致衰退和堕落的动物性的产物，尤其当他们受到酒精和放荡生活的刺激时，他们的低劣本性更暴露无遗。麦克提格试图与他内心的兽性（the beast）战斗，然而当他让特里娜（Trina）无助地坐在他的牙医位子上，笼罩在麻醉气味下时，他的决心一会儿便消散得一干二净。但是只有当他办公室的门关闭后或当他被抛到街上时，他才会受到酒精的毁灭性影响（这加速了他的堕落过程）。在《麦克提格》（*McTeague*，1899）中，贫穷对特里娜和麦克提格的堕落所起的作用，正如贫穷对《小酒店》里的热尔维丝和古波所起的作用一样，它导致了一种表面上与《衣冠禽兽》里雅克·朗蒂尔身上同样的杀人倾向。在诺里斯的小说中，我们所看到的是贪婪的生物学，人们对钱和金子的欲望如此极端，以致能创造一个幻觉性的现实，导致病态的谋杀。堕落的过程既潜藏在个人身上，也潜藏在环境中。但是，堕落一旦开始，社会与个人因素就彼此强化，加速道德上和身体上的衰退。

　　诺里斯并不满足于描绘自然主义的病态。1899年3月左右，在一封给威廉·狄恩·豪威尔斯（William Dean Howells）①的信中，诺里斯提到了他对"小麦三部曲"的构想：它们包括小麦的生产［《章鱼》（*The Octopus*，1901）］、分配［《深渊》（*The Pit*，1902）］和消费［未完成的《豺狼》（*The Wolf*）］。和左拉一样，诺里斯想要用一系列小说来描
196绘正在改变社会基础——从乡村变成都市——的经济力量。同时，他还想要表达出自己对西方的看法——他认为，现代文明一直在时停时进地

① 威廉·狄恩·豪威尔斯（1837—1920），美国文学家，著有《赛拉斯·拉帕姆的发迹》等。——译者注

朝着西方的边疆前进：十字军东征之后穿越大西洋，在美洲大陆继续前进；在美国西部暂作停顿之后，又越过太平洋再往西行。 杜威[1]在马尼拉的业绩和1900年义和团运动期间美国海军在中国的登陆，在诺里斯的论证中都是非常重要的论据（Norris, *The Frontier Gone at Last*，71，74，77）。 在《章鱼》（227—228）中，诺里斯重申了上述观点。他的三部曲与上述进程的方向正好相反，开始于边疆的最边缘（加利福尼亚），然后向东而行，来到投机买卖小麦的商品市场（芝加哥），最后，来到西进运动的最初出发地（欧洲）。 诺里斯想要展现的，是现代资本主义如何创造出一个世界城市（world city）的过程。 在这个世界城市中，彼此之间相隔几千里的经济事件，可以给世界市场带来致命的后果。 在《章鱼》中，他对连接着各农场主的电报线作出如下描绘：

> 各农庄的办事处就通过电线与旧金山接通了，再通过该城，与明尼阿波利斯、纽约、芝加哥、德卢斯，最后，也是最重要的，与利物浦都接通了……这农庄成为一个巨大的整体的一小部分，全世界所有辽阔广大的小麦地当中的一个单元，几千英里外发生的事——达科他州草原上的干旱，印度平原上的大雨，俄国草原上的一次霜冻，阿根廷大草原上刮的一阵热风——都会影响到它。（44）[2]

诺里斯未完成的"小麦三部曲"是他的一个尝试，意在显示最新模式的世界城市如何建立在生物学原则之上。 一方面，他在《章鱼》中明显同情农场主而反对铁路；另一方面，他也同时显示了农场主如何因金钱而堕落，如何为了获得急近的利益而无节制地剥削土地，如何给

---

[1]　乔治·杜威（George Dewey, 1837—1917），美国海军特级上将、美西战争中取得马尼拉湾战役胜利的海战明星。 ——译者注

[2]　参见诺里斯《章鱼》，吴劳译，上海译文出版社1984年版，第55页。 译文有修改。 ——译者注

世界带来了贪婪、贿赂和欺骗。 在这个经济过程中，没有清白的东西——只有小麦的生长，体现着大自然自身的伟大力量。 过去在城市与乡村之间的共生关系已经破裂：城市依靠土地维持生存，耗尽土地资源后却不恢复它们。 像左拉一样，诺里斯描绘了从乡土到城市的运动过程，在这里，小麦本身被当作一个抽象概念，通过城市向全球市场撒播。 在他的下一部小说《深渊》中，诺里斯进一步发展了这个主题，令人信服地展示出，芝加哥作为一个中心，是能量之流（energy flows）的交换场所。 芝加哥是一种"力量"（force），它能"启动几千里外爱荷华州和堪萨斯州的收割机和播种机的车轮"，它是"美国的心脏"，是帝国的力量，这力量决定着"（在欧洲的）农民要为他的面包支付多少钱"（The Pit，62，120）。 尽管芝加哥和小麦投机买卖在诺里斯小说中占据着中心地位，但是与它们相比，小麦所代表的力量更强大。 这个世界有其物理限度：当加德温想要提高小麦的价格超越其限度时，市场崩溃了，他自己也落得倾家荡产。 每个人和每种社会机构都有它的限度，甚至如小麦投机买卖这样抽象的事情也会受到那种法则的制约，那种法则最终来自大自然——来自土地，来自小麦，来自那使生命得以诞生的力量，这是诺里斯和左拉共有的另一个相同的主题。 由于"小麦三部曲"的第三卷没有完成，诺里斯未能讲述发生在欧洲的关于小麦生命循环的最后一个环节——消费。 但从他要处理的主题来说，第三卷并不那么必要：诺里斯已经展示了小麦的生长和买卖如何触及每个人的生活；同时，他已经清晰地论证了经济学的生物学基础，以及当文明与大地的节律失去联系时将发生的退化/堕落过程。

二

西奥多·德莱塞和诺里斯一样，也感到城市的运转离不开自然过程。 他产生这个想法是在 1894 年夏天，那是他一生中的思想转折

197

点。　那时，他作为匹兹堡《电讯报》（*Dispatch*）的记者，利用空闲时间在公共图书馆阅读赫伯特·斯宾塞（1820—1903）和巴尔扎克的作品。他告诉我们他的阅读体验："我在思想上受到极大的震撼"（*Book About Myself*，457）。　很难想象，只上过半年大学，没有经过正式哲学训练的德莱塞，能以任何成熟的方式阅读斯宾塞。　但德莱塞却对斯宾塞大加利用——先是在哲学随笔《预言者》（"The Prophet"）中，随后又在《嘉莉妹妹》（*Sister Carrie*，1900）中。　斯宾塞的哲学综合了19世纪机械论和浪漫主义信仰。　一方面，斯宾塞和托马斯·霍布斯一样，认为我们生活在一个由运动着的物质所组成的世界，而由于这个世界中的自然过程是可重复的，因而也就可以用科学的、机械的方式把它描述出来；另一方面，他又和浪漫主义者一样，认为自然会以象征的方式把自己的内在含义（inner meaning）反映出来，所以，阅读宇宙就是阅读自然的展开过程，就是去理解各种一致性，比如人类和动物世界之间的一致性。

斯宾塞哲学的关键是他对力量的信仰：不是柏格森所说的那种驱动力来自内部的生命力量，而是一种从外部显示自身的力量。　我们被物理力量所包围，它制约着我们的精神能力以及我们无约束的行动能力。随着我们自己作为力量的执行者（agents of force）变得越来越强大，我们就能拓展那些制约的边界并超越先前的物理限制，最终达到某个点——斯宾塞生硬地称之为"均衡"点，德莱塞称之为"必然的均衡"。　达到这个不可突破的点之后，会有一个短暂的停滞期，然后事物就往相反的方向发展，开始一个解体的过程。　不过虽然每个单独的个体都遵循这种循环模式（从出生、成长，到发展、成熟，最后发生身体上和精神上的衰退，走向死亡），但是作为一个种类，人类一定会向前发展并达到更高层次。

进步时间观中的循环观，是斯宾塞进化论思想的核心。　依据这种观点，即便个体受到物理限制，整个人类依然可以发展。　这样，所有事物都从同质走向异质，也就是说，从简单走向复杂；而一旦达到那个

198

均衡点，就走向解体，并诞生另一种形式的同质性，开始一个新的循环。 这样的进化也同样发生在社会领域，只不过社会领域是一个有机的统一体，受不定向的物理力量或人为力量的控制(Spencer, 226)。 斯宾塞将人类社会看作是从以整齐划一(同质)为特征的奴隶军事制社会，向以各种技术(异质)和专业化为特征的工业社会迈进的过程。 然而即便在工业社会中，我们也仍然无法摆脱与自然的根本关系。 我们总是会被一些原初事件所影响，比如收成或干旱：小麦歉收会影响到社会中的每一位成员，从农民到大城市里的居民。 就像在自然界一样，社会上也是适者生存(人们常把斯宾塞的这个观点归之于达尔文)。 由此可见，斯宾塞并不是一个多愁善感的人：他认为不能适应环境的生物的灭绝纯属自然规律①。

斯宾塞的《第一原理》(*First Principles*)是理解德莱塞第一部小说《嘉莉妹妹》的一把钥匙。 这是物质运动原理的一次演绎：嘉莉代表了运动的完成形式，杜洛埃(Drouet)代表停滞点或者达到均衡之后的形式，而赫斯渥(Hurstwood)则象征着衰败消亡的过程。 在这部小说中起作用的主要力量(force)是城市的力量，可以看到，故事首先发生在不那么复杂的城市(芝加哥)，随后转移到更复杂更异质的城市(纽约)。 德莱塞笔下的城市在夜晚最为生动：每当夜幕降临，灯光如阳光一样，显示着某种内在的能量(energy)。 城市通常被描述成一个磁体，拥有一种强烈的吸引力，以脉动般有节律的能量吸引着人们走向它。 都市人群是运动中的物体，潮水一般穿越时空，汹涌而来。 城市并非不受自然力的影响。 太阳和月亮的引力引起海潮，也影响着人群活动的节律，包括荡着摇椅的嘉莉和稍后加入的赫斯渥。

这篇小说中的所有人物都被都市的物质主义笼罩着：他们的自我被外在的东西所定义。 正如德莱塞在小说中所写的，如果拿走杜洛埃的衣服，"他就什么也不是"(*Sister Carrie*, 72—73)；同样，赫斯渥的经理

---

① "规律"原文为 laws，也译为"法则"。 ——译者注

职位，以及嘉莉和剧场的联系，也决定着他们的自我。 嘉莉妹妹能够
扩大她的生存范围，而赫斯渥的生存范围却越来越小，几乎没有留给他
什么空间去施展，最后别无选择。 就如同向日葵总是朝向太阳一样，
德莱塞笔下的所有人物都被城市之光所吸引；在城市里，他们被引向自
己所无法抵抗的物质欲望中。 正如太阳照热土地产生空气对流，使蒸
汽凝结成云，云又转化为雨水，雨水灌溉土地，土地产出庄稼，庄稼维
持生命一样；城市也是一种能量之源，它创造社会机构（嘉莉第一次工
作的血汗工厂），社会机构带来物质产品（她渴望的衣服和小装饰品）
和——她不得不演的——社会戏剧（剧院、饭店和旅馆里的生活）。 正如
行星不能超越太阳系的限制，德莱塞的人物也总不能摆脱金钱的限制：
嘉莉的成功和赫斯渥的没落都由他们变动的收入来衡量。 在小说中，
一处场景的目的成为下一处场景的动机：它们构成一个"原因—结果—
原因"的前进系列。 因此，像斯宾塞的世界一样，德莱塞的世界是一
个有物理限度的世界，一个自我不断挑战这种限度的世界，一个受舒张
与收缩过程约束的宇宙，它设定了一个具体的范围，个体、群体、城
市，甚至全人类都不可超越的范围。

三

　　德莱塞的城市叙述视角，与一些同样研究物理法则如何对社会现象
起作用的都市史学家的理论不谋而合。 罗伯特·E·帕克断言，城市按 200
照它自己的法则从外部组织起来。 他的同事欧内斯特·W·伯吉斯将
这个论点形象化了，他极力主张，城市像一圈圈的同心圆一样生长——
处于中心的是商业区，依次向外的区域分别是：住宿条件差、租金低的
区域，即贫民窟；即将变为下个贫民窟的工人阶级区域；高级公寓住宅
区；最外一圈是乘公交车上下班者的区域，即郊区或距离中央商业区30
到60分钟的卫星城镇。[2]

在分析城市时，不论是德莱塞，还是帕克及其学派，都受到 19 世纪实证主义思潮的影响，《嘉莉妹妹》中的一切都可以从这方面得到说明。 芝加哥由一圈圈的同心圆组成：居于最中心的是商业区；在它外面一圈是工厂区，那是嘉莉工作的地方；再外面一圈是廉价的工人住宅区，也就是她与汉森（Hansons）一家居住的地方；再外面是一些价格更昂贵的公寓，后来嘉莉妹妹和杜洛埃就住在那里；在这些之外，就是让嘉莉妹妹大为惊异的最富有者的住所了；最外面是郊区，那里住着赫斯渥和他忘恩负义的一家。 德莱塞继承巴尔扎克的传统，把城市看作是一块磁铁，它吸引着来自外省的年轻男女们，因为只有在城市，他们才能实现自我的全部意义。 他这样开始自己的小说："对于孩子，对于想象力丰富的人……第一次接近一个大城市真是奇妙的经历。 特别是在傍晚……啊，夜晚的希望与允诺！"（*Sister Carrie*，7）[1]在城市的范围内，嘉莉的角色是完全机械的，就像物质受物理法则的支配。 我们生活在种种物质限制以及由这些局限所造成的不平衡中：在物理层面上，有冷才有热；在社会层面上，有穷才有富。 钟摆朝一个方向摇摆的力量决定了它往回摇摆的力量；在德莱塞的小说世界里，上升的事物也造就了下降的事物。

这些假定必然导致一系列精确的因果关系，嘉莉妹妹必然会来到纽约沃尔多，赫斯渥必然会葬身保得坟场（Potter's Field）[2]。 颠倒《嘉莉妹妹》中的任何一个情节，故事就无法继续了。 如果嘉莉妹妹在从哥伦比亚市到芝加哥的火车上遇见的是赫斯渥而不是杜洛埃，那就不会有故事了；同样，如果在嘉莉失去了她的工厂工作并且在快要被汉森一家送回家的时候没有遇见杜洛埃的话，也不会有故事了；如果不是嘉莉遇见赫斯渥时正对杜洛埃心灰意冷，如果赫斯渥遇见嘉莉时没有感觉到他

201

---

[1] 参见德莱塞《嘉莉妹妹》，潘庆舲译，人民文学出版社 2003 年版，第 6 页。 译文有修改。 ——译者注
[2] 保得坟场（Potter's Field），即"陶人之田"或"血田"，《圣经·马太福音》中所述耶路撒冷城外一地，昔人制陶于此，后以犹大出卖耶稣的酬银被购以葬旅人，所以也指埋葬穷人或外乡人的义地。 ——译者注

妻子的威胁，那么，所有的故事都不会发生了。 每一个场景都为接下来的后果提供了原因，因此，当人物从芝加哥来到纽约时，他们就被推进了一个自己无法把握的、由因果链组成的螺旋上升的圆环（这是小说中的一个重要意象）。 纽约是一个比芝加哥更大的城市，在这里，各种法则以更强大的力量起作用，那些法则把嘉莉推向了比她在芝加哥时所能达到的更高的位置，也让赫斯渥走向了都市的最底层。 既然城市的存在以商品的生产和消费为基础，那么，组成城市的人也就要受制于生产和消费的法则，无论是在芝加哥的工厂（生产），还是在纽约的豪华商店（消费）。 德莱塞以1894年的纽约为背景，这一年的经济萧条揭露了运行中的资本主义极其残酷的现实。 德莱塞笔下的所有人物都参与到一个更大的进程中。 他认为，每个生活得奢侈、雅致的嘉莉身后，都对应着一个住在廉价旅舍（甚至更糟糕的地方）的赫斯渥。 他讲述那些其生活与都市环境无法分开的人的故事，他像最坚定的都市史学家那样，对都市中的这些法则深信不疑。

四

《嘉莉妹妹》中的所有主角来到城市，往往都是乘坐火车。 城市已经变得越来越像一台机器，人们进出城市，都依赖火车：其结果是，在工业城市，很难说清楚这台机器从哪里开始，到哪里结束。 在《嘉莉妹妹》的开头，嘉莉在从哥伦比亚市（格林海湾，威斯康星州）到芝加哥的火车上遇见杜洛埃；在小说中间，嘉莉妹妹在另一辆火车上——这次她和赫斯渥一起，赫斯渥正准备带她去蒙特利尔和纽约；在小说结尾，赫斯渥太太和她一家也坐火车去纽约。 在巴尔扎克的小说传统中，城市伸出它的铁轨，诱惑朝圣者到欲望的王国。 但城市只能提供欲望，且十有八九永远无法满足欲望。

罗伯特·埃姆斯（Robert Ames）告诉嘉莉去读巴尔扎克的作品（在最

后场景之一中，她在读《高老头》），尤其是《外省来的伟大人物》（*The Great Man from the Provinces*）。他的选择非常恰当，因为德莱塞的小说正属此类，19 世纪的许多小说（比如狄更斯的《远大前程》）都具有与之相同的叙事套路。外省青年小说具有一系列可预知的故事情节。首先，外省或庄园已经凋敝过时，为了实现一种浪漫的自我感，一种本质的存在，年轻人必须去城市。这些主人公因一心想奔向城市而与家庭断绝关系，他们带着家乡残存的价值观念来到城市，结果发现那残存的价值观也必须完全抛弃。在一个几乎一切都取决于金钱，个人关系与商品关系密不可分的地方，爱情与友谊变得很不实在。对于个体来说，城市的力量如此巨大，以至于失去了以人为本的状态①（同时也就丧失了人的价值），因此，主人公向那个既充满强烈诱惑也充满巨大陷阱的体系重新投入能量的努力，将占去小说很大篇幅。这一类小说经常呼吁寻找另一套人类价值的必要，但其救赎城市的努力通常以失败告终。典型的结果是：主人公在变得老练、警觉、幻灭之后，只能独自面对城市。

德莱塞以自然主义的方式运用了上述叙事模式，而不是像巴尔扎克或者狄更斯那样，以喜剧现实主义方式运用它。因此他们的小说，例如《嘉莉妹妹》和《幻灭》之间，有着根本的区别。首先，德莱塞几乎没有提及嘉莉离开自己的家去城市的原因，只是假定像她这样的性情和气质的人都可能会去城市。这部小说的全部手稿几乎都未曾提到嘉莉的母亲，她的父亲也只是在嘉莉所乘坐的火车经过他工作的面粉厂时，才出现在她的脑海里。嘉莉去芝加哥是要和她姐姐和姐夫一同生活，因此小说不是从与家庭的彻底决裂开始。但是汉森一家都太阴郁（沮丧而且固执），所以嘉莉很快意识到，她无法拥有她曾经梦想过的和他们在一起的生活。

嘉莉不久发现，她的所有遭遇几乎都和金钱有关。她很快意识

---

① "以人为本（的状态）"原文为 human scale，直译即"人的尺度"，详见第 4 页译者注。——译者注

到，汉森一家邀请自己与他们同住，是因为他们期望用她的大部分薪水来支付他们的家庭开支，并用她的钱来加速归还他们购买土地所要付的贷款。　她在城市的最初经历是在一家鞋厂做工，在那里，她从早上 8 点到晚上 6 点在一条装配线上工作，有半小时的午餐时间，每周 4.50 美元——相当于每天工作 9 个半小时得到 70 美分多一点的报酬。（1890 年和今天①的美元比值大约为 40 比 1；用今天的标准来算，嘉莉每天所得不到 30 美元）。　考虑到那笔钱在那个世界的分量，杜洛埃当时所给的 20 美元可算是一大笔了（约相当于今天 800 美元），要超过嘉莉一个月的总收入。　从这些层面去分析人物之间的关系，就可以把握到德莱塞技法的精髓：几乎一切事情都被量化，并且通常是以金钱为标准的量化。　 203 所以许多事情并非偶然，比如当嘉莉离开赫斯渥时，她给他留下了 20 美元，和杜洛埃曾给她的数目相同。　一切事物，包括爱情和友谊，在这部小说中都有明码标价。

五

　　城市塑造了嘉莉，如同催化剂，催生了嘉莉个性中潜伏着的一些要素。　她来到城市寻求一个有待成形的自我。　在《艺术社会史》（*The Social History of Art*，1951）中，阿诺德·豪塞尔（Arnold Hauser）描述道："浪漫主义灵魂的内在冲突在任何地方都比不上在'第二自我'形象中那样直接和富有表现力。"（181）第二自我涉及未知的自我，神秘的、远方的陌生人，一种浪漫的可能性。　德莱塞笔下的人物一方面被自己的物理限制所束缚，同时又不由自主地走向了这种充满可能的浪漫感。　嘉莉具有潜在的表演天赋，而且灵活多变，她有一个更强大而未知的自我，这是杜洛埃和赫斯渥所不具备的。　她在哥伦比亚时对于这

---

　　① 　作者写作本书的 20 世纪 90 年代晚期。　——译者注

个潜在的自我所具有的才能毫无意识，只有当她在芝加哥作为一名业余演员登上舞台时，才发现它们。所有神秘的事物都隐藏在城市中，包括人的内在自我的神秘。城市及其机械延伸给嘉莉带来了活力，她能直觉到火车的力量，无论是在汉森家的门阶上还是在公共场所（大街、公园、饭店、旅馆），嘉莉都从她所看到的人群中感受到那种力量的涌动，并意识到它正在自己心中创造出一种更强大的自我感。埃姆斯鼓励嘉莉尽其所能去获得这种自我感。但是嘉莉的能力有其限度（小说也生动地揭示出赫斯渥的局限性），她不断膨胀的欲望总会在某个时刻被挫败，那个时刻在小说的结尾部分有所描绘。

人们并非总能充分理解嘉莉、舞台和城市之间的关系。在对这篇小说进行深入解读时，菲利普·费希尔（Philip Fisher）认为嘉莉的表演（acting）包含着自我的无限可能性，这种可能性和城市本身一样大："德莱塞是把整个的自我感建立在一个充满活力的社会所固有的情节剧的可能性之上的第一位小说家……在某种程度上，《嘉莉妹妹》中的表演总是为了在自我的表象之外保留一种自我的自由，它甚至无视自我应扮演和认同的暂时'角色'，正是在这样的层面上，这部小说记录了一个更高形态的可能的或预期的自我。"（167）费希尔促使我们对一部自然主义小说进行后现代阅读。他像新历史主义学家一样，对历史进行文本化，并把文化的各个方面——法律的、艺术的、行为的方面——都看作是可以像小说那样去阅读的不同表现形式。[3]舞台上的嘉莉和街道上的嘉莉变成了同一个人和相同经历的不同显现。小说中有些要素支撑着费希尔的解读。德莱塞也强调舞台和都市之间的联系。当杜洛埃带嘉莉到一家饭店去吃奢侈的饭菜时，他们靠窗而坐，看着人群川流而过，城市就像是一座舞台。在小说最后，当赫斯渥透过纽约饭店的大窗户俯视整座城市时，我们看到了同样的场景。当嘉莉沿着百老汇漫步时，她感觉到自己是更大剧场中的一名演员，"这番漫步在嘉莉心中所引起的百般感受，使得她在接着看戏的时候的心情极易于接受戏中的伤感情调"（*Sister Carrie*，227）。

但是戏剧迫使嘉莉去审视自我，以及外在于自我的由饭店窗户所展现的世界。当然，这两种体验会彼此强化——城市确实增强了个人的情感——但它们并不完全相同。当赫斯渥被愤怒的罢工人群拖下电车时，他意识到了这一点。他被外在于自己的能量所席卷，那种力量像咆哮的大海。嘉莉则必须凭借自身内在的情感，这与创造第二自我的过程并不完全相同。嘉莉成功地扮演了劳拉，因为她对劳拉的悲惨遭遇感同身受。正如埃姆斯告诉她的那样，如果她要成长为一名演员，就必须在想象中重新创造一些体验，作为他人而活着。城市有它自己的物理法则，但是一旦登上舞台，嘉莉就不像在现实中那样受其制约。城市给嘉利以活力，却使赫斯渥筋疲力尽。虽然嘉莉是一名演员，但是从文学意义上来说，赫斯渥在城市中所扮演的角色的情节剧色彩并不亚于嘉莉。为了超越自身，嘉莉必须使自己远离实际的城市，并把城市的情节剧色彩转化为一种心灵状态。只有当城市被内化时，它的力量才会最强烈地被人感知。城市和舞台会合在一起：戏剧赋予城市以意义，嘉莉赋予戏剧以意义，而《嘉莉妹妹》赋予三者——城市、戏剧和嘉莉——以意义。

对于城市，还有更多的东西需要去了解，比起百老汇的舞台，还有着更高层次的艺术现实——这是埃姆斯向嘉莉给出的教喻。正如狄更斯笔下的布克特探长或康拉德笔下的希特探长，埃姆斯的作用是赋予都市以人性。在小说的早期草稿中，埃姆斯让嘉莉注意谢丽饭店豪华和奢侈的消费，并指出很多人由于把自我作为商品来展示，而过着一种非本真的生活。（后来小说描绘了赫斯渥太太如何"展示"杰西卡。）如果城市持续地灌输欲望，那么作为那个环境中的一员，嘉莉就受那种欲望的支配。正如小说结尾所揭示的那样，这种欲望永无满足之日。城市的逻辑就是制造兴奋和提供刺激，就是假设存在一个领域，在那里各种相互矛盾的迷人的可能性可以同时并存。

但是埃姆斯相信辨别能力和鉴赏能力可以削弱这种物质主义。德莱塞笔下的城市常以其照彻夜空的灯光为特征：作为一名电气工程师，

205

埃姆斯发明了一种新式电灯，一种全新的照明方式。于是，埃姆斯在给城市带来光明的同时，也象征性地为嘉莉照亮了世界，使她可以看清后者。与此形成鲜明对比的是，赫斯渥自杀时是在晚上，在一间没有窗户的屋子里，他把自己献给"仁慈"的夜晚。从他身上耗尽的能量再也没有得到补充。在这里，夜晚体现了城市能量的另一面，体现了赫斯渥完成自己的循环走向解体与死亡的运转过程。最终的失败是负熵的结果：赫斯渥就像一颗冷寂、死亡的卫星，再也无法被都市这个太阳所温暖。

嘉莉和赫斯渥并未意识到自己演出的整个过程。德莱塞笔下的这些人物，都与进化的过程密切联系在一起，他们屈服于环境的力量，对使这个过程结合为一体的格式塔（gestalt）毫无所知。他们位于进化的半途中——既非完全听命于动物的本能，也不具备完全成熟的理性。从某个方面来说，他们处于进化过程中最不堪的阶段。《嘉莉妹妹》依赖于一位哲学家式的观察者（赫伯特·斯宾塞一类的人），通过他的口讲述巴尔扎克式的 19 世纪末美国都市生活的故事。德莱塞继承了巴尔扎克和左拉的传统，让自己小说中的人物受城市的物理推动力所支配：城市的现实、都市和个人动机等因素作为一个整体，共同限定着他们的生存。

注释：

　　[1] 有许多著作尝试把法国和美国的自然主义文学联系起来探讨。参见哈尼布林克（Ahnebrink）的《美国自然主义小说的起源》（*The Beginning of Naturalism in American Fictons*），另参见宾考特（Biencourt）的著作。哈尼布林克的《美国语言和文学评论与研究》（*Essays and Studies on American Language and Literature*）一书，收入了关于左拉对弗兰克·诺里斯的影响的研究文章。另一位观察到法国自然主义和其他种类的自然主义之间直接联系的批评家是乔治·J·贝克尔（George J.Becker），参见《现代文学中的现实主义》（*Realism in Modern Literature*）。那些强调美国自然主义文学的本土特性的批评家，对这种解读作出了不同的反应，如查尔斯·蔡尔德·沃尔克特（Charles Child Walcutt）、唐纳德·皮泽（Donald Pizer）[著有《十九世纪美国现实主义和自然主义》（*Realism and Naturalism in Nineteenth-Century America*）]，以及威廉·迪林厄姆（William Dillingham）。沃尔克特认为美国自然主义受到先验主义的影响，皮泽则更多地把美国自然主义视为美国现实主义的副产品。皮泽和沃尔克特都强调自然主义的形式方面，迪林厄姆也一样。最近有这样的一个思潮，认为自然主义文学是一场国际性的运动。参见切夫雷尔（Chevrel）和巴古利（Baguley）。我在 1984 年的一篇论文[《美国自然主义文学》（American Literary

Naturalism）〕中，曾试图通过揭示美国和法国自然主义文学如何分享同一种叙事模式，来重新确立美国自然主义文学和法国自然主义文学之间的联系。

〔2〕帕克和伯吉斯的信徒们（如 Nels Anderson、Walter Reckless、F. M. Thrasher、H. W. Zarbaugh、Louis Wirth）对这些区域中的每一个都有专著论述，他们描绘了自然法则在不同区域所起的作用。

〔3〕近来从自然主义文学以外的角度去解读德莱塞作品的著作，还有沃尔特·本·麦克斯（Walter Benn Michaels）的《金本位和自然主义的逻辑》（*The Gold Standard and the Logic of Naturalism*，1987）、琼·霍华德（June Howard）的《美国自然主义文学的形式和历史》（*Form and History in American Literary Naturalism*，1985）、李·克拉克·米切尔（Lee Clark Mitchell）的《宿命小说》（*Determined Fictions*，1989）。后现代的解读方式常常创造一套比喻性的、理想化的、共时性的形式语言系统，去解读机械性的、有因果结构的、历史的、以经验为依据的文本。这造成文本和批评方法之间的不协调，硬把一种叙事模式当作另一种模式来解读，造成了极大的混乱。

第十三章

都市命运①

一

在《了不起的盖茨比》（*The Great Gatsby*，1925）②中，F · 司各特 · 菲茨杰拉德处理了许多重要的潜文本（subtexts），其中最重要的或许是启蒙乐观主义和启蒙人的命运（fate）。如前所述，封建社会的崩溃导致天生的权利被自然权利所取代③，换句话说，人们可以自由地创造出一种新人。几乎在发生这种根本性变化的同时，美洲大陆这个新世界迎来了具有冒险精神的开拓者。一个新的国家在这里诞生了，它的基础是一种更高的自我感（heightened sense of self），以及这片大陆上开放的边疆。当边疆终结，自我的一个维度——同时也是空间的一个维度——也就失去了。边疆运动（the frontier's movement）当然是自东向西，然而伴随这场运动而来的是由另一场方向相反的运动所导致的文化巨变，即财富从乡土（西部）转移到了城市（东部）。由于城市最基本的功能是处理财富，所以在这种城市中诞生了一些社会机构，有了不同的社会阶层和社会角色的分工——这一切在边疆只是松散地存在着。

---

① "命运"原文为 destiny，也译为"天命"，详见第 3 页译者注。——译者注
② 中文版参见《菲茨杰拉德小说选》，巫宁坤等译，上海译文出版社 1983 年版。——译者注
③ 详见第 37 页译者注。——译者注

盖茨比这样的年轻人来到城市，是为了实现他的更高的自我感。这一次，为成功而战的新的竞技场，是汤姆·布坎南（Tom Buchanan）和迈耶·沃尔夫山姆（Meyer Wolfsheim）的城市，而非丹·科迪（Dan Cody）和詹姆斯·J·希尔（James. J. Hill）①的边疆。 盖茨比永远也不能理解这种重要的文化变迁，但菲茨杰拉德理解。 盖茨比浪漫的目的感，若是在边疆可能会占优势，但它缺乏都市所需要的世故。 城市的诱惑对他来说也是一个复杂的陷阱。 菲茨杰拉德在盖茨比的死亡中看到了一种富于浪漫色彩的意愿（readiness）——那是一种无限可能的感觉——的终结。 当第一批水手在美洲大陆定居后，他们原先对美洲大陆海岸的惊奇感就消失了；与此相似，随着边疆的终结和杰斐逊的理念的终结，随着相应的新城市的兴起和汉密尔顿派观念的获胜，对实现与浪漫的诺言相称的目标的希望，也已经消失了。 因此，《了不起的盖茨比》远不只是一部关于最后的浪漫主义者的小说，它还是一部关于美国的小说——关于那使美国成为可能的心灵状态、自我观念和可能性范围的小说。

《了不起的盖茨比》中的各种暗示和叙事意义，重述了美国边疆的历史。 当这段历史不再是活生生的经验之后很久，才在关于西部的通俗小说中被描绘得带有神秘色彩。 而弗雷德里克·杰克逊·特纳以一种与众不同且具有强大影响力的形式，讲述了这段历史。 1893 年，特纳依据自己对 1890 年人口调查报告的分析，认为边疆已经终结。 受训于约翰·霍普金斯大学，执教于威斯康星（他的家乡）大学的特纳，对当时流行的历史观念提出了挑战。 那种史观认为历史的意义存在于政治和经济制度当中，并把美国的发展看作是欧洲观念的延伸。 这种欧洲观念被带到东部，然后被制度化，并从东部扩展至整个国家。 而特纳把边疆定义为"与自由之地相毗邻的疆域。 在人口调查报告中，边疆是指处于所考察的居民点的边缘且每平方英里的人口为两个或两个以上

①　这四个人物都是《了不起的盖茨比》中提到的人物。 其中汤姆·布坎南和沃尔夫山姆在小说中代表东部城市里的有钱人，前者靠继承家产，后者靠在城市里进行非法活动而发财；而科迪和希尔在现实中都确有其人，并且都发家于西部。 ——译者注

的地区"（Turner，2）：边疆提供了无处可逃时的一个逃逸口，同时也为美国提供了一个吸纳人口、供人定居和定义美国的方式——这个观点在今天受到争议。 当殖民者进入边疆时，就变成了一个新的物种的组成部分。 特纳宣称，"荒野支配了殖民者"。 当殖民者被剥去身上欧洲人的虚饰时，他们的"文明的外衣"也一同被剥去了。 殖民者们开始穿猎衣和软帮鞋，住原木做的小木屋，种植玉米，用锋利的棍棒犁地。在他们改变边疆之前，自身已经被边疆改变了。 其结果"不是变成那古老的欧洲……事实上，它形成了一种新的产品，那就是美国人"（2）。简言之，美国成为边疆的最终产物："正是西部国有化的趋势将杰斐逊的民主转变为门罗（Monroe）的民族共和主义和安德鲁·杰克逊（Andrew Jackson）的民主。"（14）

对特纳来说，边疆体现了一种与美国密不可分的惊奇感。 从这种惊奇感中产生了一种新的希望感，一种酝酿中的欲望。 这种期望比实际的满足更重要。 尼克·卡拉威在菲茨杰拉德小说的结尾所唤起的那种浪漫情感，与特纳在他著名的论文结尾表达的那种激情，仅有言辞激烈程度的差异：

> 自哥伦布的舰队开进美洲新大陆水域的那天起，美国就成了机会的代名词。美国人民从持续不断的扩张中获得自己的特性，那就是不仅要开放，而且必须开放……再也不会有自由之地（free land①）这样的礼物赐给他们了。曾几何时，在边疆，一切传统的禁忌都被打破，无拘无束蔚然成风……而现在，发现新大陆至今已经四个世纪了，在距美国宪法实施一百年之际，边疆已经不复存在；随着边疆的消逝，美国历史的第一阶段也宣告结束。（18）

像尼克一样，特纳把一种理想化的美国投射到已经死去的杰斐逊式的过去。 随着边疆的终结，城市成为新的权力中心。 这些观念在《了不起

---

① free land 这里也可译为"免费之地"。 ——译者注

的盖茨比》的结尾都有所表达。 尼克告诉我们，盖茨比的梦想死了，它"已经丢在盖茨比身后了……丢在这座城市之外那一片无垠的混沌之中不知什么地方了"。 也就是说，盖茨比的梦想幻灭于城市崛起"之前"，幻灭于城市"之外"的边疆。 在这里，"我们民主制度下的黑色的土地"——象征着杰斐逊的已经破灭的希望——"在夜色中向前伸展"（The Great Gatsby，182）①。 特纳与菲茨杰拉德两个人以不同的方式指出：随着边疆的终结和新城市的兴起，进步历史的活力正沿着区域性的边界线——尤其是东部和西部的边界线——转移。 在小说最后几页，尼克正好回到了这点上来：小说结尾，他有意且有效地对比了西部和东部对他的意义。 像特纳一样，他发现西部虽然偏远，却有一种可靠感，而东部的匿名性让人深感不安。[1]

正如艾略特一样，菲茨杰拉德向过去寻找已经消失于历史中的某个理想时刻。 对艾略特来说，那是 17 世纪的伦敦；对菲茨杰拉德来说，那是美国的共和国初期。 但这种回顾在菲茨杰拉德那里比在艾略特那里更为虚幻。 菲茨杰拉德的用意不在找回最初的纯真，而在于考察美国的承诺在什么时候以及为什么被背叛。 那个时刻出现在美国内战时期，那时，杰斐逊的理念被汉密尔顿的理念所取代——这是菲茨杰拉德小说的一个重要主题；农业的希望被工业和由工业带来的金融机构所吞没。 从那些机构中诞生了汤姆·布坎南之类的人物，诞生了他们所在的金钱拥有特权的世界。 [这一主题，在《漂亮冤家》（The Beautiful and Damned）中，通过安东尼·帕奇来表现；在《一颗像里茨饭店那么大的钻石》（"The Diamond as Big as Ritz"）中，通过华盛顿一家（Washington family）来表现；在《夜色温柔》（Tender Is the Night）中，则通过沃伦一家（Warren family）来表现。]②

城市在《了不起的盖茨比》中起到非常重要的作用，因为它标志着

---

① 参见菲茨杰拉德《了不起的盖茨比》，巫宁坤译，前引，第 169 页。 译文有修改。 ——译者注
② 此处提到的三部小说《漂亮冤家》《一颗像里茨饭店那么大的钻石》《夜色温柔》，都是菲茨杰拉德的作品。 ——译者注

从封建主义到现代主义历史进程的最后环节。 启蒙的自然权利取代了封建的天生的权利，但自然权利又被财产的特权和优势所左右。 从克鲁索到本杰明·富兰克林—托马斯·杰斐逊，到丹尼尔·波恩（Daniel Boone）—詹姆斯·J·希尔（James J.Hill）—布法罗·比尔·科迪（Buffalo Bill Cody），再到约翰·D·洛克菲勒（John D.Rockefiller）—杰·古尔德（Jay Gould），我们经历了多方面的转变：从农民世界到资产阶级世界；从探索者到拓荒者；从封建社会的信条到启蒙的乐观主义；从土地贵族到强盗大亨；从边疆乡村到现代特大城市——从一种权力结构到另一种权力结构。 而现代特大城市的统治者就是汤姆·布坎南。通过提及富兰克林、波恩、科迪、洛克菲勒等人的名字，以及对城市的乡村起源的暗示，这部小说直接或间接地道出了上述的一切。〔关于汤姆统治着这座城市的暗示有：汤姆宅邸的最初所有者名叫"德梅因"（Demaine）①或"明天"，暗示着未来是属于汤姆的；关于城市起源于乡村的暗示有：盖茨比别墅的前任所有人无法说服镇上的居民在房顶上加盖一层稻草，且行为举止像农民。〕

　　小说的重心在东部，特别是纽约。 盖茨比到东部来监管他在黑社会匪窝中的产业。 而尼克的目的与此大不相同。 当他走在纽约的大街上并试图解开这座城市的秘密时，他逐渐明白了：这个世界是靠别人（比如威尔逊一家）的劳动和精力来供养的。 城市既有吸引力又具有毁灭性，夜晚空荡荡的大街上的孤独的职员们，都是一些满怀脆弱梦想的年轻人。《了不起的盖茨比》中的很多意象都来源于艾略特的《荒原》，菲茨杰拉德小说的结尾，只不过是艾略特"不真实的城市"②的小说化形式。 像艾略特笔下的泰瑞西斯③一样，尼克发现，当他的精神所见变得更为清晰时，他的肉眼所见却越来越模糊。 菲茨杰拉德的浪漫世界带着其"失明"的双眼（blindness）④，将一个充满暴力和荒诞的世界展

---

① Demaine 与法文 demain（明天）读音相近。 ——译者注
② 语出艾略特《荒原》，详见第 150 页译者注。 ——译者注
③ 泰瑞西斯，见第 101 页译者注 1。 ——译者注
④ 此处的"blindness"是借用上文提到的（盲眼的）泰瑞西斯形象的一个比喻。 ——译者注

示了出来。

菲茨杰拉德笔下的城市同时回顾了特纳的边疆和艾略特的荒原。艾略特描绘了战后欧洲经历的激烈变化：像伦敦、巴黎、布鲁塞尔、柏林和维也纳这些城市，随着帝国边界的扩张而被从内部削弱，直到帝国一个接一个崩溃瓦解——哈布斯堡王朝的崩溃预演了大不列颠帝国的终结。 在伦敦，富人对帝国的终结感到神经紧张；中产阶级家庭妇女被枯燥乏味和漫无目的生活所困扰；而下层职员则拼命追求奖金，不管工作是多么机械、多么没有成就感。 像亨利·亚当斯一样，艾略特相信，社会需要神话意义来给人们以中心和方向，而对物质的追求和对利益的执迷都是破坏性的。 在后启蒙的科学和技术世界，早期精神上的原始活力已经彻底被耗尽。[2]盖茨比既无法在这些命定的东西之外活动，也无法保持菲茨杰拉德最初带进小说中的关于自我的宗教性观念（这样的观念认为他是上帝的儿子，即便这个上帝是他自己的想象）。"审美"自我的创造依靠对都市的适应。

浪漫感的枯竭与战后对世界的厌倦感密不可分。 这种厌倦感既出现在《了不起的盖茨比》中尼克·卡拉威所讲述的故事里，也出现在《荒原》中泰瑞西斯所讲述的故事里。 前文我们已经看到，艾略特利用了一系列讲述文化没落的著作：如诺尔道的《退化》、亚当斯的《论教育》、赫尔曼·黑塞的《混乱中的一瞥》、奥斯瓦德·斯宾格勒的《西方的没落》（*The Decline of the West*，1918—1922）等。 诺尔道、亚当斯和黑塞都强化了斯宾格勒的断言。 斯宾格勒最著名的著作为艾略特和菲茨杰拉德的作品提供了共同的基础。 他们感受到的强烈的宗教和浪漫感的消逝过程，斯宾格勒在浮士德式的人那里都看到了。

二

《西方的没落》中的论述弥漫着浓厚的德国浪漫主义气息。 德国浪漫主义在很大程度上要归功于歌德的"本原现象论"（theory of Urphänomen）——即对文化形态学的信仰（认为形式遵守发展的原则）——和尼采的"永恒轮回"（eternal recurrence）观。 像许多浪漫主义者那样，斯宾格勒试图摆脱启蒙运动的影响，尤其是启蒙思想所坚决主张的机械论和因果关系论。 他以生物学的联系代替这些理论：他发现文化的历史类似于植物的生长、成熟和凋谢。 对斯宾格勒来说，当一种文化（Culture）被一种文明（Civilization）①所取代时，它也就从成熟状态走向没落。 每种文化都从土地、从乡村、从村庄和乡镇获得自己的存在。 就像一株植物，从根部、从为它提供营养的土壤里取得维持自己生命的东西。 它一边生长，一边改变，同时也在被改变：最终，自然开始屈服于人工，乡镇被城市所取代。 斯宾格勒将都市中心的兴起看作是每一种文化转折点的标志。

> 世界城市和行省——每一文明的两个基本概念——带来了一个全新的历史的形式问题，我们如今生活于其中。……代替一个世界的，是一座**城市，一个点**，广大地区的全部生活都集中在它身上，其余的地方则走向萎缩。代替一个真实的、土生土长的民族的，是一种新型的、动荡不定地黏附于流动人群中的游牧民族，即寄生的城市居民。他们没有传统，绝对务实，没有宗教。（Spengler，I，32）②

接下来，奥斯瓦德·斯宾格勒对自己的观点进行了深化："节奏与张力、血气与才智、命运与因果，彼此间的关系就好像繁花盛开的乡村对石头堆砌的城市、自在的存在物对依赖的存在物一样。"（II，102）③斯

---

① 此处，"文化"和"文明"的首字母均为大写。 斯宾格勒对"文化"和"文明"作了明确区分。 他把文明定义为"一种文化的有机的和逻辑的结果、完成和终局"，每种文化都有它自己的文明，文明是文化的必然命运。 参见斯宾格勒《西方的没落》（第一卷），吴琼译，上海三联书店2006年版，第30页。 ——译者注
② 参见斯宾格勒《西方的没落》（第一卷），前引，第31页。 译文有修改。 ——译者注
③ 参见斯宾格勒《西方的没落》（第二卷），吴琼译，上海三联书店2006年版，第90页。 ——译者注

宾格勒的许多观点直接投合了菲茨杰拉德关于精神和肉体的反复无常的个人感觉、关于放荡和厌倦的个人感觉。当人们感到一种文化在第一次世界大战战场上演出了一种历史的本质要素，当人们感到德国的经济正处于大萧条的边缘，上述那种心灵状态得到了进一步的强化。

《西方的没落》自始至终都体现着一种社会有机论。每种文化都遵循着从生长到没落的生物学模式，从充满生命力（这种生命力来源于土地）的状态走向衰落（这种衰落从城市向外蔓延）。当一个人离开了土地的自然节律，理性就会代替直觉，科学理论就会取代自然和神话，自然市场（物物交换和交易）就会被抽象的货币理论所替代。就像斯宾格勒所说的那样："智慧是通过运用熟练然而毫无生气和乏味的思想去代替无意识的生活……由此，……科学理论、因果神话就取代了宗教。由此，抽象的货币作为经济生活的纯粹因果律就与乡村的物物交换相对立，后者是节奏的脉动而不是张力的体系。"[①]斯宾格勒以"文明人的不育状态"为这一讨论作结（II，103）。

斯宾格勒讨论了三种经历过从成长到衰落的文化形态：古典的或阿 212
波罗式（Apollonian）文化；地中海的或麻葛式（Magian）文化；中世纪的或浮士德式文化。每种文化都独立于其他文化，它们的历史十分相似只是因为它们具有相同的活动过程，而非有什么因果关系。阿波罗式的人普遍有一种自我满足感，他们认为自己生活于当下有限的空间和真切的时间中。他们按照人的尺度（human scale）[②]而生活，这一点从那像真人大小的裸体雕塑与小型圆柱神庙就可以看出来。他们将政治生活局限于城邦。他们焚烧而不是掩埋死者从而让肉体摆脱来世。麻葛式的人或阿拉伯人则在善恶之间挣扎，认为世界神秘莫测，像光明和黑暗在其中斗争的一个洞穴。他们用内倾的建筑和巫术的、二元论的宗教来表达自身。

---

① 参见斯宾格勒《西方的没落》（第二卷），前引，第91页。译文有修改。——译者注
② 前文也译为"以人为本（的状态）"，详见第4页译者注。——译者注

　　浮士德式的人渴望那些难以实现的东西，他们感觉不到自己的局限性。 他们的想象，就像他们的哥特式教堂那样高耸，包含着关于无限的观念。 他们的绘画总是使用远距离透视法，他们的音乐是加长版的赋格曲，他们的冒险家是那些远涉海外的水手和探索者，他们的现代继承人试图征服空间或创造辽阔的帝国。 当浮士德式的人一直生活到现代时期，他们就被启蒙思想改造了，后者给他们带来的是经验主义和对事物进行量化的需要：对世界的无限的感觉让位于冰冷的理性、科学和技术。 人不再与土地融为一体，而是走向新的以金钱为中心的城市。 银行经纪人（money broker）这一新型职业的出现，以毁灭性的力量将整个旧世界完全颠倒了过来：浮士德式的人成为启蒙者；祭司—国王（priest-king）成为新时代的恺撒，成为掌握金钱和权力的人；原始的种族意识消逝在文明的衰落中。

　　所有这些斯宾格勒的观念都在《了不起的盖茨比》中有所体现。 这使菲茨杰拉德写给麦克斯威尔·柏金斯（Maxwell Perkins）①的信有了特殊的含义。 他在信中说："我在写《了不起的盖茨比》的那个夏天读了[斯宾格勒]②，我认为自己无法摆脱他的思想。"（*Letters*，289）[3] 在一次接受纽约《世界报》（the New York *World*）③的采访中，菲茨杰拉德进一步证实了他对斯宾格勒文化观念的兴趣（见该报 1927 年 4 月 23 日版）。 然而他对这一点并没有作过多的说明，《了不起的盖茨比》已经清楚地表现了人造的都市世界是怎样取代自然风景的。 比如，小说中的"灰谷"，是一座"离奇古怪的农场"，它带来了灰烬，那灰烬"像麦子一样生长，长成小山小丘"，最后，大自然变成了"奇形怪状的园子。 在这里灰烬堆成房屋、烟囱和炊烟的形式"（*The Great Gatsby*，15）④。

――――――――

　　① 麦克斯威尔·柏金斯，帮助菲茨杰拉德出版《了不起的盖茨比》的美国著名编辑。 ——译者注
　　② 中括号里的"斯宾格勒"是本书作者添加的。 ——译者注
　　③ 原文如此，疑为《纽约世界报》（the New York *World*），因为《世界报》不是美国报纸，但美国有《纽约世界报》。 ——译者注
　　④ 参见《菲茨杰拉德小说选·了不起的盖茨比》，前引，第 22 页。 译文有修改。 ——译者注

此处，自然的进程已经被颠倒、被扭曲了——正如斯宾格勒所说的那样，当城市对乡村进行改造时就会发生这种情况。 在城市街道的下面掩埋着一个已经失去的世界，这在菲茨杰拉德对第五大街的描写中有所暗示：“在这夏天星期日的下午，空气又温暖又柔和，几乎有田园风味。 即使看见一大群雪白的绵羊突然从街角拐出来，我也不会感到惊奇。”(18)①

城市从金钱中获得自己的存在是这部小说的一个重要主题。 最终把汤姆和盖茨比的身份区别开来的是金钱。 这也解释了为什么尼克会把纽约描述为“河流对岸耸起的城市，它那座座白色的大厦和白糖块般的低矮楼房，都是用人们所希望的没有嗅觉的金钱（non-olfactory money）所建造的”(45)[4]。 盖茨比永远也不会理解尼克话中的意思，也不会意识到存在着不同种类的金钱。 比如，东卵(East Egg)人积累下来的钱就和西卵(West Egg)那些暴发户的钱不同。② 他从来意识不到他的非法生意和汤姆的经纪行之间有多么对立，他也理解不了为什么迈耶·沃尔夫山姆的百老汇证券操纵总部无法通向马球和私人俱乐部的长岛世界。 当小说进展到某个时刻，一个炎热的下午，汤姆在广场饭店里当着黛西的面把盖茨比的金钱的来源当作一张“王牌”摊出来时，上面所说的那些就一目了然了。

盖茨比所创造的东西从来不与其自身相一致，也与正在被新的城市所改变的美国的意义不相容。 丹·科迪③身上结合了荒野和边疆的历史——丹尼尔·波恩第一个进入荒野地区，而布法罗·比尔·科迪把边疆经验改变成商业性的“狂野西部秀”(Wild West show)。 盖茨比仿效丹·科迪，把边疆精神带进了不近人情的城市。 在前市场经济中，金钱听命于权力；在市场经济中，权力听命于金钱。 而在纽约的世界市场经济中，汤姆来路正当的钱，以及他的耶鲁人身份和与上层社会的联

① 参见《菲茨杰拉德小说选·了不起的盖茨比》，前引，第27页。 ——译者注
② 东卵、西卵，脱胎于纽约长岛北岸凸出长岛海湾的两个地段。 ——译者注
③ 注意 Dan Cody 这个名字的两部分，分别取自 Daniel Boone（丹尼尔·波恩）和 Buffalo Bill Cody（布法罗·比尔·科迪）。 ——译者注

系，把他和盖茨比——以及他与迈耶·沃尔夫山姆的"粘系"①——区别开来，就像那条沟将西卵和东卵分隔开来一样。正因为了解这一点，所以尼克明白，当盖茨比来到他从未理解的都市世界后，他的幻想会以何种方式破灭。盖茨比所谓的牛津背景与其粉色西装和银色领带很不和谐，就像他讲述自己的故事一样总是充满了自相矛盾的内容。当盖茨比告诉尼克说自己是中西部的旧金山一个有钱人家的儿子②，并也曾"像一个年轻的东方王公那样游遍了欧洲各国首都——巴黎、威尼斯、罗马，收藏珠宝，尤其是红宝石，并打打狮子老虎"时(43)③，尼克在心里暗自发笑。即便是在想象中，盖茨比也不能使自己的浪漫感与新城市相一致。而天马行空的想象是使他遭到更大失败的根源。盖茨比所创造的自我属于一个已经消逝了的秩序世界，属于那已经逝去的、比现代城市受到更少限制的边疆世界。正如浮士德式的人那样，盖茨比的命运(fate)与斯宾格勒所谓的命运(Destiny)相连。所谓命运就是国民和文化服从于国家力量(national forces)的历史过程。

随着人类从印刷书籍时代向蒸汽机时代迈进，机器出现了，浮士德式的人绝迹了，同时，人与自然的关系也颠倒了。机器把人从自然中分离出来，它改变了自然风景，并帮助创建了现代城市。同时，机器还扩大了人们生活的尺度，同时也使人类越来越不像人。狄更斯记录了伴随这一扩大了的尺度同时到来的精神上的转变。菲茨杰拉德也同样记录了这种转变。他笔下的尼克，就像城市中孤独的闲逛者，在巨大的建筑物面前，显得那么矮小，它们在他心中唤起一种神秘的力量感，同时也将他完全淹没了。尽管尼克被城市的力量吸引着，但作为"外省年轻人"系列人物之一，他同样要在薄暮中与年轻的穷职员分享那种"难以排遣的寂寞"(38)。

①　"粘系"原文为 gonnegtions，系 connections(联系)的不标准拼读，作者这里是模仿沃尔夫山姆的口音。——译者注
②　事实上，旧金山在西部海岸，不属中西部。——译者注
③　参见《菲茨杰拉德小说选·了不起的盖茨比》，前引，第61页。译文有修改。——译者注

到 1920 年，西方世界已经更像都市而非乡村。斯宾格勒把城市归结为"**一个点**"：它聚积能量，吸收它周围的一切，并且这个点离不开金钱(I, 25—26)。斯宾格勒的理论为菲茨杰拉德的文本提供了注脚。汤姆是个经纪人，尼克到纽约一家经纪人公司工作，学习做生意。在黛西和盖茨比宿命性的重逢之前，也就是当她在盖茨比面前出现之前，盖茨比从一本关于经济学的书中读到，打发时间的最好方法就是等待一个"声音中充满了金钱"的女人。盖茨比和汤姆这两个人物，体现了斯宾格勒的关键观念：盖茨比再现了浮士德式的人的故事；而汤姆代表着新的金钱恺撒的诞生，这种人在启蒙科学将人的心灵改变之后，开始登上权力舞台。

一旦我们看到了它的斯宾格勒性质，这部小说就呈现出更多的意义。斯宾格勒写道："种族、时间和命运同其归属。但是，当科学思维接近它们的时候，'时间'这个词就获得了一种空间意义；'命运'这个词就获得了因果关系的意义；……而'种族'就变成了许多无联系的混杂特征所形成的不可理解的混沌，既无终止又无规律地相互渗透。"(II, 131)①有这些段落作为注解，我们才能理解汤姆性格中一些原本看起来显得偶然的、毫无来由的东西：比如他对什么都渴望一种"科学的"解释。他不但无法将自己与自然世界直接关联起来，也无法将自己与自己的阶级和种族以外的其他人直接关联起来。事实上，汤姆强烈地感受到黑色人种的威胁，为此他甚至引入了一种关于种族的"科学的"理论，他说根据这种理论，"人类的文明正面临着崩溃的危险"(*The Great Gatsby*，9)。在汤姆身上十分明显地表现出来的种族不和谐感(sense of racial disharmony)，是斯宾格勒关于种族的观点的一个例证：他认为，当一个种族离开自身的土壤，嫁接到另一种文化中时，就会产生上述种族不和谐感。斯宾格勒说："种族本身绝不迁徙，迁徙的是人，他们的后代子孙就生长在永远变动的风景中。"(Spengler, II,

①　参见斯宾格勒《西方的没落》(第二卷)，前引，第 115—116 页。译文有修改。——译者注

119)①虽然土地最终可以让那些背井离乡的人们融合到一种新的文化中去，但是，这种融合在后启蒙时代的美国并没有发生，在那里，种族已经变成"不可理解的混沌"（II，131）。 新世界所许诺的前景，已被文化和种族上的不和谐所取代，菲茨杰拉德把新城市中出现的盖茨比现象与此联系起来。 坐在盖茨比车里经过皇后区大桥时，尼克观看了一次葬礼（这里菲茨杰拉德把城市的"狂野的许诺"与死亡并置），从送葬者"哀伤的眼神和短短的上唇来看"，他们来自东南欧。 但紧随其后，一辆豪华轿车从旁边急驰而过，"司机是个白人，车里坐着三个时髦的黑人"（*The Great Gatsby*，45）。 麦迪逊·格兰特（Madison Grant）的《伟大种族的消失》（*The Passing of the Great Race*，1916）和劳斯瑞普·斯托达德（Lothrop Stoddard）的《有色人种浪潮》（*The Rising Tide of Color*，1920）——该书描绘了因大规模移民的涌入[5]而激发起来的种族攻击——这类图书的流行，导致1917年、1921年和1924年的移民法案对移民的限制。 加尔文·柯立芝（Calvin Coolidge）②在签署1924年法案时说："美国必须属于美国人。"该法案将一年的移民数量限制在150 000人以内（Mowry and Brownell，30）。

作为新的金钱恺撒，汤姆不仅取代了浮士德式的盖茨比，而且还面临"有色人种浪潮"的威胁。 因为，就像斯宾格勒指出的那样，当代恺撒和罗马恺撒一样，最终都将被新的野蛮人征服。 斯宾格勒把这些征服者与当今我们称之为第三世界的人联系起来：这些新涌现出来的能够使用现代机器的人们，最终将用现代机器来抵抗西方世界。 在某个地方，汤姆被描述为"俨然自以为单独一个人站在文明最后的壁垒上"（*The Great Gatsby*，130）。 因此汤姆的种族主义与他在斯宾格勒历史结构图中的位置相一致，这个位置既占优势又很脆弱。

文明在都市混乱的重负下破碎。 菲茨杰拉德和斯宾格勒都认为，

---

① 参见斯宾格勒《西方的没落》（第二卷），前引，第104页。 译文有修改。 ——译者注
② 加尔文·柯立芝（1923—1928），美国第30届（1923—1929年）总统。 ——译者注

从农耕社会转向工业化和都市化社会的运动是不可扭转的，现代人正处在未知宿命的最后阶段，等待他们的是无情的命运。盖茨比把他美好的愿望带到城市，但在城市，他认为的可能性只是一种幻象。菲茨杰拉德将一种不可能的理想，投射到一个已经耗尽的过去，并且像斯宾格勒那样，把现代人视为对旧时代和未经污染的世界充满"乡愁"的牺牲品，因为现代城市已经不可能回到过去的时代。

在《夜色温柔》（1934）中，这些感觉又一次同时得到表现。在这部小说中，菲茨杰拉德有意识地用欧洲作为背景：瑞士（"西方世界真正的中心"，115）、里维埃拉、巴黎、罗马。菲茨杰拉德描绘了一战后欧洲贵族的破产，取而代之的是沃伦［Warren 是不是暗示 War end（战争结束呢）？］家族，金钱使得这个家族的人可以控制别人，并且过着奢华的生活。满载物品的火车交相穿梭于乡村，以满足尼科尔（Nicole）的需求（*Tender Is the Night*，113）。所有这些要素都暗示着斯宾格勒的思想。在古代世界，希腊文化让位于罗马文明，在这一转换过程中，伯里克利标志着一个历史性的开端，亚历山大则是一个转折点，而尤利乌斯·恺撒和他的后继者的崛起则标志着一个终结点。同样，在现代历史中，查理曼标志着一个开端，拿破仑则是西方文化的转折点，而他的过世则预示着新的恺撒的到来。在这两个例子中，转折点都表现为控制权从土地贵族向城市有钱人的转移。在这样的语境中，菲茨杰拉德小说的细节具有额外的含义。如果考虑到衰落的背景［试想一想巴比·沃伦与面带怒容下楼而来的大使相见时的感受，想一想迪克（Dick）在警察那里受到的待遇，以及他与出租车司机关于金钱的恰如其分的辩论］，迪克最后的没落发生在罗马，并非是一场意外。

当迪克离开罗马时，他已经是一个被打败的人，此时，汤米·巴班（Tommy Barban）再次进入小说。当这个新"野蛮人"（barbarian）①把尼科尔从迪克身边带走时，有一种文学考古学在起作用。这与斯宾格

---

① 此处作者是在拿汤米·巴班（Tommy Barban）的名字与野蛮人（barbarian）在文字上的相似作文章。——译者注

勒对阿波罗文化的终结和新一轮麻葛式文化的兴起的描述有许多相似之处：新的野蛮人总是在每种文明——比如罗马文明或阿拉伯文明——结束的时候到来，并征服地中海地区（菲茨杰拉德小说中的故事就发生于

217 此）。当尼科尔任凭汤米摆布时，她在占统治地位的男性力量前变得被动，男性的这种力量使过去的秩序变为无序。

迪克的没落是在罗马时发生的，在这里，一个历史时期与另一个历史时期叠加在了一起——现代与古代叠加在了一起。随着一战的结束，新的恺撒开始出现在伦敦、巴黎、柏林和纽约的货币交易市场。对迪克来说，索姆河战役是一场"爱情之战"，因为在这场战役中欧洲贵族阶级亲赴战场。小说纪实性地描述了战后他们在瑞士疗养院和地中海海岸时衰弱无力的状况。在那里，他们很明显地表现出了精神上的消沉和被连根拔起的状态。欧洲的权力正转移到以沃伦们为代表的从工业化的西方诞生的新的有钱阶级手中，转移到一群从东方涌现出来的国家中诞生的新剥削者手中（艾略特在《荒原》中的历史观与此相同）。汤米·巴班之所以成为股票经纪人，与此关系密切；同样，玛丽·诺斯（Mary North）嫁给了一个靠锰赚钱的亚洲新富，也与此相关。对伊朗王的波斯汽车的描绘也强化了这个主题（Tender Is the Night，138）。由于西方（欧洲以及后来的美国）丧失了活力，东方成为这些领域的新威胁：罗马的衰落预示着伦敦、巴黎和纽约的衰落。菲茨杰拉德展现的主题与艾略特的"正在倾坍的塔"极为相近：《夜色温柔》中的巴黎景象显露了这座城市的衰微，亲英派的巴比·沃伦证明了现代伦敦的日益贫乏（233—234），亚伯·诺斯（Abe North）死于纽约则标志着一个新的野蛮时代的开始。

从亚伯·诺斯和迪克·戴弗两个人的命运（fate）来看，菲茨杰拉德并非仅仅感到欧洲的各大首都城市的没落。在这部小说的早期版本中，亚伯·诺斯叫做亚伯·格兰特（Abe Grant），强调的是他与南北战争后工业化资本主义北方命运（fate）的联系①。美国南北战争体现了两

---

① 格兰特，即尤利西斯·辛普森·格兰特（Ulysses Simpson Grant，1822—1885），美国第18任总统，曾任南北战争北军总司令，所以作者有此一说。——译者注

种完全不同的文化之间的冲突，是土地贵族与工业化资本主义之间的战争。 在《亚瑟王朝廷里的康涅狄格州美国佬》中，马克·吐温把现代工业技术与中世纪的封建制度作了对比：在欧洲，19世纪和16世纪的对比属于时间范畴；在美国，南方和北方之间的对比则属于文化空间范畴。 斯宾格勒在他有关没落的讨论中，谈到欧洲理所当然比谈到美国多，而菲茨杰拉德则将这两者打通了。 格兰特①与拿破仑在历史上的作用相似，此外，分别于1865年和1815年兴起的金融资本主义和工业技术，同样都改变了历史的前景。 因而可以说，截至1865年，巴黎和纽约整个儿是可以相互对调的。

三

在《我所失去的城市》（"My Lost City"，1932)这篇论文中，菲茨杰拉德讨论了自己如何将成功和失败投射于纽约，以创造出两样的城市：一个是他还在预备学校和大学时代的纽约，那个纽约似乎是无限的；一个是战后更令人头脑清醒的纽约，那时他在一个广告公司工作，似乎被限制在"布朗克斯②那间毫无生气的房间，活动空间也不会超过地铁所到的范围"［《崩溃》（Crack-up)，25]。 纽约既让人感到恐怖，也让人感到刺激，他逐渐意识到："在这座城市为这个国家源源不断地提供的众多娱乐消遣的背后，存在着大量失落和孤独的人群。"（28)在他的《人间天堂》（This Side of Paradise，1920)获得成功后，菲茨杰拉德作为一个胜利的英雄回到了这座城市。 然而，他发现这座城市是有界限的，他发觉它"不是无尽的连绵的峡谷……而是**有着自己的边界**——从最高的建筑物上，他第一次看到纽约向四下里渐渐淡出，伸展到乡村，逐渐隐入辽阔的绿野和蓝色的天空，唯有那天空才是无边无际

---

① 这里是指美国总统格兰特。 ——译者注
② 布朗克斯(Bronx)，纽约市最北端的一个区。 ——译者注

的"（*Crack-up*，32）。 纽约结束之处，正是美国开始之处，没有谁能逃脱这个更大的命运，因为它整个地把城市本身也包含在内。 清教徒的遗产——包括世俗的生意和一种宗教的心灵状态——将永远保留下来。在浪漫城市的另一边，是一个整齐划一、粗俗、严肃虔诚而又枯燥无味的家庭责任世界——一个"脆弱"的世界，正如他在《25 岁时的所想所感》中所说的（"What I Think and Feel at 25"，213—222）。

在很早的时候，菲茨杰拉德就创造了两个反浪漫的人间地狱：一个是色情场所，大概相当于百老汇；另一个是中产阶级的庸俗世界。 和两者形成对照的是第五大街，那里提供一种感觉，感到这个地方与自我相称。《人间天堂》没有按照这个套路来写，因为小说的结尾给人一种感觉：一切皆阻碍自我创造的想象，包括骄奢淫逸的纽约。 菲茨杰拉德的第二部小说《漂亮冤家》（*The Beautiful and Damned*，1922），重新拾起了《人间天堂》没有讲完的故事。 这次，背景被设在纽约，故事围绕着安东尼和格洛里亚·帕奇（Gloria Patch）展开，他们从市中心曼哈顿一间舒适的上流社会的公寓，搬到了相对沉闷的平房，最后又搬到布朗克斯，后者是菲茨杰拉德笔下中产阶级人间地狱的绝妙样本。 在这部小说中，他最自觉地试图表现出，面对清教遗产，要想创造出浪漫自我是多么困难，因为清教思想中含有自我毁灭的种子。 安东尼的爷爷亚当·帕奇（Adam Patch）是后内战（post-Civil War）时期的产物，那时正是杰斐逊式的古老贵族的价值观屈从于汉密尔顿的物质主义价值观的时候。 那时，国家在另一种图景中被重新构想，那种图景不再支持对于阿默里·布莱因（Amory Blaine）和安东尼·帕奇不着边际的想象的结果来说所必需的东西。

菲茨杰拉德在他的很多短篇小说中反复表达了这一主题。 例如，在《一颗像里茨饭店那么大的钻石》（1922）①中，费茨-诺尔曼·卡尔佩帕·华盛顿（Fitz-norman Culpepper Washington）的活动与 1870 年至

---

① 中文版参见《菲茨杰拉德小说选·一颗像里茨饭店那么大的钻石》，汤永宽译，上海译文出版社 1983 年版。 ——译者注

1900年（他死的那年）美国历史上的事件相对应。他捍卫着自己的利益，在那些"进步和扩张的年头"（16），他为此甚至到了要谋杀、奴役和监禁他的奴仆和其他人的程度。为了到达钻石山，必须经过费西镇，那里坐着12个阴沉的人，他们是十二门徒的雕像，但没有耶稣。那是华盛顿遗产（也就是美国的遗产）在宗教方面的副产品，但不再得到滋养。这个故事在世界末日式的结尾中，进一步显示了亚当·帕奇留给安东尼的遗产的毁灭性质，揭露了拓荒者对土地的蹂躏，他们的蹂躏使大地变成荒原，然后变成"灰谷"。

　　菲茨杰拉德的城市观与他对美国的看法密不可分，这涉及历史和文化这两个更大的主题。城市是一个漩涡，在那里个人动机和文化动因都在起作用。在《了不起的盖茨比》中，我们可以看到不同的世界，一个是汤姆·布坎南的现实世界，一个是梅耶尔·沃尔夫山姆的黑社会世界；还可以看到不同的种族，有刚从欧洲东南部迁徙来的移民，也有从南方迁来的黑人。城市既是一个充满巨大活力的领域，又是一个遍布死亡的领域，它既有新生活的承诺，也有旧世界的枯竭。很显然，城市枯竭的生活的具体体现，是那座位于皇后区的"灰谷"，还有那位厌世的、感到幻灭的管理员乔治·威尔逊（George Wilson）（他的原型从一方面来看像是伍德罗·威尔逊①，他为那理想的幻灭搞得身心疲惫，终至于死）和他的妻子茉特尔（Myrtle）。当黛西·布坎南开车从她身上飞驰而过时，茉特尔的生命力也就真正熄灭了。换句话说，作者笔下的城市，既包含着浪漫的可能性的希望，也包含着肉体的失败和死亡的现实。这样的城市景象并不新鲜，我们在狄更斯的《远大前程》、巴尔扎克的《高老头》、左拉的《小酒店》和德莱塞的《嘉莉妹妹》等作品中都见到过。盖茨比的都市梦想的最终结果是死亡。无论是浪漫的还是机械的能量，都无法摆脱死亡。

　　现代主义受浪漫主义历史观的影响很大，这在一定程度上是对启蒙

――――――――――

　　① 伍德罗·威尔逊（Thomas Woodrow Wilson，1856—1924），美国第28届总统。――译者注

运动强调经验和深信进步的反动。 科学观念受到神话观念的挑战；关于物质的机械论假设让位于另一种观念，即认为物质也充满了精神。 这既助长了一种对自然的活力论信仰，同时也助长了历史的命运感和时间的循环感。 历史的进程和自然的进程合二为一：出生、成熟和死亡分别对应着日出、正午和日落；事件的循环则对应着季节的变换。 自然在持续不断地展开，等待着被象征性地解读；英雄人物则由历史运动的必然性所造就。 这种历史观在维柯、黑格尔、斯宾格勒和汤因比那里都可以发现，只是他们之间略有些差异。 但是，在斯宾格勒那里，这种历史观成为历史的现代主义基础。

《西方的没落》中所包含的，既有浪漫主义的历史理论，也有熵的历史理论。 尼克·卡拉威自己逐渐注意到纽约的种族差异，这直接让人想起斯宾格勒的观点，他认为种族观深深地内在于文化理论之中。 随着种族多样性的出现，文化中原先有机的、同质的东西就崩溃了。 当这些因素推动文化（Culture）走向文明（Civilization）时，没落的进程就开始了。 因此，现代城市徒具一副许诺的外表，似乎它具有巨大活力（"许诺了人世间所有的神秘和美丽"①，而在其内在现实中，却是一种具有破坏性的把我们推向死亡的东西（"一个死人躺在一辆堆满鲜花的灵车上，从我们身边经过"②）。 在现代大都市中，希望与许诺、没落和死亡同时并存。 因此，盖茨比能满怀许诺感来到纽约，却又死于纽约。 这就像尼克所见的映衬出纽约轮廓的雄伟建筑可以与"灰谷"并存一样。 浮士德式的辽阔被一系列新的限制所取代，浪漫主义的历史被熵的历史所取代。

早期的艾略特也纠缠于菲茨杰拉德所面临的同样的问题。 受布拉德雷哲学中唯我论问题的困扰，艾略特提出了摆脱这种主观性的三种方法：第一，通过诗歌，尤其是体现艾略特所谓"客观对应物"的诗歌；第二，通过神话，特别是基督教神话，它提供了一种比自我更大的叙事

---

①② 参见《菲茨杰拉德小说选·了不起的盖茨比》，前引，第 64 页。 译文有修改。 ——译者注

意义；第三，通过文化上的同质性——即对文化归属和文化意义的一种共享的感觉。 艾略特曾在其论文《信奉异教神祇》(*After Strange Gods*)中对这种共享的感觉大为称颂，这篇论文最初是他 1933 年在弗吉尼亚大学的一篇演讲。 那时期菲茨杰拉德住在巴尔的摩郊外，他在特恩布尔庄园(Turnbull estate)遇见艾略特，甚至可能讨论过艾略特给他的南方听众所说的话：南方有文化统一的基础，但纽约因为有种族多样性而缺乏那个基础。

对艾略特来说，摆脱自我并达到一种高贵文化的途径，在于有一个由相似的自我所组成的共同体。 正如我们所知，这种途径本身充满了问题；可以这么说，艾略特的思想有点接近反犹主义和种族主义的观点。 但是，他所面对的这个问题与斯宾格勒在文化与文明的区分中所包含的问题是同一个问题。 当不可能回到浪漫主义的过去时，现代主义者在集权(totalizing power)这种形式中寻找解决办法。 或许，艾略特希望从夏尔·莫拉斯(Charles Maurras)和法兰西行动派(the Action Française)①那里找到使文化目标统一起来的资源，找到一种共同的自我的基础，找到一种消除都市多样性所带来的原子化影响的办法。 因为他认为，都市多样性应该对文化的退化负责。"重农派"批评家虽然没有走向艾略特、庞德和温德姆·刘易斯那样的政治极端，但却被他们同样的意愿所驱动。 通过《了不起的盖茨比》对共享文化的关注，菲茨杰拉德已经触及一个问题，这个问题将在欧美两大洲引出一场关于族群(ethnicity)的激烈讨论。

221

在与罗马警察的不愉快经历——这证实了他关于地中海人的退化性质的观点——之后，菲茨杰拉德回到了这个主题。 在给埃德蒙·威尔逊(Edmund Wilson)②的一封信中，他抱怨说美国黑人"渐渐向北扩展

① 夏尔·莫拉斯，法国诗人，曾于 1899 年发起法国极右民族主义组织，支持君主复辟，反对共和国，并且竭力反犹。 法兰西行动派，法国极右团体，鼓吹民族主义，主张君主制。 ——译者注
② 埃德蒙·威尔逊(1895—1972)，美国文艺评论家及散文作家，著有《为国家流血》等。 ——译者注

从而污染了日耳曼人(Nordic)的血统"。 如果北欧要避免类似的退化，就必须"建立栅栏以阻止外来移民，仅仅允许斯堪的纳维亚人、日耳曼人、盎格鲁—撒克逊人和凯尔特人进入"(*Letters*，326)。 我们应当谨慎，不要过度解读这封信，尤其是别脱离它的语境。 菲茨杰拉德显然是因为落入罗马警察之手挨了打而生气，言辞不免要激烈些，况且他写此信远在纳粹德国将这种种族主义思想的后果展现于世人之前。 不过，使人惊讶的是，菲茨杰拉德此处又恢复了他曾在《了不起的盖茨比》中让汤姆·布坎南名声扫地的观点。 汤姆的作用仅限于展现他所在的阶级的褊狭和安适，而且他害怕都市的多样性。 西方世界被认为由三大种族群体构成：地中海人、阿尔卑斯人和日耳曼人。 这些是二战前传统的人类学种族分类。 根据菲茨杰拉德认为理所当然的固有的等级划分，任何一个吸收了大量地中海人或阿尔卑斯人的共同体都有文化退化的危险。 这样的观点虽然经不起推敲，但在二战前，人们热衷于这种观点也是可以理解的，因为当时种族的争论是文化话语的一部分，并且，那时一种共同体的感觉，与对文化同质性的渴求分不开，与一种现代主义的信念分不开——根据这种信念，种族要素是熵的历史的一部分，它要为西方文化中城市的没落负责。

菲茨杰拉德处理熵的历史的最后一部作品是《最后的大亨》(*The Last Tycoon*，1941)，作品的主要人物仍然是一个带有浪漫激情的人物，他在物质主义文化中被击败。 门罗·斯塔尔(Monroe Stahr)——最后
222 一位浮士德式的人物——的故事，以前任好莱坞巨头①为原型。 这位巨头自杀于安德鲁·杰克逊的隐士之家这座"奉祀遗物的圣殿"。 说那是一个"奉祀遗物的圣殿"，是因为杰克逊曾以保护自耕农文化的名义阻止过开办国家银行。 这部小说显示出美国离开它诞生时的充满凝聚力的乡土文化已经有多远，并描绘了这一过程所象征的毁灭性结果。 小

---

① 这里是指欧文·泰尔伯格(Irving Thalberg, 1899—1936)，菲茨杰拉德曾经采访过他。 他是好莱坞20世纪20年代和30年代最具影响力的人物，25岁就成为米高梅影片公司首席制片人。 ——译者注

说主要围绕斯塔尔和布里默(Brimmer)的斗争而展开。 布里默是一位拥护共产主义的工人领袖，是诸多显示有极权主义倾向的人物之一。这部未完成的小说存在着一个菲茨杰拉德或许可以在修改时更正的问题，即活力充沛的斯塔尔那么快就被布里默那样的人耗尽了能量，这使人很难相信他曾拥有过菲茨杰拉德所说的那种力量。 这个熵的过程如此迅速，让人不由地对没落开始的那个"至高点"产生怀疑。 退化过程嵌入文化的内部，并从内部吞没了浪漫的个人主义者——也就是说，从一开始，浪漫的个人主义者就已经被击败了。 盖茨比通过竭力维持统一的自我感而表现出的生命活力，到《最后的大亨》里已经大为削弱，以至浪漫的冲动和退化之间丧失了必要的平衡。 与写作《了不起的盖茨比》的 1925 年相比，到写作《最后的大亨》的 1940 年时，菲茨杰拉德的美国更为贫瘠。 15 年中，熵化的进程不断加速，菲茨杰拉德看不到任何东西可以阻止这种陷落。

菲茨杰拉德与其同代人所面临的文化和历史问题，在二战后会以不同的方式被处理。 浪漫主义历史观深深依赖于这样一种观念：每种文化都有一种命运，都有一种独一的身份(a unique identity)和一个能赋予其特殊意义的一致性。 这种信念是古老的历史主义(historicism)的一种延续。 这种历史方法也为利奥波德·冯·兰克(Leopold von Ranke)①和雅各布·布克哈特(Jacob Burckhardt)②所运用，它强调每个国家(比如德国)和每个时期(比如文艺复兴时期)都具有某种本质的意义(essential meaning)——一种身份或**精神**(*Geist*)，这种身份或精神可以凭直觉发现，并在民族的层面上表现为一种天命。 卡尔·波普尔(Karl Popper)在他《开放的社会》(*The Open Society*，1945)一书中抨击了这种思想，特别是批评这种思想支持了极权主义对国家规划的参与，拥护了对种族同共同体的信仰，维持了创造一个文化"他者"作为政治替罪羊的

---

① 利奥波德·冯·兰克(1795—1886)，德国历史学家，著有《拉丁民族和条顿民族的历史(1494—1514)》等。 ——译者注

② 雅各布·布克哈特(1818—1897)，瑞士历史学家，著有《意大利文艺复兴时期的文化》等。 ——译者注

欲望。

后现代历史理论家(例如，法兰克福学派)不再从一套文化理论出发，以此为基础建构历史，而是着眼于那些构成高雅文化和低俗文化的要素，把它们看成一系列相互交叉而富有意义的环，它们所生产的文化意义可以得到解释和评估。 和米歇尔·福柯一样，他们认为个人意识已经融入文化本身当中。 预言家已经不复存在，因为历史的意义是被创造的而非内嵌在时间中。 历史不再是简单的"那儿"，等待着被人发现。 其结果是，既不会有浪漫的天命，也不会有熵的历史，有的仅仅是一系列相互无关的事件。 不过，文学文本并非总有其哲学上的一贯性，熵依然是后现代主义者描绘历史的主要方法。 无论如何，我们离开菲茨杰拉德的观念已经很远了，他看到浪漫主义的天命观念和机械论的熵的观念同时展开，共同创造了美国的故事。 由于认识到美国的"观念"是虚幻和有缺陷的，菲茨杰拉德认为，启蒙的遗产在城市中已经从内部腐化，不可避免地导致幻灭和荒原。

注释:

　　[1]菲茨杰拉德本来可以通过范威克·布鲁克斯(Wyck Brooks)的著作《马克·吐温的严酷考验》(*The Ordeal of Mark Twain*)对特纳的观点进行补充。 那部著作出版于1922年，正好在他着手写《了不起的盖茨比》之前。 布鲁克斯认为，马克·吐温从西部带来的对现实的粗犷而健康的感觉，在他妻子和威廉·狄恩·豪威尔斯之徒的影响下变得文雅而虚弱。 一种粗犷的个人主义精神曾经来到西部并征服了那片土地，但此后又在东部被"彬彬有礼的金钱"(genteel money)所改变。

　　[2]在《美国文学中的中世纪动力》(*The Medievalist Impulse in American Literature*)一书中，金·爱林·默里兰(Kim Ileen Moreland)将菲茨杰拉德与马克·吐温和亨利·亚当斯(还有海明威)放在一起讨论。 他的观点是，这些作家在面对不同的现实时出于知识分子的某种"怀旧"(nostalgia)而转向了中世纪(或许在这方面海明威不那么明显)。 在一定程度上，这个观点没错。 但问题的核心首先在于，他们对启蒙思想感到幻灭，特别是对那侵蚀了贵族心灵的新商业主义和强大的物质主义感到幻灭。 正是"古老礼仪"(old courtesies)的消失，促使亚当斯和菲茨杰拉德越过启蒙思想，回到对中世纪和已失去的贵族世界的怀旧中——回到一个不再可能的、最多只能作为一个幻想的世界，正如菲茨杰拉德在《了不起的盖茨比》的结尾所暗示的那样："因此，我们奋力向前划，逆舟而行，不停地倒退，进入过去。"(182)

　　[3]罗伯特·斯克拉(Robert Sklar)曾对菲茨杰拉德声称自己了解斯宾格勒的思想提出质疑。 理由是，《西方的没落》第一卷和第二卷分别出版于1918年和1922年，而菲茨杰拉德不懂德文，并且，在《了不起的盖茨比》写出之前，《西方的没落》并没有英译本。 不过，在《了不起的盖茨比》出版之前，至少有过针对斯格勒的九次评论，包括一篇斯蒂华德(W.K.Steward)所写的刊于《世纪》杂志(*Century* magazine)的八千字的随笔。 菲茨杰拉德经常阅读那份杂志，并且那篇随笔刊载于1924年的夏天，正好是菲茨杰拉德称

他在阅读斯宾格勒的时候。

　　[4] 罗马时期，洗衣房的肥皂都是从经过提炼的下水道里的垃圾中制造出来的。 当有人问罗马皇帝提比略对从这样的行业中获取利润有何感想时，他回答说："金钱是没有嗅觉的。"（这里利罕指出了"没有嗅觉的金钱"的典故的出处，有助于我们理解小说中那句话的意思。 正文中的引文参见《菲茨杰拉德小说选·了不起的盖茨比》，前引，第 64 页。 译文有修改。 ——译者注）

　　[5] 1880 年至 1920 年间，有超过两千万移民涌入美国。

第十四章

都市漩涡

一

F·司各特·菲茨杰拉德继承了艾略特和康拉德的传统。 不过，美国还有另一种传统在起作用。 当美国成为一个国家时，它需要一种赖以生存的新意识形态。 拉尔夫·沃尔多·爱默生和沃尔特·惠特曼（Walt Whitman，1819—1892）就提供了这样一种意识形态。 他们重新将关注重点从个人转到国家本身——尤其是构成国家的"人性"（humanity）。 他们怀疑旧的神权政治的合法性，从根本上挑战清教主义，质疑基督的神圣性，并转向一种世俗的宗教。

爱默生对自然和人造物进行了区分。 他认为，自然"就是指未被改变的本质"（"Nature"，见 *Selected Prose and Poetry*，4）；而另一方面，人造物则在自然之上叠加了人的意志。 自然给我们带来的是森林，人类带来的是城市。 由于城市是一种人造物，人就必须对它负责。 但现实中还存在另一种秩序：人类同时从自己身上和自然界发现的秩序，也就是心灵的秩序。 对于爱默生来说，实践的和理论的、人文的和科学的、宗教和科学、价值和事实、内在和外在，人类和自然、人物和事件，它们之间没有任何矛盾。"人是一，心灵是一，自然是一，世界也是一。"（M. Konvitz，7）。

　　爱默生的世界缺少一种超验的悲剧感。从长远来看，不存在邪恶：历史在走向善的实现过程中。但是，这种残余的和谐与日常生活领域——即人类事务世界——是共存的。在这里，日常生活中的不完美是个必须面对的问题：例如，湿地必须被抽干才能防止传染病。在这个层次上，我们以一种存主义的方式来形塑我们自己，通过选择有意义的事件和价值来创造我们对历史的感觉。正如约翰·杜威（John Dewey）①所指出的，尽管爱默生被认为是先验论者，但是他坚信，我们"在高速公路中，在与生俱来的努力中，在突如其来的想法中发现真理。这使他远离了间接的东西。他的思想不是专注于任何超越的、背后的或超然的现实上"（M. Konvitz, 28）。过去只有与现在相关才有意义。从实用主义的观点看，尽管有违本性，但新的都市主义要求持续不断的关注。

　　爱默生对美国城市的兴趣始于他的学院演讲之旅，借此他到访了美国所有的大城市。除 1840 年至 1860 年在波士顿进行了 250 场演讲之外，他还在纽约和费城分别举行了 40 场和 25 场演讲。在南北战争之前的 10 年中，他游历了阿巴拉契亚山脉以西的地方，在克利夫兰、辛辛那提、哥伦布、匹兹堡、圣路易斯和芝加哥等地发表演讲。1871 年，他到加利福尼亚演讲。爱默生还游历欧洲，并对这两大洲进行了对比。他强调，如果美国要成为一种新的、更高的文化，它就必须摒弃欧洲的旧例，因地制宜。他看到伦敦借鉴早期城市的经验，包括罗马的经验，而这些似乎都注定是要重复一个由盛而衰的循环。但是，爱默生认为可以通过保留过去城市的精粹来打破这种循环："美国人不必否定罗马，他们只需要在罗马的基础中选择可以作为自己基础的部分，只需要决定罗马历史中的哪些元素是适合自己的。正是在这种选择中，我们既对过去表示了敬意，又从过去获得了解放。"（Cowan, 168—169）

---

　　①　约翰·杜威（1859—1952），美国哲学家，教育家，哲学实用主义的倡导者，著有《人性与行为》等。——译者注

欧洲提供了该隐之城，美国则提供了新耶路撒冷的希望。 新耶路撒冷的主题贯穿了爱默生的作品：美国人就像以色列人一样，已经在荒野中经受过考验。 爱默生以隐喻的方式将耶稣与从人之城到上帝之城的旅程联系起来（Cowan，60，74，79）。 根据奥古斯丁的观点，该隐属于人之城，亚伯属于上帝之城。 该隐建造了一座城市，而亚伯，一个旅行者，却没有建造城市。 这些事件形象地解释了一种主要的城市原型：来自上帝之城的旅行者，受神恩而成为天国的市民，但却是尘世之国的陌生人。 我们在这项研究中经常遇到的"神秘的陌生人"，承载着两个世界的重量。 与其后的惠特曼一样，爱默生将上帝之城世俗化了，指出新的理想化的城市位于西部。

226　　爱默生的世界是前工业化的世界，所以他从来没有像惠特曼、哈特·克莱恩和威廉·卡洛斯·威廉斯那样向被新的技术所改变了的城市让步。 但是，爱默生确实看到城市与腹地、自然的和工业的、有机的和机械的之间的共生关系。 像惠特曼和克莱恩一样，他"希望找到某些方法，使诗人可以将新兴的工业化城市纳入自称体现有机原则的艺术作品中"（Cowan，182—183）。 爱默生认为，这个希望存在于西部的新兴城市，而波士顿是其先行者。 惠特曼更深入地探讨了工业化的困境，他笔下的城市充满了各种问题，这些问题更难与天国的理想相容。但是，为随后关于美国城市的浪漫观点奠定基础的却是爱默生。

二

惠特曼之于美国文学，正如乔伊斯之于欧洲文学：他在中途改变了主流的方向。 乔伊斯将我们从亚里士多德和阿奎那带向维柯和柏格森，惠特曼则把我们从爱默生带向怀特海（Whitehead）[①]和杜威。 惠特

[①] 怀特海（1861—1947），1924 年移居美国的英国哲学家、数学家，与罗素合著有《数学原理》一书。 ——译者注

曼的哲学与爱默生的哲学一样，围绕"一"与"多"的理论展开。 他相信一种统一的心灵（One Mind），主张任何个体中存在的力量和特权都存在于所有个体之中；他认同群体，而群体成为城市和成长中的国家的一个转喻。 但是在他的作品中，群体经常是个体化的。 从这个理论中，走出了爱伦·坡、林肯，还有诗人自己。 从《典型的日子》（"Specimen Days"，1875，1882）中我们可以看到，生活于华盛顿期间，惠特曼几乎每天见到林肯，"因为我正好住在他从镇外住处到城里的往返必经之路上"（*Complete Poetry*，732—733）。 而且，他最喜爱的、人群拥挤的街道百老汇，为他提供了一个检阅美国历史的机会，在这个时间长河中出现了安德鲁·杰克逊、丹尼尔·韦伯斯特（Daniel Webster）、亨利·克莱（Henry Clay）、威廉·苏厄德（William Seward）、马丁·范布伦（Martin Van Buren）、威廉·卡伦·布赖恩特（William Cullen Bryant）、威尔士王子和查尔斯·狄更斯。 他还记得与詹姆斯·费尼莫尔·库珀和埃德加·爱伦·坡的会面（"应当是在1845年或者1846年"）（701）。

　　虽然惠特曼认为群体包含了人类的全部，但他还是注意到那些与众不同的伟人，这些人作为独特的人物进入历史。 特殊性在普遍性中得到实现，"多"在"一"中得到实现，诗人惠特曼在群体中得到实现。 在《过去历程的回顾》（"A Backward Glance o'er Travel'd Roads"，1888）中，他称自己在《草叶集》中抛弃了因袭的主题，关注了"最广大的普通人"，或"在今天日趋成熟的19世纪、特别是在今天美国的无数的事例和实际职业中"的群体（*Complete Poetry*，618）。 接着他进一步阐述道："想想今天的美国——这三十八个或四十个独立帝国合为一体的事实——六七千万彼此平等而有其自己的生活、感情和未来的人民——这些数不清的现代的、美国的、在我周围沸腾着的大众，而我们就是它不可分离的部分！"（661）①

　　天命是一种集体现象。 物种一直存留下去，个体则不断消亡，但

227

---

　　① 参见惠特曼《草叶集》（下册），楚图南、李野光译，人民文学出版社1987年版，第1254页。 译文有修改。 ——译者注

是伟人却遗世而独立。 正如他从爱默生那里学到的："伟人就是置身于人群之中却能完美柔和地保持孤独的独立性的人。"（"Self-Reliance"，见 *Selected Poetry and Prose*，170）每个时代都在呼唤自己的英雄，每个城市最终也都是按照人类的意志来塑造的。 美国的前途建立在其协调个体和群体的能力之上："只有从［群众］、从其适当的联系和潜能中，才能产生［个人主义］……这两者是矛盾的，但是我们的任务就是协调它们。"（Whitman，"Democratic Vistas"，见 *Leaves of Grass*，470）诗人变得自足，然后将——体现在群体中的——那种自足感扩展到国家本身。 群体可以被赋予这种重要性，是因为美国正在飞速成为一个城市国家。 1810 年至 1860 年间，美国的人口增长比世界平均值快 6 倍，在南北战争时达到 3 000 万。 生活在城市中的人口从总人口的 6%增长到20%。 纽约市的人口从 1820 年的 12.4 万增加到 1850 年的 51.5 万，并在 1860 年超过 100 万。 从 1820 年到南北战争结束，布鲁克林的人口从 5 200 暴增至 20 万（这个数字在随后的 15 年又增加了一倍），这使它一跃而成为美国的第三大城市。 到 1880 年，22%的美国人居住在人口超过 8 万的城市。 惠特曼诗歌中的俗语元素就受到他与工人之间接触的影响，这些工人构成了统治街道生活的鲍威利（Bowery）①文化中的"b'hoy"元素。 戴维·雷诺兹（David Reynolds）指出："在《草叶集》中，他的整个人——与其说是传统意义上善良的、自由的、聪明的，不如说是邪恶的，像是有力喷出来的粗话——就是'b'hoy'文化的反映。"（105；并见 107，495）就这样，爱默生的思想经过一种街头语言的转换，使惠特曼的诗歌获得了力量。

城市成为一个充满神秘和阴谋的地方，它把生活本身的秘密隐藏了228 起来。 穿越城市就是深深地沉浸在生活中，正如惠特曼在《典型的日子》中描写的夜游华盛顿时的景象：

---

① 鲍威利，美国纽约城曼哈顿南部的一个区。 该地区因一条曾是通向彼得·史蒂文森的鲍威利或农场道路的街道而得名。 鲍威利因酒吧、低级的罪犯行为和流浪汉而恶名远扬。 ——译者注

今夜，10 点离开医院后……我在华盛顿漫无目的地游荡了很久。甜蜜的夜，非常清澈，也足够凉爽，天上一弯明丽的新月，带着淡淡的黄晕，周围全是一种透明的蓝灰色调。我沿着宾夕法尼亚大街前行，来到第七大街，绕着专利事务所走了一大圈。在淡淡的月光下，它看起来显得无比坚固雄伟。经历了医院里的那些场面之后，天空、星星、银河都是那么的灿烂、平静、安宁、令人欣慰。我一直来回漫步，直到午夜后许久，雾气遮蔽了月光为止。

（*Complete Poetry*，738）

城市不仅可以带来宁静，也可以带来诗意的激动："今夜，我一直在灯光照耀的国会大厦闲逛。灯火通明的圆形大厅看上去非常漂亮。我愿意站在一旁，久久凝望穹顶，不知为何，它使我感到欣慰"（757）。

让自己沉浸在城市中，就是让自己沉浸在人群——它就是人类的体现——中。从人群中发现的真理，反过来又通过诗歌得到反映。从 1855 年至 1890 年，《草叶集》历经九次修订，因为惠特曼期望能跟上美国的变化。正如在人群中发现美国英雄一样，他在自己的诗歌中发现了他自己和他的国家。他用浪漫主义的设想代替了启蒙主义的设想，在想象中重新创造了美国，将美国的天命视作"一"和"多"的融合，而不是对进步的理性追求。尽管达尔文和黑格尔对惠特曼的影响是间接的，但他们的思想以不同的方式，促使他用进化的观点来思考，并使他对新的美国抱有希望——至少到某一时刻为止。

那个时刻出现在南北战争之后，从那时起，惠特曼开始怀疑自己从一开始以来对民主所抱的过于乐观的态度。卡莱尔的散文《射击尼亚加拉及此之后》（"Shooting Niagara；and After"，1867）对他产生了巨大影响。卡莱尔反对执著于民众选举的政府，对于他口中的日益增长的人民的"蜂拥群集"现象更是大加批评。同时，他的大众观也不乏种族主义色彩，因为他曾经质疑，为什么为了让 300 万黑人投票，必须让 30 万白人去死。惠特曼的第一反应是愤怒，在《民主展望》中他试图回应这个问题。 但是，惠特曼与卡莱尔的争论越深入，他的疑问就越多。 如同戴维·雷诺兹指出的那样，从《民主》到四年后的《民主展望》，随着对草稿的不断修改，惠特曼的观点逐渐变得灰暗；"在后一篇作品中，惠特曼将他的'道德显微镜'对准当今的美国，他看到的是'干燥而荒凉的撒哈拉沙漠'，还有'充斥着卑鄙的怪异之徒、畸形之物和幽灵的城市，它们一起在那里上演着毫无意义的滑稽戏。'他写道：如果美国沿着目前的方向发展，就可能以'历史上最大的失败'而告终。"(478)

他对民主的信任是有限的。 在他反对各自由州的奴隶制，赞美在南北战争中英勇战斗的黑人的尊严时，惠特曼仍对美国黑人的未来有所保留，这个观点在他早期和后期作品中都能发现。 在《每日时报》(*Daily Times*)的评论中(1858)，他将自己"无奴隶制度"的观点(Free Soil argument)推向了种族主义的极端："谁相信白人和黑人能在美国混合在一起？ 抑或谁希望这种情况发生？ 大自然已经设立了无法克服的标记①。 再说，美国难道不是为白人而存在的吗？ 难道这样不是更好吗？ 只要黑人还留在这里，他们怎么可能变成一个独立的和英雄的种族呢？ 这是不可能的。"(转引自 Reynolds, 372—373)城市摧毁了惠特曼关于共同体的观念。 他对天主教移民，尤其是对爱尔兰人的看法，变得非常敌视。 都市人群，也即城市自身，变得非常丑陋。 惠特曼亲眼目睹了纽约的飞速崛起，但是他相信美国的未来在西部，甚至将来美国的新首都也会设在那里("Democratic Vistas"，见 *Leaves of Grass*，480)。

惠特曼对美国的技术的兴起感到同样抵触，尤其是在南北战争后。大西洋电缆和铁路的发展促进了人类的统一：技术正在压缩空间，将不同的人和文化联合起来。 到 1880 年，总共铺设了超过 76 万英里的电报线和 12.8 万英里的铁路线。 但是这些进步同时也带来了物质主义的泛滥，他感到美国正在为金钱而出卖灵魂。 国家的总财富从 1850 年的84.3 亿美元，增加到 1880 年的 489.5 亿美元，同期的工厂产值也从 10.6

----

① 这里指白人与黑人在肤色上的特征。 ——译者注

亿美元增加到 55.6 亿美元——这些事实证明美国已经工业化和城市化了。 联邦政府和大企业都在变得日益强大，人民却在变得日益弱小。《国家银行法案》（The National Banking Act，1863）和《太平洋和中太平洋铁路联合宪章》（the charter of the Union Pacific and Central Pacific Railroads)都是商业的意外收获。 而具有讽刺意味的是，"第十四修正案"（the Fourteenth Amendment)表面上是为了保护个人的权利，尤其是获得了自由的奴隶的权利，实际上却加速了公司美国（corporate America)的兴起。 在《民主展望》中，他哀悼美国的变化："这种景象令人震惊……我们国家商业阶层的堕落一点不比原先想象的差，而且有过之而无不及。 美国所有部门的政府服务，包括国家级、州级和市级，除了司法系统以外，都充满了贪污、贿赂、谎言、乱政，甚至司法部门也有所污染。 大城市充斥着光彩与不光彩的抢劫和无赖行径。"（*Leaves of Grass*，467）由此可见，惠特曼的观点有了很大的改变。 对新城市的激动之情和对新国家的希望，转变为怀疑和不信任。他从未失去希望，但是他的怀疑表明，美国存在的问题——新的商业主义的兴起、工业化城市的发展、金钱和大企业的持续影响——使城市曾经拥有的光彩变得黯淡，直至西部的许诺也落空。

230

三

　　哈特·克莱恩（1899—1932)继承了惠特曼的想象：希望和怀疑，秩序和混乱。 但克莱恩努力使惠特曼的想象跟上时代。 正如布鲁克林桥取代了渡口，《横过布鲁克林渡口》（"Crossing Brooklyn Ferry"，1856)①之后也有了《桥》（*The Bridge*，1930)。 桥(见图 7)是有限和无限、过去和现在、东方和西方、农业社会和工业社会之间相连接的标

---

　　①　《横过布鲁克林渡口》是惠特曼的一首诗作，克莱恩的《桥》正是从这首诗中获得了启发。 ——译者注

志，克莱恩的任务就是弥合"由钢铁所致的分裂"。 这与刘易斯·芒福德和范·维克·布鲁克斯（Van Wyck Brooks）①的作品中所表现的内容相似，这两位作者都与《七艺》（*The Seven Arts*）②杂志有联系。 但是，或许瓦尔多·弗兰克（Waldo Frank）③才是惠特曼之后对克莱恩影响最大的人。 恰如约翰·恩特瑞克（John Unterecker）④所说：正是弗兰克"提出一个使工业化的美国可能变得更好的办法，并使克莱恩陷入其中不能自拔。 只有艺术家们投身于此……只有艺术家们——他们是过去文化的继承者和传递者——才能战胜工业社会的野蛮"（153—154）。

231

图 7　布鲁克林桥。这代表了哈特·克莱恩对都市统一的希望：
这座桥利用重力原理，借助其自身的重量，真正做到了自己支撑自己。

图片来源：哈佛大学设计学院弗朗西斯·洛布图书馆。

克莱恩的早期诗歌试图调和两种神话，而歌德早就将这两种神话——关于浮士德和关于海伦的神话——联系在一起，它们反映了日耳曼民族改造大地的强烈愿望和希腊人将"美"具体化的巨大冲动。 克

---

① 范·维克·布鲁克斯(1886—1963)，美国文学史家、批评家和翻译家，曾写有多部关于美国文学史的著作，著有《新英格兰的繁荣》等。 ——译者注
② 《七艺》杂志，1916年创办的一家很有影响的小杂志，范·维克·布鲁克斯和瓦尔多·弗兰克曾任该刊编辑。 1917年，因公开刊载和平主义者的社论而失去赞助资金并停刊。 ——译者注
③ 瓦尔多·弗兰克(1889—1967)，美国社会批评家。 ——译者注
④ 约翰·恩特瑞克，美国诗人，传记作家，著有《航海者——克莱恩传》等。 ——译者注

莱恩的诗歌《为浮士德和海伦的婚姻而作》（"For the Marriage of Fau-
stus and Helen", 1925)在很大程度上源自乔伊斯的《尤利西斯》。 乔
伊斯将荷马的英雄世界叠合在现代城市都柏林之上，克莱恩则把浮士德
和海伦的英雄世界叠合在现代纽约之上。 他的海伦乘坐在一辆电车
上，而在一座屋顶花园，她的求爱者们正举行一场酒神式的狂欢，为之
助兴的还有一支爵士乐队；特洛伊的陷落则用第一次世界大战来代表。
"这个'脚手架'(scaffolding)的重要性可能很容易被夸大"，克莱恩告
诉我们，"但它为我提供了两个完全分隔的世界之间的一系列相一致的
地方，通过它们，可以探测人类思考的一些重要主题：爱、美、死亡和
重生。"（转引自 Unterecker, 258—259)

　　浮士德-海伦故事的另一种版本，是亨利·亚当斯①对两种对立力
量——他称之为"圣母和发动机"——的著名论述。 克莱恩认为亚当斯
已经预见了现代主义者所面临的主要问题，并在《桥》中运用了亚当斯
的隐喻：在诗的开始，哥伦布向圣母祈祷，到诗快结束时，飞机从天空
坠落。 克莱恩希望治愈大自然和工业化城市社会之间的对立，并暗示
神话的和技术科学的模式有可能协调一致。 他所作的努力很高尚，但
是他的观点并没有抓住现实，到最后，整首诗还是充满了怀疑。 克莱
恩的尝试揭示出，在都市时代，浪漫主义的想象遭到了失败。 他对有
机的统一(organic unity)和真实的一元论充满信仰：认为万物归一，所
有事物都相互联系。 他试图创造一种诗意的想象来展现这种统一，但
是，这个抱负过于远大而无法完成。 写这首诗时，他正开始阅读斯宾
格勒，后者的思想对他那惠特曼式的乐观主义有所约束；《桥》成了乐
观主义和悲观主义的融合。 这首诗从城市出发，穿越早期的边疆，到达
西部，最后再回到城市。 城市和边疆，城市和大地，都相互渗透，相互
加强。 其潜在的希望，是呼唤一个新亚特兰蒂斯(New Atlantis)②—— 232

---

　　① 亨利·亚当斯曾在 20 世纪初体验了工业革命的成果后写下了《论教育》一书，
其"圣母和发动机"那一章认为，进入工业社会以后支配人类行为和意识的根本力量应该
是"发动机"(Dynamo)，也就是科学技术。 ——译者注
　　② 亚特兰蒂斯，即新大西岛，传说中位于大西洋中的一座神秘岛屿，后沉入海
底。 ——译者注

一种能将已经支离破碎的现在和可望的未来连接起来的新纽带。 克莱恩试图在艾略特的文化枯竭观和威廉·卡洛斯·威廉斯对"新起点"的信念之间闯出一条新路。 他希望与"否定的诗歌"（poetry of negation）告别，这样，艾略特的荒原世界才可能被想象的力量所改变。

　　早期的批评家指责《桥》结构混乱，但是在其发表后的几年，分析家们挖掘出了它的统一原则。 前面我已经指出了"圣母和发动机"的主题，但是，贯穿于作品的更根本的东西，是对协调自然和机械的必要性、对协调占统治地位的城市和已然失去的边疆的必要性的关注。 这首诗从自然与机械的对比开始：群鸥在桥上盘旋，起降机不停地升降；阳光从天空照临，乙炔焊枪整日冒火。 自然和机械之间的不和谐导致心理上的不稳定：一个疯子从桥上跳下。 接下来，克莱恩把目光从纽约的地铁转向在他父亲罐头工厂（cannery）后面铁轨上奔驰的州际火车。 之后，诗人又带我们来到密西西比河，这条河是一个象征，它既象征着时间的川流归入大海，走向和谐与平静，也象征着美国的起源——它是"纯粹的原始世界"，是"美国的原始的躯体"（Unterecker，504—505）。 如果都市化的美国想要寻找自己的根的话，这样的回归是必要的。 那个带着孩子的印第安妇女变成了边疆妇女，成了拉里（Larry）的母亲，她乘坐一艘新快帆船出海，前往一个新美国。

　　该诗接下来的一部分《哈特拉斯海角》（"Cape Hatteras"）①，表达了克莱恩对惠特曼的赞美——也是他试图使惠特曼的美国故事跟上时代的一次尝试。 美国，尤其都市化的美国，已经变得比《民主展望》中所预言的更加物质主义。 如今，"交易所"（Exchange）控制着"错综复杂的东西"（labyrinth）；"发电站"和"发动机"支配着"雏鹰"（Kitty Hawk）和莱特（Wright）兄弟②（Crane，35—36）；他们的飞行预示了飞机的坠毁，而后者是机械论的末日的预兆（"坠入引力的漩涡直到坠

---

① 　《哈特拉斯海角》即《桥》的第四章。 ——译者注
② 　莱特兄弟，指韦伯·莱特和奥维尔·莱特，美国发明家，1903 年，他们乘驾自己设计的飞机成功地进行了世界首次飞行，那架飞机名为"雏鹰"（KittyHawk）。 ——译者注

毁……散落……成为碎不成形的残骸"，38—39）。 克莱恩对着惠特曼的精神祷告（"沃尔特啊——在那里和更远的地方！"），恳求某种有力的统一（"啊，死亡之上"）从混乱中、从"残骸"中出现，弥合"由钢铁所致的分裂"（39）：

> 是你,用你坚毅的双脚,
> 站立着,这座伟大的桥梁,
> 张开两翼,我们的神话,我歌唱!
>
> （41）

惠特曼的"想象……得到改写"，诗人借助于"开放的道路"而逃走。 233 接着，我们穿越乡村前往加利福尼亚（"这曾是一片乐土，现在仍然是"，50），再次回到纽约，进入地铁，进入爱伦·坡的世界，他的酒神式在场对惠特曼更乐观的想象提出了挑战。 这个循环是完整的：我们先从一座意识分离的城市离开，然后进入亚特兰蒂斯的开放环境中。 克莱恩首先写出的是诗歌的这部分，这是一次将我们带回美国的寻根之旅：那早已失去的神话的大地，曾将美国和欧洲与非洲大陆相连，它象征着无形的统一。 克莱恩在这种统一之上寄托着自己对一个新的美国的希望。

《桥》是克莱恩调和纽约与美国其他地方、城市与自然、机械的与有机的、可见的混沌与无形的统一原则的一次尝试。 他抓住的是爱默生和惠特曼的遗产：美国的前途大多依赖于这种无形的东西——对某种能够解决工业社会各种问题的超越性力量的设想。 这种对超越性的依赖，就像更早时期对失去的荒野的呼唤一样，在美国变得更加城市化的时候，显得愈加可疑，直到克莱恩开始怀疑他自己的想象的合法性。在 1931 年致其友人比尔·赖特（Bill wright）的信中，克莱恩透露了徘徊不去的疑问，这些疑问在他写作《桥》时萦绕于心："当今的美国似乎与我写这首诗时所幻想出来的命运相差很远。 从某个方面来说，斯宾格勒可能是对的。"（转引自 Unterecker, 644）

1931 年，克莱恩获得古根海姆奖学金，第二年他在墨西哥度过，并希望描绘那里的原始文化。 他计划写一部表现蒙特祖玛（Montezuma）和科尔特斯（Cortez）①之间冲突的戏剧，以及一部以征服者为主题的史诗。 他认为墨西哥的诗人过于忙着模仿美国或者欧洲，不够重视他们自己的文化。 他的史诗可以看成是一部墨西哥版的《桥》。 他要再一次处理现代欧洲文明泛滥的美国文明。 在《桥》中，印第安人屈服于拓荒者；在他关于征服者的史诗中，墨西哥印第安人将被西班牙天主教所改造。 克莱恩着迷于原始和现代、基督和异教之间的融合，他再一次看到神话以圣母形象为基础："瓜德罗普岛的圣母奇迹般地将早期天主教士的传教和幸存下来的众多古印第安人神话及异教崇拜统一了起来。 她是典型的墨西哥产物，一种基督教和异教的奇怪的混合……她真正是墨西哥大众的一位女神。"（1931，给 Bess Crane 的信，转引自 Unterecker，708）像小河汇入大海一样，宗教也汇入对方之中，同时既改变着也表现着对方。 打开墨西哥城的钥匙，正如打开纽约市的钥匙一样，是神话的想象，没有这种想象，就没有救赎的诗作。 他"仍怀抱着幻想，幻想那里有土地、神话和人民，幻想这里（墨西哥）的精神能得到独特的、庄严的表达"（708）。 尽管这种微茫的希望现在看来是一种幻想，但克莱恩当时相信，城市可以通过想象的方式被救赎，相信意志是心灵的仆人，相信只要一种文化意识到自然和机械、神话和城市秘密之间的联系，丧失了的统一感就可以重新恢复。 就我们所知，当他最后发起致命一跃跳入大海时，依然怀抱着上述希望。

四

哈特·克莱恩所反对的关于城市的观点体现在勒·柯布西耶（Le

----

① 蒙特祖玛（1480？—1520），墨西哥的最后皇帝，为西班牙征服者科尔特斯（1485—1547）击败。 ——译者注

Corbusier)①的作品中，后者认为城市必需统治自然，必需将其自身的意志强加到它周围的环境中："城市！它是一个控制自然的钳子……它是人类对自然的直接操作……既是为了保护自己，也是为了工作。它是一项创造……使自然充满活力的精神就是一种秩序的精神。"因此，勒·柯布西耶强调，城市不仅是将秩序强加给自然，而且这种秩序本身就是自然的法则。"人以一种直线的方式工作，因为他有目标并且知道自己将去哪里……现代城市也是以一种直线的方式存在……而曲线是破坏性的、困难的和危险的，它是一种使城市瘫痪的东西。"(*The City of Tomorrow*, xii, I, II, 25)城市的发展有一定的模式——缓慢的积累之后，接着就是逐步的增长，这种增长获得一种巨大的"引力……一种离心力"，后者"带来了匆忙和乌合之众"(93)。他把整个历史看作是向前发展的，认为城市一直在进化，直到主宰现代生活。大城市反过来又决定了一个国家的命运(fate)："战争、和平和苦难。大城市是精神的生产车间，世界的工作都在那里完成。"(87)当一座城市完全停止运转，那个国家也将停止运转(96—97)。

勒·柯布西耶有关现代城市以惊人速度发展的观点，很快可以从四个主要国家——法国、英国、德国和美国——的主要城市1800年至1900年的人口变化表(见表1)中得到证实。在110年间，巴黎人口增加了5 235

表1　城市中心的发展　　　　　　　　(单位：千人)

	1800	1880	1910
巴　黎	647	2 200	3 000
伦　敦	800	3 800	7 200
柏　林	182	1 840	3 400
纽　约	60	2 800	4 500

资料来源：改编自 Andrew Lees：*Cities Perceived*。

---

① 勒·柯布西耶(1887—1965)，法籍瑞士著名建筑家、城市规划家和作家，著有《走向新建筑》《明日之城市》等。——译者注

倍，伦敦增加了 9 倍，柏林增加了 18 倍，而纽约令人难以置信地增加了 75 倍。 这样的人口增长填满了都市空间，也导致了关于城市发展的各种理论。

勒·柯布西耶想要一个垂直的城市——建筑物耸立在高空之中，而下面开放的空间留做公园和其他的人类活动之用（见图 8）。 他坚称，摩天高楼可容纳 40 000 人而仅占 5% 的土地（*The City of Tomorrow*，297）。 他认为纽约市的设计是失败的，因为那些摩天高楼没有建在公园里；它是一座垂直的城市，"一个新时代的产物。 它是一场大灾难，太过仓促的命运和它一起，击败了勇敢和自信的人们"（*When Cathedrals Were White*，36）。

图 8 勒·柯布西耶的伏瓦生计划（Voisin plan）体现了他的城市理念：
"城市……是一把控制自然的钳子"。他希望用一系列摩天
高楼来控制都市空间，这破坏了以人为本的状态，
哪怕他把高楼底层架空以供人类活动。

图片来源：哈佛大学设计学院弗朗西斯·洛布图书馆。

勒·柯布西耶把纽约看成是一个掩盖了残酷现实的神秘物体。当他的船抵达纽约时，他看见"一座奇幻的、几乎是神秘的城市耸立在雾中。但随着船向前航行，那个幻影渐渐变成一幅令人难以置信的又残忍又野蛮的图景"（*When Cathedrals Were White*，34）。对于纽约的引人注目的美丽和野蛮，很多观察者都有同感，其中包括约翰·多斯·帕索斯。

五

约翰·多斯·帕索斯虽然写过大量有关城市的东西，但他是反城市的，有着植根于杰斐逊的理念而来的政治和社会信仰。尽管美国发生了激烈的城市化转变，他仍持有杰斐逊式的恐惧，担心各种形式的——无论是军事的、财富的或集权政府的——权力完全压倒个人主义。多斯·帕索斯写了好几本有关杰斐逊和他的时代的书：《我们所站的土地》（*The Ground We Stand On*，1941），《托马斯·杰斐逊的思想和精神》（*The Head and Heart of Thomas Jefferson*，1954），以及《权力的枷锁》（*The Shackles of Power*，1966）。这些历史著作，相当枯燥，华而不实，没有显示出多斯·帕索斯的才华。他接受了杰斐逊有关美国应该如何发展的理念，并假定他的读者会毫无批判地同意它。但是，由于他没有很好地说明为什么会出现汉密尔顿式的反对意见，没有把握到历史是一个由工业和民族主义力量所驱动的过程，因而他也就忽略了杰斐逊和汉密尔顿之间的冲突戏剧。多斯·帕索斯提供的是一种情节剧式的历史：其中好人与坏人相对，坏人要为他笔下的现代人物无法应付的这个世界负责，因为是坏人创造了它。

在其生涯的早期阶段，他曾为自由事业辩护，并与共产党走得很近，但他的动机和德莱塞一样，是为了支持一种能够与西方资本主义的权力基础相抗衡的体系。为了以自己的亲身经验来评估共产主义，他前往苏联，这次旅行并没有增强他对共产主义的信心，但也没有使他失望到觉得有必要改变政治方向。[1]只是到后来，他才产生了幻灭感。那是在西班牙内战期间，他的朋友何塞·罗布利斯·帕佐斯(José Robles Pazos)被共产党人处决。 在《一个年轻人的冒险》(*Adventures of a Young Man*，1938)中，与西班牙政府拥护者战斗的格伦·斯波茨伍德(Glenn Spotswood)被一个党(GPU)的特务逮捕并被处决，罪名是他是托洛茨基主义者。 正如格兰维尔·希克斯(Granville Hicks)所指出的："在西班牙，多斯·帕索斯已经得出结论，共产主义不仅是他不能支持的东西，而且几乎和法西斯主义或其他任何牌子的反动思潮一样，是自己的敌人。"(118)纳粹和苏联在1939年所签订的协议丝毫没有让他感到惊讶。 因此，多斯·帕索斯的政治转向，不是因为意识形态的原因，而更多地是因为他希望对抗外部的力量以维护个体的完整性。 当他感到个体受到右翼的威胁时，就倾向左翼；当他感到个体受到左翼的威胁时，就偏向右翼。 最终他认识到，个体已经不再被他或她自己的命运所控制，也就是说，自由主义的规划已经被新的权力形式所改变。由于那些力量大多数在城市里发挥作用，所以多斯·帕索斯便将他笔下的人物设置在都市漩涡中，以此来展示个体意识如何被集体意识所威胁，个体如何无望地在群氓中寻找自由。

虽然本·斯托茨弗斯(Ben Stoltzfus)指出，有一大批法国作家[波德莱尔、凡尔哈伦(Verhaeren)、莱昂-保罗·法尔格(Léon-Paul Fargue)、保罗·克洛岱尔(Paul Claudel)]作品的主题都关系到"一种集体性的存在，其中个体被吸纳进一个更大的……现代大城市的实体"，但他认为朱尔·罗曼(Jules Romains)①的《再生的城镇》(*Le Bourg régénéré*，1906)是第一部包含这类主题思想的小说。 也就是说，这部小说第一次让"一个城镇成为一部小说的主角"(Stoltzfus, 204, 205)。 尽管多

---

① 朱尔·罗曼(1885—1972)，法国作家，法兰西学院院士，原名路易·法里古勒。曾积极倡导"一致主义"文学运动。 著有小说《善意的人们》，另有诗集《热那亚颂》，剧本《多诺戈·东卡》等。 ——译者注

斯·帕索斯否认自己受到罗曼的直接影响，但由于城市本身作为一种实体而兴起，出现这样的写法也是必然的。根据斯托茨弗斯的说法，"这种将城市作为一种诗歌灵感——这种灵感就从巴黎的人行道旁涌现——来源的取向，后来以'一致主义'（unanimism）而闻名"。"一致主义"是罗曼生造的一个词，用来描绘团体的活动和行为，指的是"不断发展的关于团体和城市的集体生活的意识"（205）。而多斯·帕索斯反过来，通过赋予城市以新的意义的方式，向人们揭示了那种都市意识。

在多斯·帕索斯的早期作品中，个体的意识首先是一个美学问题。在《一个人的开始》（*One Man's Initiation*，1920）和《三个士兵》（*Three Soldiers*，1921）中，艺术家的想象是中心。根据马尔科姆·考利（Malcolm Cowley）的观点，这种想象需要艺术家对"自己的感受力"抱有信心，并怀抱一系列其他信念：认为社会敌视这种感受力；认为世俗的世界不理解诗人；相信诗人通过"将物质的世界以神秘的方式包含在自身之中"，通过创造作为一种抗辩书的艺术，而完全战胜了这个物质的世界（23）。但对于美学的这种强调，使得多斯·帕索斯对自己的文化采取一种拒绝而非投入的态度。在写作《曼哈顿中转站》（*Man-hattan Transfer*，1925）时，他开始在另一种文学方向上前行，他找到了描绘物质世界的方法；他创造了一种社会意识，首先是都市意识，并向人们展示了它将如何导致破坏性的——实际上是退化的——后果。

《曼哈顿中转站》表达了对城市的极端不满。像尼克·卡拉威一样，吉米·赫弗（Jimmy Herf）形单影孤，因被城市挫败而离开。多斯·帕索斯的小说传达了一种弗洛伊德式的真理。在《文明及其不满》（*Civilization and Its Discontents*，1930）中，弗洛伊德将侵略性（aggressiveness）描绘成人类的一种天性。他把西方文化主要看成是男人的事情，男人们因女人和性而不能全身心地工作。文明生活抑制了敌对性，把它驱向内心。城市与超我（superego）联结在一起，抑制着精神的活力。因此，正如多斯·帕索斯和弗洛伊德所视，大都市中的生活变得更为神经病。他们最终都认为，自由和文明具有内在的冲突。艾略

238

特对现代城市男人的神经病特性进行过描绘；同样，多斯·帕索斯在"美国三部曲"①中也描绘了受压抑的都市人。

在所有三部小说中，个体总是企图在都市环境中实现自我，但又总是失败，我们看到的是不断的、重复的崩溃。例如在《赚大钱》（The Big Money，1936）中，随着小说的发展，查理·安德森（Charley Anderson）变得越来越放荡，慢慢地成了酒鬼并患上了神经病，直到最后走向自我毁灭。他酒后开车穿过铁轨匝道，因汽车发生障碍停滞不前而被迎面开来的火车撞死。他的死很有讽刺意味：安德森因发明一种飞机的启动器而赚了大钱，但在火车撞上来之前却无法发动他的汽车。在多斯·帕索斯的小说中，靠机器而生的人也因机器而死：机器和财富决定着个人和文化的命运。

为了控制"美国三部曲"中的时间，多斯·帕索斯运用了三种叙述手法（narrative devices）——"新闻短片"（Newsreel）、人物小传和"摄影机眼"（Camera Eye），它们把他和他笔下的人物锁进了一个限定着他们的时间连续体中。"新闻短片"主要由一系列的报纸头条组成，它们构成了小说的历史背景；而人物小传中的人物，则要么是那个背景的构成部分，要么受到那个背景的限定；"摄影机眼"则涉及个人的记忆，有可能是多斯·帕索斯自己的记忆。甚至在叙述过程中，人物也首先出现于一个大致的时代，然后才被投进一个更加具体的历史时刻。在"美国三部曲"中，下面一段文字作为一个典型的例子，展现了上述方法：

239

那个夏天的 7 月非常热，他们工作的办公室里，电风扇一直开着，男人们的衣领耷拉着，姑娘们则不断补着粉，只有德雷福斯先生（Mr. Dreyfus）看上去依然很精神，衣装干净利落，十分整洁。那个月的最后一天，珍妮（Janey）正坐在她的桌前，这时杰瑞·伯纳姆（Jerry Burnham）走了进来。（157）

---

① 多斯·帕索斯的"美国三部曲"分别是：《北纬四十二度》（The 42nd Parallel，1930）、《一九一九年》（1919，1932）和《赚大钱》（The Big Money，1936）。——译者注

呈现在我们面前的，首先是炎热的 7 月，接着立刻出现了一个具体的日子，7 月的最后一天，随之而来的还有杰瑞·伯纳姆和珍妮这两个人物。 这一从普遍到具体的变换，提示了一种关系，即美国的运行方式——特别是城市中各机构的运行方式——和那个世界在多斯·帕索斯笔下的人物身上所造成的后果之间的关系。 因为那种关系的存在，那些人物在那个世界行使自己的职责时，总是预先已经被那个世界所限定。 相比其他的现代作家，多斯·帕索斯更早地预示了意识融入文化自身的后现代趋势：我们在《曼哈顿中转站》和"美国三部曲"这类小说中所看到的，是都市意识的直接表现形式，是与现代城市运行方式相一致的心灵。

或许在个体意识和集体意识之间存在着类似的联系。 布兰奇·盖尔芬德（Blanche Gelfant）已经指出，多斯·帕索斯笔下大多数人物都抵制父亲的世界，后者总是被定义为物质上的成功："父亲们的教导就是要成功，父亲们所创造的，就是以物质为目标的世界。 结果，那种成功成为厌恶父亲的儿子们所必然拒绝的东西。"（"John Dos Passos"，182—183）换句话说，在拒绝父亲的同时，多斯·帕索斯笔下的人物也拒绝了父亲的世界。 但是，有一些人确实在寻求成功：J·沃德·摩尔豪斯（J. Ward Moorehouse）成了一家著名广告公司的头头；迪克·萨维奇（Dick Savage）成了摩尔豪斯公司的一名经理；埃莉诺·斯多达德（Eleanor Stoddard）成了一位成功的室内装饰设计师，并嫁给了俄国的显赫家族；查理·安德森成了一个富有的飞机制造商；而马格·道玲（Margo Dowling）成了一位电影明星。 那些成功使他们与文妮（Wenny）、法格（Vag）、吉米·赫弗、格伦·斯波茨伍德，以及其他仍然处于社会之外的人截然不同。 但选择本身最终并不重要：不管是选择了拒绝成功还是选择追求成功，最终的结局都是一场空；退化和没落的进程是不可避免的。

多斯·帕索斯将我们一步步带入他的世界，首先是具有集体意识的人群，而后是追逐物质的城市，最后是两种选择：接受或拒绝为物质成功而奋斗。 这种成功是都市心脏的"灵丹妙药"〔多斯·帕索斯在《世纪中叶》（*Midcentury*）中就是这么称呼它的〕，是一种无法改变的毁灭性要素，对它的拥抱必将导致死亡。 人们来到城市，冒着在物质世界丧失自我、陷入无可挽回的自我毁灭的漩涡——这个漩涡等候着西方文学中的都市朝圣者——中的危险。 他的"三部曲"的标题本身，就指向了这种结论：《北纬四十二度》（*The 42nd Parallel*，1930）、《一九一九年》（*1919*，1932）和《赚大钱》，分别暗示着人物受困于空间、时间，并最终陷入追逐金钱的牢笼。 那种追逐把他们带到都市竞技场，去参加一赌成败的游戏。 盖尔芬德认为，多斯·帕索斯最终在《被选中的乡村》（*Chosen Country*，1951）里为这种毁灭性的过程找到了解决办法，她称这部作品"怀有希望，面向一个依然可塑的未来，在其中创建民主理想的目标仍有可能变成现实……从荒野中创造出文明的事业依然有待去完成"（"John Dos Passos"，192）。 但这里的结论与她早先的观点相矛盾，因为杰伊·皮格纳特里（Jay Pignatelli）所愿接受的世界，正是帕索斯主要的小说所明确拒绝的世界。 杰伊的想象是回顾式的，而非展望式的：在过去存在着某一个时刻，"创建民主理想的目标"曾有可能实现，但时间已经从他身边过去了，城市已经完全吞没了荒野，理想化的选项已不复存在。

在《世纪中叶》（1961）里，多斯·帕索斯——尽管他的政治信仰有所变化——拓展了自己对城市和自然关系的看法。 标题为"一种搞建筑的生物"（A Creature that Builds）那部分，包括一首有关城市及其制度机构①的散文诗。 进行建造的欲望是一种自然的欲望，但它包括一个既是"划定范围的"过程（"对生命的拒绝"），又是"退化的"过程（我们在"废弃"的历史上建造）。 我们所建造的东西呈现为一种制度性的现实，甚至在昆虫阶段也是如此。"所以社会学家告诉我们，制度塑造了人类前进的方向"，制度似乎在取代或至少改变了自然。 这样的过

---

① "制度机构"原文为 institutions，也译为"机构"、"制度"。 ——译者注

程可能是毁灭性的:

> 在课堂上讲到"社会性的昆虫"时,已故的哈佛大学惠勒
> (Wheeler)教授经常不怀好意地向他的学生们指出
>
> 蚂蚁们,
>
> 也一样,
>
> 尽管它们的直觉很完美,
>
> 但也饱受他称之为"食欲错乱"的痛苦。
>
> 它们地下带走廊和分层的
>
> 房屋
>
> 出没着大批致命的生物、小偷
>
> 和掠夺者、食腐动物蟋蟀、贪婪的蟑螂和钻来钻去的甲虫,
>
> 还有一种特殊的长羽毛的小臭虫
>
> 它的毛发中藏着一种被蚁类
>
> 当作美味的灵丹妙药
>
> 蚂蚁吃了就丧失所有的自我感觉
>
> 或族类保存的意识
>
> 并在对它的拥抱中走向死亡。
>
> (*Midcentury*, 117—118)

241

多斯·帕索斯预见了今天我们称之为社会生物学的观点,其假设是社会组织由被铭刻在自然中的生物学的、基因的法则所决定,而且一种生物的特性也适用于另一种生物,包括人类。在这里,内在于蚂蚁所建造的"城市"中的,是一种无法抗拒的吸引力,尽管这种吸引力最终会导致城市及其居民的毁灭。这首诗的逻辑清楚地暗示了,那种"灵丹妙药"在人类社会中指的就是"物质上的成功"。此外,《世纪中叶》的文本——它描绘了与富兰克林·罗斯福上台并推行"新政"同时

发生的强大工会的兴起——允许读者去填补诗中存在的所有裂缝。 资本主义的规划创造了一种都市现实，其中左翼和右翼的力量发生冲突。多斯·帕索斯花了一辈子心血去描绘一个正在走向没落的城市化美国。在他笔下，美国已经陷入一个衰退的过程，这种衰退以人们难以察觉的、然而又无法抗拒的方式发生，我们只看到在它外表充满活力的漂亮漩涡，但这个漩涡正以进步的名义把人们带向死亡。

多斯·帕索斯所受的影响来自多方，其中特别有来自乔伊斯和惠特曼的影响。 但马歇尔·麦克卢汉（Marshall McLuhan）①认为福楼拜很重要，因为是福楼拜第一个为我们提供了非连续性的风景，揭示了主观性和风景之间的关系，并声称，只有当风景被一个印象主义的心灵所把握时，才会成为非连续性的风景。 在《曼哈顿中转站》里，多斯·帕索斯的城市"为［他笔下人物的］挫折和失败提供了一个幻影般变换不定的背景。 城市对他们来说是陌生的、无意义的"。 与此相反，乔伊斯看到人类的原动力被内置于城市之中，在那里它们成为"人类功能的一种延伸，好像拥有了人的外形，并引发了人类全面的回应，而在任何其他情境中，人们都不可能做出那些回应"（McLuhan, 154）。"美国三部曲"的设置不一样，当我们从城市走向国家时，心灵与其环境之间的关系就变成了机械性的关系。 乔伊斯的《尤利西斯》——因为其故事是在一座相对较小的城市展开的——由流言蜚语和公共记忆统合在一起：其中几乎每个人物的过去都涉及一种大家所共享的都市现实。 多斯·帕索斯笔下的人物，没有过去，通常都是匿名的，相互之间也不认识，他们都是机械性城市的产物，城市为他们创造了一个共同的命运。 在乔伊斯的作品中，城市成为心灵的一种状态；在多斯·帕索斯的作品中，城市则成为一种机械性的力量。 多斯·帕索斯笔下的人物处于相互隔离的、分裂的状态，缺少个体意志，他们并非通过人类自主意志的力量，而是通过都市漩涡的力量集合到一起。

---

① 马歇尔·麦克卢汉（1911—1980），加拿大著名媒介理论家，著有《机器新娘》《理解媒介》等。 ——译者注

六

　　威廉·卡洛斯·威廉斯一辈子都生活在新泽西州鲁瑟福德城（Ruth-erford），该城位于纽约市以西约 30 英里。 与艾兹拉·庞德不同，威廉斯没有到欧洲去寻找过自我（尽管他去过欧洲）。 他坚持认为，美国诗人在寻找诗歌主题的时候，应该面向美国。 他很赞赏庞德努力改进语言的方式，因为他觉得语言揭示了文化的本质；但他认为庞德试图从欧洲历史中去寻找文化理想的做法是一种背叛。 威廉斯在爱默生和惠特曼那里找到了自己的根。

　　威廉斯不是一位象征主义者，他认为诗人必须创造一种想象，而后必须——通过关注特殊和具体的东西——展现出真实的、实际的世界是如何被提升到这种想象的层次。 他与浪漫主义和维多利亚时代的诗歌之间，特别是与那些曾经影响了他早期作品的济慈和丁尼生的过于华丽的诗歌之间保持了距离。 不仅如此，他还拒绝了浪漫主义的许多前提，对他而言，自然并没有被上帝灌注意义。 心灵使时间变得统一，自然中的对象相互分离且各自独立：是诗人赋予它们以意义，这种意义既不存在于对象中，也不存在于心灵中，而是存在于两者的融合中。意义并非内在于自然或时间。 历史是非连续性的，有着一系列的新起点：过去并非建立在其自身之上。 所以说，威廉斯鲜明反对艾略特的传统观念。

　　希望以美国神话替代欧洲神话的威廉斯，认为艾略特和庞德因为要让诗歌向欧洲过去的传统看齐而败坏了现代诗歌。 像艾略特一样，他也追求一种非个人化的诗歌，但却不以高雅文化为根底。 在《克拉在狱中》（*Kora in Hell*，1920）的序言里，他称庞德为美国诗歌的叛徒；而在他的《自传》（*Autobiography*，1951）中，他抨击《荒原》为"我们文学的一场巨大灾难"。 他严厉地批评了《荒原》的作者："批评地看，正当我感到我们要摆脱束缚，更加接近一种新的艺术形式——这种艺术形式扎根于已经让它开花结果的本土性——的本质时，艾略特又使我们回到了教室里。"（*Autobiography*，146）乔尔·科纳洛（Joel Conarroe）曾指出，《佩特森》"在某种程度上是一首'反《诗章》'（anti-*Cantos*）、'反流亡诗歌'（anti-exile poem）的诗作，它从庞德（及艾略特）感到匮乏的本土的和当下的生活中，找到自己的素材和活力源泉"（21）。《美国性格》（*In the American Grain*，1925）是威廉斯对可用的美国的过去进行定义的尝试，而在长诗《佩特森》（1958）中，他发挥了自己的观念。

243 　　威廉斯把那种过去与城市联系起来：他描绘了被背叛的土地和被污染的河流，这些都是在商业和工业的名义下进行的。 由于语言也已经受到污染，居民们连说话都感到困难。 人们必须转向内心，转向土地，让想象来重新创造现实，并洞察事物的意义，挽救这个已经堕落的世界。 诗人的作用不是去解读自然的象征意义，而是去创造那种意义。 威廉斯以自己的信念来分析浪漫主义诗歌，他认为诗人是变革的代理人，也就是说，诗人以其新颖而充满活力的语言来向某种文化说话，并为某种文化说话。 诗人以自己的想象来创造幻景，然后以本土的形式来表现那种幻景的真实性，创造出一种以物为基础的神话（"凡理皆寓于物"）。 对威廉斯而言，"诗人的任务不是谈论一些模糊不清的范畴，而是刻画具体事物，就像一位外科医生的工作，是给病人看病，为他眼前的东西服务，是从特殊中发现普遍"（*Autobiography*，39）。

　　他把那种本土感落实到新泽西的佩特森城，它地处帕塞伊河（Passaic River）的河湾之内，东南面被加勒特山（Garrett Mountain）所包围。 早在1679年，荷兰人就来到这里定居。 1791年，在华盛顿总统治下时任财政部长的亚历山大·汉密尔顿看到了当地瀑布所具有的工业潜能，帮助成立了"有用制造业协会"（S. U. M.)，使佩特森成为"美国工业的摇篮"。 这座城市后来成了丝织品和其他靠磨坊作业的制造业的中心。 那些磨坊沿河而建，并最终污染了这条河。 柯尔特（Colt）转轮手枪就是在佩特森生产的，还有火车头和潜艇也在那里制造。 这样一来，佩特森的故事就与美国工业的兴起和美国劳工的历史有千丝万缕的联系。 在酝酿这首长诗的过程中，威廉斯对这座城市的历史之源和物质之源都做了寻根之旅。

在其早期作品如《流浪者》（"The Wanderer"，1914）中，威廉斯就预示了《佩特森》。 在《克拉在狱中》这部作品里，他坚决主张神话中的巨人被深埋于大地，而我们必须穿过土地才能抵达永恒。 威廉斯认为，所有的生命都脱胎于死亡，就像克拉［佩耳塞福涅（Persephone）］[①]一样，每年都从荒芜的土地中作为新的生命重新出现。 这也是他的另一首诗《春天和一切》（*Spring and All*，1923）的主题，后者把这种繁殖的过程与狄俄尼索斯神话联系起来。 我们必须容纳我们自己的酒神式自我，即我们意识中的那片黑暗未知的领域。《美国性格》受到了 D·H·劳伦斯（D. H. Lawrence）[②]《美国经典文学研究》（*Studies in Classic American Literature*，1923）的影响，并转而影响了克莱恩的作品《桥》，后者呼吁回到我们的起源，以寻求历史复兴。《帕格尼之旅》（*A Voyage to Pagany*，1928）是这一主题的发展，也是他对亨利·詹姆斯的欧洲想象的回应。 有太多的争论都是人为的。 威廉斯像他的许多同时代人一样，提出了压抑与自由的辩证法，它们分别体现在清教徒和印第安人身上。 因而印第安人象征着在清教主义压抑中丧失了的自由，并代表着一种必然鼓舞所有美国人的精神。 美国人必须从过去的控制中挣脱出来。

威廉斯很钦佩乔伊斯，因为后者曾经以类似的方式把自己从盎格鲁-凯尔特（Anglo-Celtic）文化的束缚中解放出来："当乔伊斯创作自己最伟大的作品时，他与一种比英格兰文化更古老的文化实行了决裂……这是对那些限制的突破，是不遵从他的精神所从属的那种风尚。"（"A Point

244

---

① 佩耳塞福涅，希腊神话中主丰产的女神，被冥王劫持娶作冥后，每年在人间过六个月，在地狱过六个月。 她在人间时大地万物生长，在地狱时大地就万木凋零。 ——译者注

② D·H·劳伦斯（1885—1930），英国小说家，文化批评家，著有小说《恋爱中的女人》《儿子与情人》《查泰莱夫人的情人》、文学批评著作《美国经典文学研究》等。 ——译者注

for American Criticism"，见 *Selected Essays*，88）在美国，与他的这种断绝行为相对应的人物是惠特曼："谢天谢地！……惠特曼总算是突破了那些死气沉沉的一成不变的模式！那种千篇一律的模式不停地对今天需要发言的每件事高声地指手画脚，用在过去说过千百次的话累积起来的势力压倒某一个人的声音，从而重建过去对现在的专制。"（"Against the Weather"，见 *Selected Essays*，218）

威廉斯为《佩特森》赋予了三重目的：（1）通过一座美国城市的历史创造一个新的神话；（2）在那个神话的语境中重新评价美国的历史；（3）指出美国的症结所在及其文化希望是何时破灭的。 威廉斯认为，不存在我们能够重新回归的理想，也就是说，不存在等着我们去现实的天命，不存在伊甸园式的过去或未来等着我们去追寻。 不管怎么说，他的确开拓了一个使得菲茨杰拉德、福克纳和韦斯特等作家着迷的相关主题：认为美国已经耗尽了自己的可能性，爱默生和惠特曼式的前景已经因工业、移民、阶级分化、劳动分工以及边疆的终结而受到损害。《佩特森》展示的是堕落版的惠特曼的世界。 但惠特曼超越时间，而威廉斯利用时间。 正如罗伯特·洛厄尔（Robert Lowell）[①]所见，威廉斯的《佩特森》展现的是被工业混乱瓦解了的惠特曼的美国（"Thomas, Bishop, and Williams"）。 为了得到救赎，人们必须创造新的理想，而这种创造的难处包括：既要包容美的事物，也要包容丑的事物；既要包容死亡，也要包容生命力量。 现代都市世界虽然充满力量、活力和动力，但都市经验也同样给人造成压抑；而被驱入地下的东西，必须通过异端能量的释放被带到表面上来。

《佩特森》全诗由五卷组成。 在第一卷中，威廉斯面对的是物理的城市。 他介绍了这座城市的居民、它的过去和现在，然后描绘了这座城市的历史，重点描绘了天生的畸形事物——如侏儒和巨型鱼。 生命不断地自我更新，不过是通过死亡来实现的：卡明斯太太（Mrs. Cum-

245

---

① 罗伯特·洛厄尔（1917—1977），美国诗人，著有诗集《威利爵爷的城堡》等。 ——译者注

mings)跳河而死；山姆·帕奇（Sam Patch）跳水而亡。 这两种死亡都有一个共同的特征：失语是死亡的一种形式①。 第二卷的故事发生在一座公园。 诗人攀上岩石俯瞰整座城市，然后步行穿越公园，同时罗列了城市中形形色色的人和事。 在第三卷中，夏季的炎热把诗人逼进了图书馆的大墙内，那里集中收藏着他所拒绝的过去。 因为图书馆内藏着对过去的记录，所以它的存在也就以丧失梦想为代价，并带着死亡的气息。 诗人想起了佩特森历史中的悲惨事件，例如一场飓风和火灾。 火灾在这里被称为"美丽的事物"，因为它毁灭了先前的图书馆和历史的过去，因而使一个新的起点成为可能。 在这里，威廉斯拒绝接受艾略特的历史连续性，无论那是都市的还是非都市的连续性。 第四卷聚焦于佩特森的基本特性，并以戏仿"田园诗"的方式，描绘了现代世界中所谓的"爱"［两个主要人物的名字分别是科里顿（Corydon）和菲莉斯（Phyllis）］②。 接下来故事转到日光浴场，那里正在举行一场有关原子裂变的演讲。 在那里，组成城市的要素（男人—女人—公园）被转化为化学术语。 物理学家正在解释当原子数减少时，氨是如何变成氢的。 在这种图式中，城市就是铀，缺乏稳定性，永远在流动；城市像铀一样，像语言一样，必须历经变化。 当用慢速的中子轰击时，铀会迅速裂变成较小的原子，产生原子能；同样，当城市受到历史事件的轰击时，也将产生转化能量从而发生历史性变化。 对威廉斯而言，"变形"（metamorphosis）既是指物理上的，也是指文学上的。

这种变形使我们远离那种区分：自然是天成的，城市是人为的。威廉斯认为，城市与构成它的事物一样是有生命的。 它的居民、它的公园、它的河流、它的风景——就像一男一女两个巨人——会带来新的生命。 与物理世界的任何其他事物一样，城市也必须服从生和死的力

---

① 在《帕特森》中，山姆·帕奇和卡明斯太太都从瀑布上往河中跳，死亡之前都说不出话来。 ——译者注

② 科里顿和菲莉斯分别是古希腊田园诗中的牧童和乡村少女的名字。 ——译者注

量，并从死亡中产生新的生命。 诗人佩特森将会死亡，而他的想象的产物却会继续存在下去。 最后一点在诗中没有点明，这也许是威廉斯接着写第五卷的原因，该卷的主题是艺术与想象。 正是想象赋予了城市的流动以连贯一致性：它包容那些构成城市的事物，用语言给物理世界的现实赋形，从而创造出一种新的存在。 在这里，城市正如这部书里的独角兽一样，可以超越自己的物理限制。 生活永远流变，只有艺术可以捕捉它，因为艺术将我们带向永恒。 这座城市具有双重的现实：一种是想象的，另一种是物理的；前者对混乱的城市进行整理，并将意义赋予后者。

246 **七**

在《黑色曼哈顿》(*Black Manhattan*，1930)中，詹姆斯·韦尔登·约翰逊(James Weldon Johnson)①估计，在 20 世纪 10 年代和 20 年代，有 150 万黑人从南方移民到北方(33)；在《可怕的诚实》(*Terrible Honesty*，1995)中，安·道格拉斯(Ann Douglas)认为是 120 万(73)。 这一人口的转移实际上是一种文化的转变，即远离乡土，进入城市。 纽约是由多座城市组成的城市，而哈莱姆区(Harlem)②既是纽约的一部分又与之相分离。 这就是我们从拉尔夫·艾里森(Ralph Ellison)的《看不见的人》(*Invisible Man*，1952)以及他在这部小说之前所写的一篇随笔中得出的印象。 在这篇题为《哈莱姆区一无是处》("Harlem Is Nowhere"，1948)的文章中，哈莱姆区被描绘为都市疏离的转喻："由于过分拥挤和在政治与经济上被剥削，哈莱姆区成为黑人在自己出生之地永远疏离的舞台和象征。"(*Shadow and Act*，297)

---

① 詹姆斯·韦尔登·约翰逊(1871—1938)，美国诗人，著有《圣彼得讲述复活节的一件事》等。 ——译者注
② 哈莱姆区，纽约市的一区，位于曼哈顿北部，属于黑人住宅区。 ——译者注

在艾里森看来，黑人在哈莱姆区比在南方更疏离。在南方，他们通过几代人学会了在宗教、家庭和亲属团体的帮助下生存下去。尽管这些文化要素可能非常朴素，但由于它们能够给予一种"几乎是神秘的希望"，因而具有"无法估量的心理上的价值"。当黑人失去了一种更大的共同体意识，他们也就失去了"一种人们用来抵御持续不断的混乱所带来的威胁的屏障"（*Shadow and Act*，299）。换句话说，哈莱姆区是未经中介的城市混乱地带，它"混乱的变化过程"都在其内部发生："家庭解体，……信仰分裂，……民间的智慧因一种错误的观念——即认为它决不能适用于都市生活——而被丢弃。"饮食发生了变化，讲话变得冷冰冰，凡事都钟表计时，甚至以前的爵士乐也被比博普（bebop）所取代。不存在任何可以依靠的东西：宗教制度"不完备"；政治制度"不完善且带有机会主义性质"；"人变得一无是处"，一个"'错置'了的美国民主的［产物］"（300）。

《看不见的人》后面三分之二（约400页）的故事发生在哈莱姆区。①艾里森笔下的无名叙述者正是抱着错误的希望来到哈莱姆区，以为能够通过重新确立自我，再次返回自己的伊甸园，即他曾被开除的大学。可是，一旦来到哈莱姆区，他就变得"一无是处"，最后，他进入了堆满煤的地下室，再也不打算离开那里，他的行动感已经被耗尽了。在认为城市生活——至少是哈莱姆区的生活——毫无出路这一点上，再没有谁比艾里森表达得更为突出了。《看不见的人》追随一次从农业南方到工业北方的深入历史的黑人之旅，描绘了一种对身份的寻求；而且最重要的是，它展现了一种对权力/能量（power）②——包括对它的利用与滥用——的研究。与大学校园中有节奏地轰轰作响的发电站（power plant）相对应的，是为了生产"自由牌油漆"而由卢修斯·布罗克韦（Lucius Brockway）看守着的发动机房（power plant）；在这两种情况中，247

———————————

① 参见艾里森《看不见的人》，任绍曾等译，外国文学出版社1984年版，第34、210等页。——译者注

② power具有"权力、力量、能量"等含义，作者在本书中一直采用这个词的多重含义。——译者注

本属于美国黑人的东西都已经被美国白人剥夺了，这预示着小说结尾的煤堆——潜在的"黑色能量"（black power）——的命运。所有这些权力/能量的形式——制度的和工业的——都或直接或间接地被白人机构所控制。

自泰瑞西斯传说以来，已经形成了一个传统，即叙述者的"盲视"有助于内在洞见的形成：他越是耗尽历史的可能性，越是让现实卷入混乱之中，就越能更好地理解自己的现实。权力以集体的方式发挥作用，无论是学院的权力，还是爱默生先生（美国当局）的权力；无论是"兄弟会"（共产党）的权力，还是"规劝者"拉斯（Ras）（黑人民族主义）的权力。每一种权力都试图组织并控制城市和国家以满足自身的利益。每个团体都是更大的群体的代表，个体在那个群体中是看不见的。个人命运成为集体命运的牺牲品，只有当个体能够被利用时，他才是重要的——正如在小说的结尾，托德·克利夫顿（Tod Clifton）的死亡被利用来唤起民众投身暴动（1943 年哈莱姆区黑人暴动）。

这次暴动既是制度性权力的表现，也是对制度性权力的挑战。无论是兄弟会成员还是黑人民族主义者，都把随之而来的城市混乱看成是对自己有利的事情。整部小说从头至尾，都充斥着必须否定白人权力的暗示。在金日酒家，那些从精神病院来到酒吧的黑人病员大多是已经在都市压力下被击垮了的专业人员。他们被一个名叫休珀卡戈（Supercargo）的守护员禁闭起来，他的名字"休珀卡戈"显示出他的作用类似于"超我"（superego），代表白人对黑人进行压制的一种形式。当休珀卡戈被打昏过去时，这些病员们便毫无阻拦地进行了暴动，这预示着接下来更大规模混乱的到来。① 力量（power）是现成的：它所要的只是被解放出来——然后被重新组织到社会制度机构中去，从而为抵挡城市混乱提供心理上的保护（*Shadow and Act*，299）。但是对于这位无名叙

---

① 参见《看不见的人》第三章。——译者注

述者来说，这个任务实在是太重了，他不知道该从何开始，也不相信任何可能控制那种力量的组织。

在与艾里森同时代的作家笔下，出现了两种完全不同的黑人形象。索尔·贝娄（Saul Bellow）①笔下的人物在现代大都市里都不幸福：赫索格（Herzog）感到城市增强了他的死亡感。人群体现了"跨代性"（trans-descendence），智慧从上往下传递。萨姆勒先生（Mr.Sammler）在城市里则显得更加郁郁寡欢，他从波兰的死人堆里逃出来，结果却被埋葬在纽约，后者对他来说，是"文明的崩溃"和群体自杀的体现。叙述者强调说：在那里，"你能够闻到腐朽的气味"（Bellow, 33）。在第 72 号大街的巴士上，萨姆勒见到了一位身材高大、长相英俊、穿着考究的黑人〔很可能是亨德森（Henderson）在非洲遇到的那位国王的兄弟〕。萨姆勒入迷地观看着这个黑人扒窃别人的口袋和钱包。当这名扒手意识到萨姆勒在盯着他时，便跟随萨姆勒来到他的公寓，在空无一人的大厅中，把他逼到角落里，并强迫萨姆勒看他的阳具。后来萨姆勒回忆起这个男人"像美洲狮那样无声无息地解开他那与美洲狮同样花色的外套，将自己展露出来。难道这就是歌德在《论自然》（*eine Natature*）中所呼唤的那类人吗？一种原始的力量？"（257）。这里的比喻——"美洲狮式的外套"和"像美洲狮那样无声无息"——确实暗示了一种动物性的力量正在发生作用，只是它已经因特大都市的生活方式而发生了倒错和降格。伟大的猎人王已经变成了一位平凡的扒手，这象征着一种倒错，体现了进步的黑暗面。

罗伯特·洛厄尔的《给联邦死难烈士》（"For the Union Dead"，1960）则提供了另一幅图景。洛厄尔把一系列都市图景罗列到一起：被封上木板的波士顿水族馆；在波士顿公园（Boston Common）挖建地下车库的（恐龙般的）蒸汽挖掘机；金色圆顶的州府大楼，在它的对面矗立着由圣·戈登斯（St. Gaudens）雕造的肖上校（Colonel Shaw）（他是洛厄尔

①　索尔·贝娄（1915—2004），美国当代小说家，著有《赫索格》《萨姆勒先生的行星》等，下文中的赫索格和萨姆勒先生分别是这两部小说的主人公。——译者注

的一位远亲)的浮雕。 肖上校曾率领黑人步兵参加内战,结果兵团有一
半阵亡了,包括肖上校自己。 他们真正的纪念碑是他们的公墓,而不
是他的雕像,也不是在现代波士顿与他的雕像在一起的那些东西:它旁
边的城市沟渠,或莫斯勒保险柜及其上面名为"广岛的烟云"的照片,
这些都是被金钱和毁灭性技术控制了的各种城市图景。 他们也没有在
电视机上"黑人小学生的面孔"之前被纪念——这里涉及那场反对公立
学校为达到学生种族比例而用校车接送跨区学童的运动,当时这一运动
波及了整个南波士顿。 肖上校的纪念碑和电视屏幕,在这里成了相互
之间具有讽刺意味的注解。[2]什么都没有改变,甚至城市对历史的漠
249 不关心也没有变,无论过去还是现在,在那里"野蛮的奴颜婢膝/涂满
润滑油溜来滑去"(*For the Union Dead*,72)①。

　　在贝娄的作品中,黑人体现着现代城市中一种原始力量的失败。
而在洛厄尔的作品中,黑人则体现着那种把肖上校与小学生联系起来的
社会事业的失败。 那座纪念碑及其所纪念的种族混合军团,成为现存
种族冲突的讽刺性注解,因为都市共同体都分裂为各种敌对团体。 贝
娄感觉到能量(energy)被误导,洛厄尔意识到抵抗被误导,这都是基于
他们抱有的不同文化预设。 但正如两条平行的轨迹看起来会在远方交
汇,他们相互强化同时也彼此抵消。 他们都没有提供共同体的救赎
感:他们笔下的黑人都是被驱逐的人——这正是艾里森在《看不见的
人》中留给我们的形象。

　　当艾里森笔下的叙述者进入地下室时,他的行为反映了他孤立的现
状。 他冒险试图超越历史、超越都市的可能性,因为他无法找到一个
可以让孤立的自我有所归属的共同体。 无论是白人共同体还是黑人共
同体,都沉迷于权力,而权力与其说接纳了他,不如说利用了他,因而
加强了他的疏离。 或许新的历史介入形式最终会出现,但在这期间,
他将一直待在地下室,就像从陀思妥耶夫斯基到理查德·赖特(Richard

---

① 参见罗伯特·洛厄尔《给联邦死难烈士》,收入《美国现代诗选》,赵毅衡译,
外国文学出版社 1985 年版,第 579 页。 ——译者注

Wright)等作家笔下的地下人一样，通过混乱的背景来定义自我。 正如他告诉我们的那样："我到地下居住，抛弃了一切，唯独心灵还在，**心灵**。 设计出生活方案的心灵，永远都不能抛开眼前的混乱，因为这种混乱正是设计生活方案的背景。 这个道理对社会、对个人都一样。"（*Invisible Man*，580—581）①艾里森的结论对每一部城市小说都依然正确。 城市总是通过先前的混乱形式和失败了的权力形式来重新组织自己，它的行动永远是去更新权力的形式。

行动或退隐，效忠或作乱，顺从或反抗，共同体或孤立——这些秩序和混乱的形式就是城市生活的核心。 笛福笔下的 H.F.先生把城市视为自己唯一的选项，巴尔扎克笔下的欧也纳·特·拉斯蒂涅留在了城市并与之战斗，似乎比狄更斯笔下的匹普更为投入；而诺里斯笔下的凡陀弗、德莱塞笔下的赫斯渥和多斯·帕索斯笔下的查理·安德森则停留在退化的终点。 威廉·卡洛斯·威廉斯寻找能够救赎正在退化的城市的方法。 当这些可能性中的这一点或那一点变得不可接受时，就总会出现以下的可能：像惠特曼与克莱恩那样幻灭，像尼克·卡拉威那样逃走，像纳撒尼尔·韦斯特笔下的托德·哈克特（Tod Hackett）②那样精神错乱，或像艾里森笔下"看不见的人"那样退隐。 可选项很多，但胜利机会很小。 当不存在救赎性的共同体时，无论是贝娄笔下已经失败了的原始力量，还是洛厄尔笔下已经失败了的事业，都没有实质性区别。 从一无是处的哈莱姆黑人区到一无是处的城市，它们之间的差异，只是从种族到人口统计学、从孤立的社区到都市蔓延区的差异。 既然城市既提供可能性又限制可能性，不同种族之间的差异，或许只是程度上而非本质上的差异。 如果任何事情都可归结为都市的可能性，那么，用艾里森小说中叙述者的话来说："谁能说我不是替你说话，尽管我用的调门比较低？"（*Invisible Man*，581）③

250

---

① 参见艾里森《看不见的人》，前引，第591页。 译文有修改。 ——译者注
② 托德·哈克特，纳撒尼尔·韦斯特小说《蝗灾之日》中的人物。 ——译者注
③ 参见艾里森《看不见的人》，前引，第592页。 ——译者注

注 释:

　　[1] 像很多也曾去苏联朝圣的同时代人——如 H·G·威尔斯、德莱塞、埃德蒙·威尔逊——一样，多斯·帕索斯是怀着一种希望感来看待共产主义试验的。

　　[2] 洛厄尔对南波士顿发生的反对公立学校用校车接送跨区学童的运动中情感的攻击，或许在一定程度上展现了他对充斥于波士顿小说中的爱尔兰天主教的反感。 这种反感，人们还可以在荷默斯(Holmes)的《艾尔西·文纳》(*Elsie Venner*，1861)、豪威尔斯的《塞拉斯·拉帕姆的发迹》(*Rise of Silas Lapham*，1885)、亚当斯的《论教育》(1907)、艾略特对阿泼耐克·斯威尼的描绘，还有洛厄尔自己的作品中发现。 洛厄尔之所以用另一种偏见(阶级的和宗教的偏见)的名义攻击某一种偏见(种族的偏见)，或许是因为他知道自己的预设与他的诗歌和读者的泛自由主义预设是相一致的吧。 显然，在波士顿发生反对公立学校用校车接送跨区学童的运动不久，在洛杉矶唤起了类似的情感，但没有任何人对其进行贬低。 我提到这些并不是要再次激起不愉快的争论，而是想指出，在现代美国城市，要想创造一种共同体的感觉是多么困难，而这是本书的一个内在主题。 城市中并没有内在的绝对道德，有的只是紧张和不安。

第十五章

探索西部

一

　　不列颠帝国的崛起和美利坚边疆的确定，激发了一些新的意识形态，这些意识形态以叙事上的某些次级体裁形式表现出来。 福尔摩斯的侦探小说、帝国冒险小说、西部小说，都包含了那样的意识形态。边疆经验的意义被编织到像欧文·维斯特（Owen Wister）的《弗吉尼亚人》（*The Virginian*，1904）和杰克·谢弗（Jack Schaefer）的《原野奇侠》（*Shane*，1949）这类小说中。 这类小说都有助于创造和推广牛仔神话（维斯特小说所呈现的西部生活样式，其实是东部人对西部的想象）。《弗吉尼亚人》和《原野奇侠》均涉及了怀俄明州一场发生在大牧场主和分得政府公有地的定居移民之间的战争，即"乡村之战"（the Johnson County War）。 大牧场主们控诉定居移民偷窃了他们的奶牛，从得克萨斯租来枪支以维持治安秩序。 当两名定居移民被牧场主的治安会绞死后，定居移民组织了起来，"战争"爆发了，直到政府部队进驻后才结束。《弗吉尼亚人》从大牧场主的角度描述了这场战争，而《原野奇侠》则从定居移民的角度进行描绘：相同的叙事要素被用来表达对立的政治观点。 这两部作品共享的信念是：土地必须通过一种新的英雄主义而获得改造。 弗吉尼亚人的（也就是杰斐逊式的）关于贵族和荣誉的观点跨过乡村，在西部创造了一种新的、自然的贵族气质，这种气质在困难面前展示了自己的勇气并经受了严峻的考验。 经历这番严峻的考验之后，弗吉尼亚人留在这片土地上，生活、结婚并逐渐归化（domesticated）；而《原野奇侠》中的谢恩，则总是个独行者，他振作精神后继续前行，就像库珀笔下的纳蒂·班波（Natty Bumppo）①一样，始终与归化（domestication）保持着一定的距离。

当这个典型形象传播到西海岸的大陆边缘时，就变成了雷蒙德·钱德勒（Raymond Chandler）笔下的马洛（Philips Marlowe）（正如钱德勒所说的，这个名字本身就暗示着现代骑士）。 钱德勒笔下的这位英雄，是韦斯特笔下具有骑士理想的牛仔与具有强硬作风的侦探的统一。 不过，钱德勒把他从没有法律约束的地区移植到了腐败的大城市。 就像牛仔一样，他是一个局外人——孤独、纯洁、受个人理想的激发而行动，而那些理想正隐含着对美国的堕落的道德评判。 当然，这位侦探在都市中的故事有点愤世嫉俗，他的理想也软弱无力，他取得的成就在道义上也相当可疑——但是，所有这些都反映了一个历史过程，即美国人在走向西部时，期望在降低。 在这里，文化价值与其文学表达是相一致的。

雷蒙德·钱德勒的《长眠不醒》（*The Big Sleep*，1939）以斯特恩伍德将军（General Sternwood）的油田开始，又以之而终。 当马洛从斯特恩伍德将军的宅邸往外望去，他远远地看到：

> 在这一片低矮地带，模模糊糊地可以看到一些油井的木头井架；斯特恩伍德一家人就是靠着这些油井发的财。如今这一带大部分已经开辟成公园，修建得非常整齐；斯特恩伍德将军已经把这块地皮捐献给市政府了。但是也仍然有一小块地方一簇簇的油井往外喷油，每天可以生产五六桶。斯特恩伍德一家已经移到

---

① 纳蒂·班波，库珀小说《皮袜子故事集》中的人物。 ——译者注

山上去；他们既闻不到刺鼻的石油味，也闻不到烂泥地的臭气；但是，从他们住宅前面的窗户向远处望去，却还可以看到使他们发财致富的这些设施，如果他们想这样做的话。我可不认为他们对这个还有多大兴趣了。（*The Big Sleep*，18）

曾经为石油公司工作过的钱德勒，把对土地的开发利用和随之而来的对道德的无所顾忌联系在一起。菲利普·马洛正是来到这个被掠夺的世界。这位都市骑士，这位边疆开拓者的化身和被城市改造过的西部牛仔，不顾周围世界的腐败，希望在此获得荣誉。他恪守着一套有关荣誉、勇气的准则，并且为他的认真工作而感到自豪（如下文所述，这些价值也得到海明威的肯定）。他继承了其侦探前辈〔如狄更斯笔下的布克特探长和康拉德笔下的希特探长〕的传统，致力于使城市变得人格化。他的存在克服了城市的匿名性，叙事上的神秘片段也通过他而聚合到一起。

神秘事件从斯特恩伍德将军的女儿卡门（Carmen）——她在道德方面的无所顾忌反映了她父亲所信奉的资本主义——被敲诈开始，这显得很适当。说这"很适当"，是因为敲诈就是利用信息以进行勒索，而勒索只不过是剥削的形式之一。斯特恩伍德将军的钱，部分来自对他人的剥削，这使他也容易受到别人的剥削。马洛只能在合法和非法领域之间发迹。所谓合法或非法领域，最终都是同一个世界的两面。在斯特恩伍德将军宅邸仅仅几公里外，就能发现色情书店和非法赌场——那是一个乌合之众的世界，且不说在那个世界中人们所用的手段有何不同，但那个世界的动机，与斯特恩伍德将军及其公司所属的世界的动机毫无二致。

在《长眠不醒》中，卡门在让他们家族发家致富的同一块油田上谋杀了一个男人。她杀死了鲁斯特·雷甘（Rusty Regan），因为他对她的爱无动于衷；出于同样的理由，她还试图在相同的地方杀死马洛。不管怎么说，马洛拒绝了斯特恩伍德将军给他15 000美元的封口费。如果他接受那些钱的话，那他就等于成了杀人同谋，虽然同时也将进入那个系统的中心。 但马洛宁愿留在城市的边缘，宁愿留在都市的"龌龊"（216）的边缘——这已经成为他的生活方式。 在这里，钱德勒探求了西部的意义，他展示了由某种心灵状态所造成的道德后果。 那种心灵状态既与工业化城市紧密连在一起，也与对人和环境的控制欲望密不可分。 那种控制是以金钱的名义来实现的。 在钱德勒笔下这个滨海世界，城市已经成为一个退化系统。 在这块具有象征意味的土地——它是财富和死亡之源——上，鲁斯特·雷甘死去了，马洛也正受着威胁。以上种种现实在后启蒙城市总是携手而至。 钱德勒从一己真理中推断出：存在于每个生命深处的"长眠"（big sleep），其实也存在于每座城市之中。 他小说中的城市，与自然主义者笔下的城市一样，处于退化的过程中，虽然他的小说中少有自然主义解释。 他笔下的城市，就像城市中的居民一样，等待着死亡。 死亡是熵的力量的体现，大自然通过这种力量实行其最终的统治。 通过钱德勒，我们看到的是一种存在主义的都市主义：马洛认识到他的工作纯属徒劳，同时也认识到，他所置身的都市已经败坏得根本无法挽救。 不过，就像加缪笔下的西西弗斯一样，他在那种徒劳中发现了意义。

二

在维斯特的牛仔和钱德勒的侦探之间起桥梁作用的，是欧内斯特·海明威笔下不再有骑士理想的英雄。 他笔下的硬汉或勇敢的猎人，更倾向于动手而不是动口，他们对抽象概念和多愁善感持保留态度，用自己的经验来检验种种价值，为出色地完成工作而感到自豪，信仰公平竞争，看重友谊甚于看重爱情。 总之，海明威笔下的英雄体现了许多西部的价值。 海明威是读着西部文学长大的，他把那些作品中的符码编织进了有关第一次世界大战和西班牙内战的故事中。 作为第一次世界

254

大战中红十字救护队的一员，他首次被派往意大利并在那里负伤。 海明威在那些亡命欧洲的美国人中待了差不多十年的时间，在其后大约三十年的时间内，他又作为战地记者和观察员常常返回欧洲。 他的五部小说中就有三部小说的背景设在欧洲。 巴黎以及后来的威尼斯，对他有着特殊的意义，西班牙也一样，尤其是当地的农民和西班牙的斗牛仪式。

　　或许西班牙对海明威的特别吸引力，就在于他可以在西班牙这个尚未进入机械时代的前现代社会中设定自己的意义。 海明威生长于机器时代，但他并不喜欢这个时代。 就像他在《非洲的青山》（*The Green Hills of Africa*，1935）中宣称的那样："我们一旦到达一片大陆，这大陆就迅速变老。 土著与之和谐生活在一起。 但是外国人大肆破坏，砍下树木，抽干河水……经过他们的一番榨取，大地已经千疮百孔了。 一个地区会迅速衰竭，除非人们把所有的残留物和所有的动物都返回给它。 当人们放弃使用牲畜，改用机械时，土地很快就会让他们无所收获。"[1]接下来，海明威称那些现在来到美国的人是"来得太迟了"，他的结论是："现在我要到别的地方去。"（194）这是海明威对美国主流社会的告别，虽然他日后确实回到了爱达荷州的凯旋镇（Ketchum），但他显然认为西部乡村的美国与都市美国有所不同。 这也是海明威对20世纪的告别，因为还没有被都市化进程触及的地方现在已日渐稀少。 海明威并没有转向那些古老的神话以寻求答案，而是从最基本的东西中创造出了一种新的神话。 在《太阳照常升起》（*The Sun Also Rises*，1926）中，唯一让杰克感到宁静的时刻，只有当他和好友在西班牙清冽的艾拉堤（Irati）河中垂钓，或当他在节日里到圣塞巴斯蒂安（San Sebastian）清洁的海水中洗浴之时。 这些场景，与颓废的欧洲、尤其是灯红酒绿的巴黎形成强烈的反差。 一者是分享生活，另一者是分享死亡；一者与渐逝的秩序有关，另一者与自然粗犷和原始的东西有关。 那种自然粗犷和原始的东西体现在罗梅罗（Pedro Romero）身上，对他来说，生与死的

---

① 参见海明威《非洲的青山》，张建平译，上海译文出版社1999年版，第242页。译文有修改。——译者注

最后搏斗在斗牛场进行。 在海明威的小说中，或许《丧钟为谁而鸣》(*For Whom the Bell Tolls*)是一部不能从这些自然粗犷力的角度去看待的小说。 但是海明威相信，西班牙内战和美国内战一样，都发生于历史关键时期，战争反映着两种不同的生活方式之间的冲突。 同时他认为西班牙农耕性质的大自然正面临着机器的威胁。 因此，他把轰炸机看成危险的，并把它们的野蛮描绘成与鲨鱼的野蛮有所不同的东西，因为它们和大自然不同："它们的行动和世界上的任何事物都不同。 它们像机械化的死神在行动。"(*For Whom the Bell Tolls*，235)①

255　　　《过河入林》(*Across the River and into the Trees*，1950)这部和《老人与海》(*The Old Man and the Sea*，1952)写于同一时期的小说，同样对照了两个世界——城市和海洋。 作为一座从海洋中冒出来的城市，威尼斯同时面对着自然和历史，它参与了生与死、胜利和失败的循环。 坎特威尔上校(Colonel Cantwell)热爱这座城市，尽管这地方靠近他在战争中受伤的地点。 后来他回到了威尼斯，并将在那里死去，完成个体的生命循环。 当上校和骑士团团长在旅馆相遇时，他们度过了一段圣洁的时光："这两个威尼托的老邻居就这样重逢了……他们是热爱这个古老国家的两兄弟，他们在年轻时就保卫过它，为它参加过多次战役，打败了也总是斗志不减。"(*Across the River and into the Trees*，62)②同样，在《老人与海》中，自然粗犷的力量也在起作用。 桑提亚哥(Santiago)独自面对并对抗死亡。 面对挫折，他拒绝放弃；他汇入到一种自然粗犷的驱动力之中，这种驱动力让他深入海底(正如一种更为神秘的驱动力促使美洲豹攀登到乞力马扎罗的高山之巅)。

对海明威来说，非洲等同于美国的西部。 在这两个地区，他都能发现城市之外的一大片不羁的土地。 在非洲，麦康伯(Macomber)③通

---

① 参见海明威《丧钟为谁而鸣》，程中瑞译，上海译文出版社2006年版，第80页。——译者注
② 参见《过河入林》，王蕾译，上海译文出版社1999年版，第51页。 译文有修改。——译者注
③ 麦康伯，海明威短篇小说《弗兰西斯·麦康伯短暂的幸福生活》的主人公。——译者注

过使自己与最后的现实——死亡——对抗而成为一个男子汉。　如同人猿泰山(Tarzan)〔其作者艾德加·莱斯·波洛斯(Edgar Rice Burroughs)和海明威一样，是一个从中西部来到西部地区的人〕那样，海明威的英雄离某种动物性只有一步之遥，他们通过以道德力量和自生的荣誉感为根底的个人美学改造了那种动物性。　这些价值只能在城市的规范之外发生并被检验。　海明威原始的想象需要一种文化和文明之外的自然贵族气质——就像一次穿越历史的回归之旅，他将人们带回到城市诞生之前，超越退化和堕落，到达一个前文化时期。　在那里，人们面临的考验来自海洋(生命正是从海洋中诞生的)的各种限制，来自狩猎时代(当时，生与死的仪式就像时间一样是自然的)所面临的各种限制。

就像拉迪亚德·吉卜林(Rudyard Kipling)的《勇敢的船长》(*Captains Courageous*，1897)或者杰克·伦敦的《海狼》(*The Sea Wolf*，1904)一样，海明威在叙述中特意把他的主人公置于现代历史之外，尤其是城市的机械秩序之外，比如在船上或孤岛上。　在那些地方，原始的价值准则占支配地位。　这样一种叙述策略让海明威可以把具有自然粗犷力的人与都市里的人进行对照。　海明威小说的另一种手法，就是将故事设置在某个转折时刻，比如西班牙内战之时。　在这种时刻，原始的和现代的两种生活方式之间会产生冲突。　海明威小说的第三种手段，就是让人物在相互对立的文化中去接受考验，比如在《太阳照常升起》中，他就将在巴黎的杰克和在勃艮第(Burguete)的杰克进行了对比。　海明威努力通过与大地和海洋有关的理想化的行动和仪式来展现自己的前都市想象，直至最后，他用大自然的广阔竞技场(战斗的考验)取代了城市(文明的生活)。 256

海明威不仅把原始的世界与文明的世界相对照，还用印象主义的手法去描绘这个世界。　在本书第五章我们已经看到，印象主义宣告了从自然主义走向现代主义。　它对细节的处理，驱动了从客观领域向主观领域的转变。　描述性细节与印象主义细节的区别，就在于客观性向主观性的转移。　佩特是第一位把捉到这一过程的人，康拉德也从中获得了教训，并影响了斯蒂芬·克莱恩，后者转而又影响了海明威。我们看海明威笔下的世界，恰如透过"佩特的三棱镜"去看一个自然主义者笔下的世界，不过前者更关注记录者的意识，而非生物、遗传或环境等因素。对杰克·巴恩斯(Jake Barnes)①来说，力量的世界变得个人化了，有一种主动的批评智慧为它提供了能量。当海明威开始写《太阳照常升起》时，他把自己观察到的周围世界记录在一个本子上。海明威花了近五十页的篇幅写他的个人印象，然后才转到他要讲的故事。杰克·巴恩斯只不过是他用来传达自己个人印象的工具。因此，杰克表达着海明威的好恶和他对巴黎的不耐烦，体味着他在勃艮第所体味的精神放松。海明威对城市的厌恶之情，通过一个观察者的鲜活印象而强有力地表达了出来。当杰克描绘早晨的巴黎——街道被水冲刷得一尘不染，洋溢着的烘烤栗子的味道，从小餐馆里飘来的浓浓的咖啡香——时，他捕捉印象的手法与印象主义艺术的手法非常接近，每一个细节都向世人展示着一种主观性。在此，海明威引入了根植于印象主义的原始的和自然的时间。因为有这样的印象主义细节，他笔下的城市才变得生动，否则，他总觉得城市要少点什么。

三

欧内斯特·海明威对人类的结局及其含义的关心不如他对人类起源的意义的关心那么强烈，后者涉及在不断技术化的社会中，如何保存与生命和土地有关的原始仪式。海明威对历史的没落并不关心，但菲茨杰拉德大胆地闯入了这个领域。《最后的大亨》从门罗·斯塔尔由东向西跨越天空的旅行开始。当飞机穿越荒漠，斯塔尔俯首遥望着远方南加州的灯光，想到自己与年轻时在纽约贫民窟已经大不一样。同时，

257

---

① 杰克·巴恩斯，海明威的小说《太阳照常升起》的男主人公。——译者注

他也想起了美国，这是一块不断向西扩张的土地，仅仅因为大海的阻挡才停下了扩张的步伐。

就像其他许多关于洛杉矶的小说一样，《最后的大亨》中的大多数情节产生于进步的思想。 这些思想的种子，即关于西方/西部（West）的观念，从欧洲跨过大西洋，然后跨过美洲大陆。 这一运动——作为启蒙运动的副产品——以多种名义展开：边疆运动、昭昭天命①、加州梦（California Dreaming）。 在所有这些形式中，都假定自然权利优先于天生的权利，假定土地等着去被占领并被改造成洛杉矶那样的城市，以作为"进步"的丰碑。 洛杉矶大概是从这种观念中诞生的最后一座重要城市。 洛杉矶四周都是荒野，如果没有现代技术为它带来水，这座城市是不可能诞生的。 19世纪末，有两条铁路在洛杉矶交汇，于是这座城市成了有钱的东部人的避寒胜地。 后来，它吸引了从印第安纳州或爱荷华州等地方来的更普通的民众。 再后来，它引来了许多工业企业，这些工业使得现代航空和现代军工成为可能，它们是托马斯·品钦的扬扬迪尼（Yoyodyne）的先驱。 洛杉矶提供了永久的现在，蔑视着自身的过去。 它似乎已经把一个充分发展的城市形态带入了现代世界：它是一座既没有起源也没有中心的城市，它有的只是465平方英里复杂的迷宫似的空间——艾莉森·卢里（Alison Lurie）②称之为"乌有乡城市"（Nowhere City）。 洛杉矶是一座吸收其他城市的城市，是一座吸收意识的城市。 好莱坞是第一批落户洛杉矶的新工业之一，这个梦工厂为梦想家提供梦想。

现代商业城市，起源于18世纪，在19世纪因工业革命而发生了转变，到了20世纪，又经历着另一种转变。 在西部世界，洛杉矶是第一座因汽车的使用而得到拓展的城市，这决定了它的风景和规模，后者超出了人类的比例感知。 在西部世界，或许还没有哪一座城市会有如此

---

① "昭昭天命"（Manifest Destiny），参见第109页译者注。 ——译者注
② 艾莉森·卢里（1926—　　），美国小说家与学者，凭1984年出版的小说《外交事务》获得普利策奖。 ——译者注

消极的景象：烟雾笼罩之下，一个庞大的高速公路系统把成千上万的梦想家送往精神和肉体的死亡终点。在这座城市，我们的感觉很快发生变化，原先以为它充满希望，不久就会感到它充满怪诞、暴力，像一幅世界末日景象。洛杉矶，这座世俗之城的最终化身，建在与耶路撒冷这座西方最神圣的城市相同的纬度上。这场西进运动真是不乏历史的讽刺。

菲茨杰拉德或许未曾有意识地将所有这些想法带入《最后的大亨》中。不过，他确实对其中的大部分有所觉悟。他把洛杉矶描绘为时间上的终点，那里"遍地都是疲惫不堪的亡命之徒"（*The Last Tycoon*，80）。这幅景象与他笔下的银汉鱼十分相似，银汉鱼涌到海滩上，看上去好像会大有收获，但最终却不免于死："它们来时三三两两、成群结队，显得不屈不挠、意气风发、目中无人。它们游向入侵者巨大的赤脚，殊不知这回，弗朗西斯·德雷克爵士（Sir Francis Drake）①已经把他的姓氏牌钉在了海滩的大石头上。"（92）同样，在弗朗西斯·德雷克之后，甚至在他之前，某种神秘的东西也一直在把人类推向西部，这种东西与随之而来的死亡密不可分。品钦将在《拍卖第四十九批》中重新书写这些主题。

在菲茨杰拉德的小说里，斯塔尔这位西进运动的化身人物，自己就是一位疲惫不堪的亡命之徒。作为一个在新兴工业领域占据统治地位的人物，他曾是一位奇才，现在却已经筋疲力尽。身为共产主义者的工人领袖布里默无法相信这样的人在这个体系中有何重要性。但布里默只看到了斯塔尔的外表，他没有意识到，斯塔尔或许是最后一位（正如小说的标题所示）受到感召的个人主义（这是某种天才论的基础）的代表，这种个人主义不久就被新的社团主义和大联盟所取代。斯塔尔所怀抱的是一个诞生于欧洲的梦想，这个梦想经过了启蒙价值的洗礼，现在转变为边疆运动。这个梦想的基础，是一种个人的荣誉感，是对潜

---

① 弗朗西斯·德雷克爵士（1540—1596），英国航海家，曾率船环绕全球，后来协助英国海军击败西班牙无敌舰队。——译者注

在自我的信仰，是通过意志的力量进行控制的欲望。 这些浪漫的价值在商业/工业化的都市社会，很快就变得微弱。 菲茨杰拉德逐渐认为，随着国家边界向西部拓展，梦想家们被引诱着去追求一个已经破灭了的理想。 盖茨比在东部经历了这个幻象的破灭，门罗·斯塔尔则在西部经历了同样的事情。 菲茨杰拉德把斯塔尔的故事设在一个"过分慷慨的、浪漫的、或许在我们的时代永远不会再出现的过去"（*The Last Tycoon*，141）。

菲茨杰拉德赋予斯塔尔的许多情感都是他曾经体验过的。 在早年的成功之后，他自己也曾在 20 世纪 30 年代遭遇失败。 这部小说出色地描写了一个虚弱疲惫的男人想要东山再起的愿望，尽管他已经丧失了活力。 斯塔尔对凯瑟琳（Kathleen）的爱情源自被连根拔起的人对根的需要，源自留住时光和反败为胜的愿望——这是一个向个性挑战的过程，他似乎成了这一过程的最终产物。 夜晚，他们疯狂地驱车穿过洛杉矶，奔向太平洋海岸的高速公路，这条路一头连着斯塔尔在贝弗利山庄（Beverly Hills）的家（他很少在这里，因为他经常睡在工作室），另一头连着他在马里布（Malibu）的还没有建好的家（这个家就像他对自己职业的伟大设想一样还未完成）。 无根的感觉、错置的欲望、对停滞不前的恐惧、似乎与拓殖运动密切相连的不满足感、在未完成的家里和在荒野与大海之间的城市中所感到的不完满感——这一切感觉，都增加了罗门·斯塔尔故事（这些故事与故事发生的地点洛杉矶密不可分）的紧张度。

四

纳撒尼尔·韦斯特的《蝗灾之日》（*The Day of the Locust*，1939）把洛杉矶描绘成都市地狱。 韦斯特从许多后来启示了《最后的大亨》的主题开始：他把好莱坞当作一个梦想的尽头，在这个梦中，无法满足

259

的、不安定的自我希望获得成功和物质利益。 他着力展现的不是在此追求过程中富有魅力的东西，而是那些破旧的公寓、背井离乡的清教徒的孤独、乞怜于生活时的滑稽可笑，以及作为这个梦的前奏的为生存而挣扎的悲惨境遇。 韦斯特意在描绘出比菲茨杰拉德的洛杉矶更残酷的洛杉矶，他认为在好莱坞（既指这个地方也指其电影工业）的虚假光环下，蕴藏着即将爆发的野蛮的暴力。 据这种观点看来，我们是在慢慢走向世界末日，正如他在那讽刺性的悲惨故事中所展示给我们的，这是一个破坏性的自取灭亡的过程。 自然已经在各种奇形怪状的东西面前退却，那些奇形怪状的东西，指仿佛是从一次在时间机器里发生的爆炸中诞生的乱七八糟的建筑和像非自然的生长物一样从山上悬挂而下的房屋。 这是一个侏儒们在无人的走廊中掀开一堆碎布片自己跳出来的世界，是一个笨拙的手能在手腕关节处自由跳舞的世界，也是一个肉类和水果在霓虹灯下的杂货店箩筐中变成非自然物的世界。

在《蝗灾之日》中，人们前往洛杉矶是为了去追逐自己的欲望，或者是去归隐，或者是去找死。 它本身就是一个终结，一个没有过去的世界。 在那里，建筑物被造起来又被夷为平地。 那也是一个能激起梦想但却永远得不到满足的地方。 推动人们前往西部的动力有一部分来自一种异想天开的感觉，它常常导致暴力和死亡：还没有哪部关于洛杉矶的小说比这部小说的结尾更充满暴力。 在西部世界，年轻和美貌已经在一个叫好莱坞的市场上被当作商品出卖。 等候着卖或者买的过程，导致可怕的无聊感，这种无聊既耗费了这部小说中许多人的生命，同时也解释了人们为什么会去寻求刺激，不管这种刺激是葬礼上的恐怖发抖，还是对电影首映式的兴奋。 在通过上述两种典礼都无法减轻的空虚之下，充满着返祖的暴力和狂热，仿佛在这太平洋的边上，所有的束缚都不复存在。

托德·哈克特在这种叙事中代表一种道德的声音。 但是托德本人也和别人一样，身上充满着他所憎恨的贪婪和暴力，他不可能把自己从那座他自己也是其构成部分的城市中分离出来。 哈克特观察着这个世界的悲哀：费·格林娜（Faye Greener）的浅薄和他父亲的梦想，还有伊尔·修普（Earle Shoop）的暴力。 修普是第一位都市牛仔，他的一生似乎是一个象征，象征着机械的东西取代自然的东西，拥挤的城市取代广阔的西部。 托德的观察从一位身穿杂耍衣服的人开始，此人的衣着让人以为他是在参加化装舞会，而这样的"化装舞会"最终被好莱坞改造为一种工业（电影工业）。 他还观察那些看上去像是从另一个星球移植过来的房子；观察一些孤零零的公寓，它们是与生长环境隔绝的、孤独的生命在建筑上的对应物；他观察那些居民，他们住在相互分隔开的房间，感觉不到家庭或共同体的存在。 甚至那些在社会另一端的人，也陷入这种被扭曲的生活中：编剧克劳德·埃斯蒂（Claude Estee）住在洛杉矶一个叫"南方大厦"（southern mansion）的地方，在他游泳池的底下有一匹塑胶马，他的主要娱乐就是看色情电影。

好莱坞是支撑小说的隐喻之一。 它不只是倾倒梦想的垃圾场，而且在其电影工业的外表下，存在着一种过于脆弱的东西，这种东西在生命的重负之下崩溃瓦解，并将英雄的变成怪诞的。 以下场景正是这个隐喻的真实写照：当一部关于拿破仑的电影杀青时，滑铁卢的布景也随之倒塌——幻景倒塌了，同时将历史一起带进了废墟。 此刻，启蒙随着好莱坞的拿破仑和滑铁卢一起终结，启蒙的希望被埋葬在好莱坞的胶合板和塑料之中。 这一场景中所展示出的狂乱在小说中出现了三次——第一次出现在费和伊尔跳舞的时候；第二次出现在斗鸡——这预示了伊尔和米格尔（Miguel）之间的争斗——的那一幕中；最后一次是在电影的首映式上，当时人物似乎走进了托德的世界末日式的油画《洛杉矶在燃烧》（*The Burning of Los Angles*）中，这是一幅先于历史的预言性艺术作品。 通过这一切，城市的命运似乎与最后的毁灭联系了起来，仿佛我们已经走到了一个过程的终点。

我们已经看到，城市——笛福、狄更斯、巴尔扎克、陀思妥耶夫斯基、康拉德、艾略特、菲茨杰拉德、威廉斯和艾里森等人笔下的城市，参与了其自身的瓦解。 城市的秩序是脆弱的，在它的外表下永远隐藏着混乱。 托德·哈克特渐渐发现，有一种力量深深潜伏在失望与不安的人群中，这种力量会漫无目的地爆发，或被组织和控制起来为政治服务，正如韦斯特在1939年将目光投向欧洲（尤其是德国）时所看到的那样。 韦斯特以其先见之明，把现代城市看作是一个能量系统，这个能量系统要么走向自身的毁灭，要么走向极权主义目的。 在《蝗灾之日》中，韦斯特发现，在秩序与混乱之间，在新耶路撒冷与世界末日之间，其实只隔着一层薄纸。 启蒙主义的城市曾经为18世纪的欧洲提供了一种新的承诺，但经历了三个世纪之后，那个希望最终在另一片大陆的遥远边地化为泡影。

第 五 编

《荒原》之后

第十六章

从神话到神秘

一

一旦城市成为一个符号系统，我们就需要一个先验的能指（无论是"上帝"、"自然"、"历史"还是"有理性的心灵"）去安置其他符号。这一前提受到了雅克·德里达（Jacques Derrida）的挑战。他指出，这些抽象词语变成了无根据的结构的基础，从而一开始就被错误地赋予了优先意义。德里达质疑"起源"和"命运"之类的概念，因为它们是不可知的，它们的意义本身包含着对它们自身的否定；因为语言是不稳定的，始终在流动甚至在后退。到这里，西方思想到达了自我消耗的死胡同。德里达既质疑神话的现实概念，也质疑科学的现实概念，他将现实看作是那些亟待我们费力译解的死寂的符号系统。与品钦小说中奥狄芭·马斯发现的一样，德里达笔下无联系的彼此疏离的客体自我抵消了。

没有了先验的能指，都市符号开始漂浮，意义被神秘所取代。从一种像德里达的语言系统那样不稳定的系统内部来看，城市失去了享有"真实"的权利。我们带给城市的正是我们所收到的："回声"原理（the "echo" principle）成为我们的现实的基础。符号已无法指向救赎的上帝（像鲁滨逊·克鲁索那样）、救赎的历史（像黑格尔那样）、救赎的

266　自然（像华兹华斯那样）、或者救赎的艺术（像亨利·詹姆斯那样），它变成自我指涉的。 一旦进入了充满都市符号的后现代世界，我们会发现阅读的问题更加复杂。 与自由漂浮的意指取消了意义一样，阐释变得与妄想没有区别。 这是任何自闭系统的最终结局。 留给我们的，只有衰退了的人性、匿名感和零余感、人的孤独和脆弱感、焦虑和极度的神经紧张。 没有了超验性，城市无法超越其所消化的东西，心灵也无法超越其自身。

现代小说和后现代小说的差别在于它们的叙事模式：前者涉及神话和象征主义、循环的时间、柏格森的意识形式，这些在后者那里都被废弃。 托马斯·品钦、约翰·巴斯（John Barth）、罗伯特·库沃（Robert Coover）、唐·德里罗（Don DeLillo）和其他作家都系统地放弃了"荒原神话"。 所谓"荒原神话"，就是在过去的历史中寻求意义，并相信有一种主体，即一个作为意义中心的意识。 叙事模式的变化与哲学界和理论界的运动保持一致和平行。 这些运动将意识化入各种形式的结构[索绪尔（Saussure）]、话语（福柯）、范式[库恩（kuhn）]、系统[贝塔朗菲（Bertalanffy）]、语法或修辞[德里达、德曼（de Man）]中。

批评家不再争论后现代主义是否仅仅是现代主义的重新调整。 我认为他们大多数将会认同以下观点：无论我们谈论的是城市还是文学文本，后现代主义都创造了一种完全不同的现实。 现代主义很大程度上要归功于一种美学理论，而后现代主义则来自语言学—哲学—人类学范式，这种范式展现于索绪尔的结构主义语言学理论中，并被列维-斯特劳斯用于文化解读。 意义不再存在于自然中，无论是柯勒律治的宇宙的自然还是达尔文的进化的自然，它不再通过启示（如笛福的作品）来显明自身，也不再通过象征主义的展开而表明自身。 意义现在被理解为由心灵创造的结构，因此，不同文化之间的共性应由其共享的意识而非它们之间的相互影响来解释。 共时取代了历时，符号系统替代了实体，关系取代了现实。 意义不再是在自然中而是在一套系统中"被发现"，因为意义的视觉模式已经被解释学模式所取代：客体（自然的客体和社会的客体）成为需要根据范式进行阐释的文本。

此外，后现代主义把我们从牛顿的宇宙——在那里，运动中的物质都遵循可预见的机械的自然规律——带向了马克斯·普朗克（Max Planck）的辐射离散量子理论（theory of discrete quanta of radiation）世界。尼尔斯·玻尔（Niels Bohr）关于亚原子粒子能量的非连续性的研究推进了普朗克的理论。他的研究随后又被海森堡（Werner Heisenberg）和哥德尔（Kurt Gödel）对测不准原理和概率理论的研究所推进。[①] 克劳德·香农（Claude Shannon）[②]和查尔斯·桑德·皮尔士（Charles Sanders Peirce）[③]把熵增原理（principle of entropy）运用于我们处理信息的方式上，发现每一个组织化原则中都包含一个去组织化的原则。在去组织化原则下，信息以静态、聒噪和冗余的方式传递给我们。这些科学研究挑战了我们的所知和致知的方式。可能性和不确定性取代了确定的知识，因为世界自身也逐渐变得不连续和不确定了。我们所获得的信息的复杂性，取决于我们所生产的范式的复杂程度。在这个新的阐释语境中，城市成为一个非常不同的意义领域。

最后，后现代主义挑战了主体的观念，即作为独立意识之源的自我的观念。如我们所见，尼采对基督教和启蒙思想前提的挑战，有助于形成现代的意识观念。我想证明，现代主义从尼采结束的地方开始，在那里，人类意识面对一个被还原了的宇宙，一个没有创造者的宇宙。在詹姆斯、艾略特、伍尔芙、福克纳和海明威那里，那种意识的特质可能不尽相同，但他们作品中的人物都根据那种意识来定义自身和他们所处的世界。后现代主义推动我们更进一步追问：如果我们假设一个没

267

---

① 海森堡的"测不准原理"（the uncertainty principle）和哥德尔的"概率理论"（probability theory），按其本意可分别译为"不确定性原理"和"可能性理论"，后文中将一再提到后现代主义城市的"不确定性"和"可能性"，其对应词都是"uncertainty"和"probability"。——译者注
② 克劳德·香农（1916—2001），"信息论之父"，著有《通讯的数学原理》《噪声下的通信》等。——译者注
③ 查尔斯·桑德·皮尔士（1839—1914），美国著名的哲学家、逻辑学家和科学家。——译者注

有这种主体性的宇宙，一个只有对于那样的意识——这种意识已经被化入文化中，因而与话语、与我们谈论它的方式密不可分——才可以理解的宇宙，将会发生什么？这样一来，意识将不再是独立的和受控制的，它开始作为一个系统的一部分起作用。这样的意识产生于特定的文化并与之密不可分，它受制于那种文化的机构（即受制于权力），而不再是个人性的了。结果，城市成了一种心灵状态：它思考我们而非被我们思考。

对于这些文化和文学上的变化来说，托马斯·品钦是一个核心性人物。他系统地根除了现代主义中神话的、历史的、美学的和道德的要素，创造出一系列"扁平"人物。这些人物缺乏主体性，并发现过去除了"模板化的"（stencillized）①意义之外，一无所有。在他的小说里，荒原探索在一种熵的风景中结束。在《V.》和《拍卖第四十九批》里，意识已经迷失在——化身为后现代城市的——不确定的迷宫中。在《V.》（1963）中，品钦通过重写《荒原》，取消了现代主义神话。正如艾略特诗中不断求索的骑士寻找圣杯，赫伯特·斯坦西尔（Herbert Stencil）则寻找失去的母亲。而一旦他走进历史，就会发现，他在历史中所发现的一切正是他带给历史的——历史变得模板化了（stencillized）。

268 曾经失去的，原本就不理想，神话自身消解在历史中，而心灵也无力恢复一个消逝的过去或筹划一个理想化的未来。

《V.》是一部冗长而又错综复杂的小说，小说中的两条线索最终交织成一个字母"V"。在第一条线索中，赫伯特·斯坦西尔狂热地寻找一个读者猜想是、后来证明果然是他母亲的神秘人物"V"。她以各种形象依次出现：一个十九岁的名叫维多利亚·雷恩的英国约克郡少女、一个在佛罗伦萨勾引老斯坦西尔的妖妇、一个在巴黎与装扮成男性的芭蕾舞女有染的女同性恋者、马耳他的"维罗妮卡·曼加尼兹"、西南非的"薇拉·梅罗文"、马耳他——在二战的一次空袭中她死于此地——

---

① 注意这里"模板化（stencilize）"一词与《V.》中主人公的名字斯坦西尔（Stencil）之间的关系。——译者注

的"坏"神父。　随着"V"在小说中的变化，她失去了身体的各个部分，慢慢变得更像一架机器而不是一个人。　空袭之后，一群孩子发现她被压在炸毁的房子的屋梁下，就把她的躯体拆卸掉。　他们脱掉她的假发，取出她的玻璃眼（她的玻璃眼珠，每个瞳孔都是一面钟），拆下她的假肢，挖出她肚脐里星彩的蓝宝石，最后把她杀死。

　　"V"的故事主题是反对机械的城市化世界的兴起。　她的故事体现了女人的没落：从性感女神变成易装癖者，从母亲变成人造物，从人变成怪物。　正如一些批评家已经指出的那样，她就是发动机（Dynamo）时代亨利·亚当斯的圣母（Henry Adams's Virgin）的化身①，她在都市扩张和技术发达的年代日益丧失生命活力。　品钦和亚当斯都相信熵理论，即认为物理世界和文化系统都在不可避免地损耗。　他们同时也都相信，西方人——及所有那些维持一个商业/工业系统并使之繁荣、扩大的东西如特大城市、技术、发动机等等——正越来越失去自己的人性。　正如小说所明示："堕落……是对人之所是的背离，我们越堕落就越少具有人性。　因为我们人性越来越少，我们就采取欺骗手段把我们已经丧失的人性强加于无生命的物体和抽象的理论上。"（*V.*, 380）②

　　城市本身变成了目的，居住其中的市民仅仅是相关的组成部分。小说的第二条线索——本尼·普鲁费恩（Benny Profane）和"全病帮"的故事——强化了这一主题。　本尼无家无根，除了生活享受，对一切漠不关心，他在玩"溜溜球"（yo-yoing）③似的游戏中找到莫大的乐趣。他像个溜溜球，乘坐地铁在曼哈顿市区毫无目的地上下下游荡，正如机械能量，毫无方向地运动，以运动本身为目的。　如果说斯坦西尔的情节包含对和谐原则的探求，那么普鲁费恩的情节则承认了不可避免的

---

　　①　亨利·亚当斯在20世纪初体验了工业革命的成果后写下了《论教育》一书，其中题为"圣母和发动机"那一章认为，进入工业社会以后支配人类行为和意识的根本力量是"发动机"，也就是科学技术。——译者注
　　②　参见品钦《V.》，叶华年译，译林出版社2003年版，第466页。　译文有修改。——译者注
　　③　溜溜球，一种利用惯性原理制造的旋转式小玩具。——译者注

混乱，承认了破坏秩序、导向死亡的熵的力量。 品钦相信，机器时代已经把对女人（即对性）的清教徒式的恐惧推向其最终的破坏性结局，让现代人"更进一步地陷入物恋的国度里去"，直到女人"事实上已经完全变为……无生命的欲望对象"（386页）①。 回溯过去的历程表明，不存在神话的和先验的意义——那个历程只不过把我们带向那个我们由之出发的（模板化的）自我。 历史变得毫无意义，它只是一种组织意义的贫乏的方式。

熵的力量、神话和历史的空虚、城市的机械局限性，所有这些主题都体现于失去的维苏城（Vheissu），这一奇幻的想象很大程度上应该归功于亨利·亚当斯对熵的强调。 热力学第二定律得出了世界末日式的结论，它断言，宇宙将以熵的形式失去热能，直到所有的物质和能量降到最终的热均衡状态。 品钦小说中的维苏城坐落在地极附近，要爬过许多座大山，然后穿越复杂交错的山洞才可到达，它已冻结、静寂和荒芜，没有生命。 当休·戈多尔芬（Hugh Godolphin）到达那里时，他要在雪地里挖上几英尺，才发现埋在冰层中的蛛猴的尸体。 这只猴子是丧失热能的物理表现，当我们从热带（猴子）到地极，从原始到文明，从荒原到城市，从生到死（这些二分法贯穿品钦的大部分作品）时，宇宙中就发生这种热能的丧失。 艾略特通过研究尚未开化的文明向我们暗示，通过神话的方式，我们有可能再次接触已经逝去的原始能量，这能量可以救赎已陷落的城市，并成为新生命的源泉。 但品钦没有给出任何神话的解决方案。 相反，他对原始状态的重返，揭示了热能丧失与我们城市化、工业化的生存状态密不可分，并把我们带向冻结的城市和死亡。 曼哈顿和维苏城，与小说中许多其他的要素一样，在某些相应的层面和意义上合二为一，形成最终的"V"字。 品钦在《拍卖第四十九批》和《万有引力之虹》中拓展了这些主题。

---

① 参见品钦《V.》，叶华年译，前引，第472页。 译文有修改。 ——译者注

二

品钦把现代城市看作是历史进程的终点。正如我们前文已经看到的，现代城市的起源，与清教主义以及 18 世纪新的商人阶级的兴起密不可分。这个阶级将城市视为盈利系统的一部分。正如亨利·亚当斯所见，随着新的科学技术生产出新的机器，城市的规模发生了变化，通过神话想象统一起来的圣母的世界，被发动机的世界所替代。一切都开始服从熵增定律并走向分裂，因为运行原则是非连续的和不确定的。发动机的力量只在三个层面受到其自我消耗的制约：（1）机械的或热力学的层面，以变成废物为终点；（2）交流的层面，以沉默寂静为终点；（3）人类的层面，以腐烂和死亡为终点。

270

在《拍卖第四十九批》（1966）中，人类的熵创造出被遗弃者组成的大军。这些在资本主义社会被折腾得筋疲力尽的人们组成特里斯特罗——他们已经没有什么利用价值，其存在也就显得多余、不必要。特里斯特罗是一个以反对清教主义和资本主义为存在目的的秘密组织。与马克斯·韦伯和 R·W·托尼（R.W.Tawney）[①]一样，品钦认为资本主义起源于清教思想和信仰。他在清教的一个教派斯卡夫哈姆派（Scurvhamites）和英王詹姆士一世时期（Jacobean）的戏剧《信使悲剧》（*The Courier's Tragedy*）中找到了证据。该剧有一个版本有可能是对清教主义的攻击。这个剧本介绍了特里斯特罗，说它可能起源于文艺复兴晚期反抗威尼斯特恩（Thurn）和塔克西斯（Taxis）家族对低地国家邮政系统进行垄断的组织。在一场关于权力移交的内部争论之后，埃尔南多·华金·德·特里斯特罗-卡拉贝拉成了他们的新领袖。"这人也许是

[①]　原文如此，疑为 R·H·托尼（R. H. Tawney, 1880—1962），英国著名的经济学家、历史学家、社会批评家、教育家，著有《16 世纪的土地问题》《贪婪的社会》《宗教与资本主义的兴起》《中国的土地和劳工》等。——译者注

疯子，也许是诚实的反叛者，又有人说他无非是骗人的艺人。"(*The Crying of Lot 49*，119)①特里斯特罗人成为反对现存体制并被剥夺了继承权的人；他们穿着黑色的衣服(夜晚/死亡/流放的象征)，带着标志性的装有弱音器的邮政喇叭，系统地对特恩和塔克西斯的通信线路进行破坏。 随着启蒙的资本主义向西扩张，特里斯特罗的反抗势力也随之扩大。 他们在美国西部偏远地区伪装成印第安人劫掠"小马快运"(Pony Express)和威尔士·法古(Wells Fargo)的信使。 当他们到达太平洋沿岸时，"他们的帝国(现在)转移到沉默、化装、阳奉阴违上"(130)。 他们格言的首字母组合 W. A. S. T. E.(我们等待沉默的特里斯特罗帝国)暗示了熵的观念②；特里斯特罗通过负熵(negative entropy)获得重生，这包括把失败者(即那个系统生产出的这样那样的被抛弃者)收入自己麾下。 他们确信，机器不可能无止境地生产废物(waste)副产品；他们还认为，维持权力的通讯和信息系统(包括邮政)可以被破坏，只留下死寂。 随着熵导致死寂和荒芜(waste)，这个系统也将灭亡。 在《拍卖第四十九批》中，品钦用科学的隐喻代替了神话的和宗教的寓言：熵理论取代了末世论。

271　　奥狄芭·马斯将城市和特里斯特罗联系了起来，她是城市迷宫的新侦探。 如她的名字所示，她是处于迷宫中的女儿，必然屈服于父亲(the Father)的世界和它的发动机(Dynamo)。③ 奥狄芭的任务是执行皮埃尔·尹维拉雷蒂(Pierce Inverarity)的遗产。 后者有一副霍华德·休斯④的面孔，在西部拓荒中出过力。 由于对商业体系了如指掌，再加上对技术的应用，尹维拉雷蒂控制了土地，并把这种控制转变为复杂的保

---

① 参见品钦《拍卖第四十九批》，林疑今译，上海译文出版社 1989 年版，第 157 页。——译者注

② W. A. S. T. E.是 We Await Silent Tristero's Empire(我们等待沉默的特里斯特罗帝国)的首字母缩写，同时也与 waste(荒废、废墟)一词同形，所以作者有此一说。——译者注

③ 奥狄芭·马斯的名字 Oedipa 是由希腊神话中的俄狄浦斯 Oedipus 阴性化而来，如果这样的话，她也就是忒拜王拉伊俄斯的女儿了；而 Maas 又与 maze(迷宫)谐音。 所以作者有此一说。 这里显然用了精神分析的语言。——译者注

④ 霍华德·休斯(Howard Hughes, 1905—1976)，美国著名商业大亨、投资人、飞行员、航空工程师、电影制片人、慈善家，当时世界上最富有的人之一。——译者注

有物和巨大的财富。奥狄芭发现，他的遗产是整个美国："她曾决心明确一下尹维拉雷蒂的遗产，但从未想到这遗产竟然就是美国……她对他的爱，总是满足不了他的占有欲，他的改变土地面貌和实现修建摩天大厦、个人对抗、提高增长率等欲望。'不断的弹跳，'他有一次告诉她，'秘诀就在于不断的弹跳。'"（134）①奥狄芭的任务并不容易，不仅因为尹维拉雷蒂那庞大的财产，更由于在《拍卖第四十九批》中，意义像语言一样在一个自闭的符号系统中运作。正如品钦告诉我们，"在难懂的街道背后，或许有先验的意义，或许只是土地"（125—126）。奥狄芭没能发现先验的意义，留给她的只有土地，或更确切地说，只有无法阅读的城市的神秘。她像罗兰·巴尔特笔下典型的后现代人物形象，巴尔特将这种人物构想为新时代的鲁滨逊·克鲁索："如果一定要构想出一个新的鲁滨逊，我不会把他放在荒岛上，而是放在有 1 200 万人口的城市［如东京］，在那里他既听不懂话，也读不懂字；我想，那才是笛福那个故事的现代版。"（Barthes, 122）

　　在寻找特里斯特罗的意义的过程中，奥狄芭无法找到一个总体化的视角来解释包括她自己在内的图景：心灵再也没有能力对城市进行解码。符号无法像在鲁滨逊·克鲁索那里一样指向一个救赎的上帝，而是变成完全自我指涉的东西，并滑入怀疑之中。伴着这种怀疑，她开始暗示（甚至比这更糟）而不是纪录特里斯特罗的现实，这让她变成偏执狂（这是恐惧在一个封闭的系统中不断复制自身的不可避免的结果）。我们得到的信息（比如股市行情中的随机数据）毫无意义（缺乏让我们可以得出一种可预见性原则的语境——比如以偶数计数，我们可以预知一个数列中的下一个数字是什么）。因此，她获得的信息越多，拥有的意义就越少，她的处境也就越神秘。当访问托斯先生（Mr. Toth）时，奥狄芭发现，甚至历史也不可靠：托斯把他祖父（他曾为"小马快运"效力）讲的故事跟正在电视中播放的"胖猪"动画片混在一起。[1]由于特

①　参见品钦《拍卖第四十九批》，林疑今译，前引，第 177 页。——译者注

里斯特罗的名字在《信使悲剧》中被提到，所以奥狄芭认为她能确认它的含义。 但回去看了早期的剧本后，她发现它有许多不同的版本，每一个都与其他的意义相矛盾。 这就是后现代侦探的命运（fate）。

作为纯粹的建构物，城市的存在有待于奥狄芭去解读。 但是，一旦置身于这样一个系统和迷宫中，她就失去可以作为中心的意识，并且不再具有外在于城市的视角。 当她心里装着"回声院"和"圣纳西索"这两个意味深长的名字①，专注于自己的旅行时，她不断地得到自己的反馈。 然而，城市即便作为一种心灵状态，也具有一种物理的现实，需要自身的能量。 这样的城市无论看起来如何不真实，它的存在都是为了处理晚期资本主义的商业事务，因而它和早期城市一样是一个能量系统，也像早期城市一样要服从损耗和死亡的过程。[2]甚至在这样的系统中，对神话和精神的寻求也仍在继续，尽管不成功。 比如奥狄芭就像早期城市居民一样，会去坟墓看看她是否能够和兰迪·德里布莱特（Randy Driblette）（他的精魂或许就在她带回的蒲公英酒的罐子里）进行交流。 在都市小说中，经常出现送葬的场景：拉斯蒂涅走向拉雪兹公墓、利奥波德·布卢姆来到格拉思内文公墓、赫斯渥在保得坟场举行葬礼、尼克·卡拉威参加盖茨比的葬礼：城市里一个人的命运（fate）经常以坟墓开始或结束。

尽管品钦小说中的个体与个人命运（fate）似乎密不可分，尽管迷宫的混乱看起来很普遍，但品钦依然暗示，很多东西取决于装蒲公英酒的那个罐子。《万有引力之虹》更直接地描写了生的力量和死的力量之间的冲突，并把死的力量等同于现在完全征服了西方的启蒙精神。 他主要关注的是那种精神能否压制得了神话的冲动——比如，生者想与死者交流的欲望；相信在自己的肉体界限之外存在着什么东西的欲望；相信在符号系统之外还有一种现实的欲望——也就是说，那些最初诱使人们创造城市的冲动。

273

---

① "回声院"和"圣纳西索"原文分别是"Echo Court"和"San Narciso"，其中，"Echo"和"Narciso"含有"重复"、"回声"、"自恋"等意思。 ——译者注

　　一旦失去先验的意义，我们也就失去了对城市的把握。一切人类价值都将变得贫乏空洞，友谊和爱情将徘徊于深渊之上。奥狄芭的丈夫毁于迷幻药，她的情人自杀，分析师发疯。小说最后，她被抛在海边，手里拿着不通的电话，租来的汽车停在她和死寂的大陆之间。她在机器社会里靠着不断让她失望的各种技术性交流/交通工具，来到大地的尽头。她所带回的，比如电脑，正是她带来的。整个洛杉矶成了"回声院"，就像她住的那个汽车旅馆的名字。到小说最后，世界坍塌，陷入唯我论。当奥狄芭试图与一位"无名恋爱者协会"（一个放弃任何形式的爱和人类接触的组织）的会员进行接触时，这个人挂断了她的电话。

　　《拍卖第四十九批》的观察角度和通过这个视角所观察到的世界，不仅不同于雨果和巴尔扎克的世界，也不同于左拉、乔伊斯、韦斯特和菲茨杰拉德的世界。在《拍卖第四十九批》的结尾，奥狄芭走进邮票拍卖行，希望发现能够向她揭示特里斯特罗的意义的重大线索，但她无非是再一次经历了一连串互相反映的事件中的一个。实体已经让位于符号，现实已经被关系所取代：奥狄芭所能做的只是创造意义而不是发现意义——并且，在都市迷宫中，她所创造的意义与她创造意义的语境密不可分。

　　在整个现代历史中，城市都是一个能量系统，它给人们带来启蒙的商业主义和工业资本主义的果实；同时，它破坏性地榨取自然，留下大量的废物。由于城市规模巨大，人们之间又处于匿名状态，所以容易产生鲜明生动的个人感受，这也解释了为什么人们会突然被城市唤醒，然后又很快在浩瀚的城市感到无助并被淹没（Grana，70）。一直有两个城市在运转：一个可见的，一个不可见的；一个在表面的，一个在地下或隐藏的；一个是可掌握可控制的，一个是神秘而骚乱的。但是，因为产生城市的资本主义经历了好几个阶段，所以城市自身也经历了急剧的变化。到我们的时代——即晚期资本主义时期——金钱系统变得如此复杂，以至于它应该被看作自闭的、自我供能（self-energizing）的系

统，而不是任何物质的东西。 也就是说，随着资本主义的性质发生变
化，它的机制也发生了变化。 尽管资本主义和经验主义同时诞生，但
它们最终不再相互依存。

现代城市确立了一系列新的界限，后者标出男男女女们所能达到
的最远处，且仍然不失为人。 一种命令似的东西使得人类从浪漫时代
奔向现代，最终被后现代主义所改变。 当后现代主义者把意识从主体
和都市世界中排干，自我便和其他客体一起被商品化了；属人的东西
经过一番提纯删选，最终几乎什么也没有剩下，只留给我们一个事与
物及其关系的世界。 这是自由主义传统的终结，是自由主义传统对个
体的信赖的终结。 使个体得以产生的现代城市，最终又摧毁了个人主
义。 从笛福的城市中浮现的自我，坍塌瓦解，陷入品钦城市的迷宫。
旧的自我不同于新的自我，正如笛福的商业世界的简单机制不同于世界
城市的复杂机制。 随着笛福那里出现的个体的自由感被品钦那里的极
权主义和压抑/压迫(repression)所取代，世界城市迫使人们付出了高昂
代价。

三

品钦的《万有引力之虹》（1973）①是对战后欧洲和美国的一次巡
礼，并再一次以洛杉矶为终点。 在那里，即便火箭从天而降，电影也
照演不误。 这部小说挑战了启蒙运动的信念，后者认为理性能解释宇
宙和自然的运行，而且认为这样的解释能够让我们与精神和物理的现实
和谐相处。 品钦似乎一方面对火箭技术背后的技术天才很着迷，一方
面又把技术视为破坏性进程的一部分，并质疑技术控制自然的正当性。
事实上，我们发明的工具控制并利用着我们，导致了对个体自我的破

① 中译本参见品钦《万有引力之虹》，张文宇、黄向荣译，译林出版社 2009 年
版。 ——译者注

坏。 比如，斯洛索普(Slothrop)小时候受到 G 型仿聚合物(Imipolex G)的条件反射训练，以至于落到无法控制自己身体的境地，尽管采取了一些反训练措施。 结果，出现了一种莫名其妙的巧合，凡是斯洛索普做过爱的地方，随后都会被火箭击中，只是后果出现在原因之前：火箭在他做爱之后落地。①

品钦还认为启蒙运动应该为民族主义负责，这种民族主义相信美国拥有一个有待在历史中实现的特殊身份。 弥漫于德国的关于历史和天命的相似感觉，促使卡尔·波普尔写下《开放的社会》，对那种观念进行批判。 通常，民族主义会导致帝国主义——它假定自己有权利将国家扩张至其物理边界之外，特别是扩张至那些不发达的地区。 品钦通过赫雷罗人(Hereros)和斯卡里道兹(Squalidozzi)处理了这个主题。 像启蒙运动本身一样，品钦的小说开始于欧洲，结束于洛杉矶这个文化传承的终点。 在那里我们预料到了它的结局：火箭即将从天而降，落入人群涌动的电影院。 对品钦来说，启蒙运动的遗产是一种神经病形式的经验。 我们控制自然、将自身的意志强加于自然的欲望，变得与施虐狂和受虐狂密不可分。 这个观点很大程度上要归功于诺曼·布朗(Norman O. Brown)②，他认为，肛门性欲(anality)与财产和死亡联系在一起。③ 事实上，正如荷马之于《尤利西斯》，布朗同样一直是《万有引力之虹》参考的资源：死亡愿望(death wish)似乎内嵌于追求财富和权力的启蒙运动驱动力之中。

启蒙运动还鼓励大企业(big business)，后者作为一个权力系统，最终吸纳了民族国家的观念——取代民族国家的先是法西斯主义和极权主义，然后是跨国公司。 这似乎就是小说中暗中操纵一切的"他们"(Them)，它既实在地又隐喻地被描绘为一只正在对战争双方进行控制

275

---

① 真正的逻辑是，由于受过条件反射训练，火箭发射时斯洛索普会勃起，所以火箭降落前他会产生强烈的性欲。——译者注
② 诺曼·布朗(1913—2002)，美国学者、作家和社会哲学家。 著有《生与死的对抗》等。——译者注
③ 参见诺曼·布朗著《生与死的对抗》(Life Against Death)一书第十五章"肮脏的金钱"，冯川、伍厚恺译，贵州人民出版社 1994 年版。——译者注

的章鱼。 品钦还探究了内在地包含于启蒙运动中的意识形态，因为科学、政治和文化不可分割，它们都是同一现实的组成部分，而我们的意识也已经化入这一现实中。 一切都在存在的同一平面上（电影院和火箭、电影和文化），在阅读小说和介入外在于小说的文化现实之间毫无差别。 因此，火箭的运作和电影工业的运作相互关联，火箭和电影确立了构成小说的两个主要情节，它们一起展开（我们又回到《V.》的世界）。 关于火箭的情节统领了整部小说，关于电影的情节则统领了小说后半部分。

火箭的情节从 V-2 火箭以斯洛索普做爱的姿势在伦敦坠落开始。斯洛索普想了解这些事件意义的愿望使他来到占领区（Zone），在那里，他受到"白色幽灵"（White Visitation）和波因茨曼（Pointsman）的监视。 占领区是魏斯曼/布利瑟罗（Weissmann/Blicero）的领地和他们创造的机械世界。 电影的情节关系到珀克勒（Pökler），他为布利瑟罗的"0000"①火箭工作，他们希望这款火箭能超越死亡。 然而，火箭坠落在电影院里，这是心灵依靠理性、科学和技术并控制环境所获得的最终成就。 小说的结尾表明，破坏的进程一旦开始，我们不知道哪里有个尽头。

《万有引力之虹》是一系列扩展了的隐喻，它反对任何现实主义的读解。 由于小说情节的不连续性，它不能像狄更斯的小说甚至乔伊斯的《尤利西斯》那样被阅读。 它的叙事与德莱塞的《嘉莉妹妹》完全相反，章节之间没有因果联系，没有故事从前向后的延展，没有按时间展开的情节。 不可能以惯常的方式对人物进行"识别"，因为他们的自我已经被掏空，并被文化所规定；大多数人没有过去，或者只有无法摆脱的过去。 小说有一个非人格化的叙述者（impersonal narrator），但它的声音常常不经提示就被某个人物的声音所取代，所以我们无法时刻搞清楚究竟是谁在说话。 因此，小说是在故意设置障碍（它在焦点内

---

① 原文如此，其实应该是"00000"。 ——译者注

外之间游移），它的复杂性在很大程度上来源于上述原因造成的叙述混乱。

品钦的世界与乔伊斯的世界大为不同：乔伊斯的文字是连续的（至少在《芬尼根的守灵夜》之前是如此），品钦的文字是非连续的；在乔伊斯的作品中，意识是现实的中心，在品钦的作品中，意识却化为文化的各种形式——神话、历史、自我、意识，都是一回事；在乔伊斯的有机世界，各部分都连接到一个更大的整体；到品钦这里，世界则成了偏执型世界，没有中心，没有统一的原则，没有勾连各部分与更大的整体的途径。神话让位于神秘。偏执型心灵并非独立于文化，它是新的文化的一部分，并在迷宫中获得了具体的形式。乔伊斯的城市最终是可救赎的，品钦的则不然。

四

詹明信（Fredric Jameson）和让·鲍德里亚（Jean Baudrillard）等批评家更直接地提出了品钦和其他后现代小说家提出的问题。詹明信的论文《后现代主义，或晚期资本主义的文化逻辑》（"Postmodernism, or the Cultural Logic of Late Capitalism", 1984）探讨了他称之为后现代主义的诸多方面，但他主要关注的是现代主义向后现代的蜕变，这导致了各种范畴和区分的瓦解。他认为，现代主义区分高级文化和低级文化，相信传统（或者过去的作用），相信语言的活力；而后现代主义发现值得纪念的过去已经耗尽，只能把"死去的风格"（dead styles）或文学当作一种"拼凑物"（pastiche）来占用。詹明信告诉我们：历史小说再也无法再现（represent）过去，因为我们再也无法在时间中为自己找到一个位置，以给历史某种权威；也无法在空间中为自己找到一个位置，以使城市展现其意义。

所有这些都反映了工业社会向国际金融社会的转变。国际金融社

277

会牺牲过去以便深入当下，它将平面置于深度之上，强调空间甚于强调时间。 平庸取代了崇高（sublime）；透纳（Turner）①的风景画让位于沃霍尔（Warhol）或利希滕斯坦（Lichtenstein）的油画②；格罗皮乌斯（Gropius）③或柯布西耶的建筑让位于约翰·波特曼（John Portman）④的凯悦酒店（Hyatt Regency Hotels）。 洛杉矶成了无法理解的城市，这一点通过波特曼的鸿运大饭店（Bonaventure Hotel）⑤（见图9、图10）的建筑学比喻形象地展现了出来。 这座饭店由四座圆柱形的塔式高楼构成，中间有一个相似的高楼作为连结。 詹明信指出，你一旦上了大堂，就进入了迷宫，一个波特曼的迷宫。 高楼与高楼之间无法区分，它们之间缺乏任何可供划分边界的点。 詹明信将这个比喻扩展到整个当下的洛杉矶。 从饭店到城市是在同一个——被填充但没有被布置的——力场中移动。 在这个"超空间"（hyperspace）里，我们的心灵，我们的意识的力量，最终都无能为力。

鲍德里亚的后现代主义建构提供了一种激进的起点。 他放弃了詹明信的马克思主义，用符号学体系来分析消费主义、广告和大众传媒的时代。 他相信，这些新的发展已经颠覆了维持符号和意指之间关系的差异感。 其结果是，我们没办法把幻想和现实区分开来——幻想和现实已经互相渗透到对方之中以至于二者都发生了变形，最终剩下的只有拟像（simulacrum），即没有原件的复制品。 这两位理论家都认为（后现代主义时期）主体和人的意识被严重削弱，但他们得出这个结论的理由却非常不同。 詹明信把晚期资本主义看作是外爆（explosion）的一种形式，这种外爆创造了同心圆一样的一圈大似一圈的共谋活动，致使人们

---

① 透纳（William Turner, 1775—1851），英国浪漫主义风景画家、水彩画家和版画家，他的作品对后期的印象派绘画发展有相当大的影响。 ——译者注
② 沃霍尔、利希滕斯坦，都是英美波普艺术代表性人物。 ——译者注
③ 格罗皮乌斯（Walter Gropius, 1883—1969），德国建筑师和建筑教育家，现代设计学校先驱包豪斯的创办人。 ——译者注
④ 约翰·波特曼（1924—2017），美国著名的新未来主义建筑师兼房地产开发商。 ——译者注
⑤ 詹明信在《后现代主义，或晚期资本主义的文化逻辑》一文中，曾针对这座位于洛杉矶市中心的"鸿运大饭店"（也译为"博纳旺蒂尔酒店"）作过后现代式的分析。 ——译者注

图 9　洛杉矶市中心"鸿运大饭店"内景。

278

图 10　洛杉矶市中心"鸿运大饭店"外景。这座建筑已经成为
后现代主义的视觉象征：与其说它在布置空间，不如说它在填充空间。
它创造一个去中心的迷宫，让记忆与复现无能为力，
让心灵漂浮于"超空间"之中。丹·索泊(Dan Soper)摄。

图片来源：哈佛大学设计学院弗朗西斯·洛布图书馆。

279

迷失其中，无法理解这个世界。相反，鲍德里亚把消费主义时代看作是一种巨大的内爆（implosion），其中个体因媒体和时尚的"闪电式轰炸"，完全被压倒并受到过度刺激，乃至神经末梢裸露，变得神经过敏，现实变成超现实（surreal），最终进入"超空间"。洛杉矶已经成为这个内爆了的、合并了幻想与现实的"超空间"环节的绝妙化身。对詹明信来说，鸿运大饭店和盖里住宅（Gerhy house）①是后现代洛杉矶的本质，而鲍德里亚却声称后现代洛杉矶的本质是迪士尼乐园："迪士尼乐园掩盖了一个事实，那就是它是一个'真实的'国家，就是全部'真实的'美国，美国就是迪士尼乐园……当围绕着迪士尼乐园的洛杉矶和美国的一切事实上都不再真实，而是属于超真实（hyperreal）和仿真（simulation）序列时，迪士尼乐园作为一种想象物被呈现，只是为了让我们相信它之外的世界是真实的。"（*Simulacra and Simulations*，172）[3]

280

　　尽管詹明信和鲍德里亚在后现代城市的运作方式上存在争论，但他们的前提是相同的：不管怎么说，"超真实"的确强化了失序和混乱的感觉，增加了置身都市迷宫中的焦虑感和紧张感。因而，为满足人们形形色色的需要而产生的城市，现在或许要对我们为满足那些需要所作的努力最终落空而负责。像所有的城市一样，洛杉矶对两位批评家来说都是不真实的（unreal）。②詹明信将它看作偏执型主体无法把握的无中心迷宫（但他本人却可以通过马克思主义的历史把握到它。詹明信的这个矛盾还没人指出过）；鲍德里亚则视之为相互矛盾的刺激源，由于它否认可预见的现实，主体在"超真实"中忧虑不安；同时，人为制造的客体和经验却呈现出它们自己的现实性。詹明信将我们从洛杉矶以离心的方式往外抛，鲍德里亚则将我们以向心的方式往里推：在两种情况下，都没有一个心灵能够把握的中心。

---

　　① 指由当代著名解构主义建筑师弗兰克·盖里（Frank Owen Gehry, 1929— ）设计建造的建筑物。——译者注
　　② 关于"不真实的城市"，也参见第150页译者注。——译者注

五

  品钦所关心的，也是他的许多同时代人所共同关心的，他参与创造了一套后现代话语——这套话语决定了我们如何将文学的城市作为一种想象的现实进行概念化。 比如，同样的都市非连续性也出现在唐·德里罗的著作中，他的叙事范围之广给人留下了深刻印象。 他重新发明了那些重要的次级文学体裁，如侦探小说［《走狗》（*Running Dog*，1978）］和科幻小说［《拉特纳之星》（*Ratner's Star*，1976）］。 德里罗向人们展示了现实如何被转换为各种叙事话语，提醒人们注意我们创造那种"现实"的方式，并修正（小说中所描绘的）关于美国文化性质的主要假定。 在《白噪音》（*White Noise*，1985）中，他开始关注文化的现实性问题；到了《天秤星座》（*Libra*，1988）中，他把它运用于对一个重大历史事件（肯尼迪总统遇刺事件）的考察。 在这些以及其他著作中，德里罗解构了解构本身：他超越激进的怀疑论，展示了文化体系如何维护自己创造意义的权利。 虽然他的小说并没有对城市理论提出特别的主张，但它们却支持着城市是个自我维持的系统的判断。 此外，现实是一个相互联系的圆环系列，这个圆环一直延伸并回到自然，在那里我们会再次面对生物学上的强制性的东西。[4]

281

  保罗·奥斯特的《月宫》（*Moon Palace*，1989）①可以看作是对品钦的小说和这项研究的注解。 奥斯特非常擅长讲述城市的诡异之处和城市的互相关联性的神秘之处。 在写到为埃奉先生（Mr. Effing）工作这一部分时，叙述者把埃奉的儿子带回到他下落不明的父亲身边，却反过来发现前者是他自己的父亲。②从中央公园的"荒地"到犹他州沙漠的荒

---

  ① 中文版参见奥斯特《月宫》，彭桂玲译，上海人民出版社 2008 年版。 ——译者注
  ② 指叙述者孤儿佛格把一直隐姓埋名的埃奉的相关资料交给埃奉从未谋面的儿子鲍勃时，却发现鲍勃是他自己的父亲。 ——译者注

野，从纽约唐人街到太平洋海岸和海岸对面的中国，美国的历史和城市的历史是共同扩张的历史，它们的边界一样辽阔，都延伸至新的边疆：太平洋海岸和月球。 一旦国家被压缩进都市空间，巧合之事就剧烈增长，城市也成为进入过去和现在的神秘生活的通道。 让奥狄芭·马斯无能为力的正是这种神秘感。

在《纽约三部曲》（*The New York Trilogy*）中，奥斯特处理了许多相同的主题。 在《玻璃之城》（*City of Glass*，1985）中，昆恩将城市体验为纯粹的机遇。 一个被导错了的电话，使他与斯特尔曼（Stillman）一家纠缠到了一起。 彼得·斯特尔曼先生，一个历史学教授，痴迷于自己的堕落（Fall）理论——这种堕落不是走向罪孽，而是走向巴别城。 在伊甸园里，词语不是任意的符号，而是对事物本质的揭示。 如果人类的堕落必然包括语言的堕落，那么人类的救赎就要涉及重新创造伊甸园语言。 斯特尔曼相信，这项任务等待着美国这个新世界和它的荒野去完成。 昆恩被雇佣跟踪在城市里漫游的斯特尔曼，于是他就像爱伦·坡小说里的人物，在人群中紧紧地尾随着这个人。 当斯特尔曼步行穿过城市时，他捡起各种各样的垃圾，然后给它们重新命名，试图给每样东西一种本质意义。 他对城市垃圾的关注使人联想到《拍卖第四十九批》中的奥狄芭·马斯。 斯特尔曼每一天的出行似乎都是在拼出字母表中的一个字母，这些字母放在一起就成了词语"巴别塔"（THE TOWER OF BABEL）。 这场都市之旅是一个解释学循环。 像奥狄芭一样，昆恩不知道自己是发现了真理，还是只不过编造了真理：一切都回 282 到了他自己心灵的产物。 当斯特尔曼消失时，昆恩感到自己失去了最重要的东西，因为他是在通过斯特尔曼带进他生活的都市混乱来定义自己的。 然而这些混乱似乎无法再被救赎：斯特尔曼从布鲁克林大桥（哈特·克莱恩的失败的统一的象征）上跳下去自杀了。 荒野提供给我们的希望将无法重新获得，留给我们的只有城市；城市就像堕落的语言系统一样，是我们所拥有的一切。 我们再也无法回到**本质**的意义（*essential meaning*），因为我们在城市里制造的那些随机的联系，揭示了我们所能知道的那唯一的现实的性质。 我们必须通过这种随机性定义自身，尽管它们不可预见且充满矛盾。

在《紧锁的房间》（*The Locked Room*，1986）中，当叙述者同意编辑和帮忙出版范修（Fanshawe）——范修曾是他的朋友，已经神秘失踪——的文学作品时，随机性的事件定义了他的生活。 这项任务决定了他的生活：他娶了范修的妻子，抚养了他的孩子，靠他的版税生活。 范修则成为叙述者在城市里发现的第二自我。 叙述者既认同他，又憎恨他，这说明我们常常不喜欢特别像我们自己的他者。 最后，叙述者通过紧锁的房门对范修喊话。 范修所能揭示的一切意义都在他送给叙述者的红色笔记本里。 城市和语言在这部笔记本中走到了一起，但叙述者拒绝阅读它，他选择离开范修，就像离开城市，离开一个谜。

奥斯特的小说依赖于之前的文学作品，特别是爱伦·坡和霍桑的作品。 他小说中的人物最直接地受到城市的随机性的左右：城市是一个未知的领域，它的神秘总是以诡异的方式呈现于那些人物面前。 因此，他们就通过不会停留在静止状态的语言系统来定义自身。 昆恩和斯特尔曼之间的关系，或叙述者和范修之间的关系，不同于尤利西斯和利奥波德·布卢姆之间的关系。 奥斯特小说中的人物和过去没有固定的联系：城市能够并且的确重写了老故事，而且意义现在是靠一种随机的关系来产生的。 就像在爱伦·坡的小说《人群中的人》里一样，奥斯特的城市和它产生的语言"无法被解读"。

或许在《末世之城》（*In the Country of Last Thing*，1987）中，奥斯特最直接地利用了城市——这里，一座未来主义城市在熵增定律支配下耗尽了自身。 这座城市的居民或者通过收集尸体维持生存（让人想起狄更斯的《我们共同的朋友》），或者通过打捞废弃物维持生存（让人联想起品钦的《拍卖第四十九批》）。 这座未来的城市将历史上城市中最坏的要素结合在一起：在城市中心，是各色残忍的权威或有害的威胁；在城市边缘，是对赖以生存的垃圾的胡乱寻找。 启蒙的预期已经被完全

283

颠倒：城市已经榨干自然而不是控制自然，城市创造出了一种完全非理性的制度性权力。理性和克制已经让位于野蛮的力量和狡诈：权威的力量，市民的狡诈。为了在这样的世界生存，为了知道哪里有垃圾可争夺，为了避开愚蠢的权威，人们不得不成为各种符号的敏锐的解读者。在这座"破坏的城市"①，奥斯特带领我们从早期城市，途经高度制度化的、以商业/工业为目的城市，来到后现代的熵的城市（entropic city）。他的想象把我们带向死亡的终点。

奥斯特提出了一些关键性的问题：城市能把我们带到多远的未知领域？失败了的启蒙价值能带领我们超出传统的城市、超出我们的自身、超出我们作为人的感觉多远？奥斯特描绘了被未来主义（futuristic）城市改头换面的人，菲利普·K·迪克（Philip K. Dick）②则更进一步。他那诡异的科幻小说把我们带进这样的世界，在那里，都市的技术发现人类（humanity）③是多余的。这最显著地体现在《仿生人会梦见电子羊吗?》（*Do Androids Dream of Electric Sheep?*，1968）里，这部小说被好莱坞改编成电影《银翼杀手》（*Blade Runner*，1986④）。在未来的洛杉矶，一座多种族城市，控制论（cybernetics）已经使意识超出了人类（human beings）。意识不仅与它的语境密不可分，而且与复制它的人工智能也密不可分。迪克利用这种情境提出那个无法回避的问题：当人和非人功能相同时，如何区分他们？自然主义文学不得不确定动物与人的分界点何在，控制论也不得不在人和机器之间进行同样的区分。人的本质已经无法把我们与环境中的其他存在物分离开来。在威廉·吉布森（William Gibson）⑤的《神经漫游者》（*Neuromancer*，1984）这样的小说里，人仅仅是其他存在物的环境，人从何处开始以及城市终结于何

① "破坏的城市"原文为 City of Destruction，其中"destruction"也译为"解构"。——译者注
② 菲利普·K·迪克(1928—1982)，美国著名科幻作家，代表作有《仿生人会梦见电子羊吗?》《少数派报告》等。——译者注
③ humanity 在有的地方也译为"人性"。——译者注
④ 原书有误，该电影上映时间为 1982 年。——译者注
⑤ 威廉·吉布森(1948—)，美国科幻小说家，被称为科幻小说中"赛博朋克"(Cyberpunk)派之父，著有《神经漫游者》等。——译者注

处这样的问题，都显得没有意义。 城市最后挑战的对象，恰恰是关于何为人类的观念。

注 释:

[1] 品钦这样评论托斯: 古埃及宗教中的死神，有着神秘的智慧。

[2] 后现代主义强调的是被建构出来的现实，但它从未解释物理现实相对于心灵产物的独立性。 熵是一个物理学定律，不是一个文化构建物; 在北美和南非，它都同样起作用。 如果它不是在任何地方都起作用的话，那么我们拥有的将不是不同的文化，而是不同的宇宙。

[3] 鲍德里亚认为符号是逐步失去它的指涉特质的: 起初符号反映基本现实(如在笛福作品中); 然后符号"遮蔽"上述现实(如在康拉德关于刚果的作品中); 接着符号遮蔽基本现实的缺席(如贝克特对笛卡尔的发挥); 最终符号与现实毫无关系(比如迪士尼乐园)。

[4] 最近有一些评论家[如西卫罗(Civello)]指出，在德里罗的小说和贝塔朗菲(Ludwig von Bertalanffy)的系统论之间似乎有一种联系。[贝塔朗菲(1901—1972)，美籍奥地利生物学家，一般系统论和理论生物学创始人。 贝塔朗菲的系统论思想发端于"机体论"。 他在1924—1932年间发表的《现代发展论》《理论生物学》等著作中都表达了机体论思想，提出了生物学的有机概念，强调生物有机体是一个整体、一个开放的系统，生物有机体与环境又组成一个大的系统。 ——译者注]

结　语
——城市的范式:城市过去与城市未来①

一

我们已经看到，城市的历史内在地包含了西方文明的历史。 最初，城市提供一种途径，把人们组织起来，成为一个与土地相联系的共同体。 粮食的剩余，使劳动的多样性成为可能，而书写文字成为商业活动的先决条件。 于是，人们需要一个相对复杂的社会结构，这样就诞生了城市。 由于早期的城市源自此前的农业共同体，它们保存了不少古老的神祇，对它们的崇拜与宗教解释依赖各种繁殖神话。 随着城市的功能发生变化，它的结构也相应地发生了变化。

最激烈的变化始于启蒙运动。 这里关键的是约翰·洛克的思想。他将荒野看成是有待被商业/工业化进程开垦利用的荒废之地。 他的哲学建基于两条原则之上，这两条原则——对个人的信仰和对财产的信仰——对都市主义来说也是根本性的：只有通过个人的劳动，荒野才会变为财产。②启蒙的乐观主义深深地依赖于对进步的信仰、对保证着机

---

① “城市过去与城市未来”原文为 City Past，City Future，模仿了艾略特《焚毁的诺顿》中的诗句“时间现在和时间过去/也许都存在于时间未来”，详见第 175 页正文。 ——译者注
② 详见洛克《政府论》(下册)，叶启芳、瞿菊农译，商务印书馆 2005 年版，第 17—29 页。 ——译者注

械进步的直线性时间的信任。 启蒙思想强调理性和技术的力量，把城市
当作控制自然以获取财富的手段。 此外，城市的组织原则是自然权利而
非天生的权利，所以个人会被其召唤，去追求更高的自我感，去寻求一
286 种个人天命。 城市是资本主义发展——从商业主义（commercialism）、
重商主义（mercantilism）、帝国主义、国际资本主义到跨国公司——的最
终产物。

城市与其腹地之间的关系是共生关系：城市周边的乡村地区为城市
提供能量，腹地为城市提供原材料和市场。 这也成为神秘主义的民族
主义的基础，这种民族主义使得首都城市先后成为帝国权力和极权主义
权力的丰碑。 然而，帝国的城市注定要走向自我毁灭。 正如首都城市
"吃光"腹地，导致帝国主义成为必然，它也"吃光"自己的殖民地。
随着边疆的需求——包括维持一支庞大的军队——越来越大，维持首都
城市的成本变得难以负担，于是这个中心开始削弱。 当帝国的城市被
更强大的敌人击败，持续的衰败便导致一种全国性的不满状态，到处都
是个人挫败感。 这是那些热衷于极权主义权力的潜在独裁者的良好
时机。

城市存在的利与弊，像编年史一样被文学想象记录着。 一个物质
社会的优越性，必须与其在自然和人类资源方面所付出的代价一起来衡
量。 浪漫主义是对启蒙价值的一次反动。 浪漫主义者希望一个有机的
共同体，它从与土地的联系中诞生，通过神话的作用而非纯粹的理性得
以统一。 他们颠倒了洛克的思想：荒野是一种机会，只有当它被都市
主义掠夺之后才变成荒废之地（waste）。 最先表达这种观念的诗人之一
是威廉·布莱克（William Blake，1757—1827），在《经验之歌》（*Songs
of Experience*，1794）中，他认为城市助长了奢侈，使人们彻底远离了自
然状态，这导致了堕落和废墟（waste）。 从他笔下的《伦敦》（"London"）可以发现，资本主义对这座去人性化的商业城市负有极大的
责任。

自然主义也对启蒙思想的前提发起了攻击。 作为进化的产物，人

类是从环境中偶然产生的，而非理性设计的结果。因此，自然主义以因果关系代替了目的论：被写入自然中的是物质力量而非终极目的。自然主义者的城市是一个有限的地方，它是物质活动和机械力量的产物，这些物质活动和机械力量都以"零和"方式运作①。城市只生产出这么多的财富，因此如果某些人富有，另一些人就不得不贫穷。适合城市的法则是那些同样适合自然的法则：有些人/物种会成功，另一些人/物种则失败。赫伯特·斯宾塞相信适者生存，当城市变得更复杂时，尤其如此。

从对城市的观点来看，现代主义是浪漫主义的另一个阶段。现代主义者笔下的城市与土地神话言归于好，它是一个由相类似的自我(like selves)组成的共同体，并通过把当前与更为英雄化的过去并置的方式，维持了一种时间的循环感。现代主义者转向唯美主义、宗教和政治，力图在城市中建立自我的牢固基础，但得到的结果往往是一种自我中心的或权力欲膨胀的个人主义观念，与此相应的是对民族国家的考验（要么崩溃瓦解，要么向帝国主义迈进并最终走向极权主义）。结果，现代主义总是回望那些被认为是更淳朴的年代。无论是浪漫主义者还是现代主义者，都坚持这样一种城市想象，即城市已经被工业力量贬低。在欧洲，斯宾格勒神秘的民族主义在两次世界大战之间产生了巨大的影响力；在美国，杰斐逊的民主理念从共和国创建之时直到第二次世界大战结束都保持着它的诱惑力。由于现代主义在 20 世纪政治上的破产，人们不难理解后现代主义者对另类价值的寻求。

后现代主义向早期的城市范式做了一个激进的告别。比如，让-保罗·萨特这样的存在主义者，从现象学观点出发，认为意识［自为(*pour soi*)］使城市［自在(*en soi*)］得以存在。而与此相反，鲍德里亚认为意识在产生它的系统中获得存在。大众传媒塑造着城市的现实。后工业城市还从国际资本的复杂运作和跨国公司那里获得自己的意义。由于权

①　"零和"(zero-sum)方式，即某些方面受益是以其他方面的利益受损为代价的方式。——译者注

力从幕后进行操作,城市活动变得更抽象也更不真实。 这样的城市,
既是一种物理现实,又是一种心灵状态:阅读城市就是阅读城市化的自
我,就是从内部了解城市。 一旦我们失去了先验的能指,总体化过程
就受到质疑,城市就转变为一个神秘的场所:偶然性与不可预测性占据
了主导地位,诡异的浪漫感变得过于夸张,城市开始变得只具有纯文本
的意义,它被每个个人所创造,又被每个个人所阅读。 侦探不再依靠
福尔摩斯式的推理能力,而是在一个解释学的循环中,追随没有尽头
的、而且几乎总是返回自我的线索。 但是,正如前文已经指出,这已
不再是启蒙主义的、在计算着自己的无穷可能性的自我,而是一个非连
续的、被电子刺激塞满的超负荷的自我——如果罗兰·巴尔特是正确的
话,那是一个必须像某个置身于东京的巴黎人那样去阅读城市符号的
自我。

现代城市是这个世界上占统治地位的社会结构。 在 19 世纪末 20
世纪初,只有全球人口的 14%生活于城市,只有 11 座城市拥有百万居
民。 而现在,人口数量不少于 100 万的城市有 400 个,人口超过 1 000
万的城市有 20 个。 在西方世界,城市采取了两种形式。 在欧洲,由
于中世纪城市的遗迹依然占据着城市中心,而工业处于城市边缘,所以
外省城市如安古兰(Angoulême)①甚至现在对巴尔扎克来说都是熟悉
的。 工业城市常常坐落于河谷,将奢侈的住宅建在四周的小山上。 在
美国,由于工业本身就在中心城市发育成长,所以典型的城市模型呈现
出甜甜圈似的形状:中心一片荒芜,活力移至城市边缘和郊区。 近
来,保罗·霍肯(Paul Hawken)、约翰·奈斯比特(John Naisbitt)、阿尔
温·托夫勒(Alvin Toffler)等城市评论家已经预言:随着住在城市边缘
的职员越来越借助于电脑进行信息交流,远距离电讯技术将进一步削弱
美国的城市。[1] 在《马唐草边疆》(Crabgrass Frontier,1985)一书中,
肯尼思·杰克逊(Kenneth Jackson)对上述预言进行了反驳,他指出,大

---

① 安古兰,法国普瓦图-夏朗德省(Poitou-Char-entes)的一座小城市。 ——译者注

都市的中心作为人类心灵最复杂的创造物，将保持其作为"思想交易所"的显赫地位。 城市——一个漩涡、一个强有力的机制——确实是一个奇迹：它将商业、法律、医疗、教育等各种力量汇聚在一起；它赐给我们大学、图书馆、纪念馆、剧院、饭店、体育馆和公园等辉煌成就。然而，在带来这些巨大好处的同时，它也让我们付出了代价。 文学想象既伴着对它的兴奋，也对它有所保留，最近这种想象还伴随着一种对未来的恐惧感。

近期关于未来城市的数据令人担忧。 根据 1996 年联合国人口基金（United Nations Population Fund）的一份报告（该报告刊于 1996 年 10 月 15 日的《纽约时报》），到 2006 年，一半世界人口将在城市区域生活。也就是说全球 66 亿人口，将有 33 亿生活于城市，其中城市人口增长最快的将是发展中国家，而这些国家的资源已经供不应求。 到 2025 年，贫困国家中三分之二的居民将生活于城市，届时城市人口将达 44 亿。人口过于集中的城市，充塞着大量的失业青年，且容易引发种族矛盾，这将使政府服务部门负担过重。 在第三世界，未来的冲突将从城市开始。 在工业领域，无论是欧洲还是美国，随着机器取代越来越多的工人，主要的问题将会是创造足够的工作岗位以维持这个消费社会运转。此外，未来主义的城市（futuristic city），即未来的（future）后现代城市，将因其日益减少的工业生产、以个人自由为代价的日益集中的权力，以及因其日益抽象、日益联系密切的商业活动，而需要更多的能源。 它将变得更难以阅读，更难以理解，尤其是在城市无计划扩张的边缘地带。 奥斯特所谓的"末世之城"，或许会比他预期的来临得更快。

二

关于文学中的城市，前人已经有一些著作。 雷蒙德·威廉斯（Raymond Williams）、伯顿·派克（Burton Pike）、威廉·夏普（William

289

Sharpe)和哈娜·沃丝-纳希尔(Hana Wirth-Nesher)等人是近期这方面比较重要的作家。[2]这些研究大多数都以一种二分法对待城市：乡村与城市，静态的城市与动态的城市，或私人空间与公共空间等等。而我以一种不同的策略，从其功能方面来定义城市，把城市当作商业、工业和后工业的实体来看待。本书正是在这些上下文中，来真实地定义并重新定义都市空间的，因为城市是一个变化的而非静态的领域。随着物理的城市不断演进，文学——尤其是小说——对它的再现方式，也在不断演进：喜剧现实主义和浪漫现实主义为我们提供了对商业城市的洞见；自然主义和现代主义为我们提供了对工业城市的洞见；而后现代主义则为我们提供了对后工业城市的洞见。城市和文学文本已然有着密不可分的共同的历史，对城市的阅读只不过是另一形式的文本阅读。此外，这种阅读还涉及知识的或文化的历史，后者赋予城市以活力，并对文学想象描绘城市的方式有所贡献。

至少到最近为止，城市一直被认为是男性而非女性活动的副产品。但是，和男人一样，女人(比如德莱塞笔下的嘉莉妹妹)也已经被召唤至城市，以寻求一个更大的自我，并且像品钦笔下的奥狄芭·马斯一样，现在已经成为都市的侦探型观察者(detective-observers)。然而，在西方正典文学作品中，男人和女人的世界通常被一分为二，分为物质的追求和艺术的追求，赚钱的地方和花钱的地方，它们分别对应着商业区(downtown)和住宅区(uptown)，会议室空间和沙龙空间。

在一篇论及文雅传统的随笔中，乔治·桑塔亚那(George Santayana，1863—1952)①对美国——他称之为具有两种精神的国家——文化中的精神分裂性质发表了评论："事实上，美国心灵的一半，即未被实际事务牢牢套住的那一半，还算……略显平静；与其并列的，在创造方面，在工业和社会组织方面，其心灵的另一半正在像尼亚加拉大瀑布一样急剧下降。"桑塔亚那接着称，美国的意志虽高居摩天大楼，美国的智力却

290

---

① 乔治·桑塔亚那，西班牙裔美国文学家、哲学家，著有《美感》《理性生活》等。——译者注

仍居住于独立前英领殖民地时期的屋舍中。"前者是美国男性的空间，后者至少绝大部分是美国妇女的空间。一方面完全是积极进取的冒险精神，另一方面则完全是文雅传统。"(Santayana, 39—40)

当然，桑塔亚那描绘的是一个现今已经消失的世界——那个属于威廉·狄恩·豪威尔斯、亨利·詹姆斯、伊迪丝·华顿(Edith Wharton)①、艾略特等人的文雅世界。在《普鲁弗洛克的情歌》中，艾略特带着我们穿过某座现代城市(很像波士顿)中的一条条街道，来到一个沙龙，那里女人们(注意，这里的性别选择很重要)来回地走，谈论着米开朗基罗。然而，性别角色的区分，并非美国独然。查尔斯·狄更斯早就将商业城市的活动与炉边的家庭事务区分开了。在《远大前程》中，文米克把自己的生活分为彼此完全不相牵涉的两块：在城市里，他为追求动产而生活；当跨过吊桥，回到以护城河保护起来的家这个避难所时，他则为照顾自己年迈的父亲和未婚妻而生活。事实上，现代主义作家描绘了沙龙向男性世界的延伸。在《布登勃洛克一家》中，托马斯·曼向我们展示出，一个典型的资产阶级家庭(以他自己的家庭为原型)如何一代不如一代。到第三代，小约翰(Johann)整天与他母亲待在沙龙里读诗、听音乐，没有能力继承他父亲的事业。他成为温室里一朵脆弱的鲜花，不久就被死神带走。我们从亨利·亚当斯和艾略特的妻子们的命运(fate)中，从发生于布卢姆斯伯里的诸多故事中就可发现，沙龙世界是一个高度神经衰弱的世界。反复出现的不健康状态，意味着都市生活远非以生气勃勃的活力为基础。1984年由苏珊·美林·斯奎(Susan Merrill Squier)选编的一部关于女性作家和城市的随笔集，进一步证实了上述结论。这部集子集中讨论了弗吉尼亚·伍尔芙笔下的城市，在那里，都市角色趋向于按照性别界线一分为二。

随着沙龙的消逝，男性与女性之间的区分并未改变，而是以新的形式重现。女性感到自己在城市中被错误地置于不公正的地位，因而希望

---

① 伊迪丝·华顿(1860—1937)，美国文学家，著有《欢乐之家》(或译为《豪门春秋》)和《纯真年代》等。——译者注

得到调整，以寻求在都市中地位上的平等感。 有趣的是，这些女性大多数从移民经验谈起。 在一篇涉猎面很广的文章［《浮士德的妹妹》（"Sister to Faust"），收入前文所说的文集］中，布兰奇·盖尔芬德考察了女性主义对都市的修正，其重点关注的作品有玛丽·安丁（Mary Antin）的《应许之地》（*The Promised Land*，1912）、阿齐亚·叶齐尔斯卡（Anzia Yezierska）的《饥饿的心》（*Hungry Hearts*，1920）、贝蒂·史密斯（Betty Smith）的《布鲁克林有棵树》（*A Tree Grows in Brooklyn*，1943）、葆拉·马歇尔（Paule Marshall）的《棕女，褐石》（*Brown Girl*，*Brownstones*，1959）和桃乐茜·布赖恩特（Dorothy Bryant）的《埃拉·卜莱斯的日志》（*Ella Price's Journal*，1972）。 城市应资本主义的需要被建造和再造，而资本主义首先是一个父权制体系。 一直到最近为止，城市中的性别角色依然是预先确定的，这一状况似乎正面临改变。 现如今，女性主义的控诉不再是女人在城市中没有位置，而是玻璃天花板之类的障碍物（或许它让人想起城市的起源）妨碍了她们在都市中往上攀登。

三

《文学中的城市》考察了一些文学范式——它们为我们将从起源到后现代主义时期的城市进行概念化提供了帮助。 因为把城市看作是文学想象的产物，所以我们当然是把城市当作文本来考察的。 然而，文本也各不相同。 我们可以将牛顿的万有引力理论和品钦的《万有引力之虹》都看成文本，但它们有着不同的秩序：前者（万有引力理论）从物理的现实中获得意义，后者（品钦的小说）则从语言中获得意义。 将城市文本化，既创造出属于城市自己的现实，也成为看待城市的一种方式。 然而这样的文本性不能取代公路和建筑，不能取代物理的城市。 城市首先是一个有着其自身动力学（尽管这种动力学已经变得难以评估）基础的物理的现实，然后才是一种文学的和文化的建构。 最令人信服的建构，是那些能证实我们的现实感、验证我们的经验、并能在面对混乱时提供合理解释的建构。

在这项研究中，我们从有确定中心的、可脚本化的（scriptable）、启蒙的伦敦世界，走到了非连续的、去中心的、不可脚本化的（unscriptable）、后现代的洛杉矶世界。但这两种建构都称不上"真实"，都不能等同于物理的城市。每一种建构——它们对现实进行抽象，而非为现实建立基础——都为我们提供了一种将城市概念化的方式，以便可以用人的方式重新把握城市，把城市带向知识的焦点，使我们有可能对那种从其物理现实分离出来的城市进行知识上的理解。文学文本和文化范式有助于我们聚焦于并捕捉住时间的流变。每一种建构都负载着意识形态，都有着自己的规划——一种保存或改革启蒙的伦敦的途径，或一种将洛杉矶与后现代主义训令（mandates）关联起来的方式。不论那些建构是以经济史为基础，还是以社会生物学为基础，它们都为争取占统治地位而相互竞争。这些知识体系决定了我们思考城市的方式，并对都市权力/力量在政治和文化方面的运作方式起到补助作用。比如，现代主义主体的丧失，带来了一种新的现实形式，它既是政治的又是个人的。

无论我们对城市作何理解，近五千年来，它在人类命运中都发挥了重要作用。它已经创造了自己的历史节律，哪怕它的功能发生了变化，它的现实被重构和改造过。必须持续重新考察各种城市建构：这些建构固然是人为的，而且各不相同，但正是通过它们，我们才能解释过去，检验我们的现实感，并构造我们的未来。而且无论好歹，城市终究是我们的未来。

292

注释：

[1] 见约翰·奈斯比特的《全球化悖论》（*Global Paradox*，1994）；约翰·奈斯比特和艾柏登（Patricia Aburdene）合著的《2000 大趋势》（*Megatrends 2000*，1991）；阿尔温·托夫勒的《第三次浪潮》（*The Third Wave*，1981）。

[2] 见威廉斯的《乡村与城市》（*The Country and the City*，1973）；派克的《现代文学中的城市形象》（*The Image of the City in Modern Literature*，1981）；夏普的《不真实的城市》（*Unreal Cities*，1990）；沃丝-纳希尔的《城市符码》（*City Codes*，1996）。

参考文献

Ackroyd, Peter. *Notes for a New Culture : An Essay on Modernism*. London: Vision, 1976.

Adams, Henry. *The Education of Henry Adams*. 1907. Reprint, Boston: Houghton Mifflin, 1946.

Ahnebrink, Lars. *The Beginning of Naturalism in American Fiction : A Study of the Works of Hamlin Garland, Stephen Crane, and Frank Norris with Special Reference to Some European Influences, 1891— 1993*. Cambridge, Mass: Harvard University Press, 1950.

——. *Essays and Studies on American Language and Literature*. Uppsala, Sweden: A. B. Lundequistska Bokhandein, 1947.

Allen, Walter. *The Urgent West : The American Dream and Modern Man*. New York: Dutton, 1969.

Anderson, Chester G. *James Joyce and His World*. New York: Viking, 1968.

Anderson, Quentin. *The Imperial Self : An Essay in American Literary and Cultural History*. New York: Knopf, 1971.

Antoniades, Anthony C. *Epic Space : Toward the Roots of Western Architecture*. New York: Von Nostrand, 1992.

Asher, Kenneth. T. S. *Eliot and Ideology*. Cambridge: Cambridge University Press, 1995.

Auden, W. H. *City Without Walls*. New York: Random House, 1969.

——. *Look, Stranger!* London: Faber and Faber, 1936.

Austen, Jane. *Northanger Abbey*. 1818. Reprint, New York: Random House, 1992.

——. *Mansfield Park* (1814), edited by James Kinsley and John Lucas. New York: Oxford University Press, 1980.

Auster, Paul. *City of Glass*. New York: Viking, 1985.

——. *In the Country of Last Things*. New York: Viking, 1987.

——. *The Locked Room*. New York: Viking, 1986.

——. *Moon Palace*. New York: Viking, 1989.

Baguley, David. *Naturalistic Fiction: An Entropic Vision*. Cambridge: Cambridge University Press, 1990.

Balzac, Honoré de. *History of the Thirteen*, translated by Herbert J. 294 Hunt. New York: Penguin Books, 1978.

——. *Lost Illusions*, translated by Herbert J. Hunt. New York: Penguin Books, 1971.

——. *Père Goriot*, translated by Henry Reed. New York: Signer Books, 1981.

——. *Splendors and Miseries of Courtesans*. Philadelphia: G. Barrie, 1985.

Baring-Gould, W. S. *Sherlock Holmes*. St. Allbans, England: Panther Books, 1962.

Baritz, Loren. *City on a Hill*. New York: John Wiley and Sons, 1964.

Barthes, Roland. *The Grain of the Voice: Interviews, 1962—1980*, translated by Linda Coverdale. New York: Hill and Wang, 1985.

Bataille, Georges. *Against Architecture*, translated by Betsy Wing. Cambridge, Mass.: MIT Press, 1989.

Baudelaire, Charles. *Les Fleurs du Mal*, translated by Alan Conder.

London: Cassell, 1952.

——. *Intimate Journals*, translated by Christopher Isherwood. New York: Randorn House, 1930.

——. *Paris Spleen*, translated by Louise Varese. New York: New Directions, 1970.

Baudrillard, Jean. *Selected Writings*, edited by Mark Poster. Palo Alto: Stanford University Press, 1988.

——. *Simulacra and Simulations*, translated by Sheila Faria Glaser. Ann Arbor: University of Michigan Press, 1994. Originally published as *Simulacres et Simulation* (Paris: Galilée, 1981).

Becker, George J. *John Dos Passos*. New York: Frederick Ungar, 1974.

——. *Realism in Modern Literature*. New York: Frederick Ungar, 1980.

——, ed. *Documents of Modern Literary Realism*. Princeton: Princeton University Press, 1963.

Beckett, Samuel. *Malone Dies*. New York: Grove Press, 1956.

——. *Murphy*. New York: Grove Press, 1957.

——. *The Unnamable*. New York: Grove Press, 1958.

Beckford, William. *Vathek* (1786), edited by Roger Lonsdale. New York: Oxford University Press, 1983.

Beer, Gillian. *Darwin's Plots: Evolutionary Narrative in Darwin, George Eliot, And Nineteenth-Century Fiction*. London: Routledge and Kegan Paul, 1983.

Belkind, Allen, ed. *Dos Passos, the Critics, and the Writer's Intention*. Carbondale: Southern Illinois University Press, 1971.

Bell, Daniel. *The Coming of the Post-Industrial Society: A Venture in Social Forecasting*. New York: Basic Books, 1976.

——. "Crime as an American Life" (1933). In vol. 2 of *New Perspectives on the American Past*, edited by Stanley N. Katz and Stanley I. Kuttler. Boston: Little, Brown, 1972.

Bell, Michael Davitt. *The Problems of American Realism: Studies in the Cultural History of a Literary Idea*. Chicago: University of Chicago Press, 1993.

Bellamy, Edward. *Looking Backward, 2000—1887*.1888. Reprint, Cambridge, Mass.: Harvard University Press, 1967.

Bellow, Saul. Mr. *Sammler's Planet*. New York: Viking, 1970.

Benevolo, Leonardo. *The History of the City*, translated by Geoffrey Culverwell. Cambridge, Mass.: MIT Press, 1980.

Benjamin, Walter. *Charles Baudelaire: A Lyric Poet in the Era of High Capitalism*, translated by Harry Zohn. London: New Left Books, 1973.

Benstock, Bernard. "The Dead." In *James Joyce's "Dubliners,"* edited by Clive Hart. London: Faber and Faber, 1969.

Berard, Victor. *Les Phéniciens et l'Odyssée*. Paris: Arnold Colin, 1902—1903.

Berger, Peter, *The Homeless Mind*. New York: Random House, 1973.

Bergson, Henri. *Creative Evolution*, translated by A. Mitchell. New York: Henry Holt, 1911. Originally published as *L'Evolution créatvice* (Paris: Felix Alcan, 1907).

Berman, Marshall. *All That Is Solid Melts into the Air: The Experience of Modernity*. New York: Simon and Schuster, 1982.

Bertalanffy, Ludwig von. *General Systems Theory: Foundations, Development, Applications*. New York: Braziller, 1968.

Bewley, Marius. "Melville and the Democratic Experience." *In Melville: A Collection of Critical Essays*, edited by Richard Chase. Englewood Cliffs, N. J. Prentice-Hall, 1962.

Biencourt, Marius. *Une Influence du Naturalisme Français en Amerique*.

295

Paris: Marcel Giard, 1933.

Birkett, Jennifer. *Sins of the Father: Decadence in France, 1870—1914*, New York: Quartet Books, 1986.

Blanchard, Marc Eli. *In Search of the City: Engels, Baudelaire, Rimbaud.* Stanford French and Italian Studies 37. Saratoga, Calif.: Anma Libri, 1985.

Boardman, John, Jasper Griffin, and Oswyn Murray, eds. *The Oxford History of the Roman World.* Oxford: Oxford University Press, 1991.

Bowen, Zack R. "*Ulysses*" In *A Companion to Joyce Studies*, edited by Zack R. Bowen and James F. Carens. Westport, Conn.: Greenwood Press, 1984.

Bowen, Zack R., and James F. Carens, eds. *A Companion to Joyce's Studies.* Westport, Conn.: Greenwood Press, 1984.

Bowersock, G. W., John Clive, and Stephen R. Graubard, eds. *Edward Gibbon and "The Decline and Fall of the Roman Empire."* Cambridge, Mass.: Harvard University Press, 1977.

Bradbury, Malcolm. "Cities of Modernity." In *Modernism: 1890—1930*, edited by Malcolm Bradbury and James McFarlanc. Harmondsworth: penguin, 1976.

——. "London, 1890—1920." In *Modernism: 1890—1930*, edited by Malcolm Bradbury and James McFarlanc. Harmondsworth: penguin, 1976.

Brand, Dana. *The Spectator in the City in Nineteenth-Century American Literature.* Cambridge: Cambridge University Press, 1991.

Brantlinger, Patrick. *Crusoe's Footprints: Cultural Studies in Britain and America*, New York: Routledge, 1990.

Braudel, Fernand. *Civilization and Capitalism, 15th—18th Centuries*, translated by Sian Reynolds. 3 vols. London: Collins, 1981—1984.(Vol.1,

The Structures of Everyday Life [1981]; vol. 2, *The Wheels of Commerce* [1983]; vol. 3, *The Perspective of the World* [1984].)

Bremer, Sidney. *Urban Intersections: Meetings of Life and Literature in United States Cities*. Urbana: University of Illinois Press, 1992.

Breslin, James E. *William Carlos Williams: An American Artist*. New York: Oxford University Press, 1970.   296

Bridenbaugh, C. *Cities in the Wilderness: The First Century of Urban Life in America, 1625—1742*. New York: Roland Press, 1938.

Brontë, Charlotte. *Jane Eyre*. 1848. Reprint, New York: Signet, 1982.

Bronte, Emily. *Wuthering Heights* (1847), edited by William M. Sale, Jr. New York: W. W. Norton, 1963.

Brown, Frederick. *Zola: A Life*. New York: Farrar, Straus, and Giroux, 1955.

Brown, Homer O. "The Displaced Self in the Novels of Daniel Defoe." *ELH* 38(1971): 562—590.

Buckley, Jerome. *Triumph of Time: A Study of the Victorian Concept of Time History, Progress, and Decadence*. Cambridge, Mass: Harvard University Press, 1966.

Budgen, Frank. *James Joyce and the Making of Ulysses*. London: Grayson and Grayson, 1937.

Butler, Christopher. *After the Wake: An Essay on the Contemporary Avant-Garde*. Oxford: Clarendon Press, 1978.

Byrd, Max. *London Transformed: Images of the City in the Eighteenth Century*. New Haven: Yale University Press, 1978.

——, ed. *Daniel Defoe: A Collection of Critical Essays*. Englewood Cliffs, N. J.: Prentice-Hall, 1976.

Calinescu, Matei. *Faces of Modernity*. Bloomington: Indiana University Press, 1977.

Callow, Alexander B., ed. *American Urban History*. New York: Oxford University Press, 1973.

Canetti, Elias. *Crowds and Power*, translated by Carol Stewart. New York: Viking, 1962.

Cannadinc, David. *Decline and Fall of British Aristocracy*. New Haven: Yale University Press, 1990.

Cather, Willa. *A Lost Lady*. New York: Knopf, 1922.

——. *My Antonia*. 1918. Reprint, New York: Vintage, 1994.

——. *The Professor's House*. 1925. Reprint, New York: Vintage, 1953.

Carter, A. E. *The Idea of Decadence in French Literature*. Toronto: University of Toronto Press, 1958.

Carter,: Margaret L., ed. *Dracula: The Vampire and the Critics*. Ann Arbor, Mich.: UMI Research Press, 1988.

Castells, Manuel. *The Urban Question: A Marxist Approach*. Cambridge, Mass.: MIT Press, 1977.

Chace, William. *The Political Identities of Ezra Pound and T. S. Eliot*. Stanford: Stanford University Press, 1973.

Chamberlin, Edward J. and Sander L. Gilman, eds. *Degeneration: The Dark Side of Progress*. New York: Columbia University Press, 1985.

Chandler, Raymond. *The Big Sleep*. 1939. Reprint, New York: Vintage, 1976.

Chapman, Joan, and Brian Chapman. *The Life and Times of Baron Haussmann: Paris in the Second Empire*. London: Weidenfeld and Nicolson, 1957.

Chase, Richard, ed. *Melville: A Collection of Critical Essays*. Englewood Cliffs, N. J.: Prentice-Hall, 1962.

Chevrel, Yves. *Le Naturalisme*. Paris: Presses universitaires de France, 1982.

Civello, Paul. *American Literary Naturalism and Its Twentieth-Century* 297
Transformations: *Frank Norris*, *Ernest Hemingway*, *Don DeLillo*.
Athens: University of Georgia Press, 1994.

Clark, David R., ed. *Critical Essays on Hart Crane*. Boston: G. K. Hall,
1982.

Clarke, Graham, ed. *The American City*: *Literary and Cultural Perspec-
tives*. New York: St. Martin's Press, 1988.

Cohen, Morton. *Rider Haggard*: *His Life and Works*. London: Hutchin-
son, 1960.

Colley, Iain. *Dos Passos and the Fiction of Despair*. London: Macmillan,
1978.

Conarroe, Joel. *William Carlos Williams' Paterson*: *Language and Landscape*.
Philadelphia: University of Pennsylvania Press, 1970.

Conrad, Joseph. *Heart of Darkness* (1902), edited by Robert Kimbrough.
New York: W. W. Norton, 1988.

Corttrell, Leonard. *The Bride of Minos*. New York: Holt, Rinehart,
Winston, 1953.

Cowan, Michael H. *City of the West*: *Emerson*, *America*, *and Urban
Metaphor*. New Haven: Yale University Press, 1967.

Cowley, Malcolm. "John Dos Passos: The Poet of the World." In *Dos
Passos*, *the Critics*, *and the Writer's Intention*, edited by Allen Bel-
kind. Carbondale: Southern Illinois University Press. 1971.

Crane, Hart. *The Complete Poems*. Garden City, N. Y.: Doubleday An-
chor Books, 1958.

Crawford, Robert. *The Savage and the City in the Work of T. S. Eliot*.
Oxford: Clarendon Press, 1987.

Curtis, William J. *Le Corbusier*: *Ideas and Forms*. New York: Rizzoli,
1986.

Darwin, Charles. *Darwin: A Norton Critical Edition*, edited by Philip Appelman. New York: W. W. Norton. 1979.

Davidson, Edward H. *Poe: A Critical Study*. Cambridge, Mass.: Harvard University Press, 1966.

Davis, Mike. *City of Quartz*. New York: Vintage, 1992.

Day, Robert Adams, "Joyce's Waste Land and Eliot's Unknown God." In *Literary Monographs*, edited by Eric Rothstein, vol. 4. Madison: University of Wisconsin Press, 1971.

Defoe, Daniel. *Augusta Triumphans: or, the Way to make London the most flourishing City in the Universe*. [London]: printed for J. Roberts in Warwick Lane, 1729.

——. *The Complete English Tradesman*. 2 vols. London: Printed for Charles Rivington, 1725—1727.

——. *The History and Remarkable Life of Colonel Jack* (1722), edited by Samuel Holt Monk. New York: Oxford University Press, 1970.

——. *A Journal of the Plague Year*. 1722. Reprint, New York: Penguin Books, 1986.

——. *Moll Flanders* (1722), edited by Edward Kelly. New York: W. W. Norton, 1973.

——. *Robinson Crusoe* (1719), edited by Michael Shinagel. New York: W. W. Norton, 1975.

——. *Tour of Great Britain: A tour thro' the whole island of Great Britain*. 3 vols. 1724—1727, Reprint, London: Frank Cass, 1968.

298 Detienne, Marcel. *Dionysus at Large*, translated by Mireille Muellner and Leonard Muellner. Cambridge, Mass.: Harvard University Press, 1989.

——. *Dionysus Slain*, translated by Arthur Goldhammer. Baltimore: Johns Hopkins University Press, 1979.

Deutsch, Helene. *A Psychoanalytic Study of the Myth of Dionysus and Apollo : Two Versions of the Son-Mother Relationship*. New York: International Universities Press, 1969.

Dickens, Charles. *Bleak House*. 1853. Reprint, New York: Penguin Books, 1976.

——. *Dombey and Son*. 1848. Reprint, New York: Penguin Books, 1970.

——. *Great Expectations*. 1860—1861. Reprint, New York: Penguin Books, 1976.

——. *Little Dorrit*. 1857. Reprint, New York: Penguin Books, 1975.

——. *Oliver Twist* . 1837—1839. Reprint, New York: Penguin Books, 1966.

——. *Our Mutual Friend* , 1864—1865. Reprint, New York: Penguin Books, 1973.

Dillingham, William B. *Melville's Short Fiction* , *1853—1856*. Athens: University of Georgia Press, 1977.

Donoghue, Denis. *Being Modern Together*. Atlanta: Scholars Press, 1991.

——. *The Old Moderns*. New York: Knopf, 1993.

——. *Walter Pater : Lover of Strange Souls* , New York: Knopf, 1995.

Dos Passos, John. *Manhattan Transfer*. 1925. Reprint, Boston: Houghton Mifflin, 1953.

——. *Midcentury*. Boston: Houghton Mifflin, 1961.

——. *U.S. A*. New York: Modern Library, 1937.

Dostoyevsky, Fyodor. *Notes from the Underground* (1864), translated by Constance Garnett. Garden City, N, Y: Doubleday, 1960.

Douglas, Ann. *Terrible Honesty : Mongrel Manhattan in the 1920s*. New York: Farrar, Straus, and Giroux, 1995.

Doyle, Arthur Conan. *The Sign of Four*. 1890. Reprint, New York: Penguin Books, 1982.

——. *A Study in Scarlet*. 1887. Reprint, New York: Penguin Books, 1981.

——. *Thirty-seven Short Stories and a Complete Novel from "The Strand Magazine."* Secaucus, N.J.: Castle Books, 1980.

Doyle, Charles. *William Carlos Williams and the American Poem*. New York: St. Martin's Press, 1982.

Dreiser, Theodore. *A Book About Myself*. New York: Boni and Liveright, 1922.

——. *Sister Carrie* (1900), edited by Donald Pizer. New York: W. W. Norton, 1970.

Drinnon, Richard. *Facing West: The Metaphysics of Indian Hating and Empire Building*. Minneapolis: University of Minnesota Press, 1980.

Drucker, Peter. *Age of Discontinuity*. New York: Harper and Row, 1978.

Dumwald, Edward. *Thomas Jefferson, American Tourist*. Norman: University of Oklahoma Press, 1946.

Dyos, H. J., ed. *The Study of Urban History*. New York : St. Martin's Press, 1968.

Dyos, H. J., and Michael Wolff. *The Victorian City*. London: Routledge and Kegan Paul, 1973.

Earle, Peter. *The World of Defoe*. London: Weidenfeld and Nicolson; New York: Atheneum, 1976.

Ehrlich, Blake. *London on the Thames*. London: Cassell, 1966.

Eliot, T. S. *The Cocktail Party*. New York: Harcourt, Brace, 1950.

——. *Collected Poems, 1909—1962*. New York: Harcourt, Brace, and World, 1963.

——. *The Family Reunion*. New York: Harcourt, Brace, 1939.

——. "The Influence of Landscape upon the Poet." *Daedalus* 89 (1960): 420—422.

299

——. Introduction to *Intimate Journals*, by Charles Baudelaire, translated by Christopher Isherwood. New York: Random House, 1930.

——. *Selected Prose of T. S. Eliot*, edited by Farank Kermode. New York Harcourt, Brace, Jovanovich, 1975.

——. *To Criticize the Critic and Other Writings*. London: Faber and Faber, 1965.

——. *The Waste Land: A Facsimile and Transcript of the Original Drafts*, edited by Valeric Eliot. New York: Harcourt, Brace, Jovanovich, 1971.

Ellis, Aytoun. *The Penny Universities: A History of the Coffee Houses*. London: Secker and Warburg, 1956.

Ellis, Kate F. *The Contested Castle*. Urbana: University of Illinois Press, 1989.

Ellison, Ralph. *Invisible Man*. 1952. Reprint, New York: Vintage, 1995.

——. *Shadow and Act*, New York: Random House, 1964.

Ellmann, Richard, *James Joyce*. New York: Oxford: University Press, 1959.

——. *Ulysses on the Liffey*. London: Faber and Faber, 1952.

Ellul, Jacques, *The Meaning of the City*, translated by Dennis Pardee. Grand Rapids, Mich.: Eerdmans, 1970.

——. *The Technological Society*, translated by John Wilkinson. New York: Vintage, 1964.

Emerson, Ralph Waldo. *Selected Prose and Poetry*, edited by Reginald L. Cook. New York: Holt, Rinehart, and Winston, 1961.

Erasmus; Charles J. *In Search of the Common Good: Utopian Experiments Past and Future*. New York: Free Press, 1977.

Evans, Arthur. *The God of Ecstasy: Sex Roles and the Madness of Dionysus*.

New York：St. Martin's Press，1988.

Eyles，Allen. *Sherlock Holmes：A Centenary Celebration*. New York：Harper and Row，1986.

Fairhall，James. *James Joyce and the Question of History*. New York：Cambridge University Press，1993.

Fanger，Donald. *Dostoevsky and Romantic Realism*. Cambridge，Mass.，：Harvard University Press，1965.

Faulkner，William. *Go Down，Moses*. 1942. Reprint，New York：Modern Library，1955.

——. *Sanctuary*，New York：Modern Library，1932.

Fiedler，Leslie.："Mythicizing the City." In *Literature and the Urban Experience*，edited by Michael C. Jaye and Ann Chalmers Watts. New Brunswick，N. J.：Rutgers University Press，1981.

Fish，Stanley. *Is There a Text in This Class? The Authority of Interpretive Communities*. Cambridge，Mass.：New York：Oxford University Press，1985.

Fisher，Philip. *Hard Facts*. New York：Oxford University Press，1985.

Fitch，J. M. *Architecture and the Esthetics of Plenty*. New York：Columbia University. Press，1961.

Fitzgerald，F. Scott. "The Diamond as Big as the Ritz." In *The Stories of F. Scott Fitzgerald*. New York：Scribner，1951.

——. *The Great Gatsby*. 1925. Reprint，New York：Scribner，1957.

——. *The Last Tycoon*. New York：Scribner，1941.

——. *Letters*，edited by Andrew Turnbull. New York：Scribner，1963.

——. "My Lost City." In *The Crack-up*. New York：New Directions，1945.

——. *Tender Is the Night* New York：Scribner，1934.

——. "What I Think and Feel at 25." In F. *Scoot Fitzgerald in His Own*

Time: *A Miscellany*, edited by Matthew J. Bruccoli and Jackson Bryer. Kent, Ohio: Kent State University Press, 1971.

Folsom, James K., ed. *The Western*: *A Collection of Critical Essays*. Englewood Cliffs, N.J.: Prentice-Hall, 1979.

Fowler, Douglas. *A Reader's Guide to Gravity's Rainbow*. Ann Arbor, Mich.: Ardis, 1980.

Frazer, James George. *The Golden Bough*: *A Study in Magic and Religion*. I vol. abridged ed. 1922. Reprint, New York: Macmillan, 1950.

Freud, Sigmund. *Group Psychology and the Analysis of the Ego*, translated by James Strachey. London: International Psychoanalytical Press, 1922.

Fried, Lewis. *Makers of the City*. Amherst: University of Massachusetts Press, 1990.

Fussell, Edwin. *American Literature and the American West*. Princeton: Princeton University Press, 1965.

Gans, Deborah. *The Le Corbusier Guide*. Princeton: Princeton Architectural Press, 1987.

Gelfant, Blanche. *The American City Novel*. Norman: University of Oklahoma Press, 1954.

——. "John Dos Passos: The Synoptic Novel." In *Dos Passos*, *the Critics*, *and the Writer's Intention*, edited by Allen Belkind. Carbondale: Southern Illinois University Press, 1971.

——. "Sister to Faust: The City's 'Hungry' Woman as Heroine." In *Women Writers and the City*, edited by Susan Merrill Squier. Knoxville: University of Tennessee Press, 1984.

Giddens, Anthony. *The Nation-State and Violence*. Berkeley: University of California Press, 1985.

Giedion, Sigfried. *Space*, *Time*, *and Architecture*: *The Growth of a*

New Tradition. Rev.ed. Cambridge, Mass.: Harvard University Press, 1952.

Gill, Richard. *Happy Rural Seat : The English Country House and the Literary Imagination*. New Haven: Yale University Press, 1972.

Girouard, Mark. *Life in the English Country House : A Social and Architectural History*. New Haven: Yale University Press, 1978.

——. *The Victorian Country House*. Oxford: Clarendon Press, 1971.

Glasheen, Adaline. *Third Census of "Finnegan's Wake"*. Berkeley: University of California Press, 1977.

Godwin, William. *Caleb Williams*. 1794. Reprint, New York: Holt, Rinehart, and Winston, 1963.

Goldsmith, Oliver. *The Vicar of Wakefield*. 1766. Reprint, Harmondsworth: Penguin, 1982.

301   Grana, Cesar. *Fact and Symbol : Essay in the Sociology of Art and Literature*. New York: Oxford University Press, 1971.

Gray, Robert. *A History of London*. London: Hutchinson, 1978.

Green, Martin. *Dreams of Adventure, Deeds of Empire*. London: Routledge and Kegan Paul, 1980.

Guerard, Albert. The *Triumph of the Novel : Dickens, Dostoevsky, Faulkner*. New York: Oxford University Press, 1976.

Haggard, Rider. *She, King Solomon's Mines, Allan Quatermain*. New York: Dover Publications, 1951.

Hall, Peter. *Cities of Tomorrow : An Intellectual History of Urban Planning and Design in the Twentieth Century*. Oxford: Basil Blackwell, 1988.

——. *The World Cities*. New York: McGraw-Hill, 1966.

Hall, Trevor H. "Thomas Stearns Eliot and Sherlock Holmes." In *Sherlock Holmes and His Creator*. London: Duckworth, 1978.

Hammond, J. R. *An Edgar Allan Poe Companion*. London: Macmillan, 1981.

Hammond, Mason. *The City in the Ancient World*. Cambridge, Mass.: Harvard University Press, 1972.

Harrington, Michael. *The Accidental Century*. New York: Macmillan, 1965.

Harrison, John. *The Reactionaries: A Study of the Anti-Democratic Intelligentsia*. New York: Schoken Books, 1967.

Harrison, Michael. *London Growing: The Development of a Metropolis*. London: Hutchinson, 1965.

——. *The World of Sherlock Holmes*. New York: E. P. Dutton, 1975.

Hart, Clive, ed. *James Joyce's "Dubliners"*. London: Faber and Faber, 1969.

Harvey, David. *Consciousness and the Urban Experience: Studies in the History and Theory of Capitalist Urbanization*. Baltimore: Johns Hopkins University Press, 1985.

——. *The Urbanization of Capital*. Baltimore: Johns Hopkins University Press, 1985.

Hauser, Arnold. *The Social History of Art*. London: Routledge and Kegan Paul, 1951.

Hawthorne, Nathaniel. *The Blithedale Romance*. 1852. Reprint, New York: W. W. Norton, 1958.

Hazlitt, William. *Lectures on the English Poets*. London: J. Templeman, 1841.

Heilbroner, Robert L. *The Making of Economic Society*. Englewood Cliffs, N.J.: Prentice-Hall, 1962.

Hemingway, Ernest. *Across the River and into the Trees*. 1950. Reprint, New York: Dell, n. d.

——. *For Whom the Bell Tolls*. New York: Scribner, 1940.

——. *The Green Hills of Africa*. 1935. Reprint, New York: Perma-books, 1956.

Hemmings, F. W. J., ed. *The Age of Realism*. [Atlantic Highlands], N. J.: Humanities Press, 1974.

Hennessy, Brendan. *The Gothic Novel*. London: Longman, 1978.

Hesse, Hermann. *Blick ins Chaos*. Bern: Seldwyla, 1922.

Himmelfarb, Gertrude. *Darwin and the Darwinian Revolution*. New York: W. W. Norton, 1962.

Hicks, Granville. "The Politics of John Dos Passos." In *Dos Passos, the Critics, and the Writer's Intention*, edited by Allen Belkind. Carbondale: Southern Illinois University Press, 1971.

Hite, Molly. *Ideas of Order in the Novels of Thomas Pynchon*. Columbus: Ohio State University, 1983.

Hoffman, Daniel. *Poe, poe, poe, poe, poe, poe, poe*. New York: Doubleday, 1972.

Hook, Andrew, ed. *Dos Passos: A Collection of Critical Essays*. Englewood Cliffs, N. J: Prentice-Hall, 1974.

Hooper, Finley. *Greek Realities: Life and Thought in Ancient Greece*. New York: Scribner, 1967.

Horton, Philip. *Hart Crane: The life of an American Poet* New York: W. W. Norton, 1937.

Howard, June. *Form and History in American Literary Naturalism*. Chapel Hill: University of North Carolina Press, 1985.

Hoyles, John. *The Literary Underground: Writers and the Totalitarian Experience, 1900—1950*. New York: St. Martin's Press, 1991.

Hugo, Victor. *Les Misérables*, translated by Norman Denny. New York: Penguin Books, 1976.

302

Huizinga, Johan. *The Waning of the Middle Ages: The Study of the Forms of Life, Thought, and Art in France and the Netherlands in the XIVth and XVth Centuries*. London: Edward Arnold, 1924.

Hunter, Allan. *Joseph Conrad and the Ethics of Darwinism: The Challenge of Science*. London: Croom Helm, 1983.

Huysmans, J. K. *Against the Grain (À Rebours)*. 1884. Reprint, New York: Dover, 1969.

Hyams, Edward. *The Changing Face of England*. Harmondsworth: Penguin Book, 1974.

Hyslop, Lois, and Francis Hyslop, eds. And trans. *Baudelaire on Poe*. Bald-Eagle, Pa.: Bald Eagle Press, 1952.

Jackson, Kenneth. *Crabgrass Frontier* New York : Oxford University Press, 1985.

Jacobs, Jane. *The economy of Cities*. New York: Random House, 1969.

Jameson, Fredric. "Postmodernism, or the Cultural Logic of Late Capitalism" (1984). In *Postmodernism, or, The Cultural Logic of Late Capitalism*. Durham, N. C.: Duke University Press, 1991.

Jaye, Michael C., and Ann Chalmers Watts, eds. *Literature and the Urban Experience*. New Brunswick, N.J.: Rutgers University Press, 1981.

Jefferson, Thomas. *Notes on the State of Virginia*. 1784—1785. Reprint, Chapel Hill : University of North Carolina Press, 1964.

Johnson, James Weldon. *Black Manhattan*. 1930. Reprint, New York: Da Capa, 1991.

Jouve, Nicole Ward. *Baudelaire: A Fire to Conquer Darkness*. London: Macmillan, 1980.

Joyce, James. *The Critical Writings*, edited by Ellsworth Moran and Richard Ellmann. New York: Viking, 1959.

——. *A Portrait of the Artist as a young Man*. 1916. Reprint, New York: Modern Library, 1944.

303 ——. *Stephen Hero*, edited by Theodore Spencer. New York: New Directions, 1944.

——. *Ulysses*. 1922. Reprint, New York: Random House, 1961. [See also the edition by Hans Walter Gabler (New York: Vintage, 1986).]

Kain, Richard M. "Grace." *In James Joyce's "Dubliners*," edited by Clive Hart. London: Faber and Faber, 1969.

Kaplan, Amy. *The Social Construction of American realism*. Chicago: University Of Chicago Press, 1988.

Kaplan, Charles. *Walt Whitman: A Life*. New York: Simon and Schuster, 1980.

Kenner, Hugh. *Ulysses*. London: Allen and Unwin, 1980.

——. "The Urban Apocalypse." *In Eliot in His Time*, edited by A. Walton Litz. Princeton: Princeton University Press, 1973.

Kiberd, Declan. *Inventing Ireland*. London: Jonathan Cape, 1995.

Kinkead-Weeks, Mark. "Defoe and Richardson—Novelists of the City." In vol. 4 of *History of Literature in the English Language*, *Dryden to Johnson*, edited by Roger Lonsdale. London: Sphere, 1971.

Knapp, Bettina L. *Emile Zola*. New York: Frederick Ungar, 1980.

Konvitz, Josef W. *The Urban Millennium: The City-Building Process from the Early Middle Ages to the Present*. Carbondale: Southern Illinois University Press, 1985.

Konvitz, Milton R., Introduction to *Emerson: A Collection of Critical Essay*. Edited by Milton R. Konvitz and Stephen E. Whicher. Englewood Cliffs, N. J: Prentice-Hall, 1962.

Konvitz, Milton R., and Stephen E. Whicher, eds. *Emerson: A Collection of Critical Essays*. Englewood Cliffs, N.J.: Prentice-Hall, 1962.

Kott, Jan. *The Eating of the Gods*: *An Interpretation of Greek Tragedy*, translated by Boleslaw Taborsky and Edward J. Czerwinski. London: Methuen, 1974.

Krampen, Martin. *Meaning in the Urban Environment*. London: Pion, 1979.

Kandes, David S. *The Rise of Capitalism*. New York: Macmillan, 1969.

Lasch, Christopher. *The Culture of Narcissism*: *American Life in an Age of Diminishing Expectations*. New York: W. W. Norton, 1979.

Leatherdal, Clive. *The Origins of Dracula*: *The Background to Bram Stoker's Gothic Masterpiece*. London: William Kimber, 1987.

Le Bon, Gustave. *The Crowd*: *A Study of the Popular Mind*. 1896. Reprint, New York: Viking, 1960.

Le Corbusier. *The City of Tomorrow*, translated by Frederick Etchells. New York: Paysen and Clark, 1929.

——. *When Cathedrals Were White*, translated by Francis E. Hyslop, Jr. New York: Reynal and Hitchcock, 1947.

Lees, Andrew. *Cities Perceived*: *Urban Society in American and European Thought*, *1820—1940*. New York: Columbia University Press, 1985.

Lehan, Richard. "The American Crusoe and the Idea of the West." In *Making America*: *The Society and Culture of the United States*, edited by Luther S. Luedtke. Chapel Hill: University of North Carolina Press, 1992.

——. "America: Literary Naturalism: The French Connection." *Nineteenth-Century Fiction* 38 (1984):529—557.

——. *A Dangerous Crossing*: *French Literary Existentialism and the Modern American Novel*. Carbondale: Southern Illinois University Press, 1973.

——. "Existentialism in Recent American Fiction: The Demonic Quest."

304

Texas Studies I (1959): 181—202.

——. "F. Scott Fitzgerald and Romantic Destiny." *Twentieth Century Literature* 26(1980):137—156.

——. *F. Scott Fitzgerald and the Craft of Fiction*. Carbondale: Southern Illinois University Press, 1966.

——. "*The Great Gatsby*": *The Limits of Wonder*. Boston: G. K. Hall, 1990.

——. *Theodore Dreiser: His World and His Novels*. Carbondale: Southern Illinois University Press, 1969.

——. "Urban Signs and Urban Literature: Literary Form and Historical Process." *New Literary History* 18 (1986—1987): 99—113.

Lethaby, W. R. *Architecture, Mysticism, and Myth*. New York: George Braziller, 1975.

Levin, Harry. *James Joyce: A Critical Introduction*. Norfolk, Conn.: New Directions, 1941.

Lewis, Matthew Gregory. *The Monk*. 1796. Reprint, New York: Oxford University Press, 1980.

Lewis, R. W. B. *The American Adam: Innocence, Tragedy, and Tradition in the Nineteenth Century*. Chicago: University of Chicago Press, 1955.

——. *The Poetry of Hart Crane: A Critical Study*. Princeton: Princeton University Press, 1972.

Lillywhite, Bryant. *London Coffee Houses*. London: Gallen and Unwin, 1963.

Lindsay, Jack. *The Monster City: Defoe's London, 1688—1730*. London: Hart Davis, 1978.

Litz, A. Walton. "Two Gallants." In *James Joyce's "Dubliners*," edited by Clive Hart. London: Faber and Faber, 1969.

——. *ed*. *Eliot in His Time*: *Essays on the Occasion of the Fiftieth Anniversary of* "*The Waste Land*." Princeton: Princeton University Press, 1973.

Lopez, Robert S. "The Crossroads within the Wall." In *The Historian and the City*, edited by Oscar Handlin and John Burchard. Cambridge, Mass.: MIT Press. 1962.

Lowell, Robert. *For the Union Dead*. New York: Farrar, Straus, and Giroux, 1964.

——. "Thomas, Bishop, and Williams." *Sewanee Review* 55(1947):493—503.

Lynch, Kevin. *A Theory of the Good City*. 1970. Reprint, Cambridge, Mass.: MIT Press, 1981.

MacAndrew, Elizabeth. *The Gothic Tradition in Fiction*. New York: Columbia University Press, 1979.

Magalaner, Marvin, and Richard M. Kain. *Joyce*: *The Man*, *the Work*, *and the Reputation*. New York: New York University Press, 1956.

Mandel, Ernest. *Late Capitalism* (1975), translated by Jori DeBres. London: Verso, 1978.

Mannoni, Dominique O. *Prospero and Caliban*. New York: Frederick A. Praeger, 1964.

Manuel, Frank E. *Utopian Thought in the Western World*. 1966. Reprint, Cambridge, Mass.: Harvard University Press, 1979.

Martin, Ronald E. *American Literature and the Universe of Force*. Durham, N. C.: Duke University Press, 1981.

Martin Timothy. *Joyce and Wagner*: *A Study of Influence*. Cambridge: Cambridge University Press 1991.

Marx, Karl. *The Holy Family*. Moscow: Language Publication House, 1956.

305

Marx, Leo. *The Machine in the Garden: Technology and the Pastoral Idea in America*. New York: Oxford University Press, 1967.

Matthiessen, F. O. *The Achievement of T. S. Eliot*. New York: Oxford University Press, 1959.

——. *American Renaissance*. New York: Oxford University Press, 1941.

Maturin, Charles Robert. *Melmoth the Wanderer* (1820), edited by Douglas Grant. New York: Oxford University Press, 1989.

McGinty, Park. *Interpretation and Dionysus: Method in the Study of a God*. The Hague: Mouton, 1978.

McHale, Brian. *Constructing Post-Modernism*. New York: Routledge, 1992.

McKeon, Michael. *The Origins of the English Novel, 1600—1740*. Baltimore: Johns Hopkins University Press, 1987.

McLuhan, Marshall, "John Dos Passes: Technique vs. Sensibility." In *Dos Passos: A Collection of Critical Essays*, edited by Andrew Hook. Englewood Cliffs, N. J.: Prentice-Hall, 1974.

Melville, Herman. *The Confidence Man: His Masquerade* (1857), edited by Hershel Parker. New York: W. W. Norton, 1971.

——. *Omoo*. 1847. Reprint, New York: Doubleday, n. d.

——. *Pierre, or The Ambiguities*. 1852. Reprint, New York: Signet, 1964.

——. *Redburn*, 1849. Reprint, New York: Doubleday, 1957.

——. *Selected Tales and Poems*, edited by Richard Chase, New York: Rinehart. 1959.

——. "The Two Temples." In *Herman Melville*. New York: Library of America, 1984.

——. *Typee*. 1846. Reprint, New York: Grosset and Dunlap, n. d.

Merk, Frederick. *History of the Westward Movement*. New York:

Knopf, 1978.

Michaels, Walter Benn. *The Gold Standard and the Logic of Naturalism*. Berkeley: University of California Press, 1987.

Mitchell, Lee Clark. *Determined Fictions: American Literary Naturalism*. New York: Columbia University Press, 1989.

Moody, A. David. *The Cambridge Companion to T. S. Eliot*. Cambridge: Cambridge University Press, 1994.

Moraze, Charles. *The Triumph of the Middle Classes*. London: Weidenfeld and Nicolson, 1957.

Morelan, Kim Ileen. *The Medievalist Impulse in American literature: Twain, Adams, Fitzgerald, and Hemingway*. Charlottesville: University Press of Virginia, 1996.

Morris, William. *News from Nowhere*. 1891. Reprint, London: Routledge and Kegan Paul, 1970.

Mowry, George E, and Blaine A. Brownell. *The Urban Nation, 1920—1980*. New York: Hill and Wang, 1965.

Mumford, Lewis. *The City in History: Its Origins, Its Transformations, and Its Prospects*. New York: Harcourt, Brace, and World, 1961.

——. *The Culture of Cities*. New York: Harcourt, Brace, 1938.

Naisbitt, John. *Global Paradox*. New York: Morrow, 1994.

Naisbitt, John, and Patricia Aburdence. *Megatrends 2000*. New York: Avon 1991.

Nelson, Brian, ed. *Naturalism in the European Novel: New Critical Perspectives*. New York: Berg European Studies/St. Martin's Press, 1992.

Nichols, Frederick D., and Ralph E. Griswold. *Thomas Jefferson: Landscape Architect*. Charlottesville: University Press of Virginia, 1978.

Nilsen, Helge Normann. *Hart Crane's Divided Vision: An Analysis of*

306

"The Bridge." Oslo，Norway：Hougesund Bok & Offset，1980.

Nordau，Max. *Degeneration* （1982）. Translated 1895. Reprint，New York：H. Fertig，1968.

Norris，Frank. "The Frontier Gone at Last." *In The Responsibilities of the Novelist*. New York：Doubleday，Doran，1903.

———. *McTeague*，1899. Reprint，New York：Rinehart，1955.

———. *The Octopus*. 1901. Reprint，New York：New American Library，1964.

———. *The Pit*. 1903. Reprint，New York：Grove Press，n. d.

———. *Vandover and the Brute*. 1914. Reprint，New York：Doubleday，Doran，1928.

Norris，Margot. *The Decentered Universe of "Finnegans Wake"：A Structuralist Analysis*. Baltimore：Johns Hopkins University Press，1976.

Nye，Robert. *The Origins of Crowd Psychology：Gustave LeBon and the Crisis of Mass Democracy in the Third Republic*. Beverly Hills，Calif.：Sage，1975.

O'Hanlon，Redmond. *Joseph Conrad and Charles Darwin：The Influence of Scientific Thought on Conrad's Fiction*. Edinburgh：Salamander Press，1984.

Olsen，Donald. *The City as a Work of Art*. New Haven：Yale University Press，1986.

Olson，Philip，ed. *America as a Mass Society*. New York：Free Press，1963.

Oppenheim，A. Leo. *Ancient Mesopotamia：Portrait of Dead Civilization*. Chicago：University of Chicago Press，1964.

Orwell，George. *Nineteen Eighty-Four：* New York：New American Library，1949.

Ousby，Ian. *Bloodhounds of Heaven：The Detective Novel in English Fic-*

tion from Godwin to Doyle. Cambridge, Mass: Harvard University Press, 1976.

Owen, E. J. *The City in the Greek and Roman World*. New York: Routledge, 1991.

Park, Robert Ezra, with Ernest W. Burgess and Roderick D. McKenzie. *The City*. Chicago: University of Chicago Press, 1925.

Pater, Walter. Preface and Conclusion to *The Renaissance*. In *Criticism: The Major Texts*, edited by W. J. Bate. New York: Harcourt, Brace, 1952.

Paul, Sherman. *Hart's Bridge*. Urbana: University of Illinois Press, 1972.

Payne, Robert. *The Triumph of the Greeks*. London: Hamish Hamilton, 1964.

Pearce, Richard, ed. *Critical Essays on Thomas Pynchon* Boston: G. K. Hall, 1981.

Pearce, Roy Harvey, ed. *Whitman: Critical Essays*. Englewood Cliffs, N. J: Prentice-Hall, 1962.

Peck, Daniel. *Faces of Degeneration: A European Disorder, 1848—1919*. 307 Cambridge: Cambridge University Press, 1989.

Perl, Jeffrey. *Skepticism and Modern Enmity*. Baltimore: Johns Hopkins University Press, 1989.

Phillip, Charles-Louise. *Bubu of Montparnasse* (1901), translated by Alan Ross. Rev. ed. London: Weidenfeld and Nicolson, 1952.

Pike, Burton. *The Image of the City in Modern Literature*. Princeton: Princeton University Press, 1981.

Pirenne, Henri. *Economic and Social History of Medieval Europe*. New York: Harcourt, Brace, and World, 1937.

Pizer, Donald. *The Novels of Frank Norris*. Bloomington: Indiana University Press 1966.

——. *Realism and Naturalism in Nineteenth-Century America*. Rev. ed. Carbondale: Southern Illinois University Press, 1984

——. *The Theory and Practice of American Literary Naturalism*: *Selected Essays and Reviews*. Carbondale: Southern Illinois University Press, 1993.

——. *Twentieth-Century American Literary Naturalism*: *An Interpretation*. Carbondale: Southern Illinois University Press, 1982.

Poe, Edgar Allan. *Complete Works*. 10 vols. New York: Lamb Publishing, 1902.

——. *The Narrative of Arthur Gordon Pym*. 1838. Reprint, New York: Heritage Press, 1930.

——. *The Selected Poetry and Prose*, edited by T. O. Mabbott. New York: Modern Library, 1951.

——. *Tales and Poems*, edited by Philip Van Doren Stern. New York: Viking, 1945.

Poirier, Richard. *A World Elsewhere*: *The Place of Style in American Literature*. New York: Oxford University Press, 1966.

Polanyi, Karl. *The Great Transformation*. New York: Rinehart, 1944.

Pope, John C. "Prufrock and Raskolnikov Again: A Letter from Eliot." *American Literature* 18(1947): 319—321.

Prendergast, Christopher. *Balzac*: *Fiction and Melodrama*. London: Edward Arnold, 1978.

——. *Paris and the Nineteenth Century*. Oxford: Blackwell, 1992.

Procopiou, Angelo. *Athens*: *City of the Gods*, *from Prehistory to 338*. New York: Stein and Day, 1964.

Punter, David. *A History of Gothic Fiction*, *1765 to the Present*. London: Longmans, 1979.

Pynchon, Thomas. *The Crying of Lot 49*. 1966. Reprint, New York: Bantam Books, 1967.

——. *Gravity's Rainbow*. New York: Vintage, 1973.

——. *Slow Learner: Early Stories*. Boston: Little, Brown 1984.

——. *V., a Novel*. 1963. Reprint, New York: Bantam, 1968.

Quinones, R. J. *Mapping Literary Modernism*. Princeton: Princeton University Press, 1985.

Radcliffe, Ann. *The Mysteries of Udolpho*. 1794. Reprint, New York: Oxford University Press, 1970.

Rancy, Catherine. *Fantastique et décadence en Angleterre, 1890—1914*. Paris: Editions du CNRS, 1982.

Reddaway, Thomas. *The Rebuilding of London after the Great Fire*. London: Jonathan Cape, 1940.

Reynolds, David S. *Walt Whitman's America*. New York: Knopf, 1995.

Rich, John, and Andrew Wallace, eds. *City and Country in the Ancient World*. New York: Routledge, 1940.

Richards, Thomas. *The Imperial Archive: Knowledge and the Fantasy of Empire*. London: Verso, 1993.

Richardson, Samuel. *Clarissa*. 1747—1748. Reprint, Boston: Houghton Mifflin, 1962.

Richetti, John J. *Defoe's Narratives: Situations and Structures*. Oxford: Clarendon Press, 1975.

Ridley, Hugh. *Images of Imperial Rule*. New York: St. Martin's Press, 1983.

Rifkin, Jeremy. *Entropy: A New World View*. Rev. ed. New York: Bantam Books, 1989.

Risjord, Norman K. *Thomas Jefferson*. Madison, Wis.: Madison House, 1994.

306

Roby，Kinley E.，ed. *Critical Essays on T.S. Eliot：The Sweeney Motif*. Boston：G. K. Hall，1985.

Rodwin，Lloyd，ed. *The Future Metropolis*. New York：George Braziller，1961.

Rosenberg，Samuel. *Naked Is the Best Disguise：The Death and Resurrection of Sherlock Holmes*. Indianapolis：Bobbs-Merrill，1974.

Roszak Theodore. *The Making of a Counter-Culture：Reflections on the Technocratic Society and Its Youthful Opposition*. New York：Doubleday，1969.

Rude，George. *Hanoverian London，1714—1808*. Berkeley：University of California Press，1971.

Ryan，Judith. *The Vanishing Subject：Early Psychology and Literary Modernism*. Chicago：University of Chicago Press，1991.

Saggs，H. W. F. *The Greatness That Was Babylon：A Sketch of the Ancient Civilization of the Tigris-Euphrates Valley*. New York：Hawthorn Books，1962.

Said，Edward. *Joseph Conrad and the Fiction of Autobiography*. Cambridge，Mass.：Harvard University Press，1966.

Santayana，George. *The Genteel Tradition*. 1913. Reprint，Cambridge，Mass.：Harvard University Press，1967.

Schaefer，Jack. *Shane*. 1949. Reprint，New York：Bantam Books，1983.

Schaub，Thomas H. *Pynchon：The Voice of Ambiguity*. Urbana：University of Illinois Press，1981.

Schlesinger，Arthur M.，Sr. *The Rise of the City，1878—1898*. New York：Macmillan，1933.

Schneider，Wolf. *Babylon Is Everywhere：The City as Man's Fate*. New York：McGraw-Hill，1963.

Schorske，Carl. *Fin-de-Siècle Vienna：Politics and Culture*. New York：

Knopf, 1980.

Schwarzbach, F. S. *Dickens and the City*. London: Athlone Press, 1979.

Scully, Stephen. *Homer and the Sacred City*. Ithaca: Cornell University Press, 1990.

Scully, Vincent J. *American Architecture and Urbanism*. New York: 309 Praeger, 1969.

——. *The Rise of American Architecture*. New York: Praeger, 1970.

Sedgwick, Eve. *The Coherence of Gothic Conventions*. New York: Methuen, 1986.

Seidel, Michael. *Epic Geography: James Joyce's "Ulysses."* Princeton: Princeton University Press. 1976.

Sennett, Richard. *Classic Essays on Culture and Cities*. New York: Appleton, Century, Crofts, 1969.

——. *The Fall of Public Man*. New York: Knopf, 1977.

——. *The Uses of Disorder: Personal Identity and City life*. New York: Knopf, 1970.

Sharpe, William. *Unreal Cities: Urban Figuration in Wordsworth, Baudelaire, Whitman, Eliot, and Williams*. Baltimore: Johns Hopkins University Press, 1990.

Sharpe, William, and Leonard Wallock, eds. *Visions of the Modern City: Essays in History, Art. Literature*. Baltimore: Johns Hopkins University Press, 1987.

Sherry, Norman. *Conrad's Western World*. Cambridge: Cambridge University Press, 1971.

Shirer, William L. *The Rise and Fall of the Third Reich*. New York: Fawcett Crest, 1960.

Silverman, Kenneth. *Edger A. Poe: Mournful and Never-Ending Remembrance*. New York: Harper Collins, 1991.

Simmel，George. "The Metropolis and Mental Life." In *Individuality and Social Forms*, edited by Donald Levine. Chicago: University of Chicago Press，1971.

——. *The Philosophy of Money* (1900)，translated by Tom Bottomore and David Frisby. London: Routledge and Kegan Paul，1978.

Sjoberg，Gideon. *The Preindustrial City，Past and Present*. Glencoe，Ill.: Free Press，1960.

Skaff，William. *The Philosophy of T.S.Eliot: From Skepticism to a Surrealistic Poetic，1909—1927*. Philadelphia: University of Pennsylvania Press，1986.

Slade，Joseph W. *Thomas Pynchon*. New York: Warner，1974.

Slochower，Harry S. *Literature and Philosophy Between Two World Wars*. New York: Citadel Press，1964.

Slotkin，Richard. *The Fatal Environment: The Myth of the Frontier in the Age of Industrialization. 1800—1890*. New York: Atheneum，1985.

——. *Gunfighter Nation: The Myth of the Frontier in Twentieth-Century America*. New York: Atheneum，1992.

——. *Regeneration Through Violence: The Mythology of the American Frontier，1660—1860*. Middletown，Conn.: Wesleyan University Press，1973.

Smith，Michael. *The City and Social Theory*. New York: St. Martin's Press，1979.

Snodgrass，Anthony，*Archaic Greece: The Age of Experiment*. Berkeley: University of California Press，1980.

Spears，M. K. *Dionysus and the City*. New York: Oxford University Press，1970.

Spencer，Herbert. *First Principles*. New York: D. Appleton，1898.

Spengler, Oswald. *The Decline of the West* (*1918—1922*), translated by Charles E. Atkinson. 2 vols. New York: Knopf, 1926—1928.

Squire, Susan Merrill, ed. *Women Writers and the City*. Knoxville: University of Tennessee Press, 1984.

Stallybrass, Peter, and Allon White. *The Politics and Poetics of Transgression*. Ithaca: Cornell University Press, 1980.

Starr, Chester G. *The Ancient Romans*. New York: Oxford University Press, 1971.

Steiner, George. "The City under Attack." *Salrnagundi*, no. 24(1973): 3—18.

Stern, Fritz. *The Politics of Cultural Despair: A Study in the Rise of German Ideology*. Berkeley: University of California Press, 1961.

Stoker, Bran. *Dracula*. 1897. Reprint, New York: Oxford University Press, 1983.

Stoltzfus, Ben. "John Dos Passos and the French." In Dos Passos, *The Critics, and the writer's intention*, edited by Allen Belkind. Carbondale: Southern Illinois University Press, 1971.

Stone, Lawrence. *The Crisis of the Aristocracy, 1558—1641*. Oxford: Clarendon, 1965.

Strout, Cushing. *The American Image of the Old World*, New York: Harper and Row, 1963.

Sue, Eugène, *The mysteries of Paris*. London: G. Routledge, n. d.

Sultan, Stanley. *Eliot, Joyce, and Co*. New York: Oxford University Press, 1987.

Sypher, Wylie. *Loss of the Self in Modern Literature*. Westport, Cent. Green Wood Press, 1979.

Tafuri, Manfred. *Architecture and Utopia: Design and Capitalistic Development*, translated by Barbara Luigi La Penta. Cambridge,

Mass.: MIT Press, 1976.

Tapscott, Stephen. *American Beauty: William Carlos Williams and the Modernist Whitman*. New York: Colombia University Press, 1984.

Tawney, R. H. *Religion and the Rise of Capitalism*. New York: Harcourt, Brace, 1926.

——. "The Rise of the Gentry, 1558—1640." *Economic Historical Review* II (1941): 1—38.

Taylor, George Rogers. *The Turner Thesis*. Boston: D. C. Heath, 1956.

Theal, Donald F. *The Medium in the Rear View Mirror: Understanding McLuhan*. Montreal: McGill-Queen's University Press, 1971.

Thornton, R. K. R. *The Decadent Dilemma*. London: E. Arnold, 1983.

Toffler, Alvin. *The Third Wave*. New York: Bantam Books, 1981.

Tompkins, Jane P. *West of Everything*. New York: Oxford University Press, 1922.

Toynbee Arnold, ed. *Cities of Destiny*. London: Thames and Hudson, 1967.

Trachtenberg, Alan, ed. *Hart Crane: A Collection of Critical Essays*. Englewood Cliffs, N.J.: Prentice-Hall, 1982.

Trachtenberg, Alan, Peter Neill, and Peter C. Bunnell, eds. *The City: American Experience*. New York: Oxford University Press, 1977.

Trachtenberg, Stanley. *The Postmodern Movement*. Westport, Conn.: Greenwood Press, 1985.

Trotter, David. *Circulation: Defoe, Dickens, and the Economies of the Novel*. London: Macmillan, 1988.

Turner, Frederick Jackson. *The Frontier in American History*. New York: Henry Holt, 1920.

311 Twain, Mark. *The Complete Novels of Mark Twain*, edited by Charles Neider. 2 vols. Garden City, N. Y. Doubleday, 1964.

——. *A Connecticut Yankee in King Arthur's Court*. 1889. Reprint, New York: Morrow, 1988.

——. "Notebooks." Twain Collection. Bancroft Library, University of California, Berkeley.

——. "Notes for a Social History of the United States from 1850 to 1900." Twain Collection. Bancroft Library, University of California, Berkeley.

Unterecker, John. *Voyager: A Life of Hart Crane*. New York: Farrar, Straus, and Giroux, 1969.

Vance, James E., Jr. *The Continuing City: Urban Morphology in Western Civilization*. Baltimore: Johns Hopkins University Press, 1990.

Varman, Devendra. *The Gothic Flame*. London: Arthur Baker, 1957.

Venturi, Robert, and Denise Scott Brown. *Learning from Las Vegas*. Cambridge, Mass.: MIT Press, 1977.

Vidler, Anthony. *The Architectural Uncanny: Essays in the Mordent Unhomely*. Cambridge, Mass.: MIT Press, 1992.

Von Laue, Theodore H. *The Global City: Freedom, Power, and Necessity in the Age of World Revolutions*. Philadelphia: Lippincott, 1969.

Wade, Richard. *The Urban Frontier*. Cambridge, Mass.: Harvard University Press, 1959.

Walcutt, Charles Child. *American Literary Naturalism: A Divided Stream*. 1956. Reprint. Westport, Conn.: Greenwood Press, 1973.

Walpole, Horace: *The Castle of Otranto* (1764), edited by W. S. Lewis. New York: Oxford University Press, 1982.

Walzl, Florence L. "The Liturgy of the Epiphany Season and the Epiphanies of Joyce." *PMLA*. 80 (1965): 463—450.

Wasson, Richard. "The Politics of Dracula." *English Literature in Transition* 9, No. I (1966): 24—27.

Watt，Ian. *Conrad in the Nineteenth Century*. Berkeley：University of California Press，1979.

——. *The Rise of the Novel：Studies in Defoe Richardson，and Fielding*. Berkeley：University of California Press，1957.

Weaver，Mike. *William Carlos Williams：The American Background*. Cambridge：Cambridge University Press，1971.

Webb，Walter Prescott. *The Great Frontier*. Boston：Houghton Mifflin，1952.

Weber，Max. *The City* translated and edited by Don Martindale and Gertrude Neuwirth. New York；Free Press 1968.

——. T*he Protestant Ethic and the Spirit of Capitalism*，translated by Talcott Parsons. New York：Scribner，1976.

Weimar. David R. *The City as Metaphor*. New York：Random House，1966.

Wells，H. G. *The Complete Science Fiction Treasury*. New York：Avenel Books，1978.

——. *The Invisible Man*. 1897. Reprint，London：Collins，1953.

——. *The Island of Dr. Moreau*. 1896. Reprint，New York：Signet，1988.

——. *The Mind at the End of Its Tether*. London：William Heinemann. 1945.

——. *The Time Machine*. 1895. Reprint. New York：Random House，1931.

312 ——. *When the Sleeper Wakes*. 1899. Reprint，London：Thomas Nelson and Sons，1910.

Welsh，Alexander. *The City of Dickens*. Oxford：Clarendon Press，1971.

Weston，Jessie. *From Ritual to Romance*. Cambridge；Cambridge University Press，1920.

Whitman, Walt. *Complete Poetry and Collected Prose*. New York: Library of American, 1982.

——. *Leaves of Grass and Selected Prose*, edited by John Kouwenhoven. New York: Modern Library, 1950.

——.*Song of Myself*, edited by James E. Miller. New York: Dodd, Mead, 1964.

Wiener, Norbert. *The Human Use of Human Beings: Cybernetics and society*, 1967, Reprint, New York: Avon Books, 1970.

Wilde, Oscar. "The Decay of Lying." In *Intentions*. New York: Dodd, Mead, 1894.

Williams, D. A. ed. *The Monster in the Mirror: Studies in Nineteenth-Century Realism*. New York: Oxford University Press, 1978.

Williams, Raymond. *The Country and the City*. New York: Oxford University Press, 1973.

Williams, William Carlos. *Autobiography*. New York: Random House, 1951.

——. *In the American Grain*. 1925. Reprint, New York: New Directions, 1956.

——. *Paterson*. 1958. Reprint, New York: New Directions, 1963.

——. *Selected Essays*. New York: New Directions, 1954.

——. *A Voyage to Pagany*. 1928. Reprint, New York: New Directions, 1970.

——. *The William Carlos Williams Reader*, edited by M. L. Rosenthal. New York: New Directions, 1962.

Wilt, Judith. *Ghosts of the Gothic*. Princeton: Princeton University Press, 1980.

Winks, Robin W. *The Myth of the American Frontier*. Leicester: Leicester University Press, 1971.

——.ed. *Detective Fiction*: *A Collection of Critical Essays*. Englewood Cliffs, N. J.: Prentice-Hall, 1980.

Wirth-Nesher, Hana. *City Codes*: *Reading the Modern Urban Novel*. Cambridge: Cambridge University Press, 1996.

Wister, Owen. *The Virginian*. 1902. Reprint, New York: Signet, 1979.

Wolf, John B. *France*, *1840—1919*. New York: Harper and Row, 1963.

Wycherley, R. E. *How the Greeks Built Cities*. London: Macmillan, 1967.

Zola, Emile. *L'Assommoir*, translated by Leonard Tancock. New York: Penguin Book, 1970.

——. *La Bête Humaine*, translated by Louis Colman. New York: Julian Press, 1932.

——. *The Debacle*（*La Débâcle*）, translated by Leonard Tancock. New York: Penguin Books, 972.

——. *The Earth*（*La Terre*）, translated by Douglas Parmee. New York: Penguin Books, 1980.

——. *Germinal*, translated by Leonard Tancock. Baltimore: Penguin Classics, 1954.

——. *Rougon-Macquart*, translated by Edward Vizetelly. 14 vols. London: Vizetelly, 1886.

索　引^①

---

① 本索引为关键词和主题索引，条目后面的数字为原文页码（即本书页边码），凡页码后有"注"字的，均指该条目出自相应页码中原作者的脚注（中文版根据丛书体例改为章尾注）。 ——译者注

译后记

　　这部译著的完成，包含着许多老师和朋友的心血。部分章节曾作为上海师范大学现当代文学专业研究生的外语课作业，由我的师弟师妹们译出，我在他们译稿的基础上进行了重译，所以这里面也包含着他们的劳动。

　　感谢城市研究专家陈恒先生和乔伊斯研究专家戴从容先生，他们分别对第二章"从神话到控制"、第七章"乔伊斯之城"的译稿进行了校对，修正了一些错误的译法，并提出了许多宝贵意见。

　　感谢黄福海先生，当我还在读硕士的时候，就有幸听过他给我们开的专业外语课，当时他讲英美诗歌，让我受益匪浅。这次请到他作为本书的校者，又让我学到了许多。黄老师不仅学识广博，而且做事细心认真，在每处有修改的地方，他总是注明修改的原因和依据；在参考已有中译本的译文时，他也是特别费心，往往是我参照手头上已有的中译本之后，他会指出还有哪几个译本，并告诉我谁的译本更可靠；在校稿中，他还随手写下了不少文字，告诉我一些关于翻译方面的知识，这对于初学翻译的我来说，真是弥足珍贵。

　　这本书的翻译在断断续续中进行，前后一共花了两年半的时间，其中有一大半时间用来查找和阅读相关资料。刚接手这项翻译时，我还是个准父亲，现在孩子已经会踢球能认字了，而我自己也已经从一名在读研究生成为一名教师，不能不感叹岁月流逝之快。因此特别要感谢我的导师薛毅先生，感谢他给我这个机会，让我在这较忙碌的两年多时间里仍然坚持学习，感谢他对我一再拖稿的宽容。 为了提高译稿的质量，薛老师费了许多时间和精力。

这部著作涉及大量的西方文学、自然科学及人文社科著作，有的有中译本，有的没有，凡有中译本的，我都尽量参考已有的中译本译文，在这里也一并向那些译者表示感谢。

最后，感谢我的爱人，在这两年多的时间里，她承担了大部分家务，让我有时间能够在教学之余完成这项工作。

尽管有老师和专家把关，然而本书所涉领域杂多，译者水平有限，误谬肯定难免，这些都应由我个人负责，并真诚希望方家批评指正。

吴子枫

2008 年 3 月 1 日于南昌瑶湖

wzfeng1977@126.com

译文修订后记

本书初版的翻译情况，初版译后记中已有交待，不再重复。

这是译者翻译的第一部学术著作，当时缺乏翻译经验，水平有限，加之书稿出版前未经译者最后校对，所以虽然得到包括校者在内的诸多师友校正，译文中仍有不少欠妥之处乃至错误，因此 2020 年出版社联系我修订译文时，我立即答应下来。

本次修订，我对全书重新进行了校对，修改了不少译文（有的是校正性的，有的是修饰性的），还修改、补充了一些译注。在此我也向那些在豆瓣上对初版译文进行过批评的读者表示感谢，虽然有的批评比较随意，但也有认真严肃的读者提出了有理有据的批评和建议。对于所有那些批评，我在豆瓣上都一一作了回应，这里不再赘述；对于我认为有道理的批评和建议，我在修订时都作了考虑。总之，"有则改之，无则加勉"。

感谢责任编辑吴书勇先生在出版过程中付出的耐心。

再次感谢我的导师薛毅先生，若没有他的信任，就不会有本书的翻译。

吴子枫

2021 年 3 月 1 日于南昌艾溪湖

图书在版编目(CIP)数据

文学中的城市:知识与文化的历史/(美)理查德·
利罕(Richard Lehan)著;吴子枫译.—2版.—
上海:上海人民出版社,2021
(都市文化研究译丛)
书名原文:The City in Literature:An
Intellectual and Cultural History
ISBN 978-7-208-16786-5

Ⅰ.①文…　Ⅱ.①理…②吴…　Ⅲ.①城市文化-研
究　Ⅳ.①C912.81

中国版本图书馆CIP数据核字(2020)第216406号

责任编辑　吴书勇
封面设计　胡　枫

都市文化研究译丛
文学中的城市
——知识与文化的历史
[美]理查德·利罕　著
吴子枫　译

出　　版　上海人民出版社
　　　　　　(200001　上海福建中路193号)
发　　行　上海人民出版社发行中心
印　　刷　常熟市新骅印刷有限公司
开　　本　635×965　1/16
印　　张　28.75
插　　页　4
字　　数　388,000
版　　次　2021年4月第2版
印　　次　2021年4月第1次印刷
ISBN 978-7-208-16786-5/G·2053
定　　价　118.00元

都市文化研究译丛

《我的洛杉矶：从都市重组到区域城市化》

［美］爱德华·W·苏贾

《识字的用途：工人阶级生活面貌》

［英］理查德·霍加特

《当工作消失时：城市新穷人的世界》

［美］威廉·朱利叶斯·威尔逊

《裸城：原真性城市场所的生与死》

［美］莎伦·佐金

《漫长的革命》

［英］雷蒙德·威廉斯

《透过电视了解城市：电视剧里的城市特性》

［英］彼得·格林汉姆

《规划世界城市：全球化与城市政治》

［英］彼得·纽曼、安迪·索恩利

《没有郊区的城市》

［美］戴维·鲁斯克

《城市秩序：城市、文化与权力导论》

［英］约翰·伦尼·肖特

《正义、自然和差异地理学》

[美]戴维·哈维

《下城:1880—1950年间的兴衰》

[美]罗伯特·M·福格尔森

《水晶之城:窥探洛杉矶的未来》

[美]迈克·戴维斯

《一种最佳体制:美国城市教育史》

[美]戴维·B·泰亚克

《文学中的城市:知识与文化的历史》

[美]理查德·利罕

《空间与政治》

[法]亨利·列斐伏尔

《真正的穷人:内城区、底层阶级和公共政策》

[美]威廉·朱利叶斯·威尔逊

《布尔乔亚的恶梦:1870—1930年的美国城市郊区》

[美]罗伯特·M·福格尔森

《巴黎,19世纪的首都》

[德]瓦尔特·本雅明